JN144914

李洙任／重本直利〔編著〕

共同研究 安重根と東洋平和

東アジアの歴史をめぐる越境的対話

明石書店

共同研究　安重根と東洋平和

——東アジアの歴史をめぐる越境的対話

目次

はじめに　李洙任　9
序章　安重根の遺墨と和解に向けての越境的対話　李洙任　13

第Ⅰ部　安重根像

第１章　歴史の沈黙と歴史の記憶
——安重根の遺墨と「東洋平和論」の意義　牧野英二　37
第２章　東アジア歴史認識問題の焦点としての安重根
——東北アジア情勢と「東洋平和論」　柳永烈　56
第３章　安重根と梁啓超
——近代東アジアの二つのともしび　李泰鎮　74
第４章　安重根遺骸発掘の現況と課題
——日本に問う、遺骸はどこにあるのか　金月培　95

第Ⅲ部　過去責任

はじめに

本書は、龍谷大学社会科学研究所共同研究プロジェクト「日韓未来平和交流事業の学際的研究――龍谷大学所蔵の安重根の『遺墨』『丹波マンガン記念館』に代表される歴史・文化資産の調査研究とその有効利用」（二〇一三年四月から二〇一六年三月）および同研究所付属安重根東洋平和研究センターの研究成果である。本研究は、本学所蔵の「安重根の遺墨」や強制連行の歴史を刻印する「丹波マンガン記念館（京都市右京区）」などに代表される日本に埋もれた日韓の貴重な歴史・文化遺産について歴史的、政治・経済的、文化的側面から学際的に解明していくことを目的にした。本研究に至った背景に、上記共同研究テーマにある龍谷大学図書館所蔵の安重根の遺墨の存在がある。この遺墨三幅は、一九〇九年一〇月二六日、中国東北部のハルビン駅で元老・伊藤博文（初代総理大臣・初代韓国統監）を射殺した韓国の独立運動家である安重根が、翌年三月二六日に旅順監獄で処刑される直前に監獄の中で書き残したものである。それがなぜ龍谷大学に存在するのであろうか？　まずそのような素朴な疑問を胸に抱いた意志ある研究者が集結した。そして、それらの共通点は、悪化していた日韓関係を改善する糸口を探したいとする強い思いであった。結果として、研究分野の広がりの中、市民の参画も積極的に促す学際的・共同的な研究活動が始まり、研究成果を社会に有機的に関連づけさせるという方針を基本姿勢としてきた。

本研究に先立って、「韓国併合」の一九一〇年から数えて一〇一年目である二〇一一年三月一六日に、龍谷大学主催で『日韓交流、新たな時代へ——日本における安重根関係資料の存在意義』と題し、講演会が実施された。本講演会は、龍谷大学図書館と安重根義士紀念館との間で学術研究・交流に関する協定書締結を記念して実施されたもので、本協定の締結を可能にしたのは「韓国併合」一〇〇年市民ネットワーク（共同代表：戸塚悦朗、三島倫八、田中宏など）である。同時期に、「韓国併合」一〇〇年市民ネットワークの支援を受け、龍谷大学と韓国・安重根義士紀念館側との対話が促され、所蔵する安重根の遺墨等の日本における公開と韓国への貸し出しの実現につながった。龍谷大学所蔵の安重根の遺墨は、韓国に半年間、海外初公開として貸し出され、韓国での「韓国併合一〇〇年、安重根没一〇〇年」の特別展が開催された。当時の龍谷大学学長若原道昭および図書館長平田厚志、そして「韓国併合」一〇〇年市民ネットワーク関係者のたゆまない努力と英断によるものであったと言える。

日本は、二〇一一年三月一一日東北大震災、原発事故という未曾有の悲劇を経験した。また経済不況から脱却できないまま隣国である韓国や中国との関係で緊張感が高まっていった。また日本社会に在住する外国人に対しても「ヘイトスピーチ」という形で排外的な動きが顕著となり、無知や無理解、そして偏見からネット右翼と呼ばれる社会の一部の者たちに社会全体が大きく影響を受けた。ネガティブ思考の大きな要因の一つは、景気減速や経済格差に対する不満であり、その不満が閉塞感を漂わせている。しかし、平和的対話の発展を阻害する最大の原因は、恒常的に指摘されている国家間の歴史認識と教育の違いである。

日韓の足跡や交流の実像は近年かなりわかってはきたが、社会に浸透しているとは言い難く、貴重な歴史・文化資産が日本各地に埋もれている。その理由の一端は明治維新以後の日本の近代では朝鮮と朝鮮人に対する偏見と蔑視感情が高まり、学校教育においても、すぐ前の時代（前近代）にあった朝鮮との豊かな交流の記憶が意図的にかき消されてしまったかのようである。戦後においてもその問題は解決を見ないまま現在に至った。近年は日韓だけでなく、北朝鮮のミサイル発射実験のため日本の政治外交に緊張感が高まっている。そのような時代だからこそ、「誠信」「交隣」関係の実相を知り、過去から教訓を学びとり、若い世代への教育に反映することが重要となる。

日韓間の主要な懸案事項は、竹島問題、「慰安婦」問題、朝鮮半島出身者の「旧民間人徴用工」をめぐる裁判などが挙げられるが、二国間の対話は平行線をたどり、解決策の糸口すら見えていない。また日本国内では、旧植民地出身者であるコリア系住民をターゲットにしたヘイトスピーチと呼ばれる憎悪表現や嫌がらせを扇動するデモが増え、「憎悪」の感情がまかり通っている。日本のレイシズムは明らかに日本の戦後処理の不十分さに起因している。

本研究をきっかけとして、東アジアの平和と安定の実現に向けて、戦後補償問題や歴史認識から生じる問題の解決の糸口を模索するため市民活動と関連した研究活動を展開することを目的とし、二〇一三年五月に安重根東洋平和研究センターが龍谷大学社会科学研究所付属として発足した。センター名の由来は、安重根の未完の「東洋平和論」と浄土真宗そして龍谷大学の重要な歴史的関係性を社会に発信するためである。

安重根の伊藤射殺の真の意図は、東洋平和の実現であったことは日本でほとんど知られていない。彼が裁判のなかで、朝鮮の独立を侵す暴力的な日本の植民地支配を批判し、東洋平和のためには、日中韓が互いに独立国として対等な立場で協力することの必要性を訴えたことは、今日、重要な意義をもつ。安重根を「テロリスト」「犯罪者」の一言で評価してしまうことは適切ではない。それでは、日本政府がこれまで積み上げてきた歴史認識を壊してしまうばかりか、日中韓の和解、ひいては、東アジアの平和を目指す方向に逆行するおそれがあるからである。今こそ、むしろ政府関係者も、市民も、研究者も、積極的な対話をすすめ、安重根についての理解と研究を深めることが必要である。

安重根の遺墨三幅は、死刑囚の教誨師として安重根と接した津田海純師（関東別院旅順出張所監獄教誨師補）が安重根から譲り受けたものである。この遺墨と関連資料を、龍谷大学は、貴重資料として一九九七年に所有者である岡山県笠岡市の浄心寺から研究と教育のために寄託を受け、現在、深草図書館特別書庫で保管されている。

浄心寺は遺墨を教育に反映するため、常時展示を強く要望された。しかし、残念ながら常時展示は実現できていない。

メディアの報道に頼ると東アジア地域の緊張感が不必要に高まりがちであるが、活性化するインバウンド経済に目を向けると二〇一五年統計（日本政府観光局）によると外国人の訪日は一九七三万七〇〇〇人となり、二〇〇〇万人突破が目前である。訪日外国人の中で東アジア地域（中国四九九万人、韓国四〇〇万人、台湾三六八万人、香港一五二万人）からの訪問者は全体の七二％を占める。日韓関係からみると二〇一五年は、第二次世界大戦終結七〇周年、一九六五年の日韓国交正常化から五〇周年を迎えた。日韓国交正常化当時、人的往来はわずかだったのが、今や大都市の路上はスマートフォンを片手に日本旅行を楽しむ韓国からの若者であふれている。「東洋平和」を強く願いながら日中韓の若者が互いの言葉を学ぶことを推奨した安重根が夢に抱いた日韓交流が実現しつつある。

冒頭で述べたように、本書は龍谷大学社会科学研究所の研究助成に基づく二〇一三年度から二〇一五年度の三年間の共同研究の成果として社会科学研究所叢書の一巻に加えられることになった。龍谷大学社会科学研究所はじめ関係者の皆さまに御礼を申し上げる。編集にあたっては清水基氏、谷野隆氏の多大なご協力を得ると同時に、明石書店の大江道雅社長、ならびに直接担当していただいた編集部の関正則氏には出版に際して大変お世話になった。改めて謝辞を述べたい。

二〇一六年九月三〇日

編著者（研究代表者）
龍谷大学社会科学研究所付属安重根東洋平和研究センター長
李《リー》　洙任《スーイム》

序章　安重根の遺墨と和解に向けての越境的対話[*1]

李《リー》　洙任《スーイム》

はじめに

龍谷大学社会科学研究所共同研究プロジェクト「日韓未来平和交流事業の学際的研究――龍谷大学所蔵の安重根の『遺墨』『丹波マンガン記念館』に代表される歴史・文化資産の調査研究とその有効利用」は、二〇一三年四月にその研究活動を開始し、三年間のプロジェクトを終えた。私たち共同研究者は、研究成果を市民活動と連動させるため、専門分野の枠を超えて多様な研究者たちや日韓関係研究に従事する研究センターや機関、そしてメディア関係者と連携を取ってきた。このような人的ネットワークの広がりと市民社会への発信は、共同研究者たちに複眼的に研究課題に取り組む視点を与えただけでなく、机上の学問で終わらせまいとする研究者の内発的動機を高めるのに役立った。このことは、なによりも安重根《アンジュングン》（안중근）という人物の影響力に負うところが大きい。

本共同研究の開始をきっかけに、二〇一三年五月に「安重根東洋平和研究センター」を設置し、センターとしての活動のスタートを切った。国内外で活躍する研究者や市民活動家の参加によって開催された学術会議に多くの一般市民が参加した。これも安重根という人物の壮大な東洋平和思想と独立運動家としての気概に負うところが大きい。日本では、安重根（一八七九年九月二日－一九一〇年三月二六日）といえば初代内閣総理大臣で、初代韓国統監でもあった伊藤博文（一八四一年一〇月一六日－一九〇九年一〇月二六日）を射殺した人物として知られている。日本で一気に安重根に関心が高まったのは、二〇一四年一月一九日、中国黒龍江省のハルビン駅（安が伊藤を撃った場所）に安重根紀念館が開設されたときである。ハルビン駅に記念碑が設置されることを知った菅義偉官房長官は安重根を「暗殺者」や「テロリスト」と呼び、不快感をあらわにした。メディアは菅の発言に一挙に反応し、日本社会で「安重根はテロリスト」というイメージが広がった。当然のごとく一般の日本人もその影響を受け、安重根は嫌韓、嫌中の渦中で象徴的な存在になってしまった。

安重根を「暗殺者」や「テロリスト」という言葉で切り捨てる行為は、緊張した隣国の関係に有益なものは何ら生み出せない。また、反日シンボルとして安重根を語ることも建設的な対話につながらない。今必要なことは、安重根と伊藤博文を取り巻いた政治的、経済的、社会的要因を冷静かつ客観的に判断し、和解に向けての関係性を構築するためのヒントを探し出すことである。中国ハルビン駅に安重根の紀念館が開設されたということは、中国と韓国の密接な関係が構築されつつあることを示唆する。安重根は、韓国独立だけでなく、中国と日本、そしてその他のアジア諸国がそれぞれ独立性を守りながら共栄するという東洋平和を成し遂げるのが終生の事業であると信じた人物であった。本稿では、安重根が提唱した東洋平和論に思いを馳せながら、和解に向けての越境的対話の実効性と市民活動の事例を考察する。

1　日本仏教の戦争責任

安重根は、敬虔なカトリック教徒だった（洗礼名：トーマス）。安重根は韓国では殉国の英雄とされているが、その宗教観から安重根という人物を国粋主義者や民族主義者という枠内で説明するには無理がある。また安重根を取り巻く当時の社会環境を語る上で、植民地支配下に置いた満州、朝鮮、台湾、そしてそれらの地に渡った日本仏教の僧侶の存在を無視することはできない。日本仏教は植民地支配を肯定し、天皇制国家体制に基づく「国家神道」的宗教政策に賛同し、多くの僧侶を派遣した。すなわち、日本を戦争への道に歩ませる環境を是とした点で日本仏教には戦争責任があることは否めない。自身が真宗大谷派僧侶でもある宗教学者・菱木政晴は、浄土真宗は、「現人神」の信仰を認め、戦没者の顕彰を儀礼化したように、「国家神道」の一翼をにない、海外侵略を美化する役割を負っていたと告発した。また靖国神社アジア訴訟原告団、小泉靖国参拝訴訟原告団などの日本政府への訴訟活動に参加して、「靖国」信仰＝「国家神道」信仰を批判するとともに、そうした信仰を自ら演出し、それに従属してきた仏教者の戦争責任を厳しく自己にも向けた〔菱木 1993〕。筆者が属する龍谷大学は、一六三九年（寛永一六年）西本願寺が設立した「学寮」を起源とする全国でも数少ない旧制大学である。建学の精神（校訓・理念・学是）である「真実を求め、真実に生き、真実を顕かにする」は浄土真宗の教えに基づく。浄土真宗の開祖である親鸞（一一七三－一二六三）は、世俗的な「恩」思想を説いていない。親鸞の曾孫である覚如（一二七〇－一三五一）の時代までの浄土真宗の教義は、世俗的な国王への「恩」思想とは無縁だった。山本邦彦〔山本 2010：74－75〕によると、親鸞の著述においては、多くの「恩」に関する記述があるものの、植民地朝鮮において教誨師が説いたような天皇への「報恩」はまったく語られない。ではどのように「恩」思想が変化したのであろうか？　覚如における「恩」思想では父母恩や国王恩についてはふれられなかったにもかかわらず、覚如の子である存覚（一二九〇－一三七三）の代になって明確に父母と国王の「恩」が強調されるようになった。

明治時代に入ると日本仏教は、対内的には公定イデオロギーとなった「国家神道」を容認し、それに従属を余儀なくされて既成の立場を脅かされることになるが、その分、対外的には教勢を伸ばす戦略を取り始めた。他の宗派に比べこの流れにいち早く乗りだしたのが真宗大谷派である。真宗大谷派にとって海外進出は、日本国内での狭められた位置を回復し、海外への新しい布教圏・布教権を確保するためであった〔金潤煥 2011：44〕。韓国併合前に既に東本願寺釜山別院が設置され（一八七七年に最初の布教所が設置され、一八七八年に真宗大谷派東本願寺釜山別院と名称が変更）、本格的な布教活動が始まった。その積極的な海外進出の背景には檀家制度に安住し、幕藩権力の一役を担っていた状況が急激に変化し、従来の立場が脅かされるようになった国内事情にあった〔金 2011：44〕。朝鮮では布教の主なる対象は日本人であったが、多様な形で朝鮮人とも関係を有しながら布教を行っている〔金 2011：45〕。また台湾に入植した僧侶は、日本人への布教活動を中心に植民地支配下の日本人コミュニティーにおいて重要な役割を果たした[*2]〔松金 2006：57–111〕。日本仏教は、幕末期に日米和親条約が締結され欧米諸国との本格的な交流や交易が始まった時代からキリスト教に対抗するために組織化を進め、明治天皇制国家に見合う宗教政策をとり始めた。西本願寺教団はキリスト教の流入を恐れ、当時の宗主広如は、長州出身の僧侶である月性を重用し、「護国」意識や西洋に対する夷狄《いてき》思想が加わった「防邪」意識を強めていった〔山本 2010：77〕。東西両本願寺は倒幕尊王派に接近し、朝廷とも関係を深めたことから天皇への「報恩」思想は教義の中で正当化されていったのではないか。ちなみに伊藤博文は長州藩出身の尊王攘夷の志士として活躍した人物である。これらのことから時代の潮流に日本仏教は本来の教義とは反する政治的要素を強め、大乗仏教の精神から大きく乖離していったと考えられる。また天皇制国家に貢献するために海外に派遣された僧侶たちは、入植した日本人や現地人に「上に仁慈なる聖天子を戴き国威海外に輝きつゝある大日本帝国臣民として泰平の中に其生を営みつゝあるお互の幸福は真に衷心より喜び欣ばねばならぬ」として「天皇の恩」への報恩としての国家への奉公の重要性を説いている〔山本 2010：74〕。明治国家はこのように宗教を利用し、また宗教教団は天皇崇拝を基に国民に愛国心を強要した。このような史実は日本人にあまり知られておらず、戦争責任に目を伏せたままの日本仏教の姿がそこにはある。人々を戦争に駆り立て、植民地支配を正当化した日本仏教の戦争責任は「東洋平和」を考える意味で重要なテーマとなる。また、山本〔2010〕が問題提起する朝鮮教誨師と戦争国家との関係性は安重根の遺墨の存在からも深く垣間見られる。

2　大学の倫理責任

東洋平和研究においてもう一つの重要なテーマは、大学の倫理責任である。龍谷大学は、浄土真宗本願寺派（西本願寺）関係学校のうち、最高学府たる地位を占める。江戸時代初頭の創立期から宗門の宗学研讃・僧侶養成の学校として、紆余曲折をたどりながら発展してきたが、今や一〇の学部と九つの研究科がある総合大学となった。その建学の精神には親鸞の教えが脈々と受け継がれている。二〇〇九年に龍谷大学創立三七〇周年記念事業の一環として、学徒出陣の大規模な調査が行われた。その過程で、志願や徴兵で出征した在校生・卒業生や教職員らが多いことがわかり、歴史研究として名簿の作成が着手されたのである。民間人の戦災死を含んだ三〇一人の「生きた証」が、その著『龍谷大学戦没者名簿』に残されている。戦死者の家族への聞き取り調査で、家族が「戦争には行くな」と泣いて懇願しても戦地に積極的に出向く学生が多くいたことがわかった。[*3]学生たちの愛国心を高揚させた要因として天皇への「報恩」があったことは否めない。

責任倫理を問われるのは政治の舞台だけではなく、和解から隣国との共存に発展させるには教団や教育機関を含む社会全体が歴史と向き合う姿勢が必要である。ヨーロッパの大学は戦争における倫理責任を明確に果たしてきた点で、日本は大きく後れをとっている。他国と歴史認識を一致させる前に植民地支配の意味を正確に把握できるよう、複眼的に歴史教育を行う責任をすべての教育機関は負う。その中で龍谷大学のような宗教系大学は、国家主導型の教育から距離を置きながら重要な役割を果たせる立場にある。

テッサ・モーリス＝スズキ〔モーリス＝スズキ 2015〕は、今日の日本を取り巻く政治的かつ経済的環境は第二次世界大戦前のそれと類似していることを指摘する。スズキを含む欧米の日本研究者一八七人が、安倍晋三政権に「日本の歴史家を支持する声明」を送り、「戦後七〇年の今年を過去の植民地支配や侵略の過ちを認める機会にする」よう求めた(『毎日新聞』二〇一五年五月一二日付)。また牧野英二〔牧野 2014〕は、ハンナ・アーレントの「悪の凡庸さ」を引用し、思考停止状態に陥りつつある今日の日本社会と政治に強い危機感を覚え、大規模に「悪の凡庸さ」が再び繰り返されるかもしれないと警鐘を鳴らす。政治家の質的劣化や大企業の国際競争力低下に喘ぐ日本で、私たち一般市民は「悪の凡庸さ」に安易に染まりやすい環境にあり、至って脆弱な精神状況下にある。

3 遺墨を介しての日本人との越境的対話

一九九五年に安重根と日本人看守たちの関係をドキュメンタリーとして紹介したテレビ番組があった。テレビ朝日の「驚きももの木20世紀」、タイトルは「伊藤博文を撃った男」[*4]である。本番組には、数名のゲストやコメンテーターが出演しているが、その一人がノンフィクション作家・斉藤充功[*5]である。斉藤は、旅順監獄で日本人と交流をもった人物であると知って安重根に関心をもち、『伊藤博文を撃った男——革命義士安重根の原像』(一九九九年、中央公論新社)を執筆した。また、VTRで登場した佐木隆三[*6]は、「どのような人物であったのか、どのような大義名分でこのようなテロ行為を行ったのかという疑問に日本人はほとんど知ろうとする努力をしてこなかった」と語る。もう一人のコメンテーター、亜細亜大学名誉教授・中野泰雄は、「真実というものはそのままには死なない」と語り、中野の発言に続いて龍谷大学が所蔵する安重根の遺墨三幅が画面に大きく映し出され、「現状を放置しておくわけにはいけない」と番組は視聴者に訴える。「遺墨は安重根の痛切な叫びの痕跡である」と遺墨の存在を重視し、遺墨から安重根という人物像に迫ろうとする番組の意図が明確にかつ効果的に視聴者に伝わる。

本番組は、当時の政治的背景を簡潔に視聴者に説明するという構成がうまくできており、テレビ番組制作者の力量をも感じさせる。本番組では伊藤博文は以下のように説明されている。「大都会ハルビン駅、一番線プラットフォームが伊藤博文の終焉の舞台となった。伊藤は四度に亘って首相に任命された人物で明治の元勲とも呼ばれた。伊藤は、富国強兵を推進し、日清戦争、日露戦争と大日本帝国の礎を作った人物である」と。

安重根による伊藤暗殺によって日本の朝鮮植民地支配は早められたと理解する日本人は多い。しかし、本番組は伊藤の知られざる顔を見せる。当時政界の一線から身を引き、隠居生活をしていた伊藤だったが、依然として強い政治力を維持していた。伊藤は、当時の外務大臣小村寿太郎と首相桂太郎の朝鮮に対する植民地支配案「韓国併合」に許可を与え、外交交渉のために「最後のご奉公」と称し大陸に乗り込んだ。伊藤の本当の目的はロシアに植民地支配案への理解を求め、満鉄の権益を日本とロシアで分け合うことだったのである。

一九〇九年一〇月二六日、伊藤博文は安重根によって暗殺された。ハルビン日本総領事館では、溝淵孝雄（検察官）、園木末喜（通訳）によって、安重根に対する取り調べが始まる。すると安重根は、一切のよどみなく伊藤暗殺の一五の理由を挙げ、最後に「私のおもっていることを天皇にすぐ上奏してください。東洋の危機が迫っている」と訴えた。その後、安重根は旅順監獄へ移送された。旅順監獄は異様な緊張に包まれ、看守たちは当初何様なのかと怒りと好奇心で安重根を見た。しかし、冷静かつ春風のような凛とした姿勢に接すると、奇妙な心境になった。看守たちは、安のゆるぎない自主独立をめざす信念を直観し、単純なテロではないと思うようになったのである。

検察官である溝淵は「東洋とはどこを指すのか?」と問うと、安は「亜細亜州を指します。日本、韓国、中国、シャム、ビルマがここに含まれ、各国が自主独立することが東洋平和であります」と答えた。自主独立を基本理念とし、東アジア地域運命共同体を確立する。それが安重根の東洋平和論であった。大日本帝国も同じく大東亜共和論を振りかざし朝鮮を防波堤にして東洋平和を維持すると主張していた。そして、日清戦争は韓国の独立を図るためと戦争を正当化していた。本番組では、二つの義がぶつかる瞬間を効果的に解説しているが、安重根の東洋平和思想に軍配を与えているかの印象を与える。安重根の思想が広まるのを恐れた小村寿太郎外相は電報を打電し、裁判が始まる前に極刑を指示するという異例の通達を出した。斎藤充功は、「日本政府が恐れた理由は、安重根が大変な人物であることを認識し、国家にとって恐怖となる、第二の安重根、第三の安重根が現れる可能性を懸念したこと。それが裁判前の極刑指示に繋がった」と語った。

本番組は、多様な視点から説明を試みる。漫画家・黒鉄ヒロシはコメンテーターとして、「被害者は現在進行形で記憶するが、加害者は過去完了形で記憶しがちである」とし、「これを逆にすれば品のよい関係が生まれるのではないか」、「安重根は、ロマンティックな人物」と締めくくった。このような番組が誕生したのには当時の日本の社会的・経済的背景があった。この時代は「相手の立場になって物事を見る」というゆとりを感じさせる日韓関係が政治レベルで存在していた。

一九九三年には、「慰安婦」関係調査結果に関する河野洋平内閣官房長官談話（河野談話）、日本の敗戦五〇周年にあたる一九九五年八月一五日には、「戦後五〇周年の終戦記念日にあたって」という村山富市内閣総理大臣談話（村山談話）が発表されている。日本政府により閣議決定された歴史認識は、日韓関係を正常化させるための、黒鉄ヒロシがいう「品のよい」ステップを踏み出したということになる。村山談話では「わが国は、遠くない過去の一時期、国策を誤り、戦争への道を歩んで国民を存亡の危機に陥れ、植民地支配と侵略によって、多くの国々、とりわけアジア諸国の人々に対して多大の損害と苦痛を与えました」と謝罪と戦争責任の主体を「わが国」とした点で責任ある談話となった。

二〇一五年に発表された安倍晋三内閣総理大臣の談話には世界中が注目し、とりわけ日本軍「慰安婦」問題にどのように言及するかが最大の関心事となった。八月一四日、安倍首相は戦後七〇年「談話」を発表し、閣議決定された。その内容は、安重根の「東洋平和論」の歴史的・現代的考察に取り組む当センターにとって看過できないものであり、これが日本政府の公式の歴史認識であることに強い抗議の意を表明した（龍谷大学安重根東洋平和研究センター・ニュースレター№２、二〇一五年一〇月一日発行）。安倍談話において、台湾や朝鮮の植民地化、植民地支配については誤りを一切認めていない。逆に、朝鮮の植民地化を決定的にした日露戦争を一面的に美化・正当化している。むしろ、植民地支配に対して優越感が感じ取れる。責任の主体が不明瞭に描かれた安倍談話の決定的な特徴は、「植民地支配は一九世紀の経済的要因が最大の原因であり、日本も欧米諸国に負けずにその流れに参加しただけ」という考えが読み取れることである。同政権の菅官房長官が安重根を「暗殺者」や「テロリスト」と呼ぶ理由がそこにあり、真摯な反省の感は感じ取れないのである。

4　遺墨から読み取れるもの

旅順監獄で、安重根は、一〇〇人ほどいた日本人の看守たちとたった半年に満たない短い間に信頼関係を構築し、彼らの生き方にまでも影響を与えた。彼らは、いわゆる越境的な対話を可能にした人たちである。安重根に筆、墨、紙などを提供するなどという看守の寛容な姿勢があった。日本人看守に見守られながら執筆した「東洋平和論」は現代に通用するものがあり、欧米諸国の支配に対抗するには、日本、朝鮮、中国が協力し、共同体を形成し対抗策をとるというものであった。この考えはＥＵ（ヨーロッパ連合）の思想よりも先駆けた「地域共同体」の構想である。一〇〇年以上も前に、また三一歳という若者がその構想を抱き、具現化しようとした事実は驚きに値する。

その崇高な思想を掲げた三一歳の若者の存在を知ることで、朝鮮に対して強い蔑視感をもつ日本人を一蹴できるほどの力強さをも感じるのである。むしろ安重根の存在を危険と感じ、生かしておいたら第二の、また第三の安重根のような人物が出てくるのを恐れた日本政府は、安重根を裁く法廷を公開せず極刑を急いだ。これこそ日本の歴史の恥ずべき部分なのである。安重根裁判の管轄権の根拠とした韓国保護条約について、戸塚はその条約は捏造されたもので無効であるとし、裁判は不当そのものであると立論した〔戸塚 2010：311－336〕。

これらの検証は、日韓関係を正常化する過程で必要である。一九六五年の日韓正常化協定ですべて解決済みとするのではなく、それを基本としながら共に歴史を再検証し、教育での日韓関係正常化を図り、社会へ還元していく作業が今必要とされている。

安重根は、極刑を恐れず軍人の処刑方法である銃殺刑を望んだが、軍人としての名誉は剝奪され犯罪者として絞首刑に処された。死刑囚にも人権は担保されており、処刑後その遺体は家族のもとへ返され、死刑に関する詳細な記録が残されるというのが法律に沿った方法である。しかし、安重根の遺体は家族のもとに返されず、埋葬場所さえも知らせなかったことなど死者の人権を無視する日本政府の判断は決して誇れるものではない。

5　四本目の遺墨――「獨立」

龍谷大学が所蔵している遺墨三幅に安重根が託したメッセージの効力は多くの人たちの心を動かした。そして、二〇一五年一〇月二二日、既存の三幅に加え、新たに遺墨「獨立」〔額装：一面〕が図書館資料として、宗教法人願船寺《がんせんじ》より龍谷大学に寄託された。四本目の安重根の遺墨は、安重根の信念を日本社会だけでなく世界に伝えようとしているかのようで、戸塚悦朗〔戸塚 2014〕の言葉を借りると「一〇〇年の眠りからさめた遺墨」なのである。収監時代の安重根と看守たちはどのように友情を育み信頼関係を育てていけたのであろうか？　伊藤博文を射殺した人間であるから収監当初看守たちは憎悪と怒りの感情で安重根を迎え入れたに違いない。厳しい尋問が日夜行われる中で、凛とした姿勢を崩さない安重根をただものではないと認識した看守たちと安重根は、国境や思想を越えて友情関係を形成できた。今日のコミュニケーションは言語に頼る部分が多くなりがちで、言葉そのものが暴力的に使われるヘイトスピーチが深刻な社会問題になっている。当時の日本人看守たちと安重根との共通言語は筆記による漢語だけで、コミュニケーションは非言語のものに頼るものであった。ということは、彼らは互いに言語に頼らずに人間の真心を読み取る力を備えていたと考えられ、史実に一光を放つことができる。

宗教法人願船寺より寄託を受けた「獨立」は、既存の三幅の遺墨とは異なる意味合いをもつ。「獨立」の横に、「庚戌《こうじゅつ》（一九一〇年）二月　於旅順獄中　大韓國人　安重根書」と書かれ、安重根の手形が押されている。今回の遺墨は他のものと異なり、祖国と民族の独立を願う強い意志がうかがえる「獨立」という文字が書かれている。この遺墨を譲り受けた旅順監獄の看守は、実家だった広島県安芸高田市の願船寺に遺墨を持ち帰り、所蔵してきたが、近年は劣化が進んでいた。龍谷大学が所蔵することによって、保管の点からも劣化を防ぐ環境に額装は置かれるようになった。

龍谷大学が所蔵する既存の三幅の遺墨は、安重根から浄土真宗の教誨師であった僧侶が譲りうけたものとされている。これらの遺墨は、本願寺旅順出張所勤務の津田海純（浄心寺出生）が、秘かに日本へ持ち帰ったものである。津田は、安重根が旅順監獄に収監され、処刑された一九一〇年三月二六日当時本願寺派派遣関東別院（大連に所在）旅順出張所監獄教誨師補の立場にあり、旅順監獄で旅順出張所二代目の教誨師長岡覚性の助手を務めていたことから、安重根と接触したものと思われる。[*7] 浄心寺の津田雅行現住職は、「韓国併合」一〇〇年市民ネットワーク二〇一二年一〇月二七日、「日本と朝鮮半島との和解の道をさぐる！」ワークショップで、新設の「龍谷ミュージアム」に寄託した遺墨の常設展示を強く希望された。このままでは「死蔵」となり、貴重な教育資料を無駄にしていることになる。旅順から持ち帰り、大切に所蔵していた津田海純の意思を尊重するためにもこの貴重な資料を有効利用し、教育に還元する責任を龍谷大学は負う。

二〇一五年一一月七日に安重根東洋平和研究センター、ソウル安重根義士紀念館共催の国際学術会議が開催された。出席した日韓中の研究者が龍谷大学図書館を訪れ、遺墨四点を見学した。寄託を受けた龍谷大学は、安重根の評価をめぐり日韓両政府が応酬する中、「安重根の行動と思想を通じて日韓史を考えるきっかけにしたい」とメディアに語っており（『京都新聞』二〇一五年一一月一七日付）、この大切なミッションを貫徹することによって龍谷大学の独自性を強調できる。

6　越境的対話の市民による試み

二一世紀を再び戦火に喘ぐ時代にしないためにも、政治的影響を受けない歴史的リテラシーが必要とされ、「自分の立場だけを主張するのではなく、他者をも尊重する」という共生の観点からの歴史教育を模索する必要がある。フランスがドイツの宿敵から同盟国に変わった過程を理解することは、日本と韓国そして他のアジア諸国との関係性を正常化する上で大いに参考となる。ドイツとフランスは両国の歴史学者の定例的な話し合いを経て、また体制の違いを超えて国際理解を推進してきた。ポーランドのような政治的イデオロギーが異なる国も積極的に参加し、異なる政治的前提条件の中で、数十年に及ぶ共同作業を通して相互に尊重し合う環境が整備されたのである。その成果がドイツとフランスが誕生させた共通の歴史教科書である。[*8]

日本と韓国の間でも、政治に惑わされずに個人の努力を積み上げながら和解に向けての越境的対話を市民レベルで実践していた人たちがいる。

(1) 安重根と友情を育んだ憲兵・千葉十七

安重根が残した遺墨は、相手の立場を思いやって孔子や論語の言葉を選んだものが多い。例えば、前述の強い友情で結ばれた日本人看守である千葉十七には「為國獻身軍人本分」(国の為身を捧げることは、軍人の本分である)という書を贈った。安重根生誕一〇〇周年の一九七九年、それまで千葉並びに遺族により大切にされてきたこの書は、祖国に返還されている。

毎年九月に大林寺(宮城県栗原市)で安重根と千葉十七の合同法要が開催されている。この法要に参加する安重根義士崇慕会が主催で韓国側からは毎年約三〇名が参加する。二〇一五年の法要は九月一三日に開催され、大林寺住職斉藤泰彦が合同法要を行い、午後には栗原市栗駒史談会により日韓親善交流会が開催された。この法要には駐仙台韓国総領事梁桂和が参加した。駐仙台韓国総領事館は一九六六年に領事館として開設され、一九八〇年総領事館に昇格し今日に至り、日本の東北地方（宮城・青森・岩手・秋田・山形・福島）の六県を管轄している。管轄地域には一万人の韓国人が居住しており、五県（宮城・青森・岩手・秋田・山形）に、それぞれ「ソウル事務所」が設置されている。仙台市と光州広域市間の姉妹締結をはじめ両国の一六ヶ所の地方自治体間で交流の協定を締結し、六つの日韓親善協会と六つの日韓議員連盟が結成されている（駐仙台総領事館HP、二〇一五年）。このように日韓交流を物語る点で、地方都市の活躍は重視するに値する。長期の時間をかけて信頼関係を築きあげる尽力が政治の分野においても重要であり、大林寺の安重根と千葉十七の合同法要は越境的な国際交流の場となり機会となっている。

（2）市民による安重根追慕

大林寺での合同法要には日本人も参加しているが、毎年参加する日本人の一人に寺下武がいる。二〇〇九年一二月から二〇一〇年三月、寺下は、安重根の没後一〇〇年を記念し、日本から韓国二五〇〇キロメートルの徒歩巡礼を決行し、日韓交流を実践した人物である。寺下は、元生協職員であったが、二〇歳のときに韓国に関する書を読み、韓国の悲しい歴史的事実を知った。韓国に対しては罪の意識からかなぜか敷居が高く感じていた寺下は、安重根の存在を知るようになる。寺下は、安重根について理解を深めると安重根を韓国だけの英雄ではない、世界の英雄であると高く評価するに至った。安重根に対する畏敬の念は止まず、安重根の平和に対する意思を実践しようと、仕事を辞めてまで日本から韓国への徒歩巡礼を決意した。[*9]

二〇〇九年一二月二五日に大林寺を出発し、翌年の二月中旬までに日本一二県一八〇〇キロメートル余りを歩き、釜山港から韓国入り。晋州、順天、広州、天安を経て、三月二二日にソウルに到着した。韓国巡礼中には安重根の平和精神をたたえ、旧日本軍「慰安婦」被害女性らが暮らす京畿道・広州の「ナヌムの家」なども訪れた。そして、日本生活協同組合と交流がある韓国のＩＣＯＯＰ生協は、寺下の釜山到着を祝う歓迎会を開催した。寺下の志に共感し、朝鮮半島横断に同行を決意した韓国の青年は、「安重根義士の殉国一〇〇年を追慕し、韓国と日本を自分の足でつなぐと同時に、世界の平和を祈りたいという思いで徒歩巡礼に乗り出した、日本人の志が格好良く思えた」と同行の理由を話している。安重根が重要人物であることは学校で習ったが、教科書に出ている断片的な情報が知識のすべてだった。そんな中、安重根をしのび、退職金まで徒歩巡礼に費やす日本人の決心に驚いたという（WoW! Korea 二〇一〇年二月二一日、三月一六日配信）。寺下は「安重根は韓国だけの英雄ではない、世界の英雄である」と安重根の壮大な思想に感銘し、韓国との交流を市民レベルで継続している。

（3）浄土真宗本願寺派住職殿平善彦による強制連行犠牲者遺骨返還事業

歳月をかけて日韓交流に命を捧げる浄土真宗本願寺派住職がいる。殿平善彦である。殿平は、二〇一五年九月一一日から二一日にかけて、東アジアに新たな和解と友情の時代「強制連行犠牲者遺骨返還事業」を実施し、安重根東洋平和研究センターも支援団体として事業に加わった[*10]。

アジア太平洋戦争の戦場で、空襲で、あるいは労働を強いられて、多くの人々が死に至らしめられた。日本人三一〇万人、アジアの人々は二〇〇〇万人以上が命を失ったと言われている。今も無数の遺骨が残されている北海道には、ダム工事、飛行場建設あるいは炭鉱で労働を強いられた朝鮮人、中国人、日本人のタコ部屋労働者の遺骨が仏教寺院の埋葬地に残されている。一九七〇年代から北海道で始まった発掘と調査で掘り出された遺骨は、いつか故郷に帰る日を待ち、寺院の納骨堂に安置され続けていた。戦争から七〇年を経た二〇一五年、朝鮮人、中国人、日本人のタコ部屋労働者犠牲者を追悼しつつ、韓国出身犠牲者の遺骨を韓国の遺族に、故郷に奉持することになった。

一九三八年から四三年まで、北海道朱鞠内《しゅまりない》では雨竜ダム・名雨線鉄道工事が行われ、二〇〇人以上の労働者が犠牲になった。朱鞠内湖は雨竜ダムの堰堤にせき止められてできた人造湖で、戦争中に朝鮮半島から強制的に連行されてきた朝鮮人と日本人のタコ部屋労働者の命の痕跡であった。重労働とわずかな食事、逃亡者への見せしめのリンチが横行し、死者の存在は外部に知られないまま共同墓地に埋められていた。また、飛行場の建設は一九四三年から四五年にかけて行われた。戦況の悪化に伴い、いつアメリカが攻めて来るかもわからない状況の中、ソ連軍の南下にも備えるために防衛網の建設が急がれ、オホーツク沿岸に飛行場を急造した。根室や女満別、樺太にも造られた。そして浅茅野《あさじの》台地には二つの飛行場が建設された。浅茅野飛行場を発注したのは旧日本陸軍である。実際に工事を請け負ったのは北海道内の土建業者で、鉄道工業、菅原組、川口組、丹野組など。労働者は日本人も、そして囚人もいたが、ほとんどは朝鮮半島から連行された朝鮮人だった〔殿平 2014〕。

その遺骨を発掘する運動を通して、宗教人として死者の魂を故郷に戻したいという殿平は、二〇一四年ソウル安重根祈念館開催の国際学術会議で、「旧浅茅野飛行場建設犠牲者の遺骨発掘調査」について語った。その会議に出席した多くの韓国人の胸を打ち、殿平のような日韓関係に尽力を注いだ日本人が存在することを理解することで両国に自信を与えることができる。

二〇〇四年以来、日本と韓国の政府間で遺骨返還の協議が続けられてきたが、企業によって労働を強いられた人々の遺骨は、日韓政府の間では返還できずにいた。殿平は、二〇一五年九月「強制連行犠牲者遺骨返還事業」を実施した。これは、日本と韓国の市民と宗教者が、思想、信条、宗教の違いを越えて遺骨を待ちわびる遺族に届けようとするものであった。遺骨奉還は、朝鮮から連れてこられた道順を逆にたどって、北海道・東京・関西・下関・釜山・ソウルそして望郷の丘へと犠牲者が悲哀の思いで渡った道を辿る。以下は主催者と支援に関わった団体名である。

強制労働犠牲者追悼・遺骨奉還委員会
共同代表・殿平善彦（浄土真宗本願寺派一乗寺住職）
鄭炳浩（韓国漢陽大学教授）
構成団体
日本側　強制連行・強制労働犠牲者を考える北海道フォーラム
東アジア共同ワークショップ
遺骨奉還を願う宗教者の会
ＮＰＯ法人東アジア市民ネットワーク
韓国側　ＮＰＯ法人平和の踏み石
支援団体　浄土真宗本願寺札幌別院
浄土真宗本願寺派常光寺
龍谷大学社会科学研究所付属安重根東洋平和研究センター
北海道宗教者平和協議会
ベルリン女の会　Japanische Frauen initiative Berlin

捧持されたご遺骨は以下の通りである。また図表：遺骨奉還のスケジュールを記す。

本願寺札幌別院に残されてきたご遺骨のうち韓国出身者分　七一体　骨箱一個
美唄常光寺に安置されてきた韓国出身者ご遺骨　六体　骨箱六個
朱鞠内雨竜ダム建設工事犠牲者から　二体　棺箱二個

図表　遺骨奉還スケジュール

2015年9月			距離
11日（金）	13：00	北海道深川・浄土真宗本願寺派一乗寺集合。結団式	209km
	夕刻	浜頓別到着	
12日（土）	9：00	北海道枝幸郡浜頓別町天祐寺にて追悼法要 ご遺骨をバスに乗せる（39体）	217km
	14：00	朱鞠内光顕寺「旧光顕寺・笹の墓標展示館」朱鞠内ダム工事犠牲者追悼法要（雨竜郡幌加内町朱鞠内）雨竜ダム工事犠牲者遺骨（2体）ご遺骨受け取り	
	18：00	一乗寺到着	
13日（日）	8：00	一乗寺出発	176km
	9：30	北海道美唄常光寺にて追悼法要 三菱美唄炭鉱犠牲者の遺骨をバスに乗せる（6体）	
	13：00	本願寺札幌別院にて戦時下労務動員犠牲者追悼法要	
	17：00	本願寺札幌別院納骨堂の犠牲者遺骨をバスに乗せる（71人分1瓶） 苫小牧港　フェリー乗船	
14日（月）	15：00	茨城県大洗港着、東京へ	124km
	19：00	東京築地本願寺にて追悼法要	
15日（火）	7：00	東京築地本願寺発、京都へ	509km
	15：30	京都・西本願寺着。本山にて追弔会 終了後、京都から大阪へ	
	19：00	大阪・本願寺津村別院にて市民による追弔会	
16日（水）	9：00	大阪・本願寺津村別院出発	333km
	17：00	広島・本願寺広島別院にて市民による追弔会	
17日（木）	9：00	広島・本願寺広島別院出発	199km
	13：00	下関・本願寺光明寺追悼会	
	17：00	下関港国際ターミナルから関釜フェリーに乗船	
	19：45	下関発19:45→韓国釜山着（18日）8:00	220km
18日（金）	6：00	釜山港	423km
	日中	韓国釜山市内追悼行事	
	夕刻	ソウル市内遺骨安置所	
19日（土）	終日	ソウル市庁前にて合同葬儀	0km
20日（日）	午前	ソウル市内にて各行事	100km
	午後	天安市・望郷の丘に納骨	
21日（月）	遺骨奉持団・現地解散帰国		

出所：遺骨奉還委員会

朱鞠内雨竜ダム建設工事犠牲者（韓国・忠北大から参加）　二体　ソウルから参加
日本陸軍浅茅野飛行場建設犠牲者　三九体　棺箱一〇個骨瓶二九個
合　計　一二〇体　骨箱三六個、棺箱一二個

おわりに

安重根は、自身の自叙伝「安応七歴史」を一九一〇年一月初旬の某日から執筆し始め、三月一八日ごろにはほぼ脱稿し、続いてすぐに「東洋平和論」の執筆に着手した。しかし、一〇日足らずで死刑が執行され（二六日）、未完に終わっている。彼が抱いた「東洋平和論」はどのような平和論であったのかを解明することは現在の東アジア地域の安定と平和維持を考える点で非常に重要な作業である。安重根は、東アジアの平和を実現するには、東アジア三国、日中韓が協力し、連携すべきであると訴え、共同軍隊の配備や三国の共通通貨を発行するための銀行を設置する案など、その構想は現在のヨーロッパ連合（EU）を彷彿とさせるものであった。東アジア地域の市民であるという複合的アイデンティティは、今まさしく我々日本人、韓国人、中国人に必要とされている。グローバル化の進行や経済格差の拡大、少子高齢化で日本と韓国が共有する社会的・経済的要因が不安定要因となり、政治の在り方にも影響を与えている。

先行き不安からストレス発散のため、社会のマイノリティーに嫌がらせをする事象は他国の社会にも見られ、EUという地域統合を理念にする共同体を作り上げたヨーロッパにおいても、移民排除を目的とする勢力の台頭が目立ってきている。アメリカにおいても、移民排斥やイスラムに対してのヘイトスピーチととられる発言がトランプ共和党大統領候補から発せられ、それが一定の層から支持されている。このような「排除」と「偏見」そして「憎悪」に満ちた世界的な動きは、第二次世界大戦前の混沌とした世界事情と酷似しているようでいたって

不気味である。

二〇一五年一一月一五日、当センターはソウル安重根義士紀念館との共催で学術会議を開催した。会場である龍谷大学響都ホール交友会館で龍谷大学図書館主催の下、安重根の遺墨のレプリカが展示され、学術会議の参加者は熱心に見入っていた。龍谷大学現図書館長の安藤徹は、基調講演者のオーストラリア国立大学教授であるテッサ・モーリス=スズキの著書『過去は死なない――メディア・記憶・歴史』（岩波書店、二〇一四年）を引用し、境界が「現代の社会では不可欠の条件のひとつ」であるからこそ、「「可能未来（future possible）」にかかわる越境的な会話を行うための断絶されていた伝達ライン」の再構築が必要なのであり、「平和への準備」のためには「多種多様な背景を持つ、そしておそらくまったく異質な政治的・社会的な視点を持つさまざまな国のさまざまな人々が、考えを共有し、対話を交わし、互いに学びあい、抑圧や暴力に対する抵抗の中で互いを支援し合うこと」で、「国境を越えたコミュニケーション・ネットワークを構築」する作業が可能になるという見通しを持つことが大切であると語った。

安重根は思想家であり、哲学者である。そして現代に最も必要とされる教育観をも提言する教育者でもある。龍谷大学の建学の精神である「共生」の視点からさらに安重根が目指した「東洋平和」研究を深めたい。

参考文献

韓国駐仙台総領事館ＨＰから　http://jpn-sendai.mofa.go.kr/worldlanguage/asia/jpn-sendai/mission/greetings/index.jsp　二〇一五年一〇月一日アクセス。

『京都新聞』〔2025〕「安重根の獄中遺墨、龍大に寄託「日韓史考えるきっかけに」」二〇一五年一一月一七日付。

金潤煥〔2011〕「開港期釜山における東本願寺別院と地域社会（特集：国際ワークショップ海港都市国際学術シンポジウム「東アジアの海洋文化の発展――国際的ネットワークと社会変動」）『海港都市研究』六、四三－五七頁。

テッサ・モーリス＝スズキ〔2014〕『過去は死なない――メディア・記憶・歴史』岩波書店。

テッサ・モーリス＝スズキ〔2015〕「越境する戦争の記憶」安重根「東洋平和論と日韓歴史の国境越え」龍谷大学社会科学研究所付属安重根東洋平和研究センター、安重根義士紀念館主催の国際学術会議基調講演、一一月七日。

戸塚悦朗〔2010〕「最終講義に代えて――「韓国併合」一〇〇年の原点を振り返る――一九〇五年「韓国保護条約」は捏造されたのか」龍谷法学四二巻三号、三一一－三三六頁。

戸塚悦朗〔2014〕「龍谷大学における安重根東洋平和論研究の歩み――一〇〇年の眠りからさめた遺墨（上）（下）」『龍谷大学社会科学研究年報』四四、五七－六六頁、六七－七八頁。

殿平善彦〔2014〕「強制連行犠牲者と歴史和解――犠牲者の遺骨問題と生死をめぐる浄土真宗の課題」『龍谷大学社会科学研究所付属安重根東洋平和研究センター共同研究会基調講演集』（二〇一三年四月－二〇一四年三月活動記録）、二〇一四年、龍谷大学社会科学研究所付属安重根東洋平和研究センター、四－二九頁。

菱木政晴〔1993〕『浄土真宗の戦争責任』岩波ブックレット。

『毎日新聞』〔2015〕「欧米の一八七人が安倍首相に送付した「日本の歴史家を支持する声明全文」二〇一五年五月一二日。

http://mainichi.jp/articles/20150512/mog/00m/040/022000c、アクセス日、二〇一五年五月二一日。

牧野英二〔2014〕「「近くて遠い国」の間の対話に向けて――日本人の安重根像をめぐって」『龍谷大学社会科学研究所付属安重根東洋平和研究センター共同研究会基調講演集』（二〇一三年四月－二〇一四年三月活動記録）、龍谷大学社会科学研究所付属安重根東洋平和研究センター、三〇－四七頁。

松金公正〔2006〕「真宗大谷派による台湾布教の変遷――植民地統治開始直後から台北別院の成立までの時期を中心に」『アジア・アフリカ言語文化研究』第七一号。

山本邦彦〔2010〕「一九二〇年代朝鮮における監獄教誨の一考察――勤労の強調をめぐって」佛教大学大学院紀要文学研究科篇第三八号、七三－八八頁。

龍谷大学社会科学研究所付属安重根東洋平和研究センターニュースレターNo.2、二〇一五年一〇月一日発行。

『WoW! Korea』「安重根を追悼し徒歩巡礼、寺下武さんがあす韓国到着」二〇一〇年二月二一日配信　http://www.wowkorea.jpnews/korea/2010/0316/10068676.html
『WoW! Korea』「安重根追慕巡礼」寺下さんに同行、一八歳の韓国青年」二〇一〇年三月一六日配信　http://www.wowkorea.jp/news/korea/2010/0221/10067894.html　二〇一六年二月三日アクセス。

註

＊1　初出『龍谷大学社会科学研究年報』第四六号、二〇一六年五月、一二九－一三九頁。
＊2　松金は、柏原祐泉編『真宗史料集成第十一巻　維新期の真宗』同朋舎（一九八三年）の「解説」七－九頁を参照している。
＊3　龍谷大学では『龍谷大学戦没者名簿』刊行を記念して、展観『戦争と龍谷大学』を開催した。開催日二〇一一年一〇月二八日～一一月六日。龍谷大学では、戦没者調査室（室長：新田光子社会学部教授）を中心に、戦没した龍谷大学関係者（学生・教職員）の調査・研究を二〇〇九年四月から二〇一一年一〇月まで実施した。また注目すべき点は、戦争に関連した取り組みを通じて、龍谷大学は建学の精神である親鸞聖人の精神にもとづいた平和を構築する大学の使命を十分果たすべき努力を重ねると、社会へそのメッセージを発信したことである。
＊4　『驚きももの木二〇世紀』は、一九九〇年代にテレビ朝日系列で放送された朝日放送（ＡＢＣ）制作の教養ドキュメンタリー番組。
＊5　斎藤充功は、『伊藤博文を撃った男――革命義士安重根の原像』（時事通信社、一九九四年、のち中公文庫）を執筆したノンフィクション作家。
＊6　佐木隆三は『伊藤博文と安重根』を文藝春秋から一九九二年に出版し、安重根の実像に迫った。
＊7　この安重根の直筆の遺墨三幅ほか関係資料は、一九九七年六月、岡山県笠岡市にある浄土真宗本願寺派の浄心寺から寄託を受け、龍谷大学が貴重図書として深草図書館特別書庫に保管している。津田との接触に関しては筆者による関係者への聴き取り調査から。二〇一五年九月一三日。
＊8　朝日新聞シンポジウム「歴史和解のために」、基調講演ジモーネ・レシッヒ「独仏教科書半世紀かけ」、二〇〇八年四月一九日。
＊9　筆者による聞き取り調査から。二〇一五年九月一三日。
＊10　殿平善彦は、浄土真宗本願寺派一乗寺住職、空知民衆史講座代表、強制連行・強制労働犠牲者を考える北海道フォーラム共同代表、二〇〇五年から韓国「日帝強占下強制動員被害真相糾明委員会」海外諮問委員。一九七六年から北海道におけるタコ部屋労働者、朝鮮人強制労働犠牲者の調査と遺骨発掘に取り組む。一九九七年朱鞠内で日韓（のち東アジアと改称）共同ワークショップを開催。二〇〇三年より本願寺札幌別院の強制労働犠牲者遺骨調査をはじめ、猿払村での遺骨発掘などに取り組んでいた。

第Ⅰ部　安重根像

第Ⅰ部では「安重根像」をどのように捉えるのかを主題としている。ここでは、安の未完の「東洋平和論」を中心にして、伊藤博文を撃った大韓義軍中将・安重根を捉え直している。安の「東洋平和論」は、EU（ヨーロッパ共同体）の先駆けと言われ、二〇世紀初頭の「東北アジア連合構想」であるとともに（第2章）、国際連盟へとつながるイマヌエル・カントの「永遠平和論」との共通点を含めて関係づけることができる（第1、3章）。さらに、現代社会の「東洋平和構想」への向き合い方を含めて、まだ発見されていない安重根の遺骸の取り扱いに言及している（第4章）。これらの考察をふまえて、安重根の「東洋平和論」の地平を、二〇一一年東日本大震災以降の「東洋平和」として現代的再評価を試みている（第5章）。第Ⅰ部は、これまで狭く捉えられがちであった「安重根像」を、東アジアの平和構想からアジア共同体構想、そして世界へという広がりの中で、新たに探求している。また、何よりも「越境的対話」から「東洋平和」を求めたのが安重根であるということが第Ⅰ部の論旨である。

第1章　歴史の沈黙と歴史の記憶
――安重根の遺墨と「東洋平和論」の意義

牧野英二

はじめに

現代社会は、人間の生と死にかかわる境界・国境（border）及び境界づけ（bordering）が生み出す、錯綜した問題に翻弄されてきた。人間は、政治・経済・軍事その他の理由によって人間相互の間に、差別や支配をはじめさまざまな境界及び境界づけを行ってきた。これらの営みは、同じ人間の間でも生存の権利や尊厳を認め、他の人間からはその権利を剝奪し、生存する権利を否定してきた。この境界及び境界づけには、ヘイト・スピーチから国境（border）や領土、難民問題などを生み出す国際紛争、そして二〇一六年六月の国民投票によるイギリスのＥＵ離脱派の勝利に至る境界にかんする従来の見解の再検討が求められている。

実は、こうした境界及び境界づけの問題は、日本の近代化と植民地政策を推進する過程で、極めて顕著に露呈してきた。それは、日本や東アジアの住民に対して「歴史の沈黙」を強制し、「歴史の記憶」を忘却の淵に追いやってきた。しかし、歴史は人間が生み出し意味づけるものである限り、歴史の記憶は人間がそれを想起し、物語り、反復することによって、歴史を沈黙から解放することが必要である。

そこでこれらの課題に応えるために、本稿では、第一に、韓国の独立運動家で義軍中将の安重根による伊藤博文公爵の射殺行為と伊藤博文の日本国内における近年の評価に言及する。第二に、二〇〇九年に安重根の独立運動が一〇〇年を迎えたことを記念して彼の遺墨展が開催された点を踏まえ、一幅の遺墨とその所有者であった徳冨蘆花との出会い、そして遺墨がソウル市内の芸術の殿堂に展示された経緯に触れる。第三に、徳冨蘆花とロシアの文豪で平和思想家のレフ・トルストイ（Lev N. Tolstoi）との関係に立ち入る。第四に、夏目漱石による安重根と伊藤博文の評価と、漱石に対する韓国人文学者の批判的応答を検討する。最後に、安重根の遺作「東洋平和論」と国際連合（ＵＮ）やヨーロッパ連合（ＥＵ）の理念を提唱したドイツの哲学者、イマヌエル・カント（Immanuel Kant）の永遠平和思想との関係を考察する。

以上の考察によって、これまで日韓両国の歴史の中で多くの人間が沈黙することによって、また沈黙することを強いられた結果、歴史の記憶から忘却されてきた安重根の遺墨と東洋平和思想の意義を明らかにする。

1　一〇〇年後の伊藤博文と安重根

(1)メディアの対照的な報道

筆者は、まず二〇〇九年一〇月二六日に韓国で行われた安重根の「義挙」一〇〇年記念式典とは対照的な伊藤博文公爵に対する日本人の記憶について、印象的な出来事を報告したい。二〇〇九年一〇月二六日の安重根による「義挙」の日は、彼に射殺された日本の初代内閣総理大臣で初代韓国統監を務めた伊藤博文公爵の「命日」でもあった。筆者は、当日、ソウル市内で開かれた遺墨展に出席するため、芸術の殿堂にいた。そして筆者は、ハルビン学会主催の国際学術大会での発表を終え、二八日に帰国した。したがって筆者は、日本の新聞や他のマスコミなどで伊藤博文公爵の一〇〇年目の「命日」について、日本国内で当日どのような行事が行われ、それがどのように報道されたのかを直接知ることができなかった。

そこで筆者は、一〇月二六日前後の新聞などの報道について詳しく調べたところ、次のような興味深い事実に気付いた。簡単に言えば、朝日、読売、産経、日本経済などの日本の主要な新聞では、二六日午前一一時に東京都品川区西大井にある伊藤博文公爵の墓所で〈没後一〇〇年墓前祭〉が催され、一五〇名が参加した事実はまったく報じられていなかった。「墓前祭は一行も報じられなかった。歴史上の偉大な先達への正当な評価が、この国は乏しい」（『毎日新聞』一〇月三一日付コラム〈近聞遠見〉岩見隆夫執筆）。このコラムの筆者・岩見隆夫は、日本国内のメディアが伊藤博文公爵の墓前祭をまったく報道せず、伊藤博文の過去の業績や彼の偉大さを日本国民が忘れてしまったことを嘆き、悲しんでいるわけである。

他方、朝日、読売、毎日など主要な日本の新聞の一〇月二六日付夕刊は、この日に韓国ソウル市で開催された政府主催の安重根記念行事には、一、二〇〇名の市民が参加して大々的に行われたことを写真入りで報じていた。上述の一〇月三一日付の毎日新聞コラムの執筆者が、日本国内のメディアは伊藤博文公爵の墓前祭をまったく報道せず、伊藤博文の過去の業績や彼の偉大さを日本国民が忘れてしまったことを嘆き、悲しんだ記事を執筆したのは、こうした経緯があったからである。

要するに、一〇〇年前の安重根と伊藤博文の「運命の出会い」について、韓国では知らない国民はだれもいない。それに反して、日本では、墓前祭に出席した関係者以外の国民は、ほとんどだれも二人の「運命の出会い」の日の出来事を知らなかったのである（当然のことながら、安倍政権下で菅官房長官が「安重根は犯罪者である」と公式発言する以前の段階での世間一般の認識である）。

(2)伊藤博文再評価の動向

では、なぜ一〇〇年後の伊藤博文と安重根との慰霊祭や記念式典にこうした両国民の対照的な対応の違いが生じたのであろうか。筆者は、一〇月三一日付の毎日新聞のコラムの執筆者、岩見隆夫が主張するように、伊藤博文という「歴史上の偉大な先達への正当な評価が、この国は乏しい」という根拠のない説明には賛成することができない。現在、多くの日本人は、伊藤博文について、ほとんど知らず、また語ろうとしない。その理由は、岩見隆夫氏の主張とは異なる点にある、と筆者は考えている。簡単に言えば、日本人の多くは、岩見隆夫氏の主張とは異なって、昔から伊藤博文という政治家をそれほど高く評価していたわけではなかった。また、この評価には、それなりの根拠があり、したがって多くの日本人が一〇〇年前の一〇月二六日に伊藤博文が死亡したことを忘れたこともまた、それなりの理由があった。

同様に、ほぼ同じ時期に日本で出版された『伊藤博文――近代日本を創った男』（講談社二〇〇九年一一月刊）の著者、伊藤之雄の主張にも、筆者は賛成することはできない。著者・伊藤之雄によれば、ある種の人々は、第二次世界大戦の敗戦後、日本の軍国主義の植民地政策に対する反省に基づいて、伊藤博文が反動的で野蛮な人間であり、さらに人格的にも女性にだらしのない尊敬に値しない人物である、という評価を作り上げてきた。しかし、この評価は、史実に基づかない一面的なゆがんだ伊藤像である。伊藤博文は、こうした否定的な評価とは反対に、近代の日本を作り上げ、人物も高潔で、韓国の統治にも最後まで慎重であって、韓国の近代化のために尽くした人物である、と著者は主張する。

加えて、著者の伊藤之雄は、安重根が伊藤射殺を正当化するために挙げた一五カ条の犯罪のうちの一つである明成皇后殺害事件に伊藤博文が関与しておらず、この事件を後から知った、と主張する。そしてこの理由に基づいて彼は、二〇〇五年一〇月六日付『朝鮮日報』が報じた伊藤博文の事件への関与説を主張した李泰鎮ソウル大学教授と崔文衡咸陽大学名誉教授の談話などは、「資料の誤読から起こった誤りである」（三六〇頁）と主張する。

筆者の見解では、伊藤之雄説のこれらの主張には、安重根による伊藤博文処断の一五カ条の理由を否定するという意図がうかがわれる。また、筆者のみるかぎり、伊藤之雄説による李教授や崔教授に対する批判の根拠も曖昧であり、説得力に欠ける。さらに伊藤説は、「大切なことは、安重根が伊藤の理想を十分に理解できずに、伊藤の暗殺に至ったのだとしても、独立運動家としての安重根の評価は、貶められるわけではないことである。一般に、異文化間の相互理解は、かなり困難である。一独立運動家が、統治国の最高権力者伊藤の考えや人柄を理解できなくても、それは安重根の責任ではない。」（五八八頁）、と主張する。

（３）安重根解釈の陥穽

筆者の判断する限り、この著者の見解には、史実に対する著者の誤認以上に、史実そのものに対する誤認と論理のすり替えないし思考の混乱が見られる。筆者は、以下で、簡単にその理由を指摘したい。

第一に、著者の伊藤之雄は、安重根が伊藤の理想を十分に理解できずに、伊藤の暗殺に至ったと述べているが、公判速記録や公判記録を読めば、安重根が伊藤博文の考えや朝鮮半島の占領政策、そして当時のアジア情勢に対して、どれだけ的確な認識をもっていたかは明らかである。実際、この点は、すでに多くの日本人もまた指摘してきたことである。ちなみに、伊藤之雄は、公判速記録や公判記録にまったく言及していない点からみて、彼は、安重根の裁判での発言内容をまったく知らないままに、こうした誤った見解を主張していると考えられる。

第二に、著者の伊藤之雄は、日本が古くは豊臣秀吉以来、明治維新後は日清戦争前後から、日本の支配者が朝鮮半島に軍隊を派遣して暴力的に占領支配してきた事実にまったく触れず、伊藤博文の功績だけを史実以上に強調しようとしている。筆者は、伊藤博文公爵が近代国家の建設のために日本の将来を考えた政治家の一人であったことを全面的に否定するわけではない。筆者もまた、多くの日本人と同じく伊藤博文が初代内閣総理大臣になるまでの個人的な努力そのものは、全面的に否定しようとは思わない。しかし、いま問題にすべきは、伊藤博文が韓国人及び朝鮮人に対して朝鮮半島で行ってきた植民地支配政策や犯罪的な行為に対する検証にある。

第三に、著者は、安重根による伊藤博文理解と著者の主張する伊藤博文の考えとの相違や対立点をただちに異文化理解の困難さという一般論にすり換えることで、結果的に、この問題を隠蔽している。この問題は、たんなる異文化理解の難しさにあるのではない。これは、韓国と日本との間の正確な歴史認識の把握と加害者の側の被害者に対する誠実な事実の自覚に基づく、歴史の事実の共有という問題に帰着する。

ちなみに、著者の伊藤之雄は、「俊輔」という名前の犬を飼っているという。周知のように、「俊輔」とは伊藤博文の幼名である。彼は、そこまで伊藤博文という人物に心酔し、彼の政策を支持し、伊藤博文が「近代日本を創った男」であると信じている。このような人物観や歴史観をもった歴史家が、どの程度伊藤博文の所業を客観的で公平に評価できるであろうか。筆者は、伊藤之雄説には多くの疑念を禁じ得ない。加えて、彼の主張するように、一見、多文化理解の立場を尊重するかのような言説を用いて、異文化理解の困難さという一般論に惑わされる国民は、日本だけでなく、韓国でも現れている。それだけに、こうした風潮に対しては、つねに批判し事実認識の誤りを指摘し、訂正していくことが必要である。

2　安重根の遺墨と徳冨蘆花との出会い

(1)媒介者・トルストイの存在

次に筆者は、徳冨蘆花という人物がトルストイを媒介として、安重根と目に見えない糸によって結ばれているという「埋もれた歴史」に目を向けてみたい。そこでここでは、安重根の遺墨と徳冨蘆花との出会いを話題にする。第一に筆者が注目したい点は、トルストイは安重根の刑死した一九一〇年に八二歳で亡くなったという史実にある。第二に、徳冨蘆花は、一九〇六年六月一七日、ロシアのヤースナヤ・ポリャーナに老年のトルストイを訪ね、数日間滞在している。第三に、トルストイは、一八六九年一〇月に彼の平和論ともいうべき小説『戦争と平和』を完成させ、一二月に公表している。この小説の執筆中にトルストイは、カントを読み、『戦争と平和』の結語をカントの主著『純粋理性批判』（*Kritik der reinen Vernunft*, 1781、改訂第二版 1787）の中心テーマである自由と必然性のアンチノミー（Antinomie）「二律背反」にかかわる言葉で結んでいる。その後、トルストイは、カントの道徳主義の思想に傾倒していく。第四に、当時の多くの日本の知識人と同様に、徳冨蘆花は、トルストイの道徳主義の思想や平和思想に強く惹かれていたのである。筆者は、これらの歴史上の事実が、安重根と徳冨蘆花との「出会い」の伏線になっている点に注意を促しておきたい。ちなみに、徳冨蘆花（本名健次郎、一八六八–一九二七年、満五九歳で没）は、一八八五年に生地の熊本で、洗礼を受けたキリスト教徒である。

（２）安重根の遺墨の物語

ところで、生前、安重根が遺した書の数は、二〇〇幅以上に及ぶと言われている。それらのなかで、処刑直前に彼が認《したた》めた遺墨は、当時、旅順監獄の看守であった宮城県出身の陸軍憲兵・千葉十七へと譲り渡され、千葉が生涯拝み続けた「為国献身軍人本分」だったと言われている。この遺墨をめぐる安重根と千葉十七との魂の交流の物語については、多くの人が機会あるごとに語り、筆者もまた、さまざまな機会に触れてきた。

そこで、本稿では、徳冨蘆花が、かつて日本が植民地支配していた中国の大連に旅行した際（ちなみに蘆花は、一九一三年九月二日から一一月三〇日までの間、旧満州・朝鮮半島、九州地方を旅行した）、一〇月一六日に友人から贈られた一幅の遺墨にまつわる「歴史の物語」を語ることにしたい。その遺墨は、「貧而無諂富而無驕」であり、この書もまた、彼が処刑された三月に認めたものである。この遺墨は、二〇〇九年九月から三ヵ月間、芸術の殿堂の一室に展示された。この遺墨の文章は、『論語』「巻第一」「学而第一」から引かれたもので、その前後の文章を補足すると、次の通りである。「子貢が曰わく、貧しくして諂うこと無く、富みて驕ること無きは、何如。子の曰わく、可なり。未だ貧しくして道を楽しみ、富みて礼を好む者には若かざるなり」。（『論語』金谷治訳注、岩波文庫二一頁）

この遺墨もまた、他の多くの遺墨と同様に、安重根の孔子の儒教思想に対する深い学殖と豊かな教養を窺わせている。しかしこの遺墨には、これまでに発見された遺墨には見られない大きな特徴がある。それは、この遺墨を入手した徳冨健次郎が、その入手の経緯と遺墨の文章の内容、そして安重根に対する彼の考えを、彼の遺墨の右側に簡潔に綴っていることにある。その文章は、およそ次のように解読できる。

大正二年秋十月、南満漫遊の際、旅順小学校〔二〇一一年九月現在、大連市第五十六中学〕の菱田正基子より寄贈された論語の文である。子貢がいった、「貧しくてもへつらわず、金持ちでもいばらないというのは、いかがでしょうか」、と尋ねた。先生は答えられた。「よろしい。だが、貧しくても道義を楽しみ、金持ちでも礼儀を好む者には及ばない。」安子〔安重根〕のこの書を得て、その通りだと思った。彼に、この貧しくても楽しみ、金持ちでも礼儀を好むような境地に達せていたのなら、必ず春畝翁〔伊藤博文公〕の刺客というだけの人物〔だという否定的な評価〕に甘んじさせるのは、極めて残念なことである。

大正七年秋十月四日　徳冨健次郎〔蘆花〕題す

大正二年とは、西暦一九一三年である。安重根が遺墨を書いたのは一九一〇年三月、蘆花がこの書を入手したのは、一九一三年一〇月、そして上記の書き込みをしたのが一九一八年のことである。したがって、この掛け軸を表装したのは、一九一八年以降のことである。ちなみに、その後この遺墨は修理されないままだったようである。そこで、掛け軸の表装の傷みが激しくなったので、一九九七年一一月に表装を修理したと言われている。芸術の殿堂に飾られた安重根の遺墨は、これらの多くの人々の安重根と蘆花に対する密かな、そして熱い思いによって、韓国民の前に掲げられることができたのである。（表装のいきさつについては、東京都から提供された蘆花会会長・浅原健氏の小文を参照させていただいた。）

ところで、安重根が処刑された一九一〇年三月の二ヵ月後には、日本では「大逆事件」と呼ばれた明治天皇暗殺計画の容疑で、大勢の民主主義者・社会主義者が逮捕・起訴された。徳富蘆花が大連の地を訪れたのは、首謀者とされた幸徳秋水らが死刑判決を受けた時期からまもなくのことであった。ちなみに、いわゆる「韓国併合」も、同じ一九一〇年八月に強行された。この時の内閣総理大臣は桂太郎であり、徳富健次郎は、明治天皇や桂太郎宛に幸徳秋水の助命の嘆願書を提出した。明治政府に批判的な徳富蘆花は、安重根についても、遺墨のいわば添え書きに、安重根への共感と彼の死を悼む思いを認めていたのである。

（3）日本の知識人の安重根評価

徳冨蘆花もまた、上述のようにトルストイの影響を強く受けており、彼の生き方にも深い共感を示していた。しかし、トルストイの人道主義や道徳主義的な生き方は、蘆花に限らず、当時の日本の多くの知識人や読書人に大きな影響を与えていた。蘆花は、カソリックの信者であった安重根の生き方のなかに、トルストイのような人類愛や人道主義、道徳主義的な高潔さや崇高な理想を見出していたのだと思われる。安重根の公判速記録を入手して読んだ夏目漱石や、安重根への思いを密かに詩に託した石川啄木のような近代日本を代表する小説家や詩人にも、安重根に対する蘆花と同様の共感や共鳴を読み取ることができる。

夏目漱石は、晩年の連載小説『門』の伊藤博文が射殺された五、六日後に書かれた文章の中で、主人公・宗助に「暗殺事件についてては平気に見えた」、とこの事件の感想を語り、さらに伊藤がなぜ殺されたのかという主人公の弟の問いに「やっぱり運命だなあ」と答えさせている。主人公の「やっぱり運命だなあ」という言葉には、漱石の伊藤博文に対する冷静な評価以上に、「伊藤が射殺されたのは彼の自業自得である」という冷淡な態度すら読み取ることが可能である。実際、徳富蘆花、夏目漱石、石川啄木など近代日本を代表する著名な知識人は、多くが安重根の志の高さ、崇高な精神に感動して、強い感銘を受けていた。

さらに注目すべき事実として、秋田県在住の代議士で当地の近代化に尽力した近江谷栄次は、獄中の安重根から書簡を受け取った。その息子の小牧近江は、法政大学社会学部教授を務め、自著『ある現代史』(法政大学出版局、一九六五年)の中で、「私たち一家は、彼(安重根)が死刑になった日、仏前に線香を上げて冥福を祈りました」(一六頁)、と述べている。彼らはみな、安重根の崇高な精神に感動し、彼の死を悼み、上記の伊藤之雄氏のように、安重根が伊藤博文を誤解していたという見解とは異なり、むしろ正反対の評価を下してした。

ところで、この遺墨は、蘆花没後、夫人の意向により居住地の東京都に三万点ともいわれる他の遺品とともに遺贈された。東京都の厚意により、約一〇〇年ぶりにこの遺墨は数ヵ月という短期間ではあったが、里帰りすることができた。日本には、まだ多くの遺墨が遺されている。筆者は、今後も、安重根の遺墨の新たな発見や韓国への返還を密かに望んでいる。

3　夏目漱石の安重根に対する評価

では夏目漱石は、安重根や彼の伊藤博文射殺という行為をどのように評価していたのだろうか。ここで筆者は、韓国人の視点を参考にして、夏目漱石の日本人及び日本社会に対する見方を検討する。

(1)韓国人からみた漱石像

韓国人による最近の漱石研究『漱石と朝鮮』(〔日本の〕中央大学出版部、二〇一〇年)のなかで、著者の金正勲は、漱石の小説『門』の登場人物による安重根にかんする発言から、漱石の安重根や当時の日本の軍国主義に対する評価を試みている。上述の筆者の見解と『漱石と朝鮮』の漱石研究との間には、多くの共通点がある。端的に言えば、安重根の評価にかんする金正勲と筆者の共通点は、「彼(安重根)の思想の根幹は〈東洋平和論〉と〈朝鮮独立論〉であった」、とする点にある。ただし、筆者の補足を加えれば、安重根の最終的な狙いは、中国・韓国・日本を中心にしたヨーロッパ列強による植民地支配からの東アジア諸国の真の独立と東アジア共同体の構築にあった、と言ってよい。

また、晩年の夏目漱石の評価についても、『点頭録』にみられるように、「武力で制圧しようと狙う軍国主義がいかに人類に破滅と犠牲をもたらすものかを赤裸々に述べた。彼（漱石）は死を目前にしていたが、世界平和を願い、軍国主義を痛烈に批判する勇気ある声を発した」、という『漱石と朝鮮』の著者の見解にも筆者は賛成である。さらに、「満州に象徴される〈過去〉の持つ罪の絆から脱皮できない『門』の主人公の運命も、近代日本に生きる人間に共通する運命であった」という指摘にも、筆者は基本的に賛成する。

他方、『漱石と朝鮮』の著者は、「漱石は、アジアの普遍的倫理から離れていく日本の現実と壮絶に闘争する人物を『門』では描けなかった。激動する時代の前で現実を凝視するだけであったかのように見える」、と漱石の社会批判の不十分さを批判する。また、そのように批判する論拠として、小説『門』の主人公の宋助が、小説のなかで伊藤博文が安重根に射殺された事件に触れて、その理由として漱石が「矢張り運命だなあ」という返事を宋助に与えた点を指摘する。さらに「〈運命〉、これが宋助を通してもらした漱石の唯一の感想で」あり、伊藤博文が「ハルビンへ行って殺される方が可いんだよ」と言う宋助のセリフの背後にある理由が見られない点にも、漱石の不十分さを読み取っている。最後に『漱石と朝鮮』の著者は、この宋助の弱さの理由として、「宋助にしても、いくら新聞に目を通しているとはいえ、新聞報道が禁止されていたと思われる安重根の〈東洋平和論〉などを、その時点で知るはずはないが、そのような敏感な問題について、突っ込んで入りたくなかったのではないだろうか」と、主人公・宋助の弱さと作者・漱石の弱さや当時の社会状況を分析している。

（2）『漱石と朝鮮』の著者に対する疑問

これらの漱石批判には、大変興味深い指摘が少なくない。だが、筆者は、第一に、漱石が宋助に「矢張り運命だなあ」と言わせたことの意味と、第二に、「新聞報道が禁止されていたと思われる安重根の〈東洋平和論〉などを、その時点で知るはずはない」という二点について、『漱石と朝鮮』の著者とは異なる見解を有する。説明の便宜上、まず二点目から、私見を述べたい。結論を言えば、漱石は、『門』の当該個所を執筆していた時点でこの事件を知っており（小説冒頭の日曜日は一九〇九年一〇月三一日）、『門』の完結頃には、安重根の「東洋平和論」の内容をある程度知っていたと推測される。詳しくは、別の機会に触れたので、要点のみ言えば、夏目漱石は、安重根処刑二日後に公刊された『安重根事件公判速記録』をいち早く入手して、それを読んでいた可能性が高いのである。実際、一九〇九年九月から一〇月に及ぶ漱石の「満韓旅行」は、半年後に安重根裁判の公判速記録を刊行した「『満州日日新聞』の経営交代劇と密接に結びついていたのである」（『図書』岩波書店、二〇一〇年八月号所収、宗像和重「漱石と金沢求也――立花君が発見したこと」二六頁）。次に、宗助の「矢張り運命だなあ」というセリフ、要するに漱石の感想は、筆者の解釈では、伊藤博文に対する「自業自得だ」という冷淡な評価を意味していた。この解釈が妥当であれば、『漱石と朝鮮』の著者の見解は、この二点にかんするかぎり、修正を必要とする。それでも日本人は、漱石の時代にかぎらず、今日、同様な事件が起これば宋助と同様な反応を示す人が少なくないだろう。この点では、依然として『漱石と朝鮮』の著者の見解は、日本人の「ある種の弱さ」を鋭く指摘している点で、優れたものである。

4　安重根の「東洋平和論」とイマヌエル・カントの「永遠平和論」

（1）カントの「永遠平和論」の主要論点

二〇〇九年に筆者は、カント研究者として、「義挙」一〇〇年記念行事の幾つかの国際学会で、安重根が執筆した「東洋平和論」とカントの論文「永遠平和論」との関係に触れた。それ以前にも、日本国内で数回、同様の主旨の発表を行い、その一部分は、二〇〇八年に安重根義士崇慕会発行のニューズ・レターでも紹介され、それを見た韓国の李泰鎮ソウル大学教授（当時）から個人的に、「東洋平和論」とカントの「永遠平和論」との関係について多くの質問を受ける機会があった。そこで、本稿では、二人の平和思想の共通点の主要な部分の紹介だけにとどめたい。

安重根の「東洋平和論」については、別の機会に立ち入っているので、本稿では簡単にカントの「永遠平和」の思想の主旨に触れて、次に二人の平和思想家の共通点を紹介する。

まずカントは、永遠平和は人類が実現すべき「最高の政治的善」であると明言している。また、カントは、「永遠平和」の実現のために、六つの「国家間の永遠平和のための予備条項」および三つの「確定条項」を提案している。特に、次の「予備条項」は、国家間に真の平和を実現するためには、実現されていなければならない六つの必然的な条件が定式化されたものである。さらに「確定条項」は、国家間の平和は新たに基礎づけられた国際法によって保障されるべきであると主張するカント法哲学の要請である。

カントによれば、予備条項の１「将来戦争を起こすような材料を密かに留保して締結された平和条約は、決して平和条約と見なされてはならない」。これは、列強諸国による東アジア諸国、特に清や朝鮮半島の分割支配の禁止事項と解することができる。実際、カントにとっても、平和は、たんに戦争が事実として起きていないこと、したがって戦闘状態にないことを意味するだけでなく、「あらゆる敵対行為の終結を意味する」。

２「独立して成立しているどのような国家も（その大小はここでは問題ではない）、継承、交換、買収、あるいは贈与によって、他の国家の所有にされてはならない」。筆者の見解では、この記述は、日本による「韓国併合」の禁止事項と解釈することができる。

３「常備軍は時を追って全廃されるべきである」。筆者の解釈では、これは明治政府による富国強兵政策が韓国や清などの他国支配を帰結した歴史の経緯を予見している。それだけでなく、この見解は、今日では再軍備を禁じた日本国憲法第九条の遵守の見解とも重なる。

4「国家の対外的紛争に関連して、どのような国債も発行されてはならない」。このカントの主張は、安重根が伊藤を射殺した理由の一五カ条の罪状のうちの一つ「二、三〇〇万円の国債発行」の罪状と一致する。加えて、戦前の日本の軍国主義の重税政策に対する批判と解釈することもできる。

5「どのような国家も暴力をもって他国の体制及び統治に干渉してはならない」。この見解は、国際法からみて国家間の共存の原則を意味している。このカントの主張によれば、「韓国併合」は国際法違反である。この歴史的事実は、近年日本で刊行された国際的な研究成果によっても、実証されている。

6「どのような国家も他国との戦争において、将来の平和に際し、相互の信頼を不可能にせざるを得ないような敵対行為は、決して行ってはならない」。これらのカントの見解は、アジアにおける植民地支配時代に日本軍が韓国・中国などで行った大規模で野蛮な軍事行動を予見していた、と解釈することができる。

また、永遠平和のための第一の確定条項は、「各国家における市民的体制は共和的でなければならない」。この見解の重要性は、明治以降の日本の超国家主義やナチス・ドイツのヒトラー総統による独裁制が侵略戦争と不可分であることを想起すれば、明白である。第二確定条項は、「国際法は自由な諸国家の連盟〔国際連盟〕の上に基礎を置くべきである」。この原則は、周知のように「国際連合」（UN）の役割や「ヨーロッパ連合」（EU）の設立の重要性を唱導した見解である。第三確定条項は、「世界市民法は普遍的な友好の諸条件に制限されるべきである」。この主張は、グローバル化時代に妥当すべき人類全体に及ぶ法「世界市民法」の意義を強調したものである。次に、二人の平和思想の共通点を七点に限定して明らかにする。

(2)安重根とカントの平和論の共通点

第一に、安重根は、義軍中将として朝鮮半島から中国、ロシア領を移動し日本軍と戦いながら、最新の国際情勢にも目配りして的確な情報を得ていた。カントもまた、バルト三国とポーランドに挟まれた東プロイセンの首都ケーニヒスベルクという港町に居住して、最新の国際情勢に通じていた。カントは、人間や社会、政治に対する冷静で厳しい見方をした現実感覚のもち主であった。国際平和の実現のために、常備軍の縮小や軍備の財政的なあり方など具体的な提言を行った点でも、両者は共通している。この点でカントは、安重根と同じように物事に対する優れた洞察力と現実の政治のあり方や国際法の役割も適切に把握していた。二人は、独立国家の国内法、民主的な国家間の国際法、そして人類全体に及ぶ法的秩序による世界平和の実現のプロセスも念頭に入れていた。平和の実現と国家の独立は、不可分であることも、二人は経験に根ざして深く自覚していた。カントもまた、ロシア軍に占領支配された土地で生活を強いられた経験の持ち主である。

第二に、二人は、西洋の列強諸国がアジアを植民地支配していることに対して厳しく批判している。彼らは、ヨーロッパの植民地主義が東洋平和や永遠平和の実現を妨げているという洞察でも共通の認識をもっていた。カント哲学の中心概念は、人間の自由にあり、彼は宗教論の発言のゆえに、当時の権力者によって発言や講義、出版の自由も禁じられ、主著『純粋理性批判』は、焚書の対象になったこともある。ジュネーヴ条約に通じた安重根は、日本兵捕虜に対して自身の戦いの正当性を説いた後、彼らを解放した。安重根もまた、本質的な意味での自由の戦士であり、祖国解放戦争に殉じた憂国の志士であった。人間の尊厳と自由、そして法的な平等の実現は、二人の共通の強い願いであった。二人は、植民地支配の非人間性を誰よりも深く認識していたのである。

第三に、二人は、平和思想と教育との深い関係についても、共通の認識をもっていた。平和の実現のためには国家が優れた人間を育成し、とりわけ道徳的な人間を育成しなければならないという教育哲学の思想の重要性についても、二人の認識は一致していたのである。安重根は、私財を投じて学校を設立し教壇に立ち、カントは、教育学の講義を行った人物である。また、国際的な経済交流の促進が平和の実現に寄与するという認識でも、両者は一致している。二人は、優れた教育こそ、国家の独立の実現と道徳的に優れた人間を育成して、国際関係の安定と平和に貢献する、と考えていた。二一世紀の現代でも、国内および国際政治の安定と保障、そして東洋平和と永遠平和の実現には、優れた国際人の育成が不可欠である。

　第四に、二人は、武力による平和の実現が不可能であることを見抜いていた。平和論は、逆の観点から表現すれば、戦争論を意味する。戦争と政治との関係については、基本的に二つの対立する見解があった。一方は、戦争は政治の一環ないし政治の延長であるという見解である。他方では、戦争は、国家間の政治的交渉の破綻ないし限界を超えたものであるという見解がある。後者は、政治制度のあり方そのものにも危機を生み出すという考え方になる。戦争はできるかぎり、回避されなければならない。安重根とカントの二人は、この点でも共通の認識を有していた。それと同時に、戦争が回避できない事態でも、戦後の新たな平和の実現のための努力は、不可欠である。この点の認識でも、二人は共通の理解をもっていた。

　第五に、二人の哲学者の平和論の理論的前提には、キリスト教の神の存在と摂理が存在していた。カソリック教徒の安重根は、ローマ法王庁の世界的な影響力に期待していた。プロテスタントのカントは、目に見える教会には批判的であり、歴史のなかで働く自然と摂理に人間の実現の努力の不十分さの補完的な役割を期待した。二人は、宗教の役割が世界の平和に重要な役割を果たす、と確信していた。安重根とカントは、人間が努力を尽くしつつ、同時に人間の能力を超えた力を信じながら、絶望に耐えることの意味を教えている。

　第六に、筆者は、二人の歴史の未来を見据えた哲学的洞察力の卓越さを指摘したい。多くの人々は、東洋平和や永遠平和の可能性に懐疑的である。この疑念は、カントの時代も、安重根の生きた時代も、国際紛争の絶えない二一世紀の今も変わっていない。国際連合の理念は、カントの永遠平和論にあるといわれ、韓国の学者は、安義士の東洋平和論がヨーロッパ連合（ＥＵ）の理念の先駆である、と指摘している。私は、この指摘は妥当であると思う。二人の思想家は、現実の政治の冷酷さと戦争の危機を十分自覚したからこそ、ともに平和の尊さと人間の尊厳を訴えたのである。

　第七に、筆者は、安重根とカントの平和論の主張には、環境倫理学の領域では市民権を獲得した「世代間倫理」の考えが基礎にあったことを指摘したい。二人とも、平和の実現のために、なによりも人間が強い意志をもって着実に努力し続けることの重要さを訴えていた。もちろん、安重根もカントも、ともにこの平和の実現の困難さを十分自覚していた。実際に、カントは、人間が相互に尊敬に値する人間であるためには、永遠平和という人類に課せられた「使命」をどれだけ時間がかかっても実現に向けて努力することが「人類の義務」である、と考えた。安重根は、東洋平和、韓国及びアジア諸国の独立は、どんなに実現困難であっても、また人間世界の外部の力をもってしても、消し去ることのできない「使命」である、と考えた。この営みは、特定個人が自身の人生のなかで一挙に実現できる事業ではない。東アジアの人間が、そして人類が平和の実現に向けて、世代を超えて、諸国民の間で連携しながらその実現に向かって努力し続けなければならない。

おわりに――結論

安重根とイマヌエル・カントという東西の二人の平和思想家の理念、とりわけ安重根の遺言ともいうべき「東洋平和論」の理念は、日本の政治家が近年提唱した「東アジア共同体」という利益共同体の構想とはまったく異質である。筆者は、真の意味での「東アジア共同体」を実現可能にするためには、ヨーロッパ連合（ＥＵ）のように、政治・経済・軍事だけでなく、文化・教育・宗教などの交流や相互の信頼関係の構築が最も重要な前提条件である、と考える。

筆者は、そのために第一に、日本人は「世代間倫理」の原理に基づいて、ドイツ人のように、祖先が韓国国民に犯してきた歴史上の罪過を認める必要がある。第二に、日本人による和解のための努力とその条件作りが不十分であるため、韓国と日本が「近くて遠い国」と呼ばれている現状に対して、「近接倫理」の原理に基づいて、深く反省すべきである。第三に、日本の植民地支配とそこでの非人道的な抑圧に対して、英雄的な抵抗活動を行った安重根を始め韓国国民に、謹んで哀悼の意を表し尊敬の念を表することが必要である。第四に筆者は、安重根の「東洋平和論」の現代的意義を明らかにする義務がある、と考える。

要するに筆者は、「歴史の沈黙」によって強いられたこれらの「歴史の記憶」を蘇らせ、それらを繰り返し物語り、そうした記憶を東アジアの人々と共有することがいっそう重要である、と信じている。筆者は、こうした共同の作業を通じて安重根が死の直前まで「東洋平和論」を執筆した東アジアの平和の実現という共同の作業に参加すべきである、と考えている。

付記

本稿の４には、拙論「東洋平和と永遠平和――安重根とカントの理想」（『法政大学文学部紀要』第六〇号、二〇一〇年三月刊行）の内容と重複する記述があることをお断りしておく。また、本稿は、今回の『社会科学研究叢書』への掲載にあたり、その後判明した事実を含む必要な加筆・修正を行った。

参考文献

安重根〔1910〕「東洋平和論」（伊東昭雄訳『世界』、岩波書店、二〇〇九年一〇月）。

安重根義士崇慕会編〔2009〕『大韓国人　安重根』（韓国語版）。

安藤豊禄〔1984〕『韓国わが心の故里』原書房。

市川正明〔1979〕『安重根と日韓関係史』原書房。

市川正明〔2005〕『安重根と朝鮮独立運動の源流』原書房。

伊藤之雄〔2009〕『伊藤博文　近代日本を創った男』講談社。

伊藤之雄・李盛煥編〔2009〕『伊藤博文と韓国統治』ミネルヴァ書房。

岩見隆夫『毎日新聞』一〇月三一日付コラム〈近聞遠見〉。

大野芳〔2003〕『伊藤博文暗殺事件――闇に葬られた真犯人』新潮社。

大矢吉之・古賀啓太・滝田豪編〔2006〕『ＥＵと東アジア共同体』萌書房。

金谷治訳注『論語』岩波書店。

上垣外憲一〔2000〕『暗殺・伊藤博文』筑摩書房。

韓碩青〔1997〕『安重根』（金容権訳、作品社、一九九七年）。

金正勲〔2010〕『漱石と朝鮮』中央大学出版部。

金正明編〔1972〕『伊藤博文暗殺記録』原書房。

Kant, I.〔1781,1787〕*Kritik der reinen Vernunft*（有福孝岳訳、『純粋理性批判』（『カント全集』第五巻、岩波書店、二〇〇三年）。

小牧近江〔1965〕『ある現代史』法政大学出版局。

斎藤充功〔1994〕『伊藤博文を撃った男　革命義士安重根の原像』時事通信社。

斎藤泰彦〔1997〕『わが心の安重根――千葉十七・合掌の生涯』増補新装版、五月書房。

鹿嶋海馬〔1995〕『伊藤博文はなぜ殺されたか』三一書房。

瀧井一博〔2010〕『伊藤博文　知の政治家』中央公論新社。

滝田賢治編〔2006〕『東アジア共同体への道』中央大学出版部。

谷口誠〔2004〕『東アジア共同体――経済統合のゆくえと日本』岩波書店。

『朝鮮日報』二〇〇五年一〇月六日付。

津留今朝寿〔1996〕『天主教徒――安重根』自由国民社。

寺西俊一監修〔2006〕『環境共同体としての日中韓』集英社。

統一日報社編〔2011〕『図録・評伝　安重根』日本評論社。

トルストイ、L. N.〔1863–69〕『戦争と平和』（藤沼貴訳、岩波書店、二〇〇六年）。

夏目漱石〔1990〕『門』岩波書店、岩波文庫改版。

牧野英二〔2010〕「東洋平和と永遠平和――安重根とカントの理想」『法政大学文学部紀要』第六〇号。

Makino, E.〔2013〕“Weltbürgertum und die Kritik an der postkolonialen Vernunft,” in : S. Bacin, A. Ferrarin, C. L. Rocca, M. Ruffing（Hrsg.）, *Kant und die Philosophie in Weltbürgerlicher Absicht*. Bd. 1. Walter de Gruyter.

宗像和重〔2010〕「漱石と金沢求也――立花君が発見したこと」『図書』岩波書店、八月号。

満州日日新聞社編〔1910〕『安重根事件公判速記録』。

第2章　東アジア歴史認識問題の焦点としての安重根
――東北アジア情勢と「東洋平和論」

柳《ユ》永烈《ヨンリョル》

1　序文

今年〔二〇一五年〕、韓日修交五〇周年を迎え、韓日共同で安重根関連学術会議を開催することは意義深いことだと思う。

日本人は、明治憲法の草案者であり日本の近代発展を主導した政治家として、伊藤博文を愛国者として尊敬する。そのため、日本人は伊藤を殺害した安重根を凶悪な殺人犯として罵倒したりもする。一方、韓国人は韓国の保護国化と植民地化を主導した侵略の元兇伊藤を処断した安重根を愛国者として尊敬する。このように伊藤と安重根はそれぞれ自国で愛国者として尊敬されている。ところで伊藤は弱い隣国を侵奪して自国の発展を追求して命を失った愛国者であり、安重根は強い隣国の侵略から自国の独立と東洋の平和のために命を捨てた愛国者という点で違いがある。

安重根は教育振興と殖産興業によって実力を養成することで独立を回復しようとする愛国啓蒙家だった。しかし、彼は一九〇五年の「乙巳《ウルサ》保護条約」締結後、伊藤統監の強圧的な内政干渉と一九〇七年の「丁未《チョンミ》条約」締結以後、国家滅亡の状況で、実力養成による国権回復は不可能だと判断した。したがって、彼は義兵闘争と伊藤の処断を通じて、韓国人の独立の意志を世界に知らせて、韓国の独立と東洋平和に寄与しようとした。安重根はこのような自身の所信を明らかにするため、「東洋平和論」を執筆した。

それではまず、日清戦争以降、日本とロシアが朝鮮半島と満州を掌握するために競り合う過程を東北アジアの国際情勢の中で見て、日本が韓国を併合していく過程で、伊藤博文の役割を見てみよう。そして次に、安重根が東洋平和を主張する理由と彼の韓国の独立と東洋平和のための活動、そして彼が構想した「東洋平和論」の内容を見てみよう。

2　日露戦争前後の東北アジア情勢

(1)日露戦争以前の東北アジア情勢

日本は一八九五年四月、日清戦争の結果結んだ「下関条約」で、朝鮮を「独立自主国」と規定して、朝鮮と清国の伝統的な関係を断絶させて、清から遼東半島と台湾を割譲させた。翌月五月、満州進出を狙っていたロシアは、フランス・ドイツとともに三国干渉を通じて遼東半島を清に返還するようにした。三国干渉はロシアの南下政策と日本の北進政策の初の衝突だった。[*1]

三国干渉以降、朝鮮の政界には親露勢力が登場して、朝鮮王妃は、ロシアの勢力で日本勢力を除去しようとした（引ロ拒日策）。これに一八九五年一〇月、日本公使（三浦梧楼）が主導して朝鮮王妃を殺害した（乙未事変）。当時、日本総理大臣は伊藤博文だったために、安重根は伊藤が王妃殺害に介入したと見ている。日本が行った王妃殺害と親日内閣が推進した断髪令に抵抗して、抗日義兵が蜂起した（乙未《ウルミ》義兵）。義兵運動で全国が騒々しくなった隙を狙って朝鮮国王は一八九六年二月、ロシア公使館に避難した。国王のロシア館播遷に親露内閣が成立して、朝鮮における日本勢力は弱くなり、代わりにロシアの勢力が強化された。[*2]

ロシア館播遷から一年ぶりに朝鮮国王が慶運宮《キョンウングン》に還宮した後、一八九七年一〇月朝鮮は国号を「大韓帝国《テハンチェグク》（韓国）」に変えて国王を「皇帝」と称して、外見上、列強と対等な独立国家の体制を整えた。しかし、大韓帝国は、国力が弱く、列強の利権侵奪が深刻で、特にロシアは、政治・経済・軍事的に相当な影響力を行使した。日本は日清戦争の勝利にもかかわらず、ロシアによって満州と朝鮮から追い出されるや、ロシアを仮想敵国として軍備増強に邁進した。[*3]

一方、日清戦争（一八九四年）と三国干渉（一八九五年）以来、清国も列強の利権争奪地になった。一八九六年六月、ロシアは三国干渉の見返りに清国から東清鉄道敷設権を獲得した。一八九七年にドイツが膠州湾を租借するや、ロシアは旅順を占領し、一八九八年には清国から旅順と大連を租借して、南満州鉄道の敷設権も獲得した。一方、フランスは広州湾を占領しており、これに英国は九龍半島と威海衛を租借した。この頃、アメリカは米西戦争（一八九八－一八九九年）でフィリピンを占領し、列強に対して清国での自由な経済活動の保障を意味する「門戸開放」と「機会均等」を要求した。[*4]

このような列強の清国侵奪に対応して、一九〇〇年に義和団が「扶清滅洋」の旗を掲げて、広範な地域で排外運動を展開した。義和団が、ロシアが建設中の東清鉄道を攻撃するや、ロシアは一六万の大軍で満州全域を占領して、列強の集中的な牽制を受けた。義和団が北京の列国公館を包囲するや、列国の要請によって、日本は一個師団の兵力を派遣し、これを迅速に鎮圧したことで、「極東の憲兵」という別名を得ることになった。ロシアの旅順・大連租借（一八九八年三月）と満州占領（一九〇〇年七月）を契機に、ロシアを牽制しようとする日本・英国・アメリカの三角協助体制が形成され、ロシアは外交的に守勢に追い込まれて、日本の立場は強化された。[*5]

ところが、ロシアは列国の満州撤兵要求に応じて、むしろ清露密約（一九〇〇年一一月）を結び、満州支配を強化した。一方、ロシアは一九〇一年一月「列国の共同保障の下の韓国中立化案」を日本に提議したが、日本は「満州はロシアに、朝鮮半島は日本に」といういわゆる「満韓交換論」で対応した。ロシアの満州占領と韓国での影響力の増大は、日本と英国を接近させて、一九〇二年一月、「第一次日英同盟」を締結させた。この条約を通じて日英両国は、形式的には「韓国と清国の独立保障」を標榜しながら、「英国は主に清国で、日本は清と韓国での特殊な利益を相互に認定」することで、東北アジアの利権を分割しようとした。[*6]

日本は一九〇三年八月「満州でロシアの鉄道経営に対する特殊利益を認め」て、「韓国で日本の全面的な権益と韓国鉄道の南満州までの延長を認める」よう協商案をロシアに提案した。これに対し、ロシアは一九〇三年一〇月「韓国で日本の政治的経済的優越権利を認めて、満州では日本の利益を認めず、三九度線以北の朝鮮半島を中立化すること」を修正提案したが、日本はこれを拒否した。[*7]

(2)日露戦争以降の東北アジア情勢

満州と朝鮮半島の利権をめぐる日本とロシア間の交渉が続く中で、日本は一九〇四年二月八日、日露戦争を起こした。日本は開戦後直ちに韓国臨時特派隊を派遣し、ソウルを掌握して、二月二三日、「韓日議定書」を強要して韓国の独立と領土の保全を約束しながら、韓国の施政改善の忠告権と軍事作戦地の使用権を奪取した。この時、枢密院議長の伊藤博文が特派大使として韓国に派遣されて、議定書の実行を強要して、韓国駐箚軍が広大な土地を軍用地として接収して、九月までは二個師団の兵力が韓国の要衝地を占領した。[*8]

一方、日本政府は一九〇四年五月「適当な時期」に韓国を日本の「保護国に」または「併合」するという対韓方針を議決して、八月には「第一次韓日協約」を強制締結して、日本人顧問らが韓国の内政に干渉、監督する「顧問政治」を実施した。そして、日本軍が一九〇五年一月の旅順陥落、三月の奉天会戦、五月のバルチック艦隊撃破につながる勝戦過程で、四月、日本政府は「韓国を保護国」にすることを確定して、列強の了解を得るための外交交渉を推進した。[*9]

日本は米国と「タフト・桂太郎密約」（一九〇五年七月）を結び、「米国のフィリピン支配と日本の朝鮮半島支配」をお互いに認めた。日本はイギリスと「第二次日英同盟」（一九〇五年八月）を結んで、「英国のインドに対する特別な利益」を認めて、「日本の韓国に対する指導・保護・監理の権利」を認められた。日本はロシアと「ポーツマス講和条約」（一九〇五年九月）を結んで、ロシアから満州の長春以南の南満州鉄道と樺太（サハリン）南部を譲渡されて、韓国に対する指導・保護・監理の権利を認められた。[*10]

これに対して日本政府は韓国に対する「保護条約締結計画案」（一九〇五年九月）を決定し、伊藤博文は天皇特派大使としてソウルに派遣された。特派大使伊藤は、在韓日本公使の林権助、韓国駐劄軍司令官の長谷川好道とともに、軍隊で韓国の王宮を包囲して、韓国皇帝と大臣たちを脅し、一九〇五年一一月一七日、「第二次韓日協約」、すなわち「乙巳条約」を締結したことで、韓国を保護国にした。日本は一九〇六年二月にソウルに統監府を設置して、「統監政治」を実施したが、伊藤は統監になって、韓国の外交だけでなく、内政も管理する強大な権限を持ち、事実上総督の地位にあった。[*11]

伊藤統監は一九〇七年七月、ハーグ密使事件を口実にして韓国皇帝を廃位して、「韓日新協約」すなわち「丁未条約」を強制締結して日本人の次官を置いて「次官政治」を実施しており、八月には韓国軍隊を解散させて、韓国を傀儡国にした。当時、韓国は伊藤統監の承認なしには官吏任免と法令制定はもちろん、どんな行政処分もできない、事実上、日本の植民地に転落した。[*12]

伊藤統監は「乙巳条約」以降、愛国啓蒙家たちの実力養成運動を過酷に弾圧し、日本軍は国権回復を目標とする抗日義兵を「暴徒」として追いやって、残忍な「暴徒討伐作戦」を行い、幾多の人命を殺傷した。[*13]安重根は残忍な義兵討伐作戦について「疆土を奪って人を殺す者が暴徒なのか、自分の国を守って外敵を防ぐ人が暴徒なのか」として伊藤統監を強く批判した。[*14]

一方、日露戦争以降、列強の関心は満州に集中された。日本はロシアと締結した「ポーツマス講和条約」（一九〇五年）と満州派兵部隊に支えられて、満州経済の大動脈である南満州鉄道を掌握して（一九〇六年）、満州市場を独占していった。そして、日本は関東都督府を設置して（一九〇六年）、遼東半島の租借地を統治した。こうした日本の「南満州独占化政策」は英国、特にアメリカの強い抗議を受けた。アメリカと英国は清国における「門戸開放」と「機会均等」のために、ロシアの満州独占に反対して日露戦争時に日本を後援しただけに、戦後に約束を破った日本の南満州利権の独占を容認できなかったのだ。[*15]

ところが、英国は態度を変え、日本と一九〇七年、「日英軍事協定」を締結して、同盟関係を強化した。日本とロシアは「第一次日露協約」（七月三〇日）を結び、北満州はロシア、南満州は日本の勢力範囲で画定し、「ロシアは外モンゴルで特殊利益」を認められて、「日本は韓国に対する現実的な支配」を認められた。一九〇九年にいたって、アメリカは「満州鉄道中立化案」を強く主張したが、日本はこれを拒否して、アメリカとの対立が深刻化した。日本とロシアは満州で鉄道を基盤に植民活動をしていたので、アメリカの提案に共同戦線の形成が必要だった。しかし、ロシア内部はアメリカと連携しようという派と日本と提携しようという派に分かれた。[*16]

このような時期に、一九〇九年三月三〇日、「韓国併合案」が桂太郎首相の承認を受けて、四月一〇日には伊藤統監の同意を得て、日本の閣議を通過した。一九〇九年六月伊藤は統監職を辞任して、枢密院議長になって、一二月にロシア財務長官ココフツォフと会うため、ハルビンに行った。伊藤とココフツォフとの会談は、アメリカとロシアの提携を遮断して、日露両国の満州利権保護と日本の韓国併合に対するロシアの了解を得るための「第二次日露協約」の予備会合と推測される。伊藤が安重根に射殺されたことで、交渉は中止されたが、日本は一九一〇年七月、「第二次日露協約」を成功させて満州利権の保護のためのロシアとの共助体制を備えて、韓国併合に対するロシアの了解を得た。そして、一九一〇年八月、日本は「併合条約」を強要し、韓国を植民地にして、「総督統治」を実施した。[*17]

一九一〇年八月の「併合条約」は、日本が韓国を併合する形式的な仕上げにすぎなかった。すでに伊藤は特使として一九〇五年に乙巳条約を強要し、韓国を保護国にしたし、統監として一九〇七年に韓国皇帝の廃位、日本人の次官政治の実施、韓国軍隊の解散を通して、実質的に韓国の統治権を掌握したためだ。したがって、韓国人たちは伊藤を韓国侵略の元兇であり、東洋平和の攪乱者と考えている。

3　安重根の東洋平和論

安重根の獄中での論説である「東洋平和論」は、序論・前鑑・現状・伏線・問答で構成されているが、彼の死刑執行が予想より早く、序論と前鑑のみ記述して、彼が構想した「東洋平和論」の内容を盛り込んでいない。しかし、幸い、安重根と日本関東都督府高等法院長の平石氏人との面談記録の「聴取書」（一九一〇年二月一七日）に、彼が構想した「東洋平和論」の内容が入っている。また、安重根の獄中自伝「安応七歴史」と警視の「訊問に対する供述」、そして検事の「訊問調書」と判事の「公判始末書」も彼の「東洋平和論」を理解するのによい資料となる。したがって、このような資料を中心に安重根の「東洋平和論」を見てみよう。

（1）安重根の「東洋平和論」の主張

第一に安重根は反戦平和の維持方案を「東洋平和論」で主張した。

安重根は文明とは、「すべての人間が天賦の心を持って道徳を崇めながら、お互い喧嘩をする心がなくて、自らの地で生業を楽しみ、ともに太平を享受すること」とした。[*18] しかし、現実の文明の時代は、東西洋間と人種間の熾烈な競争、新しい武器による人命の殺戮、そして戦場に追い込まれた青年らの犠牲として現れ、彼はそれに心を深く痛めた。[*19] 彼は人間愛をもった敬虔なカトリック信者であり、戦争に反対する平和主義者だった。[*20]

したがって、安重根は一九〇八年、沿海州で義兵中将として国内進攻作戦のうちに、同僚たちの激しい反対を押し切って日本軍の捕虜たちを釈放した。彼は「万国公法に捕虜を殺す法はない」として、「日本四千万国民」

と闘争することはできず、「正義のある挙事に伊藤の暴悪な政略を世界に知らせてこそ、列強の同情を得て独立を得ることができる」と同僚たちを説得した。安重根の義兵闘争の対象は日本国民でなく、侵略を主導する誤った指導者だった。[*21]

安重根が韓国と日本国民は「戦乱を嫌い、東洋が平和で韓日関係がよくなることを希望する」と強調したように、彼の「東洋平和論」は人間が尊重される社会、戦争のない平和な社会を念願する「反戦平和維持論」だった。[*22]

第二に、安重根は東洋三国の保全法案で東洋平和論を主張した。

安重根は「東洋民族は文学につとめ、ヨーロッパを侵奪しなかったが、ヨーロッパ諸国は、道徳を忘れて武力を日常とし、その中で、ロシアがもっともひどい」として、白色人種の西洋、特にロシアの侵略を警戒した。したがって、彼は日本が「東洋平和の維持と韓国独立の強固化」という「大義」を標榜した日露戦争を「義戦」と高く評価したが、日露戦争以降、日本の韓国侵奪と南満州占拠をロシアよりもっとひどい行為と強く批判した。[*23]

そして、安重根は日本が同じ人種である韓国と清国を侵奪して圧力をかけつづけるなら、結局、韓・清両国が白人と手を取り合って「東洋全体がすっかり焼け死ぬ惨状」に陥るだろうとして、「西洋勢力が東洋に忍び寄る禍難を東洋人種が一致団結して極力防禦することが第一の上策」と主張した。[*24]日本が韓国と清国に対する侵略を中止して、韓・日・清三国が一致団結してこそ西洋勢力の侵略から「東洋全体」、すなわち「東洋三国」を保全できるという主張だ。

このように安重根の東洋平和論は、満州と朝鮮半島に南侵しようとするロシア勢力を阻止しようとする対露防衛論理であり、西洋勢力の侵略から東洋三国を守ろうとする「東洋三国保全論」だった。

第三に、安重根は韓国の独立の保障法案で東洋平和論を主張した。

安重根は「私たち東洋は日本を盟主として、朝鮮・清国と鼎立して平和を維持しなければ、百年の大計を誤らせる恐れがある」として、三足が互いに支えて鼎が立っているように、韓・日・清三国が自主独立の国家として、お互いに協力してこそ、東洋平和を維持できるという「東洋三国鼎足平和論」を主張した。[*25]
そして「伊藤が韓国を併合しようとする方針を改めない限り、私たち東洋三国がともに倒れて、白色人種に蹂躙されるだろう」として、伊藤の韓国併合政略は東洋三国をすべて滅亡させることだという「東洋三国共滅論」を提起した。[*26] さらに、安重根は東洋各国のうち「一個国でも自主独立しなければ東洋平和とも言えないだろう」であり、「同じ人種の隣国を害する者はついに孤立の立場を免れないだろう」とした。[*27] つまり、安重根の「東洋平和論」は乙巳条約後の日本の韓国併合の政略を牽制しようとする対日防衛論理であり、東洋平和を通じて韓国独立を守ろうとする「韓国独立保障論」だった。
要するに、安重根の「東洋平和論」は韓国の独立と東洋平和を維持しようとする「東洋三国鼎足平和論」であり、人種的にはロシアの侵略に対応しようとする対露防衛論理で、国家的には日本の侵略に対応しようとする対日防衛論理だった。

(2)安重根の韓国独立と東洋平和のための活動

第一に安重根は韓国独立と東洋平和のために実力養成運動を展開した。
日露戦争以降、日本が韓国を侵略して南満州を占拠すると、安重根は「日本の蛮行がロシアよりもっとひどい」と思った。そして、彼は独立の喪失は実力が弱いからで、実力養成が独立回復の重要な方法と考え、実力養成運動に専念することにして、「韓国が独立する日まで酒をやめることを誓った」りもした。それで、彼は二つの学校を設立して教育救国運動に努め、西友《ソウ》学会でも活動し、国民の募金で日本の国債を返済しようとする国債報償運動にも参加した。[*28]
安重根はすでに一九〇〇年頃に韓国人として最初に大学設立を構想して、ローマ・カトリックソウル教区長にカトリック信仰と文明開化のためにカトリック大学の設立を建議したりもした。[*29]

安重根は沿海州で武装闘争をしていた時期にも教育と啓蒙活動をした。[*30] 安重根は実力養成による韓国の独立が東洋三国鼎足平和の基礎であり、東洋の平和が韓国の独立を保障できると考えた。彼にとって韓国の独立と東洋平和は不可分の関係にあった。

第二に安重根は韓国独立と東洋平和のために抗日武装闘争を主導した。

一九〇七年伊藤統監によって韓国皇帝（高宗《コジョン》）が廃位されて、日本人の次官政治が実施され、韓国軍隊が解散されるなど、亡国的な事態が起きると、安重根は抗日武装闘争を決心して沿海州に渡った。彼は、沿海州で抗日義兵を募集して、国内進攻作戦を展開した。安重根は義兵闘争で独立が回復できるとは思わなかった。しかし、彼は「日本が将来きっとロシア・清国・アメリカと戦争をするだろうから、その機会に備えて義兵闘争を継続して、自らの力で国権を回復してこそ、健全な独立になる」という「独立戦争論」を主張した。[*31]

安重根は「韓国独立を回復して、東洋平和を維持するために、三年間海外で風餐露宿をした」[*32] としたように、彼の抗日武装闘争の目的は、日本の侵略に脅かされる韓国の独立と東洋平和の維持にあった。また、安重根が「一身一家をかけて、わが韓国のために、東洋の平和のために決心して、祖国を離れた」[*33] といったように、彼は裕福な家庭の安楽を捨てて、命をかけ、韓国の独立と東洋の平和のために抗日武装闘争に乗り出したのだ。

第三に、安重根は韓国独立と東洋平和のために伊藤博文を射殺した。

安重根は韓国人が日露戦争以前までは日本が好きだったし、「日本天皇の意も韓国の独立を強固にして東洋平和を維持すること」だが、伊藤統監は韓国の独立を蹂躙して、韓日関係を遠ざけ、「韓国と日本の逆賊」なので、「日本四千万と韓国二千万の同胞のため行動」をしたと主張した。[*34] そして、彼は伊藤統監の罪として、「明成皇后《ミョンソン》の殺害」「韓国皇帝の廃位」「韓国政権の奪取」「韓国軍隊の解散」「鉄道・鉱山・山林・河川の奪取」「無辜の良民の虐殺」「韓国人が保護政治に満足しているという偽りの宣伝」、そして「東洋平和の破壊」などを指摘した。[*35]

神学者ボンヘッファー（Dietrich Bonhoeffer）は、一九四〇年ナチス政権下で、「酒に酔った運転士に運転を任せるのは、我々みなの罪悪」だという立場から、ヒトラー暗殺計画に加担したという。[*36] 韓末の愛国啓蒙紙の『大韓毎日申報』は日本の韓国での行為は「残悪無道で、酔って狂ったようだ」と批判した。[*37] 安重根も「日本が東洋平和を唱導して万国が監視」しているが、「伊藤が狂って韓国を併合しようとしている」と批判した。[*38]

したがって、安重根は「伊藤が存在すれば韓国が滅亡し、結局、日本も滅亡し、東洋平和をこわすもの」なので、伊藤を誅殺したのだとして、「日本の政策が変わって韓日間の和平が万世に維持されることを希望する」といった。つまり、安重根は日本の併合政策を中止させて、韓国と日本の共滅を防ぎ、韓国の独立と東洋平和を維持するために、韓国侵略の元凶を除去しようとしたのだ。[*39]

(3)安重根の東洋平和論と東北アジア連合構想

一九一〇年二月、安重根と日本関東都督府高等法院長の平石氏人との面談記録である「聴取書」を通して、安重根の「東洋平和論」の内容と東北アジア連合の構想を考えてみよう。

第一に、旅順《リューシュン》港を開放して、日本・清・韓国が共同で管理する「軍港」として、[*40] 三国の青年たちで「軍団」を編成して、これらに二言語以上の語学を学ぶようにさせて、「友邦」、または「兄弟」の観念をもつようにする。[*41] これは旅順港を韓・日・清の東洋三国の共同軍港にして、三国連合軍を編成して、語学教育を通じて三国を友邦または兄弟国にしようという意味だ。

第二に、韓・日・清三国の代表を旅順に派遣して「東洋平和会議」を組織して、旅順を「平和の根拠地」にするというのだ。[*42] これは韓・日・清三国の代表で構成される「東洋平和会議」を創設して、紛争地域である旅順に平和機構の本部を置き、東洋三国の恒久的な平和を構築しようという意味だ。

第三に、韓・日・清三国で「東洋平和会議」の会員を募集し、その会費で銀行を設立し、各国が共用する貨幣を発行して、金融や財政を円滑にするというのだ。[*43] これは韓国・日本・清が三国の共同銀行を設立し、三国の共用貨幣を発行して三国を金融共同体にしようという意味だ。

第四に、韓国と清国は日本の指導の下、商工業を発展させるというのだ。[*44] これは当時先進国の日本の支援で韓国と清国の経済を発展させるなど、三国が経済的に協力する経済共同体を作るという意味だ。

第五に、韓・日・清の三国の皇帝がローマ教皇を訪問して、ともに皇帝の冠をいただくというのだ。[*45] これは世界的な宗教人天主教を活用し合い、韓・日・清の三国が独立国家として世界的な公認を受けて、東洋平和を永久的に持続するという意味だ。

要するに、安重根の東洋平和論は韓・日・清を会員国とする「東洋平和会議」を創設し、軍事連合・語学教育・共同銀行・共用貨幣、そして経済協力を通じて、東洋三国が恒久的な平和と繁栄を追求しようという一種の「東北アジア連合」の構想だった。そして、それは「東北アジア連合」が東北アジアの国家共同体として模範を示して、東洋三国にインド・タイ・ベトナム・ビルマなどアジア各国が参加する「アジア連合」に拡大される構想だった。[*46]

一九一〇年に提示された安重根の「東北アジア連合」または「アジア連合」（ＡＵ）のような構想は一九九二年に始まった「ヨーロッパ連合」（ＥＵ）の構想と似ている。ヨーロッパ各国は一九九二年オランダの国境都市マーストリヒト（Maastricht）で条約を締結して「共同通貨政策」を採択した。一九九三年に、マーストリヒト条約が発効されることで、「ヨーロッパ連合」というヨーロッパ国家の共同体が誕生した。その後、共同銀行のヨーロッパ中央銀行（ＥＣＢ）が設立されて、共用通貨のユーロ（Euro）が発行されて、二〇〇二年からヨーロッパは単一貨幣を使用した。その後、ヨーロッパ連合（ＥＵ）は議会、軍事機構・大学・銀行・貨幣を共有してヨーロッパの平和に寄与することとなった。

今日、韓国と北朝鮮は軍事的に対立状態にある。韓・中両国は日本と歴史問題、領土問題で葛藤状態にある。そして、日本と中国は東北アジアの盟主を狙う競争状態にある。それで東北アジアは、対立・葛藤・競争による

の緊張状態を平和状態へと転換させる一つの方案と考えることができるだろう。

4　結論

安重根が「東洋平和論」で言う東洋は基本的に韓国・清国・日本の東洋三国、すなわち東北アジアを意味し、広い意味の東洋は韓国・日本・清国とインド・タイ・ベトナム・ビルマなどアジアを意味する。したがって、彼が言う東洋平和は、東北アジアの平和、ひいてはアジアの平和を意味する。

のみならず、安重根が「私は韓国のために、ひいては世界のために伊藤を殺したのだ」[*47]と言っており、「私は韓日両国がもっと親密になって、平和になって、五大陸に示範になることを希望した」[*48]と言っている。さらに「私は東洋の平和を維持して韓国の独立を強固にして、韓・日・清の三国が東盟して平和を叫んで、八千万以上の国民が互いに和合して次第に開化の域に進歩して、ひいてはヨーロッパと世界各国とともに、平和に尽力すれば、市民が安堵するものと考えた」[*49]としたように、彼の東洋平和は世界平和に外延が拡大される。つまり、安重根の「東洋平和論」は韓国の独立を前提とする東北アジアの平和、そしてアジアの平和、ひいては世界の平和を追求したのだ。

安重根は西洋の侵略を東洋三国が共同で防禦しようとしたが、西洋を攻撃しようとしなかった。彼は日本の侵略に抵抗して武装闘争をしたが、日本国民を敵とは思わなかった。そして、安重根は私的に「人間伊藤」を殺害したのではなく、韓国義軍中将として、侵略の元兇を取り除いたものだ。彼は基本的にカソリック的な人間愛と平和を愛する四海同胞主義・世界主義意識をもっていた。[*50]

日本の過去の侵略戦争と植民支配は、当時、帝国主義時代の歴史的産物と理解することができる。しかし、現代日本の指導者が「日露戦争がアジア人に希望を与えた」として、他国を滅亡させた侵略戦争を肯定的に見るのは過去の侵略行為そのものより大きな問題★である。それは国家利益のためなら再び隣国を侵略できるという危険な発想だからだ。ここに「日本の国民は平和を望むが、問題は日本の指導者」という安重根の発想が今日も通用すると考えることができる。

安重根の「東洋平和論」は、日本が力ではなく、道徳的に尊敬される先進国になり、東北アジアの平和と繁栄を率いる、先導する国になることを望む「東洋策略」だった。安重根の「東洋平和論」の理想が今日具現され、東北アジアの恒久的な平和と繁栄が実現されて、韓国と日本が「近くて近い国」になることを期待する。

（翻訳　藤井幸之助）

註

＊１　白鍾基『韓國近代史研究』（博英社、一九八一年）二九七頁。崔文衡、『ロシア南下と日本の韓国侵略』（知識産業社、二〇〇七年）二六七頁。三国干渉の理由は日本の遼東半島占領により、韓国の独立が有名無実になって、欧州各国の通商利益を阻害し、清国の首都が危うくなって東洋の平和に障害になるということだった。

＊２　愼鏞廈「大韓帝国初期の東北アジア情勢と自強運動」、『韓民族獨立運動史』11（國史編纂委員會、一九九二年）一四〇－一四一頁。『朝鮮日報』二〇〇八年九月五日付によれば、朝鮮王妃殺害に総理大臣伊藤博文と閣僚たちが介入したことを示す資料が日本の国会図書館憲政資料室で発掘された。

＊３　愼鏞廈、前掲「大韓帝国初期の東北アジア情勢と自強運動」一四一－一四四頁。

＊４　崔文衡、前掲『ロシア南下と日本の韓国侵略』二八六、二九〇頁。宋麟在「英日同盟の意義と交渉過程」『国権論と民権論』ハンギル社、一九八一年、二四七－二四八頁。崔文衡「帝国主義列強の清国浸透とその影響」『韓国近代社会と帝国主義』韓国史研究会、一九八五年、一〇二－一〇三頁。

＊５　宋麟在、前掲「英日同盟の意義と交渉過程」二五〇－二五二頁。辛承権「露日戦争前後のロシアと韓国（一八九八－一九〇

五)」『韓露關係一〇〇年史』韓国史研究協議会、一九八四年、二三六頁。

＊6　宋麟在、前掲「英日同盟の意義と交渉過程」二五四-二五六、二七〇-二七一頁。崔文衡、『列強の東アジア政策』(一潮閣、一九七九年)六二-七〇頁。宋麟在、前掲「英日同盟の意義と交渉過程」、二九〇頁。『皇城新聞』は一九〇一年八月二八日付)論説「卞韓韓交換説」で、東洋三国の脣歯之勢と東洋平和論を聞いて満韓交換論を批判した。

＊7　董徳模「韓国と二〇世紀初の国際関係」『韓國史』19、国史編纂委員会、一九七六年、二四頁。辛承權、前掲「露日戦争前後のロシアと韓国（一八九八-一九〇五）」二四五頁。

＊8　尹炳奭「日帝の韓国主権侵奪過程」『韓國史』19、国史編纂委員会、一九七六年、一一五-一一九頁。白鍾基、前掲『韓國近代史研究』三四六-三四八頁。金龍徳「大韓帝国の終末」『韓國史』19、国史編纂委員会、一九七六年、一七二頁。

＊9　董徳模、前掲「韓国と二〇世紀初の国際関係」二七-三一頁。金龍徳、前掲「大韓帝国の終末」一七四-一七五頁。『日本外交文書』第三八巻第一冊、五一九-五二〇頁。

＊10　尹炳奭、前掲「日帝の韓国主権侵奪過程」一三六-一三八頁。崔文衡「露日開戰期のアジアとアメリカの対韓国政策」『韓美修交一〇〇年史』国際歴史学会韓国委員会、一九八二年、二三八-二三九頁。董徳模、前掲「韓国と二〇世紀初の国際関係」二六-三〇頁。

＊11　尹炳奭、前掲「日帝の韓国主権侵奪過程」一四四-一四五頁、一五〇-一五一頁。たとえば統監府は韓国の郵便・電信など通信機関と京釜線・ソウル-新義州・馬山線など鉄道機関を掌握して、日本本国の裁判所で行った領事裁判権の上訴審を掌握するなど統監府機構は日増しに膨脹していった。

＊12　金龍徳、前掲「大韓帝国の終末」一九八-一九九頁。森山茂徳『近代日韓関係史』東京大学出版会、一九八七年、二一四頁。崔文衡、前掲『ロシア南下と日本の韓国侵略』三四五頁。

＊13　姜在彦「平民義陣の対日抗戦」『韓民族獨立運動史』1、国史編纂委員会、一九八七年、四一〇頁。釋尾東邦、『朝鮮併合史』朝鮮及満州史、一九二六年四二七頁。日本側の統計によると、一九〇七年八月から一九〇九年末まで日本軍に殺戮された義兵数は一万六七〇〇人余り、負傷者は三万六〇〇〇人余りに達した。

＊14　安重根「安応七歴史」『安重根傳記全集』尹炳奭訳編、国家報勲処、一九九九年、一五九-一六〇頁。

＊15　吉田和起「日本帝国主義の朝鮮併合」『韓國近代政治史研究』四季、一九八五年、一三〇-一三一頁。崔文衡、『国際関係から見た日露戦争と日本の韓国併合』知識産業社、二〇〇四年、三四五-三四七頁。

＊16　吉田和起、前掲「日本帝国主義の朝鮮併合」一三一頁。辛承権「露日戦争以降帝政ロシアの対韓政策」『韓民族獨立運動史』6、国史編纂委員会、一九八八年、二八八-二八九頁。李庭植「一九一〇年代の国際情勢」『韓民族獨立運動史』3、国史編纂委員会、一九八八年、一三一-一四頁。崔文衡、前掲『ロシア南下と日本の韓国侵略』三五三-三五五頁。

＊17　崔文衡、前掲『ロシアの南下と日本の韓国侵略』三五一－三五四頁、三五九－三六〇頁。
＊18　安重根「韓国人安応七所懐」『安重根義士自敍傳』安重根義士紀念館、一九九〇年、一二一頁。
＊19　安重根「東洋平和論」『安重根傳記全集』尹炳奭訳編、国家報勲処、一九九九年、一九二頁。
＊20　安重根「安応七歴史」『安重根傳記全集』尹炳奭訳編、国家報勲処、一九九九年、一三七－一四一頁、一四四－一五二頁、一五四頁、一六七頁。
＊21　安重根、前掲「安応七歴史」一六二－一六四頁。安重根の日本軍捕虜の釈放によって義兵部隊が分裂して、釈放された日本軍によって義兵部隊の位置がばれて、日本軍の急襲に安重根部隊は惨敗して安重根は死線を経験した。
＊22　「公判始末書第五回」〈一九一〇年二月一二日〉『韓國獨立運動史資料』6、国史編纂委員会、一九七六年、三九四－三九五頁。安重根が「国とは何人かの大官の国ではない。」（前掲載「安応七歴史」一五四頁）「いつも私のように悪い政府を改革した後、堂々とした文明独立国をなして民権の自由を得ることができようか？」（前掲「安応七歴史」一四八頁）「国家は国民の国家ではないのか（前掲『韓國獨立運動史資料』7、四一五頁）「私は三千万同胞のために犠牲になろうとする者であり、皇室のため死のうとする者ではない」（前掲『韓國獨立運動史資料』7、四四三頁）としたように、彼は近代の国民国家観を持って、一般国民が幸せに生きていく社会を夢見た。
＊23　安重根、前掲「東洋平和論」一九二－一九四頁。「境警視の訊問に対する安応七の供述第一一回」『韓國獨立運動史資料』7、国史編纂委員会、一九七八年、四四三頁。『皇城新聞』も一九〇五年一〇月二日付、論説「論日ロ講和の速成と日本与論の失望」で、日露戦争は日本の東洋覇権のための戦争だが、ロシアの南侵から韓清両国の独立領土を扶植鞏固しようと、一大義旗を挙げた義戦と認識していた。
＊24　安重根、前掲『東洋平和論』一九三－一九四頁。
＊25　「境警視の訊問に対する安応七の供述第六回」、前掲『韓國獨立運動史資料』7、四二二頁。『大韓毎日申報』一九〇七年一月一三日別報「桑港報に論説」。『大韓毎日申報』も「日本が韓国の独立を実心に賛助して、満州を清国に還付し、三国が同盟を締結して鼎足之勢を実現すれば、東洋の平和が維持され、日本に無窮の利益があるだろう」として、東洋三国鼎足平和論を主張した。
＊26　「境警視の訊問に対する安応七の供述第六回」、前掲『韓國獨立運動史資料』7、四二二頁。『大韓毎日申報』一九〇五年一一月二二日付「危哉韓日関係」一一月二九日付「韓日交誼」。『大韓毎日申報』も日本がたとえ強くても孤立すれば、危うく、韓国がたとえ軽微でも韓国が潰れれば、東アジアの大局が破滅されるとして東洋共滅論を主張して、日本が韓国の独立を保障して相互扶助して東洋平和を模索することが、日本の上策と勧告した。
＊27　「被告人第六回訊問調書」（一九〇九年一二月二四日）、前掲『韓國獨立運動史資料』6、一七四頁。安重根、前掲『東洋平

和論』一九九頁。

＊28　安重根、前掲『東洋平和論』一九三頁。安重根、前掲「安応七歴史」一五四‐一五七頁。

＊29　安重根、前掲「安応七歴史」一四一頁。「被告人安応七第八回訊問調書」（一九〇九年一二月二〇日）、前掲『韓國獨立運動史資料』6、二三三頁。安重根は検事訊問中に「一〇年くらい前に韓国人を文明化するため、ソウルにカトリック大学を設立する計画を立てて、フランス宣教師に議論したが、反対に失敗した」と話した。

＊30　安重根、前掲「安応七歴史」一六一‐一六二頁、一六九頁。「公判始末書」前掲『韓國獨立運動史資料』6、三二一頁。

＊31　安重根、前掲「安応七歴史」一五七‐一六八頁。愛国啓蒙団体として秘密結社である新民会も国外では軍事基地を作って国内では実力養成を継続して、適切な機会、つまり日本が清国・ロシア・アメリカと戦争をしている機会に国内外の勢力が呼応して独立を争取するという「独立戦争論」を主張した。

＊32　安重根「同胞に告げる」『安重根義士自敍傳』安重根義士紀念館、一九九三年、一二三頁。

＊33　「境警視の訊問に対する安応七の供述第六回」前掲『韓國獨立運動史資料』7、四二一頁。

＊34　「公判始末書第三回」（一九一〇年二月九日）、前掲『韓國獨立運動史資料』6、三八五‐三八六頁。『皇城新聞』は一九〇五年一一月二〇日付社説「是日也放聲大哭」で、「普段、東洋三国の鼎足安寧を率先斡旋していた伊藤博文が千万の夢の他に五条約を出してきたのか。この条件は私たち韓国だけでなく、東洋三国を分裂させる前触れとなると、伊藤の原初主義はどこあるのか」として、乙巳条約を強制的に締結させた伊藤を批判した。

＊35　安重根「伊藤博文の罪状一五ヶ条」前掲『安重根義士自敍傳』一二四‐一二五頁。

＊36　尹慶老「安重根義挙の背景と東洋平和論の現代史的意義」『韓國獨立運動史研究』36、独立記念館韓国独立運動史研究所、二〇一〇年、一四五頁。

＊37　『大韓毎日申報』一九〇四年一二月三日付論説「日本ソ朋友にすること」。

＊38　「被告人第六回訊問調書」（一九〇九年一二月二四日）、前掲『韓國獨立運動史資料』6、一七一頁。尹慶老「安重根義挙の背景と東洋平和論の現代史的意義」『韓國獨立運動史研究』36、独立記念館韓国独立運動史研究所、二〇一〇年、一四五頁。

＊39　「公判始末書第三回」（一九一〇年二月九日）、前掲『韓國獨立運動史資料』6、三九三‐三九六頁。「被告人安応七第十回訊問調書」（一九〇九年一二月二二日）、前掲『韓國獨立運動史資料』6、二八四頁。安重根は検事の訊問で、「聖書にも殺人は罪悪であるとするが、他人の国を奪取して人の生命を奪うとする者がいるにもかかわらず、手をこまねいているのは罪悪で、私はその罪悪を除去しただけだ」と話した。

＊40　安重根「聴取書」『二一世紀東洋平和論』、国家報勲処・光復会、一九九六年、五五頁。

＊41　安重根、前掲「聴取書」五六頁。「被告人第六回訊問調書」一九〇九年一二月二四日、前掲『韓國獨立運動史資料』6、一

七四－一七五頁、安重根は検事の訊問で「ある村に三人の兄弟がいるが、兄は一番多くの資産を持って、その次の兄は貧しくて、三番目の弟は多少資産を持っている」として、東洋三国を兄弟国と見て、清国を長兄、韓国を次の兄、日本を第三の弟に比喩した。

＊42　安重根、前掲「聴取書」五五－五六頁。

＊43　同上。

＊44　安重根、前掲「聴取書」五六頁。

＊45　同上。

＊46　同前：「被告人第六回訊問調書」（一九〇九年一二月二四日）、前掲『韓國獨立運動史資料』6、一七三－一七四頁。安重根は検事の「君は東洋平和というが、東洋というのはどこのことを言うのか」という質問に、「アジア州を言う」と答えた。

＊47　「被告人安応七第四回訊問調書」（一九〇九年一一月一六日）、前掲『韓國獨立運動史資料』6、一二〇頁。

＊48　「公判始末書第五回」（一九一〇年二月一二日）、前掲『韓國獨立運動史資料』6、三九六頁。

＊49　「公判始末書第三回」（一九一〇年二月九日）、前掲『韓國獨立運動史資料』6、三八七頁。

＊50　安重根、前掲「韓国人安応七所懐」一二二頁。安重根は「天が人を生んで、世の中のすべてが兄弟になった。それぞれ自由を守って、生を好み、死を嫌うのは誰もが持った正当な情だ」として、四海同胞主義意識を見せてくれた。

★訳注：内閣総理大臣談話（二〇一五年八月一四日）「日露戦争は、植民地支配のもとにあった、多くのアジアやアフリカの人々を勇気づけました」（本書一七六頁）という発言を指している。http://www.kantei.go.jp/jp/97_abe/discource/20150814danwa.html

第3章　安重根と梁啓超——近代東アジアの二つのともしび

李《イ》泰《テ》鎮《ジン》

1　安重根のハルビン義挙に対する中国知識人、指導者の称賛

一九〇九年一〇月二六日午前九時三〇分、ハルビン鉄道の停車所で鳴り響いた銃声は、日本帝国の膨張主義に対するブレーキであり報復の響きであった。日露戦争の勝利を背景に日本帝国は、一九〇五年一一月一七日大韓帝国に「保護条約」を強制して外交権を奪って保護国にしてしまった。これに対して韓国皇帝（高宗）は、一九〇七年六月ハーグ万国平和会議に特使を派遣して日本の不法と蛮行を暴露して主権回復運動を行った。しかし統監伊藤博文は、かえってこれを口実にして皇帝を強制的に退位させ、同時に偽りの詔勅で大韓帝国の軍隊を解散させて抵抗を無力化しようとした。その主権強奪行為を主導した伊藤博文が、ハルビン鉄道停車所で安重根（一八七九－一九一〇）に狙撃されて倒れたのである。

安重根は大韓帝国皇帝が退位する時に皇帝が秘密裏に送った軍資金でロシアの地の沿海州で創設された大韓義軍の指揮官のひとりだった。ウラジオストクにあった大韓義軍の参謀部は、一九〇九年一〇月一〇日に枢密院議長伊藤博文のハルビン訪問計画が新聞に報道されるとすぐに彼を処断するために特派隊の構成を決めた。[*1] この時、安重根は一番最初に志願して特派隊の隊長になってハルビンで輝かしい武勲をうちたてたのだ。

「ハルビン義挙」が起きるとすぐに韓国人に匹敵するほどの多くの中国の知識人、政治指導者が賛辞を惜しまなかった。一九〇七年の日露密約は、中国領土である満州をロシアと日本が分割するものだったと知られるようになった。中国人は韓国の保護国化の次は中国の番だと考えて非常に不安になった。ハルビンで日本の枢密院議長の伊藤博文とロシア財政大臣ココフツォフが会合するという報道は実際に中国の「分割」を協議するための会合と受け取られた。安重根の伊藤博文処断は、中国人にとって自分たちがなすべきことをしてくれたと見なされたので惜しみない賛辞が送られたのだった。

一九一五年、朴殷植が上海で『安重根伝』を出版した。この時彼は中国の知人に原稿を送って序または、書評を依頼した。序七編、書評などの文が約二〇編寄せられてこの本に一緒に掲載された。申圭植、金澤榮のような韓国人もいたが大部分が中国の知識人だった。[*2] 韓国の中では総督府の監視でどのような形式の表現もできなかったために中国人が残したこのようなさまざまな表現は時代の証言として大きな意味がある。一九一九年天津直隷第一女子師範学校で演劇「安重根」公演を準備する時、安重根役を担った女学生の鄧穎超と演劇指導者周恩来の間のロマンスは中国人の安重根欽慕の熱気を感じさせるエピソードとして有名だ。[*3] 今回のこの文章は、中国の人々が作った多くの詩文の中で梁啓超（一八七三－一九二九）の二編の詩文を通じて安重根との思想的方向の共通性とその歴史的意義を吟味する機会にしようと思う。

2　梁啓超の安重根称賛の詩二編

梁啓超が安重根の義挙を称賛したりこれに言及したりした詩は二編見つかっている。「秋風断藤曲」[*4] と「朝鮮哀辞」がそれだ。前者は梁啓超が亡命生活をしていた日本の神戸で「ハルビン義挙」の報道を聞いて作ったものだと分かる。後者は一九一〇年八月二九日大韓帝国がついに日本帝国に強制的に併合されたという消息を聞いて日本の侵略を防ごうとした安重根の「千年恨」を詠じる一節を入れた。筆者が二編の詩を新たに取り上げて論じるのは、日本の関東都督府傘下の旅順地方法院で一九一〇年二月七日からの一週間に開かれた安重根の法廷に梁啓超が来て直接傍聴していたという資料を新しく見つけたためだ。梁啓超が法廷を訪ねたという事実自体が持つ意味も大きいが、この事実は詩の内容把握にも大きな影響がある。実際に「秋風断藤曲」には法廷に立った実際の安重根の堂々とした姿が強く感じられる表現が入っているが、これを今までのように単純に新聞報道を見て書いたものといえば意味が大きく半減してしまう。

「秋風断藤曲」は四八連九六句で構成された詩だ。伊藤博文による日本の韓国侵略過程の色々主な大きな課題、ついにこれを懲らしめることになった安重根の決断の瞬間を描写した長文の歴史叙事詩というだけのことはあるものだった。[*5]中国知識人は概して安重根の伊藤博文処断を『史記』『春秋』が伝える歴代の義侠を連想して、これになぞらえたり、これを凌駕する「世界的」義侠だと賛辞を惜しまなかった。梁啓超の「秋風断藤曲」は基本的に義侠的な評価をもつものの、韓・中・日の三国の形勢を背景に安重根の義挙に光を当てた点で他の詩とは次元を別にしている。彼は韓国を箕子の子孫だということを前提にしていて昔と同様に文化を崇めたてているといった。欧米の列強が東にやって来た状況で日本が西洋の技術文明を受け入れるのに励んでいる「変身之術」を評価しながらも、「その本性が間違っていて直すことができなくて」、財布の中のとがったキリを研いで槍にしてその鋭鋒で朝鮮を侵略していると表現した。

そして大勢がすでに傾いて韓国が日本の郡県のようになって「大国は宗主国という外見だけが残っていて従属国を保護するというのも空言に過ぎない」と嘆いた。統監伊藤は韓国の皇世子を人質にしてしまってこの国を翻弄しているが、「尋ねるが、あなたには何の徳性があって神様やご先祖様のように迎えなければならないのか」と難詰した。韓国皇帝は密使を送って口惜しさを訴えたが密使が帰ってくる前に自分の息子を皇帝として仕える立場になってしまい、都市と町ごとに日章旗がひるがえる世の中になったのを嘆いて、「ああ！　時代に流されない自分の考えを持っている男は誰だったか」という表現で安重根を登場させる。下では「その自分の考えを持っている男」が伊藤博文を処断する場面を描写したのだ。

土砂の大地に吹きつけて秋の東風は泣き叫ぶけれど
刀刃のような白い雪が黒龍江に降りしきる
五歩に血をほとばしらせて大事を成し遂げたので
笑い声が大地を震撼させる
勇壮だ　その姿、永遠に輝くだろう

「五歩に血をほとばしらせて」は、狙撃現場の距離を表現したわけだが、狙撃当時安重根と伊藤博文との距離は六メートル余り程度であった。梁啓超は現場についての上のような描写に続き法廷での安重根の毅然とした姿を次のように称賛した。

万民が荊軻*のような英雄を仰ぎ見るから
その男は普段のように泰然自若で
公開裁判に出ても堂々と
裁判官の質問に答えるのだ
私が男、立派な男として生まれて
自分の死を平凡なことだと感じるが

＊秦の始皇帝を暗殺しようとした刺客

国の恥辱を濯ぐことができなかったので
どうして功業を成し遂げたといえようか

この一節は公開裁判に臨んだ安重根の姿に対する写実的な描写だ。法廷で見せてくれた安重根の毅然とした態度は広く知られた事実であり、上の部分は最初の公判廷で裁判官が「被告」安重根に「願いを達成したか」と尋ねた時、「私はまだ願いを成し遂げられなかったと思う。我が一党の大きな志は韓国独立を成し遂げることだ。今日この意図を成し遂げられず残念だ」と語ったのをそのまま書いたものだ。[*6] 一九一〇年二月七日から始まった安重根裁判は中国と日本の新聞に一部報道された。日本の新聞の場合、安重根の気概を表わす内容はほとんど報道されなかったのに対して、中国の『申報』『大公報』『華字日報』などが詳しく写実的な内容を報道した。しかし中国の新聞の報道は即日報道より何日か遅く、または一〇日余り経過した後取材したのを集めて記事にしたものが多い。したがって裁判官の質問に対する安重根の返事のようなものは重要な内容だが長い記事の中に埋め込まれているので、読者としてこれを特に注目することは容易ではない。したがって上のような表現は新聞報道を読んで書いたというより、初日から裁判の過程を見守っていてその返事に大きな感動を受けて詩作する過程で自然に出てきたものと見るのが妥当だろう。

「秋風断藤曲」は前で言及したように梁啓超が日本の神戸に留まって安重根の義挙の知らせを聞いて作ったものだと知られていたが、最近この詩の作詩時期が一九一〇年だと明記されていた事実が明らかになった。王元周は、この詩が上海醒社で出版した『朝鮮滅亡史』にのせられていて、この本の出版年度は未詳だが詩が作られた時期は一九一〇年だと明記されていると明らかにした。[*7] 義挙の知らせを聞いて作ったのなら作成時期は一九〇九年末になるが、一九一〇年なら二月の裁判が終わった時点になる。詩の内容にも安重根が死刑宣告を受けた後に作ったと考えるべきだという点が多いので、義挙直後に亡命地日本での作詩だという説は妥当ではない。

安重根は二月一四日の第四次公判で死刑の宣告を受けた。彼には法的に控訴の機会があったが控訴すること自体が日本の統治体制を認める行為だと考えて命を助けてもらおうとしなかった。日本人の国選弁護士さえ控訴を薦めたが、彼は自分を日本に屈するところに引き込むなと言って、その弁護士を叱責した。梁啓超はこの詩の終盤で安重根の死に対して次のように詠じた。

私はこの世の中に生きている限り
司馬遷が晏子を追慕するようにあなたを敬重するだろう
私がこの世を去ることになれば
私の墓と義士の墓が並ぶだろう

墓を並べるということは最大の欽慕を表した一節だ。晏子は知恵と機知で済の国の大変な危機を予め防ぎ克服した宰相だ。中国の夥《おびただ》しい人物の歴史を扱った司馬遷が最も尊敬したという晏子を安重根に肩を並べるほどの人物だと探し出したのも梁啓超でなければ難しいことではないか。

二番目の詩の「朝鮮哀辞」は梁啓超が同じ年八月に大韓帝国がついに日本に強制的に併合されるのを見て作ったものだ。『梁啓超詩文選』の撰者[*8]によればこの詩は本来五律二四首として作られたが、この本では五首だけのせると書いている。撰者の解説によれば梁啓超は日本に留まって韓国が完全に日本の植民地になったという知らせを聞いて論述の文を書いてきた、この長い詩文を作ったという。その意図は朝鮮が滅びた過程と原因を論じて哀悼を表わすと同時に中国の前途をこれと比べて強く憂慮する気持ちを入れたということだ。そして師の康有為がこの詩に対して「沈郁雄蒼」という評価を下したということが合わせて伝えられている。[*9] 精選された五首の中で安重根を言及した第四首を書き移せば下記のようになる。[*10]

三韓衆十兆吾見兩男兒　三韓の数多くの男たちの中に　私は二人の男を見た
殉衛肝應納椎秦氣不衰　国のために命を捧げたので　秦を撃った気概は死ななかったが
山河枯泪眼風雨悶靈旗　山河は枯れて目は涙でいっぱいで　風雨に晒されて霊旗がうなっている
精衛千年恨沈沈更語誰　精衛の千年の恨み　水の中に深く沈んでしまって誰に話せるだろうか

＊精衛　古代中国の伝説上の鳥。夏をつかさどる炎帝の娘が東海におぼれ死んで化した鳥。西山の石をくわえてきては東海に落として海を埋めようとしたが成し遂げられなかったという怨恨の鳥。

文選の撰者は、三韓の二人の男児は安重根と金山郡守の洪奭源《ホンソクウォン》を示すと明らかにした。安重根の他に洪奭源に対しては作者である梁啓超が詩の終わりに付けた自註に強制併合の消息を聞いて自尽した人物だと書いている。梁啓超は日本の韓国併合という悲しい歴史の前で再び安重根の忠節を回想して、この時にまた命を捧げたもう一人の人も思い出して中国の将来を心配したのだ。安重根が防ごうとした最悪の事態の到来に臨んで炎帝（神農）の娘で東海の鳥になった精衛がその海を埋めようと西山の石と木を尋ねて運んだという伝説を思い出させたこともまた、梁啓超の博学でなくては難しい詩想だろう。

3　旅順裁判廷傍聴席の梁啓超——七條清美コレクションの写真紹介

日本の関東都督府旅順地方法院は一九一〇年二月四日に安重根をはじめとする被疑者に対する裁判を二月七日から始めると公告した。これと同時に当裁判所は国選の日本人弁護士の他には外国人弁護士を採択しないと宣言した。これはウラジオストクの大韓義軍参謀部がその間熱心に結成した国際弁護団を排除するためのものだった。大韓義軍参謀部は特派隊隊長の安重根の身柄が当日夜遅くハルビンの日本総領事館へ引き渡されるのを見て危機感を覚えた。そして「安重根救済会」を結成して募金運動を行って大同共報社の名義上の社長という役割をしてきたロシア人のミハイルロフ（米罕依洛夫）が弁護団構成を買って出た。[11] ロシア陸軍将校の出身で弁護士でもある彼は先に上海に行って英国人弁護士のダレス（徳雷司）[12] を訪ねた。ダレスは国際的に名声が高い弁護士としてミハイルロフの提案を喜んで受諾して契約金一万圓を受け取った後に、ミハイルロフとともに旅順裁判所監獄へ行って安重根に直接面会した。安重根も獄中で書いた自叙伝「安応七歴史」に二人が面会に来た事実を記している。日本側偵察記録や当時の新聞報道によれば安重根弁護には、この他にハルビン居住のスペイン人弁護士、東京の日本人弁護士などが志願した。旅順裁判所はこれを遮断するために開廷公告の時に外国人弁護士非採択を宣言したのだ。安重根の家族の要請で大韓帝国の法官養成所出身の弁護士である安秉瓚《アンビョンチャン》も旅順に行ってこの知らせを聞いて日本人裁判官を相手に強く抗議した。旅順地方裁判所は国際的な視線を意識して安重根などに対する裁判を公開した。『華字日報』（一九一〇年二月二二日〜二五日付）は初日の公判の光景を次のように報道した。[13]

　韓国の刺客安重根は二月二八日（陰暦）に日本の法部院の一次公判を受けた。公判が開かれる前に上海の英国弁護士のダレス（徳雷司）とロシア弁護士ミハイルロフおよびその他ロシア、英国、スペイン、韓国など各弁護士多数が皆法廷で安氏を弁護することを要請したが、日本の裁判所は全て拒絶した。ダレス氏は公判の日に旅順に到着して裁判所に再び事件の案件を研究できるように公判を遅くすることを要請したがやはり拒絶された。この日午前八時に開廷したが、傍聴席に約二〇〇人余りが来てその中に婦女が数十人いた。座席が満杯になったが来る人が絶えなくて足を踏み入れる所がなくて門の外に人々が塀のように囲んだ。欧米人の中には裁判を見るために遠くからきた人も多く、その情熱と欽慕が示された。

　日本人が特別な囚人護送車で安重根を乗せて法廷に到着した。この車は四方を全部鉄で作られ、憲兵の警衛ものものしくして不測の事態を防ごうとしていた。また韓国人で傍聴席に入ろうとする者に対しては全部先に身体検査をして凶器携帯を防いだ。西洋人はこの光景を見てみんな鼻でせせら笑った。安重根は法廷に入ってくる姿がとても静かで平常のときのように自信に満ちていた。西洋人の男女の多くはきちんとした誠実（端謹）な視線を送って敬意を表わした。安氏は両手を胸にあてて、目を光らせて裁判長を正視した。またしばしばハンカチを取り出して頭をふいた。（以下省略）

ハルビン義挙は西洋人まで大きな関心を寄せた世界的な事件だった。『申報』は裁判所が発行した傍聴券が三〇〇枚だったというのに上に描写された現場状況を見れば券をもらった人がみんな来たのではないかというほど盛況だった。[*14]

公判は急いで早く進行した。二月七日初公判に続き毎日公判が開かれて一四日の四次公判で各被告人に量刑が宣告された。安重根には大日本帝国刑法一九九条の一般殺人罪が適用されて法廷最高刑である死刑の宣告を受けた。安重根に対する量刑は開廷されるずっと前に政治的に「極刑」に処するとあらかじめ決まっていた。一九〇九年一二月一一日に外務大臣小村寿太郎は、現場指揮の総責任者として旅順に行っている政務局長の倉知鉄吉にこの事件はきわめて重大なことであるから「凶漢」を極刑に処することが内閣の意思であるという内容の電報文を送っている。現地裁判所とあらかじめ協議しておくようにとの指示であった。[*15]

このような経緯で開かれた公判廷の光景は新聞報道とともに写真でも残っている。しかし今まで写真の中の人物を分析した研究はなかった。安重根など被告や裁判官中心に裁判廷の雰囲気を見るための資料として活用されただけで傍聴席に座っている人々が誰なのかを調べた研究はなかった。日本国会図書館憲政資料室に所蔵された七條清美コレクションには安重根が獄中で書いた「安応七歴史」と未完の遺稿「東洋平和論」などさまざまな主たる資料が含まれていて研究者の間で広く知られている。七條清美は法律家として一九三〇年代に日本陸軍憲兵学校で法学を教えていたが、ハルビン事件に関心がありハルビン、旅順などの地を現地調査して資料を集め、[*16]一九五〇年代に国会憲政資料室にこれを寄贈したと知られている。

彼が集めた写真資料の中では事件直前の伊藤博文一行の到着を待つロシア儀仗隊の堵列（横一列に整列するこ

写真1　梁啓超

と）の光景、伊藤一行が客車からおりる場面、事件直後安重根が逮捕されて調査機関で撮られた上半身写真のいろいろなカット、安重根の家族の写真、そして公判廷の光景を撮った写真などが入っている。この資料は捜査機関で確保されたり作成されたたりしたものであることが明らかだが、七條がどこで、どのようにこれを収集したのかは知られていない。

筆者は二〇一四年一一月五日に日本の国会図書館に行き、七條清美コレクションを実見するために憲政資料室を訪ねた。その時まで金宇鍾の『安重根とハルビン』のような資料集に掲載された写真は見ていたが、その原画を見るためであった。私は資料箱を受け取ってかなり大きい写真を取り出して何枚か見ていくうちに法廷の傍聴席を撮った写真を見てびっくり仰天した。梁啓超らしき人が手を軽くあごに当てて座っている姿が目に映ったからだった（**写真2－1**参照）。

私は、日本政府が偵察に必要な捜査費用を増やして韓国人密偵を多数動員して背後調査をする過程で「安重根救済会」が捕捉されて報告されていた事実を背後調査記録を通じて知っていたので、法廷傍聴席に国際弁護団に属した人物がいないかが気になっていたのだが、思いがけず梁啓超の姿が私の視線を捕らえた。別の写真（**写真3**）では、安重根、禹徳淳、曺道先、劉東夏などが被告席に着席し、そのすぐ後ろに坐っている梁啓超が写っている。

当代東アジア最高の知性人梁啓超が本当に旅順まで行って安重根の裁判を直接傍聴したとすれば、それ自体が一つの歴史的な場面だ。梁啓超が「秋風断藤曲」で死んで安重根と墓を並べたいといったことを見ても公判を見るために旅順に行った可能性はとても高い。この頃、梁啓超は事実亡命地日本の居住地に閉じ込められていたわけではなく母国の上海との間を往来していた。彼は何國楨と共に一九一〇年二月二〇日付で

写真2-1　新しく発見した写真。はげあがった額にあごのところでほおづえをついている人が梁啓超である。前の被告席は空いている。

安重根、禹徳淳、曹道先、刘东夏 4 人就席之前的场面
안의사와 우덕순, 조도선, 류동하 등 4인이 입정하기 직전이다.

写真2-2　同じ写真で今まで金宇鍾『安重根とハルピン』のような資料集で紹介されていたもの。梁啓超の顔は白くなってしまい分からなくなっている。

写真3　安重根（前列の右側）が座っている後ろの列に梁啓超の姿が少し揺れた状態で見える。

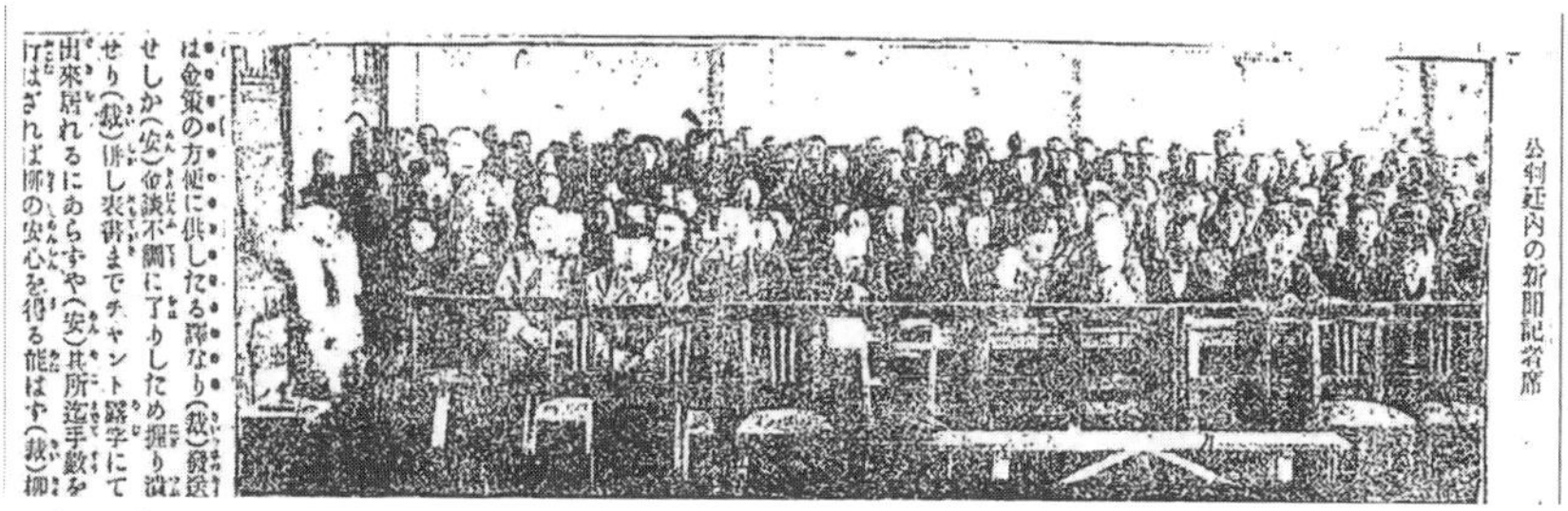

写真4　『大阪毎日新聞』は傍聴席の最前列を示して記者席だと紹介した。

写真5　安秉瓚（アン・ビョンチャン）弁護士。写真2-2のうち梁啓超の右の後列に同一人物が見える。私は帰国後、梁啓超の後列に座った韓国人が弁護士安秉瓚であることを確認した。梁啓超とともに前列に座った西洋人がダレスである可能性も高い。西洋人で弁護を自ら要望した人は前述の通り３人だが、旅順にきて裁判所を相手に最も活発に弁護活動を行った人がまさにダレスであるからだ。

ように論評を加えている。

『国風報』(旬刊)を創刊したが、この雑誌は上海で出版された。この雑誌の「世界紀事」は滄江つまり梁啓超の固定欄で、一九一〇年二月二八日付で発行された第一年第二号の「世界紀事」には、図らずも「安重根宣布死刑」という題名の記事が載っている。[*17] この記事は安重根の伊藤博文殺害の意味と裁判過程を簡明に紹介して次の

五〇〇日以内の控訴の機会があるのにもかかわらず安重根は死刑宣告を受けても表情を乱さず平時のように意気揚揚としながら、合わせて控訴するつもりがなくて国恥を一度雪いだので喜んで死ねる(国恥一雪就死如飴)と話した。嗚呼、真に烈士だといえよう。

臨場感をそのまま感じさせるこの記事は、梁啓超が『国風報』の記者として旅順の地方裁判所の安重根裁判を直接取材したという判断を最終的に決定づけるものだ。

4　安重根と梁啓超の共有思想世界

当代東アジア最高の知性人梁啓超が安重根に送った限りない尊敬と賛辞は思想史的にどんな意味をもつのだろうか。梁啓超は一八九八年九月戊戌変法運動の失敗で身辺の脅威を感じて日本に亡命した。一、二回の一時帰国はあったが亡命生活を終わらせて祖国に戻ったのは一四年ぶりである一九一二年だった。二〇歳代後半の青年梁啓超にとって日本亡命生活は広い知識世界に接することのできる機会であった。一八六八年の明治維新以後、西洋の機械文明受け入れに努めている日本を直接見て知識の基盤を大きく拡大していった。亡命の翌年である一八九九年から雑誌『清議報』(旬刊)を出しながら『自由書』を書き始めて、新しい見聞と自分の考えを論評形式

で付けた。この本は韓国でもすぐに翻訳されるほど東アジアの知識人に主要な啓蒙書として大きな影響を与えた。[*18]一九〇三年にはアメリカ巡覧に赴き『新大陸遊記』を著述したりもした。梁啓超の思想的遍歴はこの短い文で専門家でもない筆者が論じにくい問題だ。既存の専門家の論旨を借りてこの文の趣旨の範囲内で言及することにする。

亡命地の日本での梁啓超は、思想的な師である康有為とともにした大同思想の世界主義から抜け出して国家主義に移った。モンテスキューからカントに至るまで西洋近代のさまざまな思想家を遍歴して中国が国民国家として再生するために達成しなければならない思想的課題を熱心に探求した。彼は近代国家の全国人民が備えなければならない天賦的要件として民智、民徳、民力と共に民権が重要だということを悟ってこれを強調した。人が生まれる時に天は一人ひとりに自ら生きていく能力を付与してそれを自由意志で自己開発をしていく先天的自主権がまさに民権だと理解した。一九〇二年に非常に体系的な民権論を基に「新民説」を出したが、この著述は国民国家論の完成作だと評価されている。[*19]

民権思想は自然に政治体制の選択という問題につながった。西洋近代哲学の体系を完成したカントは一人ひとりの自由意志による自己開発の努力を保護する最も重要な装置が国家だといった。カントはこの神聖な義務を遂行する国家が共和制でも立憲君主制でも関係なかった。ヨーロッパの多くの近代国家は実際に君主制の下でも憲法制定によって民権を保障して君民共治を実現していた。梁啓超は、中国の将来を共和革命よりも立憲君主制による国民国家樹立に期待をかけた。民主や共和は、中国はもちろん世界先進国の国民水準に照らしてみてもユートピア的段階として、その実現のための社会的土台が先進国に比べて大きく不備な中国としては実現性がほとんどないと考えていた。のみならず一人ひとりの自由意志の開発を待って国民国家を樹立する余裕もないほどだった。巨大な帝国主義の外圧の現実がそのような順序論理の適用を難しくした。したがって梁啓超の民権と国権の関係は状況論理の性格を帯びるほかはなかった。[*20]

彼は個人と社会の自由を人民と政府の自由に変えた。すなわち人民と国民・国家を一つの範疇に入れて間に何の矛盾・対立も意識されない状態で論旨が展開した。個人主義的人権が基づく市民社会が存在しなかった状況で、国家・宗族に対する巨大な帝国主義の外圧に対し対抗する近代国民国家から先に形成することが目前の至上課題だったためだった。個人の分化のない前近代的共同体の伝統の上に近代国民を形成する課題が与えられた以上、西欧市民社会の個人の「天賦人権」がその集合として国民の愛国的民権へと転移して、他国に対抗する国民国家の強権、すなわち国家主権の強制力を自然に主張した。ただし主権国家の下でその構成員である君主、官僚と国民の間の関係で立法上の権利の制限は民権より君権にさらに多く加える前提を置いた。

このような論理体系の下で梁啓超は国民国家創出において立憲を最も重要視することになった。彼は君主制の存廃の有無を離れて立憲を通じて国民の民度に合わせて漸進的に近代国家を実現していくことを政治的目標として設定した。立憲こそ君主国や共和国という国体に関係なく地球上のすべての近代国家政治の実質的内容であり動力になると考えた。彼が一九一二年帰国後の翌年に袁世凱治下の司法総長を受諾したのはこのような信念のためだった。しかし反民族的行為が露出して彼は司法総長を辞職して、私が国家のためにすべき仕事は政治でなく学問だと宣言したことは有名な話だ。

梁啓超の近代国民国家論に立脚した中国の現在と未来におけるもう一つの重要な問題は、巨大な帝国主義の外圧に対する対応という問題であった。彼は、民間において歴代の民賊（専制権力）が私たちの人民の自由権を侵害するように、国において欧米列強が我が国の自由権を侵害するので、我々の人民と国が自由権を自ら放棄せずに民賊と外国の侵害を抑制しなければならないと主張した。[*21] 西洋帝国主義に侵食された中国の国権の回復のためには、帝国主義の世界秩序自体に対する攻撃よりは文明の進歩を達成するほうが有効であり、それが目前の課題だと主張した。西欧の近代国民国家は、市民社会と絶対主義国家との間の対蹠関係が重要だったとすれば、中国の現実においては帝国主義的な外圧に対する国家主義的な戦略が優先しなければならない課題だと認識した。近代国権意識、すなわち愛国心の出処に対して梁啓超は、「国は民が積もって成立したもの」だというように民権が国権の基盤という前提の下で、「民権が立ち上がれば国権が立ち、民権が滅びれば国権も滅びるだろう」とか「愛国は必ず民権を起こすところから始めなければならないだろう」と主張した。[*22]
梁啓超の現実認識は『中国史叙論』（一九〇一）に提示された時代区分を通じて簡単に見ることができる。彼は中国史の過去と現在、そして未来に進む方向として次のような時代区分と共に各時代の主義を表示した。

（1）家族主義
（2）酋長主義
（3）（伝統的）帝国主義
（4）（現在の欧米列強の）民族主義
（5）民族帝国主義
（6）万国大同主義（未来）

この時代区分で現在の中国は、（3）の伝統的帝国主義、要するに王朝体制から（4）の近代国民国家の民族主義へと進んでいるといった。興味深いのは（5）の民族帝国主義だ。彼は前の近代国民国家の基礎である自由と民権を論じる席で、「他人を保全するということは他人の自由を侵害することで、他人が私を保全することを願うのは自分の自由を放棄すること」と断言した。[*23]（5）の民族帝国主義は、各民族が国民国家を成立させて他国を干渉しない「各自民族国家」として共存する状態を意味するものだった。彼がこのような歴史観をもっていたとすれば一九〇五年に日本が日露戦争の勝利を背景に大韓帝国に対して「保護条約」を強制して外交権を奪ったことは、まさに他人を保全するという名分で他人の自由を侵害する行為として容認できないものだった。彼はこのような歴史観から、韓国の抵抗、特に安重根の伊藤博文の侵略主義を討ったことに対して賛嘆と敬意を表したのだ。伊藤博文を先頭にした日本帝国の大韓帝国主権奪取が、満州奪取につながろうとする瞬間に起きた安重根のハルビン義挙だったので、彼は多大な関心と尊崇をもつことになったのだ。梁啓超の近代国家思想において日本の明治維新を高く評価しつつ中国が取るべき手段もこれに照らして見つけ出したのが事実であっても、一九〇五年以後の日本帝国の侵略主義が表面化された状況では彼の日本観には変化が起きるしかなかったのだ。この観点で「秋風断藤曲」の下のような一節は新しく注目される。[*24]

絶世の功名を成し遂げ
老いて国事のために亡くなったが
まっ暗な帰路に上がった霊柩
寂しい風雨が帆柱をおすだけ

皇宮での歌舞娯楽を撤廃して
裏老[*25]接待するようにあなたを迎えるから
老若男女が号泣して往来に出てきて
宰相の死を悲しんだ。

千秋の恩徳、万代の怨恨
その誰が正しいか正しくないかを分けることができるだろうか
二人の偉人［両賢］はこの世を去ったが

彼らの死は泰山より高いので
私はこの世の中に生きている限り
司馬遷が晏子を追慕するようにあなたを敬重する
私がこの世を去ることになれば
私の墓は義士の墓と並んでいる。

上は安重根の狙撃で倒れた伊藤博文に対する日本国の国葬の様子を描いて、安重根と伊藤博文の二人の「偉人」はそれぞれ自分の国の立場で大きなことをして各自が歴史の評価を受けるだろうが、梁啓超自身は安重根の方に立つという思いを込めたものだ。司馬遷が済国の名宰相晏子を思慕するように自分は安重根の方に立つといったもので、この表現こそ前述した梁啓超の歴史観とそのまま一致する。

安重根は思想的に「東洋平和論」を獄中の未完成稿として残した。彼は一九一〇年二月一四日死刑宣告を受けてすぐに平石法院長に面談を申し込んだ。一七日に実現した面談での二人の対話は「聴取書」として残っている。そこには東洋平和実現のための安重根の方略が具体的に明らかにされている。[*26] 日本のカント哲学の専門家である牧野英二教授は安重根がフランス語に翻訳されたカントの永遠平和論を直接読んだ可能性を提示した。[*27] 筆者は彼のこの主張に力づけられて梁啓超の『飲氷室文集』の学説類（二）「近世第一大哲学家康徳之学説」にカントの永遠平和論の思想が詳しく紹介されている事実を確認して、牧野教授の見解に対する支持を表した。『飲氷室文集』は一九〇二年に「新民説」を一番前に前に出して出版されて、韓国の知識人にすぐに広く読まれた。当時の韓国の新聞論説の文がこれに大きく依存していただけに安重根がこれを直接読んだ可能性はとても高い。

安重根と梁啓超の二人は、東洋の伝統的な儒家の人本主義思想を有した状態で、個人の自由意志実現を保護する神聖な義務を遂行する国家の主権がどこの国からも侵害されない状態において「永遠平和」が実現できるというカントの立論に大きく共感しただろう。安重根が偽りの東洋平和の名で大韓帝国の主権を奪った伊藤博文を処断したということと、梁啓超の「民族帝国主義」つまり民族国民国家の共存体制に対する信念は根が同じものであった。梁啓超は自分が最も危険視した「巨大な帝国主義の外圧」の新しい実体である大日本帝国に対する報復を決断して実行した安重根の毅然とした姿に驚嘆と尊敬を惜しまなかったのだ。

二人は苦難の東アジアに未来の灯をともした先覚者として、彼らが主張した韓・中・日の三国の平和共同体（安重根）、または未来の「万国大同主義」（梁啓超）は、別の空間すなわち欧米で時をおかず出現した。一九二〇年に登場した国際連盟（The League of Nations）がカントの永久平和企画の実現だということは広く知られているが、一九四六年に再びさらに発展した形態で国際連合（The United Nation）が登場した。安重根、梁啓超の思想的指向に対する再評価は同じ東アジア圏域で日本が見せている時代的逆行現象を抑制し延いては国際連合（UN）の発展に東アジアが積極的に寄与する道を開く契機になるだろう。

註

＊1　大韓義軍の創設過程に対しては、呉英燮「安重根の義兵運動」、李泰鎮編著・勝村誠監訳『安重根と東洋平和論』（日本評論社、二〇一六〔李泰鎮他『永遠に燃え上がる炎』知識産業社、二〇一〇、の日本語版〕収録の「Ⅰ-2　高宗勢力の義兵推進運動と同義会の結成」および李泰鎮「安重根のハルビン義挙と高宗皇帝」の六〇頁、また脚注57参照。

＊2　王元周「中国人が書いた安重根に関する著作物と彼に抱く三つのイメージ」、前掲『安重根と東洋平和論』三一五－三一六頁。

＊3　王元周、前掲論文、三一九頁。

＊4　安重根の義挙を「さわやかな秋風が丈夫な藤の木（伊藤を意味する）を切った」と表現している。

＊5　朴殷植著、李東源翻訳『不滅の民族魂安重根』（韓国日報社、一九九四）に翻訳されたものを主にして、金宇鍾編『安重根和哈尒濱』（黒龍江朝鮮民族出版社、二〇〇六）一五三頁にのせられた翻訳文を参照する。
＊6　『申報』一九一〇年二月一七日付、『中国新聞安重根義士記事集』（韓国独立記念館、二〇一〇年）八二頁。
＊7　王元周、前掲論文、三一七頁。
＊8　方志欽・劉斯奮編纂広東人民出版社、一九八三年刊行。
＊9　前掲書、五六三頁。
＊10　前掲書、五六八頁。
＊11　国際弁護団および救済会構成に関しては、李泰鎮「安重根のハルビン義挙と高宗皇帝」（前掲『安重根と東洋平和論』所収）の第四節「国際弁護団構成推進の顚末」を参照。
＊12　『申報』一九一〇年二月一七日付国外新聞引用記事。ダグラス（竇古拉士、Duglus）という記録もある。『華字日報』二月一七日付記事、三六一頁。
＊13　前掲『中国新聞　安重根義士記事集』三六一–三六二頁。
＊14　『申報』二月一三日、国外新聞引用。前掲。『中国新聞安重根義士記事集』八二頁。
＊15　李泰鎮、前掲論文、八六頁参照。
＊16　コレクションのうちの「伊藤公の最期」について、「昭和七年二月二〇日ハルビンで購入。七條清美」という自筆の朱記がある。
＊17　ソウル大学校中央図書館所蔵のものを使った。
＊18　『自由書』の韓国語翻訳は一九〇九年四月に全恒基の翻訳で出版された。この本は各目次の刊期によれば一八九九年に始めて一九〇四年までに書き終えたことになっている。
＊19　以下梁啓超の国民国家論に関する叙述は、曹秉漢「梁啓超の国民国家論と民権・民族観念」『西江人文論叢』22集、二〇〇七年一二月を参照。
＊20　曹秉漢、前掲論文、三三八頁。
＊21　曹秉漢、前掲論文、三四九頁。
＊22　曹秉漢、前掲論文、三五〇頁。
＊23　曹秉漢、前掲論文、三三六頁。『自由書』保全支那。
＊24　朴殷植著、李東源翻訳、前掲『不滅の民族魂安重根』一六一頁。
＊25　春秋時代の楚国の弓撃つ役職を引き受けた宰相。楚国が晋国を攻撃して将軍知罃を捕虜として捕らえたが知罃の父が反撃し

て襄老を弓矢で殺して楚国の王子谷臣を生け捕りにした。一〇年後に晋国谷臣と襄老の死体とで知罃を交換した。

＊26　李泰鎮、「安重根の東洋平和論の再照明——カント哲学の平和思想との出会い」李泰鎮編、前掲『安重根と東洋平和論』二五七－二五九頁。

＊27　牧野英二「日韓歴史の新しい歩みのために——安重根義士と歴史の記憶」二〇〇八。宮崎県栗原市大林寺安重根義士追慕祭講演文。

第4章　安重根遺骸発掘の現況と課題
——日本に問う、遺骸はどこにあるのか

金月培《キムウォルベ》

はじめに

二〇一五年、韓国と中国では、韓国光復七〇周年・中国人民抗戦勝利七〇周年・満州事変八四周年を迎え、そのなかで安重根を顕彰するブームが起きている。

中国では、二〇一四年一月一九日ハルビンに安重根義士紀念館が開館されると二〇一四年には一三万人、二〇一五年には九月現在までに七万五〇〇〇人が訪問した。開館以来、観覧客は二〇万人を超えた。安重根が亡くなった大連旅順監獄には、少なくとも一年に六万人が訪れた。韓国では、安重根義士の特別展や映画制作、彼の遺骸発掘に関連する国会議員の立法発議、音楽祭、ポエトリー大会、マラソン大会等が行われ、ソウルの安重根義士紀念館を中心に追慕客と観覧客が押し寄せている。安重根の愛国思想と東洋平和思想に学ぼうとする気運は今も熱い。

韓国近代史には日本の侵略と植民地支配に抵抗した数多くの愛国者が記録されている。その筆頭に安重根を挙げることにおそらく誰も躊躇しないだろう。安重根は、大韓民国が生んだ誇るべき独立運動家、教育者、義兵、信仰者であり、その人間性と思想の豊かさ故に、その死後、「万古義士」「大東偉人」「韓義兵将」など、さまざまな名前で呼ばれるようになった。

しかし安重根は、そうした単なる韓国の愛国者ではない。安重根を正当に理解するならば、彼は東洋の、さらには人類の平和を求めた平和思想家としても評価されるべきであろう。安重根は、何より平和主義者であった。

一九一〇年二月一七日、関東都督府高等法院長である平石氏人との面談記録である「聴取書」で、安重根は、東洋平和論の新たな方策を次のように述べている。[*1] まず日本が旅順港を開放し、日韓清三国の共同管理とし、日本がアジアへの侵略の野心のないことを示すこと。さらに日本が世界各国の信頼を得るために、旅順に「東洋平和会議」を置き、三国の共同銀行を作り共同通貨を発行して日本は財政を再建すべきであると主張している。

日本は、この「東洋平和会議」によってこそ世界各国の信頼を得、同時にアジアに平和と繁栄をもたらすことができると、安重根は当時の日本の政治的可能性を明確に提示した。このような平和主義者としての安重根の思想をこそ、韓国はもとより日本も改めて評価すべきである。

しかし、こうした誇るべき思想を残した安重根の遺骸は、彼が「国権が回復されたら祖国で返葬してくれ」と言い遺したにもかかわらず、一〇五年が過ぎた今も五里霧中のままである。過去何度も遺骸発掘のために、中国、韓国、北朝鮮が努力をしてきたが、遺骸は発掘されていない。

本稿は、安重根の遺骨発掘に関連した日本側の役割を促すものである。当時、日本は安重根を処刑した加害者であると同時に、安重根の遺骨を旅順監獄公共墓地のどこかに埋めた当時者であるからだ。今こそその資料を提出し、謝罪をすべきである。遺骸を引き取りたいと泣き叫んだ弟・安定根《アンジョングン》をはじめとする家族に引き渡すことなく、勝手に処理したことについて謝罪し、遺骸発掘に最大限の協力をすべきである。日本は、安重根の遺骸を家族に引き渡さず、埋葬地の史料が存在するのかどうかさえ今も正確に開示していないのである。

本稿では、安重根を敬慕する日本人の協力と、日本国内の資料館で安重根遺骸関連資料を発掘しようとした韓国側の努力によって、安重根の遺骸が関東都督府監獄署墓地に埋められたことを明らかにした。また、過去における安重根の遺骸発掘の過程を振り返った。そして、安重根の遺骸関連資料がありそうな場所と調査方法を提示した。最後に、安重根の遺骸発掘への努力は、日本の歴史的責任であり、歴史の和解への努力として、日本が果たすべき役割であることを期待を込めて結論の代わりとした。

1　安重根を敬慕する日本人

安重根は独立運動家であるとともに、義士・俠客・大丈夫・英雄・将軍とも呼ばれる。また、教育家・実業家・思想家・信仰人・文学者・書道家としても高い評価を得ている。このような多様で高い評価はどこから来るのだろうか。国家と民族の危難の時に自分の命を国家と民族のために進んで捧げた安重根の生涯と人間像が、人びとから敬慕されるのは当然かもしれない。とりわけ、韓国や中国においてはそうである。

しかし、日本人の中にも、とりわけ安重根の謦咳《けいがい》に接した者の中には、その人格と思想を敬慕するに至った人は決して少なくない。その最も代表的な日本人が、安重根の収監生活四ヵ月の期間中、看守であった憲兵二等兵、千葉十七《ちばとしち》である。彼は日本人であったが、安重根の愛国的行為と見識に感化を受け、斎藤泰彦の『わが心の安重根』によれば、彼は獄中の安重根に、次のように詫びたという。「日本人の一人としてお詫びいたします。申し訳ありません」。そして死刑前日には、千葉は再び安重根に頭を下げ、「あなたを殺すことになって本当に申し訳ございません」と言ったという。[*2]

記録によると、死刑当日、千葉十七が独房の扉を開けると、安重根は憲兵に頭を下げて挨拶をした後、刑場に向かった。安重根の部屋には、未完のままの「東洋平和論」があり、また長く大きな紙に千葉十七のために安重根最後の遺墨が書かれ、宣誓のため自ら指を切った安重根の掌形が押されていた。それがまさに「爲國獻身軍人本分」である。

千葉十七は、安重根が生死を超越した人であったと回顧する。[*3] 彼に感服した千葉十七は一九二一年、三六歳で退任し、故郷に帰っても、朝と夕方に安重根の霊前に心からの懺悔の日々を過ごし、死ぬまで安重根の冥福を祈った。そして安重根の供養をするように遺言も残した。妻きつよは一九六五年、七四歳で死ぬまで遺言を履行したという。また千葉十七の遺族は「爲國獻身軍人本分」の遺墨を家宝のように保管してきたが、「安重根義士の生誕一〇〇周年記念」の一九七九年に韓国に返還された。韓国でこそ尊敬される安重根であるが、その人柄に感服して家神の如く祭るという精神はどの国でもあるものではない日本の文化の一端を示している。千葉十七は加害者の国である日本の憲兵であり、看守であった。そのような彼が生涯を安重根の霊前で懺悔の日々を送ったことは、その恨みを超越した美しい心の交流の物語となっている。

また、安重根の殉国当時の様子を日本国選弁護士である水野吉太郎の文によって知ることができる。水野吉太郎が死刑当時を記録した文章が収録された文芸誌「南国夜話」が日本の高知県立図書館で発見された。[*4] 一九四八年一一月五日に発行された「南国夜話」で水野弁護士は「私は安重根を考えると、いつも涙ぐむ。死刑執行日に純白の朝鮮服を着て看守に連れて行かれ、執行場に現れたときは、相次ぐ執行官も彼の神聖な姿に頭を下げ、鼻をすすりながら、泣いた」と書いている。安重根殉国に当時の日本人たちも畏敬の念をもったのである。

田中清次郎の安重根に対する評価も興味深い。[*5] 田中はハルビン義挙の現場で安重根に直接撃たれた人物である。自分を銃で撃った安重根に対する評価は、まさに驚嘆に値する。

中野泰雄が著した『安重根はなぜ伊藤博文を射殺したのか』に次のような記録がある。伊藤博文の随行員の中に南満州鉄道株式会社の取締役である田中（田中清次郎）がいた。彼は安重根の射撃を直接見、安重根が発射した弾丸が彼の足に命中している。しかし、後に日本の安重根研究会会長である安藤豊禄の質問に「私は私が撃たれたことを知らなかった。銃声が聞こえて頭を廻してみると発射者である安重根が立っているのが見えた。その時の安重根は凛とした姿勢で逮捕された。安重根はまだ銃弾一発を発射せずに残していたことを聞いて安重根の人格が未発射の銃弾にそのまま残っていると考えた。この日の光景で、私が生きている間に見ることができた人の中で安重根が一番偉大な人だと感じた」と答えている。[*6] 事件発生後、田中は倒れた伊藤博文を搬送したが、彼の心の中の偉人は伊藤博文ではなく、安重根であった。

田中は一八九五年、東京帝国大学を卒業してすぐに三井物産に入社し、ロンドン、シンガポール等で勤務した後、一九〇六年に南満州鉄道株式会社が創立されると、事務理事として招聘された。ハルビン義挙は彼が理事になって三年後のことであった。その後、彼は南満州鉄道株式会社を辞職した。一九三九年に再び理事に招聘され、調査部長に就任した。安重根が旅順地方法院で裁判を受ける時、証拠品としてハルビンの事件についての調書や尋問書と田中が射たれた銃弾が提出された。田中は銃弾に当たった靴と一緒に銃弾を一生大事にしていた。田中が死んだ時、銃弾に当たって穴が開いた靴が一緒に埋葬された。そして銃弾は一九八三年六月一日、日本の憲政記念館に寄贈された。安重根が銃弾を発射した時、瞬間的に体を動かしたので、田中のオーバーコートの袖を貫通し、靴を突き抜けて左踵に衝突した。しかし、弾丸の力が弱くて弾丸が靴の中に残ったため大けがを免れたという。

自分を銃で撃った人、最も憎むべき立場にありながら、田中は安重根が最も「偉大な人」だと述べている。その他にも、安重根の無罪を主張する東京弁護士会会長等多くの人々が安重根を高く評価している。

安重根ハルビン義挙から一〇六年が経った今でも、韓国人の心の中ではもちろん、中国人の心の中でも、そして加害者であった日本の知識人たちの心の中でも、安重根への敬意は決して失われていない。

2　安重根の遺骸は関東都督府監獄署に埋葬された

一九一〇年三月二六日午前一〇時一五分に安重根は殉国した。殉国前と死刑執行当時の安重根の遺骸を弟に返さないことを記録した史料が発見された。水野弁護士の死刑当時の記録文と関東都督府死刑執行報告書、安重根死刑執行顚末、『満州日日新聞』等多数の新聞、『梅泉野録』の記録、二人の弟の遺骸引き渡しの処理報告書等である。この史料を中心に安重根の殉国当時の姿、殉国した後の埋葬過程、埋葬地、そして遺骸を引き渡していない理由を確実に知ることができる。つまり、結論として安重根の埋葬地は旅順の関東都督府監獄署ということは確かである。

まず、安重根死刑直前に既に安重根の埋葬地を旅順に指定したという報告があった。一九一〇年三月二二日午前一一時三〇分に関東都督府民政長官が朝鮮統監府宛に「安重根死刑執行に関する件」という文書で既に安重根の死刑執行日の変更の理由が関東都督府に申請され、三月二六日に死刑にし、旅順に埋めるという電報一一四号があった。

発送日：明治四三年三月二二日午前一一時三〇分発（一九一〇年三月二二日）
発送者：長官
受信者：統監

（三六四）［安重根死刑執行に関する件］

明治四三年三月二二日午前一一時三〇分発

来電第一一四号

長官
統監

安の死刑は来る二五日執行する予定という趣旨の電報に接したが、当日は韓国皇帝の誕生日に当たり韓国人の心に反感が生まれる恐れがあり、都督府に申請した結果、同府から三月二六日に死刑を執行するが、遺骨は旅順に埋葬する予定という意味の答電があった。

第二に、関東都督府死刑執行報告書を通じて安重根の埋葬地域が旅順であることを確認することができる。二〇一〇年三月二二日、国家報勲処は、日本の外交史料館に所蔵されていた関東都督府の死刑執行報告書（一九一〇年三月二六日）の原本影印二枚を発見して公開した。報告者は、関東都督府民政長官代理の佐藤友熊であり、受報者は二人で小村寿太郎外務大臣と石井菊次郎外務次官であった。報告内容は二件、一件は「安重根本日死刑執行」、もう一件は「安重根今日死刑執行、旅順埋葬」という内容であった。安重根の埋葬地は旅順である。

第三に、当時朝鮮統監府の通訳嘱託である園木末喜が報告した「安重根死刑執行状況」がある。[*7] そこでは安重根の遺骸について、すでに関東都督府の執行命令が一九一〇年三月二二日に到着し、三月二五日に執行予定であったが、二五日は純宗の誕生日である乾元節であることを考慮して二六日に執行した。ここでは安重根の遺骸は遺族に引き渡さずに墓地に埋葬することはすでに内定したと報告している。また、「別紙安重根死刑執行状況」によると、さらに詳しく殉国の状況と殉国した後、安重根の遺骸の正確な埋葬時間と埋葬地が明記されている。

（別紙）

［安重根死刑執行状況の報告の件］

（前文欠）今日當高等法院検察官が安重根の死刑執行命令を都督に稟申した事情は、まず電報で報告した通りであり、これについての都督の命令書は今月二二日に到着し、同二五日に執行するものであり、また罰を受けた後、安の身柄は監獄法第七四条により、公安上、これを遺族に下付しないことを認め、当監獄署は墓地に埋葬することで全部内定したので上で述べたことを参考にて報告します。

［文書題目］［安重根死刑執行状況］
［発送者］［通訳嘱託統監府通訳生園木末喜］

殺人被告安重根の死刑は二六日午前一〇時監獄署内刑場で執行されました。その要領は以下の通りです。

午前一〇時に溝淵検察官、栗原典獄と小官等が刑場検視室に着席と同時に安を引き出し、死刑執行の趣旨を告知し、遺言の有無を尋ねたところ、安はとくに遺言しなければならないことは何もないが、元々の自分の凶行はひたすら東洋の平和を図ろうとする誠意から出てきたことなので、願わくは、今日参加する日本官憲各位がもし私の微衷を諒知されれば、彼我の区別なく、心を合わせ協力し、東洋の平和を祈ることを切に願うだけだと言って、また今「東洋平和万歳」を三唱したいので、特別許可を下してもらいたいと主張しました。しかし典獄は、それだけはしてはならないということを言い聞かせて、看守はすぐに白紙と白の布で目を覆うようにし、特に祈りは許可されたので安は約二分余りの黙祷を上げ、やがて二人の看守に無理やり連れて行かれながら階段から絞首台に上がって静かに刑の執行を受けました。時間は一〇時を過ぎて正確には四分から一五分に至ると、監獄医は外傷を検死して絶命した旨を報告するに達したので、これで最終的に執行を終え、一同は退場しました。

一〇時二〇分、安の死体は、特に監獄署で作られた寝棺にこれを収め、白布を覆い、教会堂に棺が運ばれて、やがてその共犯者である禹徳順《ウドクスン》・曺道先《チョドンソン》・劉東夏《ユドンハ》三人を引き出し、特別礼拝をするようにして、午後一時に監獄署の墓地にこれを埋めました。

この日、安の服装は、昨日の夜故郷から来た絹朝鮮服（上は白無地のものであり、ズボンは黒色のもの）を着て懐に聖書を入れていたが、その態度は非常に落ち着いていて、顔色や言葉に至るまで、いつもと少しの違いもなく従湧自若に堂々ときれいにその死に臨みました。

これに先立って二人の弟は今日死刑執行の趣旨を聞き、その死体を頼んで引き取り、すぐに帰国するための旅装を備えて監獄署に出頭する準備中だという報告に接したので、急いで手配をして、彼らの外出を禁じました。刑の執行後、二人を召喚して、典獄から被告の死体は、監獄法第七四条及び政府の命により、交付しないという旨を言い渡し、特別に死体に対する礼拝は許可するという旨を諭告したところ、二人の弟はひどく憤激しながら、死刑の目的は、その罪人の命を断つことで終わるので、その死体は遺族の求めがあれば、当然交付しなければならないはずである。監獄法第七四条に、「死亡者ノ親族故旧ニシテ死体又ハ遺骨ヲ請フ者アルトキハ何時ニテモ之ヲ交付スルコトヲ得、但合葬後ハ此限ニ在ラス」とあり、いつでも交付することができるとあるのは、すなわち、交付するという意味であり、ただ「得（できる）」という一文字は、あとに続く合葬した後の場合に対処するための余地を残すものに過ぎないので、政府や官憲の権限に委任したものではないと、さらに憤激して怒りが収まらない。そうではないと極力懇諭し、数百万の言葉を尽してみても無駄であり、その効果がないばかりか、かえって世人の同情を失う仕業なので、いっそ素直に死体に礼拝でもあげて速やかに帰国した方がよいと訓戒しても、二人の弟は大声をあげて狂ったように泣き叫びながら、死体を交付しない限り、礼拝も必要ない、国事に殉死した兄に死刑の極刑を加えて、しかもその遺骸すら交付しないというお前たちの非道は死んでも忘れないと言って、私たち官憲を罵詈纔榜しながら、いつか必ずこれに仕返す時がある等と一言言葉で不穏な言動に出て、どんなに退場を命じても泣き叫んで倒れたまま頑として動かないので、しかたなしに警察の力を借りて、屋外に引っ張り出して再び百方で切々と言い聞かせた結果、ようやく少し平常に戻ってきたので、そのまま駅に護送して二人の刑事の警護を付け、午後五時始発大連行列車で帰国させました。

安が収監中に執筆した遺稿のうち伝記だけが脱稿しましたが、「東洋平和論」は、総論と各論の一節にとどまって脱稿を見るには至りませんでした。

上記を報告します。

通訳嘱託統監府通訳生園木末喜㊞

第四に、最近、他の埋葬地を主張する学者がいるので、安重根の埋葬地が関東都督府監獄署の公共墓地であることを確証するために、当時の新聞記事九件を掲げ、埋葬地を明らかにする。[*8]

一九一〇年三月二七日、『大阪毎日新聞』に旅順電報二六日発を引用した「遺骸は午後一時公共墓地に埋葬」という記事がある。一九一〇年三月二七日、『大阪毎日新聞』によると、「安重根の死体は、監獄墓地に特別寝棺に入れ埋葬」、一九一〇年三月二七日、『門司新報』「遺骨は監獄前の公共墓地に埋葬」（旅順電報二六日発引用）、「安重根の死体は、監獄墓地に特に棺に入れる特別な待遇を受けて埋葬」（大連電報二六日発）、一九一〇年三月二八日、『東京日日新聞』「死体は旅順監獄墓地に埋葬」（大連電報）、一九一〇年三月二九日、『満州新報』「遺骸は午後に監獄の公共墓地に埋葬」、「安重根の死体を午後監獄の公共墓地に埋めた」（二六日、旅順支局発）、一九一〇年三月二七日の『満州日日新聞』によると、「安重根の遺骸は午後一時、監獄の公共墓地に埋めた」、そして、『新韓国報』の一九一〇年四月一九日（大韓隆熙四年四月十九日、火曜日）付によると、安氏の葬地という記事のタイトルで「安重根氏の遺骸は、故国に帰葬することが許されないので旅順監獄の共同葬地に埋葬した」と報道されている。このような多数の新聞報道がある。

その中で代表的な新聞記事である一九一〇年三月二九日付の『満州新報』「安の死刑執行」（二六日旅順支局発）を見ると次の通りである。凶行の後一五〇日に相当する今月三月二六日に凶漢安重根の死刑は当旅順監獄で執行された。今、その様子を書き留めると、前日の夜に故郷から新たに調達した喪服（上位は白い無地の朝鮮袖、ズボンは黒麻）を着用した安重根は、午前一〇時、全部四人の看守に護送されて獄室で絞首台の横にある控室に連れて行かれ、最終的に溝淵検察官、栗原典獄、園木通訳、岸田書記等が絞首台の前面の席に着座すると、安重根は、控室から呼び出され、すぐ栗原典獄が大変威厳のある音調で安重根について、今年の二月一四日、旅順地方法院長の判決文を読んでから確定された死刑を執行する文を渡した。園木通訳はこれを通訳して刑務所長は、安重根に対して何か遺言でもあれば言ってみろと告げたので、安重根は、特に遺言することはないが、自分は東洋平和の犠牲として、今日の刑を受けるものである。望むらくは、自分の衷情を知ってもらい、どうか以降は韓国と協力同心して東洋平和の維持に懸命に邁進してもらいたいと言って、最後に何分間か祈りを捧げることを許可され、最終的に二人の看守の支持を受け、絞首台に上がった。一〇時四分、ついに死刑が執行され、一〇時一五分、つまり一一分後、完全に息を収めた。この日は偶然にも朝から春雨が少しずつ降り、彼の魂が天国に入るためには、本当に良い日だった。これで共犯者であった劉徳淳、禹道先、柳東夏の三人を安重根の最後に弔礼させ、死体は午後監獄の公共墓地に埋葬された。

二六日付の大連電報には、「安重根就刑」というタイトルの記事がある。安重根の死刑は二六日午前一〇時四分執行され、執行前刑務所長は、遺言の有無を尋ねると、特に言うことはないが、自分が死んだ後、日韓両国一つになって、東洋の平和を持続して欲しいと願って最後の祈りを捧げ、刑を執行することになった。顔色はどうしても青く見えたが乱れた姿は見えなかった。二人の弟は死体を戻してもらいたいと要請したが許されなかったのでその夜故国に帰国するしかなかった。

第五に、黄玹《ファンヒョン》（一八五五―一九一〇）の『梅泉野録』で安重根の埋葬地を知ることができる。安重根が殉国した一九一〇年の九月七日には、大韓帝国時代の代表的な士人黄玹が国を失った悲しみを噛みしめながら、絶命詩を残して自決した。黄玹の『梅泉野録』（一八九四年から一九一〇年までの歴史を年代順に記した歴史書）の六巻隆熙四年編をみると、安重根義挙について、次のように記録している。

安重根家人欲依重根遺言、歸葬哈爾濱、倭人不許、使葬于旅順監獄內葬地、盖重根臨死、託以國權未復之前、勿返故山、可殯于哈爾濱、以志遺慟云、京師人買重根畵像、旬日得千金、倭人禁之、重根遺詩二句曰、丈夫雖死心如鐵、義士臨危氣似雲。

安重根の家人が、重根の遺言に従ってハルビンに帰葬させようとしたが、日本政府が許さないので、旅順監獄内葬地に葬った。重根が死に臨み、国権が回復されるまで故国に移葬してはいけない、しばらくハルビンに安置してほしいと言い残した思いを考え悲しく泣いたという。ソウルの人が重根の画像を購入して（十日に）千金を得たが、日本人がそれを禁じた。重根の遺詩の二節で「丈夫はたとえ死ぬとしても、心は鉄と同じで、義士は危殆に至っても気は雲のようだ」と言った。

黄玹は安重根の遺言と遺骸埋葬について、安重根は「旅順監獄内葬地」に埋葬されたと、その遺骸埋葬地を正確に紹介している。非常に重要な内容である。これは安重根の遺骸は旅順の関東都督府監獄署公共墓地ではなく、他所に埋めたという主張に対する消耗すべき論争を終わらせる十分な証拠となり得る。現在、安重根の遺骸がどこに葬られたのかを特定することはできないが、確実なことは、一九一〇年三月二六日午後一時に関東都督府監獄署公共墓地に葬られたということである。これまでの数多くの異説、たとえば、東京埋葬説、伊藤博文の墓下の埋葬説、ハルビン公園（現兆麟公園）の埋葬説、海水葬説などは根拠がない。もっとも移葬の可能性は排除できないが。

では、関東都督府監獄署はどこなのか。関東都督府監獄署は現在の旅順日露監獄旧跡博物館（大連市旅順口区向阳街一三九号、以下旅順監獄）を意味する。一九〇二年、ロシアが建設した後、一九〇五年の日露戦争後の一九〇七年一一月から、日本が関東都督府監獄署の名称で運営していたが、一九二〇年に関東庁監獄に改名され、一九三四年には関東刑務所に、一九三九年には旅順刑務所に改名して運営されたが、一九四五年八月二二日、ソ連軍によって解体された。安重根が収監された一九〇九年一一月三日から殉国した一九一〇年三月二六日までは、関東都督府監獄署の名称で呼ばれていたのである。[*9]

旅順監獄から約一・二キロほど離れた挪威森林《ノルウェイ》にアパート団地が建てられている。そのすぐ後ろに、「旅順監獄公共墓地」がある。「旅順監獄公共墓地」は、一九七一年一〇月に旅順監獄の財産に登録され、二〇〇一年大連市文物管理委員会から国家文化財産に指定されている。旅順監獄周辺には、大規模なマンションが建ち並び、現在も開発が進められている。開発中に多くの遺骨が発見された場合は必ず申告するようになっている。

この「旅順監獄公共墓地」が、安重根が埋葬されたあの「関東都督府監獄署公共墓地」なのだろうか。「関東庁要覧」によると、一九〇六年から一九三六年までの旅順監獄での刑死者は一四四人記録され（一九一〇年の朝鮮人一名死刑の記録を含む）、一九四〇年から一九四五年までは刑死者が七〇〇人と集計されている。これらの資料に基づけば、多数の刑死者が埋められた埋葬地跡から、大量の遺骨が発見されるはずである。

「旅順監獄公共墓地」では、一九六五年と一九七一年の二度にわたり発掘が行われた。[*10] 一九六五年に植樹の際に偶然人骨が発見され警察署に届けられたために、発掘が行われて数体の遺骨が発見された。一九七一年には、七月の「旅順日露監獄旧跡博物館」の開館のために発掘が行われ、三月に一二体の遺骨が発掘された。この遺骨は、現在の旅順監獄内にある復元墓地に展示されている。しかし、発掘が行われたのは、「旅順監獄公共墓地」とされた地区の二〇％程度にすぎず、発掘された遺骨も「関東庁要覧」の刑死者の数から比べれば、ごくわずかであり、ここが「関東都督府監獄署」時代から一九四三年当時までの「公共墓地」であったかどうかは確かではない。しかし、周辺の発掘調査、現存する元囚人と古くからの居住者の証言、さらに周辺の開発された場所から多量の遺骨が発見されたという申告がないため、一〇月に「旅順監獄公共墓地」として登録されたのである。住所で言えば、旅順口区登峰街道馬営后東山坡である。

現在、安重根の遺骸が「旅順監獄公共墓地」に埋葬されていることを裏付ける公式記録はまだどこにも発見されていない。二〇〇八年以降、安重根の遺骸発掘は「先史料、後発掘」という政府の立場から、現在は、史料発掘と「旅順監獄公共墓地」の基礎調査の継続に転換した。安重根が国権が回復されたら、故国に遺骸を返葬してくれと遺言して殉国してから一〇五年、そして国権が回復された光復から七〇周年が過ぎた。安重根の遺骸はすでに白骨が塵土になっている可能性があるが、まだ私たちは、発掘方法と史料のせいばかりにしている。旅順監獄公共墓地で安重根が埋葬されたという史料や公式記録はない。現在安重根がどこに埋められたのか誰も断言することはできない。

3　過去の安重根の遺骸発掘過程を見る

一九一〇年安重根が殉国した後、一九四五年の解放まで、家族が安重根の遺骸を探そうとする意志は、安重根の長女の安賢生《アンヒョンセン》の手記に見えるが[11]、実際に行動まで移すことはできなかった。旅順自体が、日本の帝国主義侵略の中心であったから、安定根《アンジョングン》をはじめ誰も安重根の遺骸を探そうとすることもできなかった。当時、安重根の家族はほとんど上海に住んでいた。日本が降伏し、祖国が独立すると白凡金九《キムグ》は安重根の遺骸を見つけようと努力した[12]。一九四八年の南北交渉のために、北朝鮮の金日成主席に会ったとき、安重根の遺骸奉還を提案した。これに対して、金日成は「ソ連の占領地である旅順への出入りはソ連の許可を受ける必要があり、実行に移すのは難しいから統一後に推進しよう」と話したという[13]。しかし、金九は安重根の甥にあたる安偶生《アンウセン》を平壌に残留させて遺骸調査と発掘を推進し続けるようにした。以後安偶生は、一九七〇年代半ば安重根遺骨発掘団長として中国に派遣されて調査を続け、一九八六年の発掘にも参加した。しかし、最終的には遺骨の発掘は不可能だという結論を下した。

一九七〇年代に入って安重根の遺言と金九の安重根義士遺骸の調査・発掘が大衆に知られ始め、特に『東亜日報』一九七九年九月五日付に「安重根紀念館にある旅順監獄の全景を撮影した写真を見て刑務所の建物と官舎、そして安重根がいた場所を即座に認識できた。安重根は、棺ではなく丸桶に入れて持ち運ばれた」とする旅順監獄典獄の栗原貞吉の娘である今井房子の証言が報道された。

一九八六年七月二八日から八月九日まで、北朝鮮は単独で安重根の甥の安偶生をはじめとする六人で直接旅順を訪問して旅順監獄館長である周祥令、潘茂忠、劉志慧等と一緒に旅順監獄公共墓地の現地調査と地元の聞き取り調査等を行ったが、具体的な資料を確保できず帰った。韓国は一九八六年一二月に、外務省を通じて中国政府に遺骸埋葬地の確認調査を協力依頼した。

その後、一九八九年一〇月、安重根義挙八〇周年学術会議の時に、参加者が旅順監獄を踏査した。一九九一年一月には、中国地域の独立運動関連史跡地踏査と資料収集出張の際、現地踏査を行った。一九九三年七月には外務省を通じて日本政府に安義士墓地確認資料収集の確認要求をしたが、日本政府は、旅順監獄で死刑執行後に埋葬されたという以外は埋葬の場所等に関する具体的資料がないので確認できないという返事を送ってきた。

一九九三年八月の韓中外務次官会議の際、韓国は安重根の遺骸発掘協力を中国政府に要請した。これに応えて中国政府は、墓地を探す努力をしたが、確認は困難で安重根は北朝鮮出身であるため敏感な問題であると回答した。一九九三年一一月、安重根の遺骸発掘実務推進団を構成して、現地の墓地実態調査をしたが、確認できず、一九九四年五月、安重根研究者、墓所目撃証言者等が、中国現地確認調査を実施した。特に一九九五年四月、韓中文化協定が発効されたので、外務省から中国側に安重根の遺骸発掘調査に協力をもとめたが、資料散逸と長期間経過で遺骸埋葬地の確認は困難であると確認された。

一九九八年五月九日の『聯合ニュース』記事によると、権丙鉉《クォンビョンヒョン》駐中韓国大使と戴秉国中国対外連絡部長との交渉に対して、関連資料を提供するなどして協力を行うという中国の胡錦濤中国副主席の遺骸発掘協力の意思が示され、安重根の遺骸発掘事業に、当時としては大変な希望を与えた。

国家報勲処は一九八六年一二月と一九八七年八月に大韓赤十字社を通じて遺骸埋葬確認を依頼した。そして一九八八年、在日の学者で青森大学の金正明《キムジョンミョン》、市川正明教授、一九八九年に国際韓国学研究院の崔書勉《チェソミョン》院長、一九九九年三月に韓国文化財団、そして旅順殉国先烈財団、安重根義士崇慕会等が学術交流のための中国訪問を通じ、安重根の遺骸埋葬地を調査した。その後も、一九九九年八月の中国民政部長の訪韓と二〇〇三年二月の中国大連市長の訪韓、そして二〇〇四年四月二四日、洪文成大連市文化局局長の訪韓時にも安重根の遺骸発掘の協力要請がなされた。二〇〇二年一一月には、韓国の国家報勲処関係官と国際韓国研究院で旅順監獄、旅順関東法院、遺骸埋葬推定地現場を調査した。

遺骸奉還問題が急流に乗り始めたのは、二〇〇四年一一月二九日ラオスで開かれた東南アジア諸国連合首脳会議で当時の盧武鉉大統領が温家宝首相に安重根義士の遺骸発掘について中国政府の協力を要請して以降のことである。このときに合わせ、「安重根義士の墓地推定委員会」を率いた崔書勉は二〇〇五年一月、遺骸位置を北緯三八度四九分三秒東経一二一度一五分四三秒であると主張するに至った。これらの主張を全面的に受け入れた政府は、六月の第一五回南北閣僚級会談で、「安重根義士の遺骸発掘事業を共同で推進する」と発表した。この時から、南北の遺骸発掘協議はさらに急進展して本格的な遺骸発掘が試みられた。二〇〇五年九月から二〇〇六年三月までに三回にわたって南北が実務的に接触した。二〇〇六年三月になって、「政府は最近、安重根処刑や埋葬に関する日本政府の未公開資料四七一四点を確保し、北朝鮮もこの資料の抜粋を伝えたと二四日確認した」と新聞に報道された。

二〇〇六年六月の第一回南北共同遺骸調査団を派遣して、南北合意書を作成した。南北は「遺骸位置に関連して、旅順監獄の裏山一帯を遺骸発掘優先対象地域として確定し、発掘場所の保存措置等、中国政府に要請する具体的な事項を設けて、中国政府に南北共同で協力を求め、殉国一〇〇周年を迎え南北共同で記念事業を推進しようということで意見が一致した」と伝えた。また、この頃、南北は旅順現地で南北共同調査団を派遣して、事前踏査を行ったりもした。

当時の旅順監獄の資料によると、火文貴館長、王珍仁、周祥令を中心に、二〇〇六月六月八日、旅順監獄は初めて「旅順監獄公共墓地」の位置と面積、埋葬の状況を公表した。そして、同年六月九日午前、旅順の立新街と新開街との間の北緯三八度四九分三秒東経一二一度一五分四三秒の場所を公表した。韓国側が経緯度で示した遺骸埋葬地には、一九四〇年代末に建てられた民間住宅があり、韓国が提供した写真の地形とは異なることを明らかにした。六月九日午後には、旅順監獄の北裏山のレンガ工場とその付近を紹介したが、この辺りは岩石層で墓地に使われた形跡はなかった。六月一〇日午後には、旅順監獄の北裏山の送電線塔近くの円形の地域を調査した。栗原典獄の娘・今井房子が、崔書勉に渡した写真の傾斜地と似ていると思われたのである。しかし、この日をもって調査を終結した。

二〇〇七年四月、安重根義士の遺骸共同発掘事業四回南北実務接触（二〇〇七年四月一日、開城）で共同発掘団を派遣することに合意し、中国政府に協力の要請をした。二〇〇七年七月に入ってマスコミは「安重根義士の遺骸、南北共同発掘団の精査の結果、安重根義士の墓地を確認」と伝えながら、安重根の孫である安雄浩《アンウンホ》の遺伝子検査をすることに合意したと報道した。二〇〇八年三月二五日から四月二日まで第一次現場調査を行い、二〇〇八年四月一〇日から四月二九日まで第二次精密探査装置投入調査を実施した。このような状況の中で、韓国単独で崔書勉国際研究院長の主張を根拠に遺骸発掘に着手したが、最終的にこれらの発掘で安重根の遺骸を発見することはできなかった[*14]。

二〇〇八年の調査では、安重根の遺骸が埋葬されたと推定される旅順監獄の裏山一帯を発掘したが、そこでは、壊れた容器数点が発掘されただけで、人の遺骸は出ず、結局失敗に終わってしまった。結果的には、陶磁器と、いくつかの金属物、当時の野菜を保管したと推定される倉庫、円筒遺構等が発見されただけであったが、それなりに大規模な調査と発掘を行って旅順監獄裏山の疑いを解消させた調査でもあった。また、南北が共同で企画し、韓中が共同で実施した貴重な経験をもたらした調査でもあった。

二〇〇八年四月の第二次発掘が失敗した後、韓国政府は、安重根の遺骸の行方に関する確実な文書が出てくるまでは、もはや発掘できないという立場に転じ、したがって発掘作業は足踏み状態となった。二〇〇八年五月、中国旅順では単独の安重根の遺骸発掘が試みられたが、結果的には失敗だった。その後二〇一〇年三月、安重根殉国一〇〇周年を迎え、李明博大統領は「安重根義士の遺骸を祀るために最善を尽くす」と明言した。

二〇一三年五月には国家報勲処関係官が旅順監獄の公共墓地を訪問し証言者の証言を聴取して、再び安重根遺骸発掘の火種に火がついた。二〇一四年八月、国家報勲処の担当者と安重根の遺骸発掘団が大連市地方政府を訪問して、安重根の遺骸発掘の協力を要請した。そして二〇一四年一二月六日、韓国国家報勲処、安重根の遺骸発掘団、外交部は、北京にある中国外交部を訪問し、安重根の遺骸発掘のための基礎調査の一環として、旅順監獄公共墓地の地表透過レーダー調査方式を説明した。さらに地方政府の大連市外事処も訪問した。

二〇一四年末には遺骸発掘のために旅順監獄公共墓地を地表透過で調べた米軍の資料を確保するために、米国ハワイの米軍の発掘機関に依頼したが、資料を確保できなかった。二〇一五年一月、国家報勲処は、中国政府に現在の安重根の遺骸発掘のために地表透過レーダー方式を利用することを正式に提案した。しかし、まだ前途は遼遠である。光復七〇年に、具体的な結果が出ることを国民の多くが期待したが、叶わなかった。

4　安重根の資料は、日本のどこにあるのか

安重根の遺骸は中国旅順にあるが、具体的な埋葬地を示す決定的な資料は日本にあると、大多数の専門家たちは確信をしている。前述した園木報告書と外務省記録、そして旅順監獄管理体制をみると、庶務係に文書管理部門があったことが「関東庁要覧」（一九三四年）に記載されている。[*15]

安重根の遺骸を見つけるために、韓国政府と民間はあらゆる努力を行ってきた。二〇一〇年三月には国家報勲

処ほか安重根死刑当時の関連記録の一部を日本から収集し、殉国一〇〇周年に合わせて史料を公開した。[*16] 国家報勲処が公開した内容には、二〇一〇年七月二八日、米国スタンフォード大学フーバー研究所提供資料にて、スタンフォード大学フーバー研究所図書館所蔵「the Japan Koshikan Records」（マイクロフィルム）がある。このマイクロフィルムは、一八九四年から一九一〇年まで、ソウルに駐在していた日本公使館所蔵のドキュメントを撮影したもので、合計二三のロール二万二〇〇〇ページ以上にも及ぶ膨大な分量である。このマイクロフィルム文書の中に、一九〇九－一九一〇年の資料に安重根に関するかなり多くの文書が存在しているが、伊藤博文の射殺と安重根尋問と公判記録等、日本外務省外交史料館所蔵文書とほぼ同じ内容であり、既知の一九一〇年三月二六日の通訳・園木末喜の死刑直後報告書を最後に、安重根の埋葬に関する新しい情報は米国側の資料でも確認されないことが明らかになった。

したがって、民間団体の協力が必要であり、とりわけ、その中心的役割が求められる。韓国政府は、安重根の遺骸埋葬に関連した日本側の資料を確保するために努力を傾注してきた。外交ルートを通じて韓国が日本に安重根遺骸発掘の協力を要請したところ、日本政府の回答は、次のとおりである。「現時点では関連資料は発見されなかったが、継続して調査をしていく」と。

これが二〇一〇年五月一六日の慶州で韓・中・日外相会議の際、日本の岡田外務大臣の答えであった。[*17] これまで韓国では数回に渡って、日本外務省外交史料館、国立公文書館、国立国会図書館、日本現地古書店、地図専門書店等を訪問し、安重根の関連資料を収集したが、現在までに安重根の詳細な記録は発見できなかった。日本国内の在日韓国人の関心を動員する必要もある。史料発掘の民間人へのインセンティブを喚起し、日本国内の在日同胞を史料発掘に参加させる必要がある。また、日本国内で安重根収監当時に勤務していた関東都督府職員と関東都督府監獄署従業員の子孫を継続的に発掘する追跡調査を遂行しなければならない。

それでは今後、日本で探索すべき安重根の遺骸資料に何があるだろうか。まず第一に、日本の刑務所法七五条には、必ず死刑者の名前を一緒に棺に入れ埋めるように決めているし、死亡章への記録を法律で明示している。第七五条をみると、死者の親戚や友人が死者の遺骸の引き渡しを要求すると、返さなければならない。ただし、要求者が死亡章で認められることが必要である。看守が遺骸を埋葬する時、棺に埋めて棺の上に一幅三インチ以下の長さ、三尺五寸以下の名札を付けなければならない。日本の監獄史の本でも他の人の死亡章を明らかにしてあるので、安重根義士死亡章を見つける必要がある。

第二に、津田海純に関する資料を具体的に確認する必要がある。津田海純は浄土真宗の僧侶であるが、旅順監獄で安重根の世話をした教誨師であったという。その後安重根の遺墨を日本に持ち帰り、岡山県笠岡市にある浄心寺で保管していた。一九九七年に、津田海純の甥の僧侶である津田康道が保存と歴史研究のために龍谷大学に遺墨と関係資料八六点を寄託したという。龍谷大学は三七〇年前に京都市の浄土真宗本願寺派本山の西本願寺内に設立された仏教系の大学である。朴三中《パクサムジュン》（二〇一五年、コレアウラ）によると、津田海純は、日記を書く習慣をもっていたという。また、津田海純が安重根の埋葬時に仏教の儀式をした場合、記録が残っている可能性があると朴は主張している。

第三に、関東都督府地方法院の安重根関連資料の原本を見つける必要がある。韓国の学者韓相權《ハンサングォン》、金炫栄《キムヒョンヨン》（二〇〇九年、安重根公判記録に関連する資料について）の論文によると、安重根裁判を主管した旅順の関東都督府地方法院の資料原本は、現在その所在を確認することができないという。[*18]しかし、幸いなことに一九三九年に朝鮮史編修会史料調査の過程で収集され、およその内容だけを確認できるという。関東都督府地方法院の資料の所在が確認されれば、安重根の遺骸の行方もわかる可能性がある。李泰鎮（二〇一二年、歴史の窓）によると、当時、朝鮮統監府に安重根関係資料は一七二件であった。朝鮮史編修会の修史官補（一九四〇年に修史官に昇任）として旅順を訪れた田川孝三の史料採訪復命書によると、謄写要求に応じて旅順監獄から送ってきたのは五五件である。すなわち残る一一八件は送って来ていない。この一一八件の行方を探さなければならない。

第四に、日本の宮内庁宮内公文書の訪問調査が必要である。旅順には、七一三年に渤海と唐との交流の痕跡である鴻臚井碑《こうろせいひ》が黄金山にあった。一九一〇年四月に日本の海軍中将富岡定恭《さだやす》（当時旅順鎮守府長官）が日本に持ち帰り、日露戦争の戦利品として日本皇居に上納して、一九一二年に日露戦争記念収蔵品として現在は日本皇居の吹上御所にある。現在は旅順に二つの井戸のみ残っているが、軍部隊の中にあって、一般人の観覧が不可能である。それを閲覧できるのが、日本皇居の史料館、まさに宮内庁宮内公文書館である。また、宮内庁の前身たる宮内省が設立した学習院大学の図書館も確認する必要がある。第二次世界大戦以前の皇族教育機関であり、一八八四年には宮内省直轄学校であった。

たとえ一％の可能性だけでも、たった一つの資料や情報も大切にして確認しなければならない。これが安重根の子孫の道理ではないか。

5　安重根の遺骸発掘における日本の歴史的責任と和解

歴史事実は、不都合な真実は消してしまいたくとも消すことはできない。消せば消すほど紙が擦れて、後には、紙自体を捨てなければならないように、日本の歴史自体がいつかは否定されるかもしれない。

日本と中国、韓国と日本の間には、歴史問題を巡って政治的、感情的な葛藤が今も存在する。果たして三国は、歴史認識問題の障壁を克服することができるだろうか。また、各国の間に共同体意識を広める思想とその社会的基盤を構築することができるだろうか。歴史問題における東アジア諸国との間の信頼不足は、東アジア共同体の協力のための合意形成と意見の食い違いの克服を困難にしている。歴史の和解は、東アジア共存の第一歩であることを日本は認識しなければならない。

現在の東アジア情勢を見ると、一方で世界は国家の垣根を越えグローバル化しながらも、他方で過去のどの時代よりも民族主義と国家主義が高まり、新たな覇権主義国家の出現すらも予想されている。こうした現実を見ると、東アジア共同体への希望と見通しは困難であるかに見えるかもしれない。しかし、明らかな事実は、人類の歴史で武力を動員した強圧的な手段と方法で、新たな秩序や真の統一を成し遂げた歴史はないということである。ナポレオンのヨーロッパ統一の夢も、ヒトラーの帝国建設も、日本の「大東亜共栄圏」もすべて失敗し、結果的に人類の平和を害する犯罪行為に終わってしまった。

侵略と戦争、葛藤が続く東アジアの近現代史は、和解と平和への期待に反している。とりわけ日本の歴史認識と過去に関する偏狭で修正主義的な歴史観は、東アジアの歴史葛藤を解消し、平和を定着させることに逆行している。

東洋平和協議体を提案した思想家であり、平和主義者でもある安重根は一九一〇年三月一〇日、弟である安《アン》定根《ジョングン》と安恭根《アンゴングン》、そしてウィレム（J. Wilhelem）と面談する席で最後の遺言を残した。「私は死んだ後、私の骨をハルビン公園のそばに埋めておいて、私たちの国権が回復されたら、故国に返葬してくれ。私は天国に行ってもまた当然、韓国の回復のために努める。君たちは帰って同胞たちに、それぞれ皆が国の責任を負って国民としての義務を尽くし、心を同じくして力を合わせて功労を立てて業を達するよう告げてくれ。大韓独立の音が天国に聞こえてくると、私は当然踊りながら万歳を呼ぶ」と。

安重根の遺言は、死んでも、祖国の帝国の国権回復のための望みと国民の義務を要請する国民としての普遍的価値の実現が凝縮された魂の叫びだったのである。自分の命を草芥《そうがい》のように捨てて国のために献身する姿が今でも目に浮かぶ。

しかし、韓国の国権が回復されてから今年でもう七〇年となった。光復七〇周年であり、安重根殉国一〇五周年が過ぎた。二〇〇八年に韓中が共同で安重根の遺骸発掘を試みてから、現在、安重根の遺骸発掘は困難に直面している。韓国政府は外交ルートを通じて日本・中国・ロシアに安重根の遺骸発掘に協力を要請した。特に日本はたとえ先代のことであるにしても、安重根の遺骸を密かに処理した当事国として、安義士の遺骸埋葬に関する詳細な報告資料があるはずなので、これを積極的に調査して公開すべきであることを日本政府に要請した。これに対する日本政府の答えは次のとおりであった。「関連資料を見つけたが、既に公開された資料以外に、付加的なデータを見つけられず、引き続き調査をしていく[*19]」と。

このような日本側の回答は、以前に比べてやや進展したものだが、その結果が伴わないだけに、今後、具体的で目に見える成果をもたらし、誠意が示されること期待する。また、日本政府は過去の暗い歴史を整理し、両国間の新たな未来を切り開いていくためにも、安重根の遺骸発掘問題は決して外すことのできない重要な問題であるという点についても真摯で賢明な認識をもたなければならない。

日本は、人間の尊厳と平和を愛する平和尊重国家として七〇余年間を維持してきた。また、法律秩序を重視する国である。安重根殉国当時の日本の監獄法第七四条をみると、死者の親戚や友人が死者の遺骸の引き渡しを求めた場合、返還しなければならないと明記されている。安重根の弟である安定根と安恭根は遺体返還を要求したが、法律に反して安重根の遺骸は返還されなかった。遵法国家としての責任のある行動が今でも必要とされる。

日本の東京の品川区西大井には、伊藤博文の墓があり、墓所の一角は三〇〇坪程度の公園となっており、周辺の小学校・中学校は伊藤博文を記念しその名に由来した校名となっている。安重根の子孫は、韓国、米国、北朝鮮などに健在であり、彼らも安重根の遺骸発掘を懇請している。日本が、少なくとも人道主義を道理とする模範国家であるならば、安重根の遺骸関連資料を堂々と公開して模範国家としての姿勢を示してくれるものと確信している。それは歪曲された歴史を正し、歴史の和解を進めるための出発点であり、果たすべき責任でもあるだろう。

文明の衝突を避けるためにも国際的な対話と協力が行われて、地域の政治と経済は国家の枠組みを越えた連携が展開されている。韓日の民間団体は、国境を越えて頻繁に交流し、緊密さを増している。これを足がかりにして、韓日の関係にも大きな変化が期待される。

東アジアとは何か。東アジア共同体はどのような姿であるべきか。未来へと進む必要性を切実に感じるのであれば、国境を越えた対話が必要である。東アジアの未来を開く原動力は、まさに東アジアの平和共同体を作るという共通の希望であり、それを課題とするためにも、安重根の遺骸発掘への努力を共有することが必要とされる。韓国安重根義士紀念館と日本の龍谷大学が主体となって、安重根の遺骸発掘のための韓日東洋平和協議会の復活を提言する。

人類の普遍的価値である平和への尊重の証として、誇るべき平和主義者・安重根の遺骸発掘のために、韓日の政府民間が意見の相違を越え、協議を前進させなければならない。韓日安重根義士遺骸発掘機構の設立は、日本が過去の歴史葛藤を解消させ、東アジアの平和を実現させることへの足掛かりになるだろう。これを契機に韓日の歴史認識をめぐる豊かな対話と交流の波が起こることを期待する。国境を越えた歴史認識こそ、現在を生きている私たち皆の課題である。その出発点として、安重根遺骸発掘の答えを出さなければならない。

参考文献

安重根〔1910〕『安應七歴史』。
安重根〔1910〕『東洋平和論』。
安重根〔2012〕『安重根義士自伝』汎友社。
安重根義士紀念館〔2013〕『安重根アカデミー講義資料集』、印刷物。
安重根義士紀念館〔2011〕『安重根義士の生活と愛国の物語』日谷文化財団。
安重根義士記念事業会編〔2009〕『安重根研究の基礎』京仁文化史。
華文貴編〔2007〕『安重根研究』遼寧人民出版社。
郭富純編〔2003〕『旅順日俄監獄実録』吉林人民出版社。

刘秉虎編〔2006〕『東北亜平和と安重根』万巻出版公司。

金月培〔2013〕『安重根は愛国、歴史は流れる』韓国文化史。

金月培、アン・テグン〔2014〕『安重根義士の遺骸を探せ』チャイナハウス。

金月培〔2015〕『光復70周年旅順の安重根義士の遺骸発掘看羊錄』青銅鏡。

金鎬逸〔2011〕『大韓国人安重根』ヌンビツ出版社。

国家報勲処〔1996〕『21世紀の東洋平和論-聴取書』国家報勲処。

国家報勲処、光復会〔1996〕『21世紀と東洋平和論』サインコリア。

斎藤泰彦〔1994〕『わが心の安重根――千葉十七・合掌の生涯』五月書房（張一如訳『隠された真実、私の心の安』仁智堂出版社、一九九四年）。

独立記念館編〔1999〕『安重根義士資料集』国学資料院。

中野泰雄〔1996〕『安重根と伊藤博文』恒文社（金永光訳『安重根と伊藤博文』慶雲出版社、二〇〇一年）。

ファン・ジェムン〔2011〕『安重根評伝』ハンギョレ出版。

註

＊1　平石氏人「聴取書」一九一〇年二月一七日。金月培『安重根は愛国、歴史は流れる』韓国文化史、二〇一三年。
＊2　斎藤泰彦『わが心の安重根――千葉十七・合掌の生涯』五月書房、一九九四年（張一如訳『隠された真実、私の心の安』仁智堂出版社、一九九四年）。
＊3　斎藤泰彦、前掲書。
＊4　『Newsis新聞』二〇一〇年三月二五日。
＊5　中野泰雄『安重根と伊藤博文』恒文社、一九九六年（金永光訳『安重根と伊藤博文』慶雲出版社、二〇〇一年）。
＊6　山下靖典『21世紀と東洋平和論』国家報勲処、一九九六年。
＊7　園木末喜「安重根死刑執行状況」一九一〇年三月二六日。
＊8　以下、掲載紙とその記事を掲載順に並べる。
『大阪朝日新聞』一九一〇年三月二七日付「遺体は午後1時共同墓地に埋葬」（『旅順電報』三月二六日発）。

『大阪毎日新聞』一九一〇年三月二七日付「安重根の遺体は刑務所墓地に特別に寝棺に入れて埋葬」(『旅順來電』三月二六日特派員発)。

『門司新報』一九一〇年三月二七日付「遺骨は監獄の前、共同墓地に埋葬」(『旅順電報』三月二六日発)、「安重根の遺体は刑務所墓地に特別に棺に入れて特別待遇を受けて埋葬」(『大連電報』三月二六日発)。

『満州日日新聞』一九一〇年三月二七日付「安重根遺体は午後1時、刑務所共同墓地に埋めた」

『東京日日新聞』一九一〇年三月二八日付「遺体は旅順刑務所墓地に埋葬」(『大連電報』三月二六日発)。

『満州新報』一九一〇年三月二九日付「遺体は午後に刑務所共同墓地に埋葬」

『満州新報』一九一〇年三月二九日付「安重根の遺体を午後、刑務所共同墓地に埋めた」(『満州新報』旅順支局三月二六日発)。

＊9　『新韓国報』一九一〇年四月一九日付(大韓隆凞四年 四月一九日火曜日)「安重根氏の遺体は故国に帰葬することを許可せず、旅順監獄共同墓地に埋葬したらしい」

＊10　日本統治期の旅順監獄の上水道図面に「関東都督府監獄署」と正確に記録されている。旅順上水道図面管理番号は六五七五であり、現在、図面の写真は旅順監獄の安重根義士死刑室に掛けられている。

＊11　この「旅順監獄公共墓地」については、旅順刑務所初代館長である周祥令館長が書いた「旅順監獄墓地遺跡探求」に詳しい。(周祥令「旅順監獄墓地遺跡探求」『大連市近代史研究』3、遼寧民族出版社、二〇〇五年。

＊12　安賢生「旗揚げ後に私の家族が歩いてきた道」『月刊実話』四月号、一九五六年。

＊13　金九は、一九四六年に現在の孝昌(ヒョチャン)公園三の社墓地に安重根の仮墓を作り、安重根遺骨発掘のために一九四八年に南北交渉を行い、金日成主席と、安重根の遺骨返還を提案したが、有耶無耶にされた。

＊14　張錫興「光復後の安重根義士の遺体捜索についての経過と歴史的検討」『国民大学出版部韓国学論叢』第39集、二〇一二年。

＊15　安重根義士韓中遺体発掘団「安重根義士遺骨発掘報告書」、国家報勲処・忠北大学校・韓国地質資源研究院・ピルコ文化史、二〇〇八年。

＊16　関東長官官房文書科『関東庁要覧』一九三四年。郭富純編『旅順日俄監獄実録』吉林人民出版社、二〇〇三年。

＊17　国家報勲処『安重根義士遺骨発掘推進状況報告』二〇一〇年一〇月二五日。

＊18　『聯合ニュース』二〇一〇年一〇月二五日。

＊19　韓相権、金炫栄『安重根研究の基礎』景仁文化社、二〇〇九年。
国家報勲処『安重根義士遺骨発掘推進状況報告』二〇一〇年一〇月二五日。

第5章　東洋平和とは何か――安重根が拓いた新地平

中村尚司

1　巨大災害と歴史の転換

二〇一一年三月一一日の午後二時四六分、仙台市の東方沖七〇キロメートルの海底を震源とするマグニチュード9規模の地震が発生した。日本列島周辺における観測史上最大の地震である。地震から約一時間後、大津波に襲われた東京電力福島第一原子力発電所では、全電源を喪失して、原子炉を冷却できなくなった。炉心溶融により、放射性物質を大気中に拡散した。この震災後、筆者は約三年間、毎月のように福島県南相馬市の原発被災地を訪ね、どのような活動が可能か考え、小さなNPO法人の一員として復興事業に参加してきた。[*1]

これに先立つ、一九九五年一月一七日の早朝、阪神・淡路大震災が発生した。このときも西宮市の「都市生活」生協の一角を借り、ゼミの学生諸君と共に食料品などを運び込み、被災地で活用してもらった。大きな震災の被災地を眼前にすると、人びとは〈いま、ここ〉の必要に追われ、長期的な視野を見失いがちである。福島でも、神戸でも目の前の惨状に立ちすくむばかりで、誰もが五年後、二〇年後の街を想像できなかった。

二〇〇四年一二月二六日の朝、スリランカ南西部に滞在していた私は、インド洋のスマトラ島沖で発生した地震と大津波を眼前にして、大きく揺れるホテルの一室で、日本人の研究者としてどのような支援活動が可能か思いを巡らしていた。とはいえ、ゆっくり考えている余裕はなく、コロンボの商店街で緊急に必要な食料品や医薬品を車に積み込み、反政府軍支配地区のキリノッチとムラテイヴに駆けつけた。インド洋津波の被災は、政府軍と反政府軍の双方にとって同じように深刻であった。逆に見れば、戦闘よりも話し合いによって民族問題を解決するチャンスでもあった。その方向を目指して、余所《よそ》者の私なりに努力した。しかし緊急事態が一段落すると、話し合いによる解決への志向は、双方ともにしぼんでいった。

　二〇一一年三月一一日の大震災の日にも、私はスリランカに滞在していた。地震の揺れを体感することはなかったが、ＢＢＣやＣＮＮなどの欧米のメディアは克明に報道していた。とりわけ福島第一原子力発電所の水素爆発に伴う放射性物質の飛散地域については、地形や気象条件によるＳＰＥＥＤ（緊急時迅速放射能影響予測ネットワークシステム）による放射能汚染地図をいち早く伝えていた。日本のメディアが同心円状の被災地を報道していたのとは著しく異なる。被災地から遠く離れている方が全体像をつかみやすいのかもしれない。

　東日本大震災から数ヵ月後、北京《ベイジン》で開かれた国際会議から帰任した明石康元国連事務次長にお目にかかった。「韓国や中国の知識人は、東日本大震災をイベリヤ半島のリスボン大震災と比較して、人類史的な意味を考えるべきだ、と話していたよ」とその一端を伺った。「特に、韓国を代表する数学者の金容雲《キムヨンウン》教授は、リスボン大震災がヨーロッパの世界の歴史の転換点となったように、東日本大震災も新しい時代の到来を予告していると論じていた」という。被災しなかった遠隔地の中国や韓国の知識人の方が、震災を眼前にした当事者の自覚を越えて、はるか遠方を展望しようと努めていたようである。

　約二世紀半前の一七五五年一一月一日午前九時四〇分、リスボン沖を震源とするマグニチュード9規模の巨大地震が発生した。約四〇分後にイベリヤ半島と北アフリカの西部海岸を襲った津波は、その後の数日間に及ぶ大火災とともに、リスボン市内の建造物を破壊し、数万の人命を奪った。市内のカトリック教会では、万聖節のミサが行われている最中であった。巨大な地震と津波により、教会の建物は瓦解し、多くの聖職者が被災して亡くなった。王宮も大きな被害を受けた。その後、疫病と飢饉が蔓延して、被災者をさらに苦しめた。その記憶を残すため、リスボン港の中心地に震災記念館が存在する。キリスト教への信仰が揺らぎ、一七五九年にはイエズス会がポルトガルから放逐された〔市之瀬 2016：102〕。君主制の権威や権力も地に落ちた。巨大な軍事力で地球上の海域や陸地を支配していたポルトガルとスペインの世界帝国は、このリスボン大震災を契機に瓦解の坂を転げ落ちた。

大震災の影響がなかったはずの遠隔地フランスでは、震災を機会にヴォルテール、ディドロなどの百科全書派が声高にカトリック教会や君主制批判を行った。ピレネー山脈やアルプスを隔てたスイスのジャン・ジャック・ルソーも、プロイセンのイマニュエル・カントも絶対王政を批判し、政教分離を説いた〔Rui 2005：153〕。

揺らぐはずのないカトリック教の強国を揺るがした大震災は、ヨーロッパ近代に新しい展望を開いた。岩盤の固いピレネー山脈の北側に住み、直接的な被害を受けなかったはずだが、震災の意義に想いを巡らした啓蒙学派は、一七八九年のフランス大革命を思想的に準備した。君主制に代わる「自由・平等・友愛」の共和制が西欧近代に誕生した。共和制を実現したアメリカ独立戦争やフランス大革命は、啓蒙思想家たちの声を受け止めた歴史的産物である〔市之瀬 2016：94, Rui 2005：182‒183〕。

フランス大革命の少し前、一七八三年から八五年にかけて、アイスランドでは火山の大噴火が起きた。このときは、大量の二酸化硫黄ガスが噴出して、太陽が血の色に染まった。有毒ガスによる呼吸困難が原因で、イギリス・フランスを中心に数千人の死者が出たという。しかも、火山灰の影響に異常気象が重なり、冬には大寒波が到来した。寒さで、イギリスでは一万人近い死者が出たとされる。上空を覆った火山灰は、激しい雹《ひょう》を降らせ、大量の家畜が死んだ。春には、その反動で雪解けの鉄砲水が発生した。ドイツでは、洪水で大量の死者が出た。

日本でも同じ頃、天明三（一七八三）年四月一三日には岩木山が、八月三日には浅間山が噴火し、広範に火山灰を降らせた。そのため、日射量低下による冷害をもたらし、農作物に壊滅的な被害が生じた。翌年度から深刻な飢饉となった。さらに米価の上昇に歯止めが掛からず、飢饉は全国規模に拡大した。飢餓と共に疫病も流行し、一七八〇年から八六年の間に一〇〇万人近い人口減を招いたとされる。農村部から逃げ出した農民は各都市部へ流入し治安の悪化が進行した。一七八七年五月には、江戸や大坂で米屋への打ちこわしが起こり、その後全国各地へ打ちこわしが広がった。

　現在の福島県相馬地域では、飢饉のため人口が三分の一に減少したといわれる。北陸地方から大量の移住民（多くは真宗門徒）を招き、ようやく人口が回復した。今日でも飯舘村や南相馬市に行くと、八代前、九代前に加賀から来たという相馬門徒に遇うことが多い。浄土真宗の寺院も少なくない。

　同じ天明五（一七八五）年京都では、伏見奉行小堀政方《まさかた》の悪政に耐えかねた京都伏見の町人七人衆の代表三名、すなわち文殊《もんじゅ》九助・丸屋九兵衛《きゅうべえ》・麹屋《こうじや》伝兵衛が幕府に直訴するために江戸に上った。九月二六日、九助・九兵衛の二名で寺社奉行松平伯耆守《ほうきのかみ》の奉行駕籠に向かって、決死の直訴をした。その結果、小堀政方は罷免せられ、領地没収となり、伏見町人の目的は達せられた。しかし、直訴した二名も再吟味のため江戸送りとなり、取調べ中に牢死した。以上が、伏見の歴史に名高い「伏見義民」の概要であり、その顕彰碑が御香宮《ごこうのみや》神社の境内に建てられている。現代も、毎年五月一八日に義民祭が行われている。

　他方、一九九九年発行刊行の『ＪＭＣ　全医協連ニュース』七三号は、興味深い史実を紹介している。それによると、天明三（一七八三）年六月二五日に伏水《ふしみ》（伏見）刑場で、伏見奉行の小堀政方は侍医の橘南谿《たちばななんけい》と京都の医師小石元俊《こいしげんしゅん》らに、銭五〇〇文を盗み、打首刑になった平次郎の遺体を解剖させた。政方は悪人として記憶されているが、実証的医学の理解者であった。このとき、画家の吉村蘭洲《よしむららんしゅう》らが写生した解剖図鑑が『平次郎臓腑』であり、六二図からなる。各臓器の形状・色沢・重さなどを注記し、また病理学的所見も記載されていて、解剖学にとって重要な史料である。

　同じ小堀政方が、被差別部落野田村の医師の身分も引き上げている。『京都部落史研究所報』三九号において、師岡佑行《もろおかすけゆき》は次のように述べている。「非人身分の聖の市兵衛《いちべえ》、忠兵衛《ちゅうべえ》が、正式に竹田良玄《たけだりょうげん》、竹田多仲と名乗り、帯刀して駕籠で通行したこと、（中略）下賤の者と見下げられた髪結いの惣右衛門《そううえもん》、林蔵《りんぞう》が同心組頭に取り立てられて刀を差して大道を闊歩したことは、身分制の解体の深度を測る重要な事実となっている」。自然災害が既存の秩序維持を困難にした事例である〔師岡 2001：7〕。

天明の飢饉から二〇〇年以上も経過した今日、私の所属するNPO法人ＪＩＰＰＯ（十方）では、東日本大震災のあと募金活動をはじめ、救援物資を送ることから手掛けた。四月からは風評被害にあらがい、福島物産の販売活動を始めた。また福島県教育委員や相馬高校ＰＴＡの要請を受けて、築地本願寺からエアコン三八台を寄贈していただくよう関係者間の橋渡しをした。

原発被災地では、多くの学校が倒壊したり、避難所に転用されたりしている。そのため比較的被災の少ない校舎で数校が統合教育を行っている。狭い教室から外へ出ようにも、運動場やプールは使えず、窓ガラスでさえ開けられない校舎も少なくない。遠足や修学旅行も行えない。せめて夏休みだけでも、小中学生を被災地の外へ招きたい。そのように考え、ＪＩＰＰＯでは長野県の八ヶ岳の麓、京都府の愛宕山の麓、富山県の剣岳の麓に誘い、広々とした野原や山林で動植物の観察、夜空の天体観察に誘う企画を立てた。しかし弱小団体の悲しさゆえ、実施に必要な資金や人材に欠けている。「仏教ネットワーク」「赤い羽根共同募金」「京都地域創造基金」などの助成を得て、京都ユースサービス協会、龍谷大学の学生ボランティアなどの協力を得て試みた。ＮＰＯ法人にすぎないＪＩＰＰＯは、公権力を行使できない。市場システムを左右できる経済力もない。それでも数十年後に振り返ってみれば、東アジア文明の大転換に臨んで、その変革へのささやかな貢献ができたと自負できるかもしれない。

リスボン大震災からフランス革命まで史実をたどっても、三〇年以上の過渡期がある。日本でも松尾芭蕉が『奥の細道』で、「象潟《きさがた》や雨に西施《せいし》がねむの花」と詠んだ名勝は、八五〇年の大地震で形成され、芭蕉の死後の一八〇四年、大地震で消滅している。リスボンや象潟のひそみに倣っても、福島の被災は文明史的視点から見れば、未完の物語である。原発事故の終息だけでなく、文明史的な意義も未完である。

リスボン大震災の被災者のように、その意味を気づかないまま、私たちもまた歴史の大きな転換点に立っているのかもしれない。東日本大震災が、日本の進路に大きな方向転換を促していることは、やがて判明すると思われる。そればかりでなく、朝鮮半島、中国大陸を含む東アジアにおける文明のあり方を変えるほどの大きな影響を及ぼすかもしれない。

2　東洋とは何か

本稿の主題である安重根もまた、大震災の時代に活動した人物である。安重根が強い関心をもって見守っていた日露戦争の翌年（一九〇六年）の四月、はるか太平洋を隔てたサンフランシスコ市大震災が起きている。アメリカ独立以来、最大規模の地震でマグニチュード7・8であった。死者は、約三〇〇〇人であったといわれる〔前野 2005：222〕。明治政府は、日露戦争の戦費調達に苦しみ、京都の富豪村井吉兵衛（煙草王）のタバコ産業を接収し、専売化して賄ったほどである。その苦しい財政の中から、国家予算の千分の一に当たる五〇万円を、義援金としてサンフランシスコ市に贈っている。

安重根著「東洋平和論」は、このような時代の大転換を予兆している。作品としては、未完の遺著である。時代の転換点を示唆する論点を読み取るため、この遺著を吟味したい。「東洋平和論」は、一九〇五年のポーツマス条約批判に言及したところで、中断している。残念ながら、サンフランシスコ大震災にまで筆が届いていない。「東洋平和論」の延長線上に、この震災の意義を明らかにできるかどうか、後世に残された課題である。

書き遺された安重根自身の執筆計画によれば、まとまった「序」があり、本論は「前鑑一、現状二、伏線三、問答四」という構成である〔愛知宗教者九条の会 2001〕。しかし、死刑執行のため「前鑑一」の半ばで筆が断たれている。とはいえ「東洋平和論」の核心は、「序」に提示されている。ここでは、主に「獄中自伝」と「序」を取り上げたい。「東洋平和論」の「序」は、次のような文章から始まる。

「現今の世界は、東西両半球に分かれて、人種もそれぞれ異なり、互いに競い合っている日常である。農業や商業よりも、実用に便利な機械の研究に大いに熱中している。しかし、新発明の電機、鉄砲、飛行船、潜水艇などはみな人を傷つけ、物を害する機械である」。これを読む限り、同時代人のガンディやトルストイの思想に近い〔Gandhi 1909〕。むろん安重根の眼には、南アフリカで活躍するガンディの姿も非戦論を唱えるトルストイも映らない。若い安重根は、父親と共に民族主義の「東学党」に対して、武器をもって戦っていた。

「東洋平和論」は、次に西洋文明を回顧する。「青年を訓練して戦場に駆り出し、無数の貴重な人命を生贄のように打ち捨てて、血の川・肉の山は絶える日がない。生を好み、死を厭うのはすべての人の情の常である。清く明るくあるべきこの世界が、なんという光景であろうか。それに考え及べば、骨は寒く、心は冷える」と。西洋近代の文明を批判する、トルストイの非戦論やガンディの非暴力主義と変わらない。これを読む限り、安重根は、テロリストというよりエコロジストである。大震災に続く、世界大戦や革命の時代を予感している、と読むのは筆者だけであろうか。

一九〇九年一〇月二六日ハルビン駅において、初代韓国統監の伊藤博文を射殺した安重根は、翌一九一〇年二月一四日に旅順の関東都督府地方法院にて死刑の判決を受ける。上訴することもなく、三月二六日に旅順《リューシュン》監獄で死刑執行を受けるまで、自叙伝と「東洋平和論」の執筆に専念した。三二年の生涯であった。

「安応七歴史」と題する自伝は、一九〇九年一二月一三日に執筆を始め、翌年三月一五日に書き終えている。市川正明教授が筆跡鑑定までして、本人の「真筆」であると判定する原文は、誤字脱字の修正もなく、一瀉千里の勢いで記されている。後世から見ても、美しい書体である〔市川 1979：553–607〕。続く「東洋平和論」は、

「序」のみが完結し、「本論」は四章構成の目録のうち、第一章の前半で死刑執行により、中断したままである。しかし、その論旨は明快であり、残された文章からだけでも、その主張の核心を把握することができる。

本稿の筆者が初めて「東洋平和論」という題を目にしたとき、日本語で書かれたものかと誤解した。それほど日本語的な表題である。しかし原文は、すべて漢字で記されている。その漢文には、明治の知識人が慣れ親しんだ訓読体のような、返り点や句切り符号がない。死刑執行を前にして、達筆の漢字で澱みなく書き進める安重根の姿に、多くの司法関係者は深い感銘を受けている。そのような旅順監獄の日本人関係者の求めに応じて、安重根も惜しみなく約三〇〇点の遺墨を書き与えている。

安重根が日本の司法当局に拘留されて以来、高い評価を受け敬愛された理由のひとつは、漢文で自己の所信を述べる能力である。高等教育を受けた日本人の司法関係者で、安重根ほど漢文に堪能な人は旅順にはいなかった。日本近代知識人の劣等意識のひとつは、達意の漢文が書けないという点にあった。安重根の場合、父親が科挙の試験に合格し、進士の資格をもつ、大韓帝国有数の知識人だった。その父の下で幼少時から、「四書五経」の素読をし、「資治通鑑《しじつがん》」などの史書にも通じていた。しかし、他の兄弟と異なり、学問に熱意を抱かなかった。本人によれば、学問は不得手であり、自らを漢字を読めなかったけれども、武勇に優れていた楚《チュー》の覇王項羽《シャンユー》になぞらえている〔安重根義士崇慕会 2013：18〕。

それゆえ、安重根事件の公判を担当した裁判官も旅順監獄の刑務官も、彼の自伝と「東洋平和論」は双方とも漢文で書かれたものとみなしている。共犯者として逮捕された禹徳淳《ウドクスン》とは異なり、朝鮮文字（ハングル）を使用していないからである。たまたま国際会議で同席した言語学者の徐青《シューチン》教授（浙江《チェーチャン》理工大学）に、「東洋平和論」の原文を読んでもらったところ、即座に「これは中国語ではありません」という返事を得た。二〇世紀の初頭の中国語に「東洋」や「平和」という語彙は存在しなかったそうである。「東洋」や「平和」のほかにも、中国語としては読めない表記がある、という。

ならば「東洋平和論」が書かれているのは、日本語でも中国語でもない。安重根が幼児から習得した漢字を用いて、コリア語で「東洋平和論」を表しているのである。しかし、安重根自身は漢字文化の流通する領域に限定した形で、東洋の概念を把握しようとはしていない。漢字文化は、安重根が生まれ育った言語環境の産物である。逆に漢字が指示する「中華思想」からは、解放されていた。安重根は漢籍を耽読する書斎の人ではなく、現実の世界で行動する人物であった。

もともと言語と民族の関係について、安重根は強い信念をもっていた。一七歳の時カトリック教会で洗礼を受け、トマ（聖トーマスのフランス語読み）という洗礼名をもちながら、偏狭な民族主義者ではないが、母語を大切にしていた。教会で数ヵ月間フランス語を学んだとき、自伝に次のように記している〔同上 2013：35〕。

「西洋の修道会から博学の先生を何人か招いて大学校を設立し、国内の英俊の子弟を教育すれば、数十年を待たずに大きな成果が期待できます」と提言した。その構想が実現せず、フランス語を捨てる。そして「日本語を学ぶ者は日本の奴隷になり、英語を学ぶものは英国の奴隷になる。もし私がフランス語を学習すれば、フランスの奴隷になることは免れない。もしわが韓国が世界に勢威を振るえば、世界の人びとは韓語を学ぶようになるだろう」と述べる。

安重根にとっての東洋は、地理上のアジア地域とは必ずしも重ならない。当時のアジア概念はあいまいで、その範囲もはっきりしない〔李 2015：132〕。安重根による「東洋平和」は、当時の日本で盛んに行われた脱亜論、興亜論、アジア主義、大東亜共栄圏などとは全く無縁である。西洋の植民地支配からかろうじて免れた中国、韓国および日本を合わせて、「東洋」と呼んでいる。

一九〇九年一一月二四日の「安応七第六回尋問調書」に興味深い記録がある〔市川 1979：335〕。

問　其方ハ東洋平和ト言フガ東洋トハ何処ヲ言フカ

答　亜細亜州ヲ言ヒマス
問　亜細亜州ニハ幾ケ国アルカ
答　夫レハ支那、日本、韓国、シャム、ビルマデアリマス
問　其方ノ言フ東洋平和ト言フノハ如何ナル意味カ
答　夫レハ皆自主独立シテ行ク事ガ出来ルノガ平和デス
問　然ラバソノ中ノ一国デモ自主独立ガ出来ネバ東洋平和ト言フ事ガ出来ヌト思フガ左様カ
答　左様デアリマス

戦前期日本のアジア主義者や陸軍大本営が、「東和の解放、五族協和」を呼号しても、具体的な朝鮮民族の独立を明示出来なかったのに比べて、安重根の回答は明晰である。この問答で安重根にとって、民族独立と「東洋平和」が分離不可能であることが良く理解できる。

安重根にとって、インドは大英帝国の植民地であり、ロシアは東洋を侵略する白人の国である。東洋に含めるわけにゆかない。白人であっても、アメリカ合州国を独立させた指導者のジョージ・ワシントンには、特に尊敬の念を抱いていた。日本軍に追われて山野を逃げまどっていた時、「私はふと思いました。昔、アメリカ独立の父ワシントンが戦乱の中で七〜八年もの間、艱難辛苦に堪えたのは、真に万古無比の英傑である。私がもしことを成しとげ得た暁には、必ずアメリカへ行き、ワシントンを追慕し、その意義を記念しよう」と旅順《リューシュン》獄中で記している。近代戦による大量殺戮は肯定しないが、独立に必要とあれば武力行使も辞さない。これがゲリラ戦士安重根の立場である。

ウラジオストクは、安重根が義兵の拠点とした地域である。朝鮮民族の故地であり、ナマコの産地である。ロシア語に改名されるまでは、海参《ハサム》（ナマコ）という地名であった。ちなみに一九八五年の夏、朝鮮労働党書記局

の招きで金日成総合大学を訪問した際、書記局や政治局との会食では、来る日も来る日も、ナマコ料理が出された。そして朝鮮民族の故地「海参」が、ソ連領になっている不満が語られていた。

安重根もまた、ロシアを東洋とはみなさない。それどころか、ロシア、ドイツおよびフランスによる下関条約の三国干渉を厳しく批判する。「東洋平和論」の「前鑑一」は、日露戦争における日本の勝利を称賛しロシアを断罪したところで筆を折り、死刑台に臨んでいる。東洋とは、安重根によれば、中国大陸、朝鮮半島および日本列島からなる東アジア隣邦である。近年まで漢字を用いてきた世界である。関東都督府地方法院（旅順裁判所）における公判記録を読むと、とりわけ安重根がこだわるのは、日本の天皇による「露国ニ対スル宣戦ノ詔勅」であることが分かる。安重根によって「東洋平和由持大韓独立鞏固（東洋平和を維持し大韓の独立を強固にする）」という表現が繰り返し示される〔愛知宗教者九条の会 2011：70〕。

明治天皇の「宣戦ノ詔勅」に、上記のような表現は文字通りには存在しない。しかし、宣戦布告の主たる内容は、安重根の述べるとおりである。明らかに「東洋平和論」という表題も、この「宣戦ノ詔勅」から取っている。その限りでは「東洋平和論」は、日本語の作品でもある。

だからといって安重根は、ロシア語を侮蔑していたわけではない。晩年、何度も沿海州のウラジオストクを訪ね、韓国義軍参謀中将として作戦を練り、部下を訓練した地域でもある。ロシア語も片ことながら口にしていた。ハルビン駅頭で伊藤博文を狙撃し、ロシア憲兵に検束されたが、その時は「ウラー・コレア」と、ロシア語で万歳を三唱している〔満州日日新聞社 2014〕。

一九一〇年一月、未完の「東洋平和論」執筆に全霊を込めていた安重根にとって、全世界は、未曽有の大規模戦争による大量死の惨禍に直面していた。その危急を救うために、中国、韓国および日本の協力は不可欠であった。人類の多数派を占める東洋の民族が、道理をわきまえた社会を築けば、人類は悲惨な大量死を避けることができる。安重根の「東洋」という日本語にはそのような思いが託されていたのである。

3　平和とは何か

「平和」もまた、近代の日本語である。安重根は日本の天皇による「露国ニ対スル宣戦ノ詔勅」が高らかに宣言する「東洋平和由持大韓独立鞏固」の確信犯である。「平和」と漢字で記されているものの、「会社」同様ヨーロッパ語からの輸入語である。安穏という庶民の言葉に代わって、明治政府が公権力の行使に用いたものである。

私たちの住む世界は、暴力と差別に満ちている。暴力の延長は戦争であり、差別の延長は排除である。イラクやアフガニスタンだけではない。家庭の内でも外でも、虐待と反抗に溢れている。人間社会の一員である限り、誰でも対立と抗争から眼をそらすことができない。テレビや新聞も、殺傷事件や武力紛争の報道をやめられない。安重根の刑死から一〇〇年以上、大規模戦争はなくならないどころか、拡大の一途である。安重根が目指した各地域の自主独立の道は遠い。逆に、主権国家という公権力だけでなく、超大国、国際機関、多国籍企業などによる抑圧、支配、収奪の前に、少数民族やその他のマイノリティは無権利状態に置かれている。

他方、あらゆる暴力は大なり小なり、既存の社会的な関係を破壊する。その破壊の結果として、新たな社会関係を創出する。暴力による破壊は悲惨な事態だが、人類史をふり返ると、破壊なしには創造なしともいえる。フランス革命やロシア革命を否定することはできない。しかしながら、大量破壊兵器の発達により暴力の規模が極大化した現代社会では、これ以上暴力に依存するわけにもゆかない。たいへん難しい作業ではあるが、非暴力的な創造の道を探さなければならない。

社会的な差別は、戦争や暴力に似ている。対等な人間としての関係を拒絶する行為である。仲間づくりの代わりに、支配従属関係を作り出してゆく。差別の連鎖の結果として、当の社会にある種の秩序の形成や制度の維持をもたらす。確かに、万人が相互に対等な関係を維持するのは、決して容易なことではない。しかしながら、支配と忍従の関係も永続するものではない。次の世代の対立と抗争の源泉である。互いに対等な関係を拒絶しないで、しかも新たな秩序形成に向かう道はないか。安重根が目指した道である。

具体的な歴史的事実としての平和は、間違いなく戦争と地続きである。戦争とは軍事力の行使であり、それに隣接する平和は軍事力による支配の貫徹である。国際連合安全保障理事会の決議に基づく、平和維持軍（Peace Keeping Forces）の軍事力は、平和が軍事力の行使と重なっていることを正確に示している。その意味で、戦争と対立する言葉は、決して平和ではない。戦争のない状態という意味で、人びとが漠然と思い描く平和は、抽象的で無内容である。歴史上、古代ローマ帝国軍事力が及ぶ範囲を、私たちはパックス・ロマーナ（ローマの平和）と呼ぶ。その埒外である古代インドや古代中国の版図は、ローマ人の目から見る限り平和とは無縁な世界である。

西欧近代の初頭、このパックス・ロマーナの理念を継承したのが、スペインの無敵艦隊である。コロンブスに続くコルテスやピサロの軍隊は、アステカ文化やインカ文化を破壊することによって、広範な中央および南アメリカを支配し平和を実現した。スペイン語の平和は、きわめて戦闘的な意味をもち、のちのイベロ・アメリカという広大な植民地の領域を産み出した。太平洋が文字通り「平和の海（Pacific Ocean）」と呼ばれるのは、スペインの艦隊が平定した海域だからである。フィリピンはスペイン国王の名前をいただいて、初めて文明世界に登場できたのである。

一六世紀末にそのスペイン無敵艦隊を打ち破ったイギリスの海軍力は、地球上の七つの海に、パックス・ブリタニカという平和な世界を築き上げた。巨大な植民地支配の平和である。国際連合による平和も、用語の正しい使い方からはみ出さない。私が小学生だった頃に、世界平和のために朝鮮戦争を戦った国連軍を忘れることができない。中国から参戦した人民義勇軍を殲滅するために、当時の国連軍司令官は、核兵器の使用も主張したほどである。

地上の人類を数十回にわたって皆殺しできる核兵器の貯蔵庫たるアメリカ合州国とその同盟軍が、現代世界の平和を維持する。パックス・アメリカーナに叛く者は「悪の枢軸」と呼んではばからないのも、当然といえば当然である。だからこそ、ジョージ・ブッシュ大統領の軍隊がイラクにもたらす平和とは、大量破壊兵器による鎮圧、平定、支配、抑圧の強化を意味する。

かくして戦争と平和も、暴力の延長線上にある。双子の兄弟である。暴力の行使は、本質的に人間的な関係の破壊を目指す。その仲間である差別は平和とともに、対等な人間関係の拒絶を意味する。したがって、暴力や武力に対抗するのは差別や平和ではなく、対等な人間関係を強める交流や協力である。その意味で戦争や平和の対極には、交流、交換、交信、交易などが位置している。

二〇〇〇年も昔の古代ローマと古代中国とは、さまざまな市場のネットワークを通じて、有無相通ずる活動を行い、東西の文物の交流を発達させ人類文化に貢献してきた。絹織物、香料、宝石、ガラス類だけではない。生活様式の交流も進んだ。とはいえ、シルクロード交易のような市場の発達を通じて、ローマが中国を支配し、収奪し、搾取した形跡はほとんどない。他方、中国の側からローマを支配し、収奪し、搾取した史実もない。朝鮮半島も日本列島もその恩恵を基礎に、それぞれの地域で固有の文化を育んできた。江華島《カンファド》や明日香村に行けば、古代における交流の精華を如実に見聞できる。

安重根は、古い意味での平和主義者ではない。平和理論家でもない。その体験を通して、戦争と平和が地続きであることを知っていたがゆえに、非暴力主義者でも反戦主義者でもない。大韓義軍参謀中将として参戦し、敗北した以上、刑事裁判の管轄権という観点から弁護人が主張するような無罪ではなく、有罪であることを認めている。ただし単なる刑事被告人ではなく、戦争捕虜を扱う国際公法の適用を求めていた。

幼少期から安重根は、学問より武力に優れていた。さまざまな争いに巻き込まれ、力を発揮してきた。混迷期の時代にあって、若い時から紛争処理を委ねられることが多かった。政府高官が庶民から五千両を奪ったとき、二一歳で問題解決の総代に選ばれ、ソウルまで交渉に行っている。贈収賄で私腹を肥やす腐敗した官吏も少なくなく、安重根は貧しい人の力になるべく努力していた。若くして弁論に優れ、判断力と説得力のある指導者でもあった。どのような状況にあってもあきらめず、対話による解決を目指している。

ロシア領沿海州で韓国義軍参謀中将に任命されたのち、数百名の義兵を指揮し、たびたび豆満江《トゥマンガン》を渡って出撃した。一九〇八年六月のことである。日本軍と数回にわたって衝突し、双方に死傷者や捕虜が出た。安重根は、捕虜を前にして東洋平和と韓国独立の重要性を説く。安重根の話を聴いて、東洋平和の趣旨に賛同した捕虜を解放する。

これに対して将校たちが不満をもち、捕虜釈放に反対した。安重根は、次のように説諭する〔愛知宗教者九条の会 2011：66〕。日本兵が暴行を働くといって「我われまでも同じ野蛮な行動をしようというのか。（中略）これがいわゆる弱者よく強者を除き、仁を持って悪に対する法である。それ以外に諸君は善悪是非を言わないように願いたい」。

南アフリカのネルソン・マンディラに先駆けて、対話による解決を目指していたからである。安重根のいう平和は、抗争がない状態ではなく、抗争の解決を通じて社会的に抑圧されている人びとが、それぞれの単位で自主独立し、公平かつ公正な扱いを受けるよう努力することである。現代においてヨハン・ガルトゥングが提唱する「構造的な暴力」を克服する「積極的平和」に重なる[*2]〔ガルトゥング 2003：78〕。

4　東日本大震災後の東洋平和

一七七五年のリスボン大震災後の西洋の平和は、カントなどの啓蒙思想家の期待どおり、絶対王政は倒れ、議会制の間接民主主義に置き換えられた。カトリック教の政治的な権威は衰え、政教分離が実現した。しかしながら一九世紀以降、戦争に次ぐ戦争の時代が続き、二〇世紀に及んだ。安重根の時代にはすでに、西洋における大戦争の惨禍は、近代兵器による大量虐殺とともに広く知られていた。多感な理想主義の青年には、間接民主主義の共和制や金権にまみれた官僚制に未来の夢を託せる「西洋平和」の概念を紡ぐことはできなかった。西洋近代では、平和は血にまみれた戦争と双子の兄弟であり、知識と感受性に富んだ人なら大量死の世界大戦を予感できる状況であった。

若い安重根が渾身の力を込めて到達しようとした世界像は、大量死を避ける「東洋平和と民族独立」であった。東洋とは、連邦制国家でも地理的な領域でも共通の政体でもない。漢字が人びとを結ぶ世界である。死刑を目前に控えた安重根が、こころ安らかにあれほど多くの遺墨を残したのは、東洋の未来への信頼である。典拠は、孔子、孟子、老子などの漢籍の古典であったが、語ろうとしたのは次代の人類への希望である。

日露戦争の宣戦布告の建前である「東洋平和と韓国の独立」に、安重根は熱烈に共鳴し、言葉どおりの実行を求めた。実現されるべき平和とは、不公正な抑圧と闘い、抗争の解決を通じて、社会的に抑圧されている人びとが、それぞれの単位で自主独立し、連帯することである。この点にこそ、西洋近代から間接民主主義を学んだ伊藤博文と、直接行動を通じて被抑圧者の救済に邁進した安重根との決定的な違いがある。安重根が目指す平和は、当事者間の対等な連帯である。決して孤立や鎖国ではない。相互依存関係を深めることが自立である。

その決意を示したのが、一九〇九年正月にロシア領のエンチュ（烟秋《イエンチウ》）で行なった断指同盟である。一二名の同志が集まり、指を切って大義を記し、目的の達成を期した。漢字の原文は次のように記している。安重根の提案に対して「衆皆諾従、於是十二人、各々断其左手薬指後、以其血、大極旗前面、大書四字曰、大韓国独立、書畢、大韓独立萬歳、一斉三唱後、誓天盟地、以散」とある〔市川 1979：654〕。

心拍音が聴えるような決意文である。その時の大極旗《テグクキ》は、ソウルの安重根義士紀念館に展示されている。獄中自伝の述べる「大韓国独立」ではなく、「大韓独立」のみである。安重根にとって、国はさほど重要ではない。国家意思の形成や公権力の行使よりも、自立と連帯に関心が向かっていたのであろう。

「安応七歴史」と題する安重根の自伝は、二種類存在する。いずれも日本語に翻訳されている。第一は、長崎市の渡辺庄四郎が、ソウルの安重根義士紀念館に寄贈したものである。これについては、数種類の邦訳がある。第二は、一九七九年に日本の金正明教授が、同じく安重根義士紀念館に送った謄写本である。こちらはソウルで、安重根義士崇慕会編『安重根義士の生と国を愛するストーリー　獄中自叙伝』として日本語訳が刊行されている〔安重根義士崇慕会 2013：104〕。翻訳文の異同を除けば、両者の内容はほぼ同一である。しかし、前者は安重根がハルビンで検挙された時点で終わっているが、後者には検挙から死刑執行までの、興味深い獄中記が付加されている。

旅順監獄に移送されて以来、警察官、検察官、裁判官、刑務官など日本人官吏は安重根の広範な知識、わけても漢籍の造詣に感歎した。そして、安重根は、他の刑事被告人とは比較にならないほど手厚い処遇を受ける。当初は、イギリス人、ロシア人、韓国人の弁護士も許可されるはずだった。しかし、ある日を境に突然、日本の司法関係者の態度が変わった。官選弁護人以外は、傍聴しかできなくなった。旅順の司法関係者の判断を左右する本国政府からの指示によるものであろう。

第二の獄中記には、次のように記されている。

「（法廷の陳述で）私が伊藤の罪状を語る中に、日本の孝明天皇を殺害した題目に至ると、驚いて裁判を中止してしまった」。傍聴人を追い出した後、裁判官が戻ってきて、「二度とそのような話はするな」という。安重根は考える。「私の言葉の中に刀が入っているから、そうするのか。銃と大砲が入っているから、そうするのか。清い風がひとしきり吹くと積もった塵が散らばるから、そうするのだ」と。

また「判事が法を知らないから、こうするのか。天皇の命が大したことでもないから、伊藤が任命した役人だから、こうするのか。今日、私が受けるこのことが夢かうつつか。私は大韓の国民だが、なぜ日本人の監獄に収監されていなければならないのか。その上、日本の裁判を受ける訳は何なのか。私がいつ日本に帰化した人なのか。判事も日本人、検事も日本人、弁護士も日本人、通訳官も日本人、傍聴人も日本人！　これは、言葉の話せない人の演説会なのか。耳の聞こえない人の傍聴なのか。もしこれが夢なら、早く目覚めてくれ」とも記している。

旅順法廷の公判で死刑宣告がなされた後、天皇を殺害した伊藤博文と比べて、「私が何の罪を犯したのか」と何度も自問する。そしてハッと悟り、手を叩いて大笑いする。この時の悟りこそ、安重根による東洋平和論の核心である。マンディラやガルトゥングに先立つ平和論の新しい地平である。筆者の手元に、安重根の原著がないので、ソウル版の訳文を紹介する〔同上 2013：104〕。「私はいかにも大きい罪人だ。善良で弱い大韓帝国の人民になった罪人である、と思うとすべての疑問が解かれるようであった」。この悟りに代表されるように、安重根の平和は、常に被抑圧者の側から語られたのである。理不尽な抑圧と闘い、抗争の解決を通じて、社会的に虐げられていた人びとが、それぞれの単位で自主独立し、連帯することこそ、安重根が切り拓いた積極的平和論の新地平である。

死刑執行の直前に筆を止めた「東洋平和論」の最後の段落は、日露戦争の顛末を論じている。アメリカの大統領が仲介したポーツマス条約は、日本にとって著しく不利であった。これを受けて民衆による日比谷焼き討ち事件が起こり、明治政府は戒厳令を敷き、近衛師団に鎮圧を命じた。安重根の論評は、厳しくアメリカとロシアを批判している。そして、次のように述べている。「昔のロシアは東西を侵略征伐していた。そのため、欧米列強は各自厳正に中立を守り、ロシアを助けなかった。しかし、すでに黄色人種に敗れたとあっては、過去は過去として、同じ白色人種の誼を無にすることはない。これは世間人情の自然の勢いである」そして、次の一句で終わる。「思えば、自然の形勢を顧みることなく、同人種の隣邦を迫害する者は、ついに孤立無援の患を免れることはできない（噫故、不顧自然之刑勢《ママ》剝害同種隣邦者終為独夫之患必不免矣）」〔市川 2005：191〕これを安重根の最後の悲鳴と読むか、未来への希望と読むか。筆者は後者に賭けたい。

後者なら、東日本大震災後の東洋平和は、安重根の教訓を活かして、中国本土、朝鮮半島および日本列島住民の協力によって取り組まれなければならないのである。この点の詳論については、他日を期したい。

参考文献

愛知宗教者九条の会編〔2011〕『安重根自叙伝・東洋平和論（うのていお訳）』、ホトブックス新栄。

安重根義士崇慕会編〔2013〕『安重根義士の生と国を愛するストーリー　獄中自叙伝』ソウル。

市川正明〔1979〕『安重根と日韓関係史』原書房。

市川正明〔2005〕『安重根と朝鮮独立運動の源流』原書房。

市之瀬敦〔2016〕『ポルトガル――震災と独裁、そして近代へ』現代書館。

ガルトゥング・ヨハン／藤田明史共編〔2003〕『ガルトゥング平和学入門』法律文化社。

満洲日日新聞社編『安重根事件公判速記録』（礫川全次註記・改題）、二〇一四年（復刻版）、作品社。

前野徹著『新日本の歴史の真実』講談社、二〇〇五年、二二二頁。

師岡佑行〔2001〕「非人身分の名字帯刀」、『京都部落史研究所報』三九号。

李洙任〔2015〕「安重根の遺墨と和解に向けての越境的対話」、『龍谷大学社会科学研究年報』第46号。

Gandhi, M.K., *Hind Swaraj*, 1909.

Tavares, Rui, *O Peqeno Livro do Grande Terramoto*, Tinta-da-China, Lisboa, 2005, p.153.

註

＊１　ＮＰＯ法人ＪＩＰＰＯの二〇一一年以降の活動報告を参照。

＊２　同書第五章においてガルトゥングは、沖縄を事例にして積極的平和へ進む道を説いている。

第Ⅱ部　歴史認識

第Ⅱ部では「歴史認識」（Historical Understanding）を「越境的対話」（Dialogue Across Borders）と関係づけて捉えている。過去および他者との対話は複雑で苦痛に満ちたプロセスである（第6章）。この対話の一つの大きなテーマは「安重根」をめぐる「越境的対話」「歴史認識」である。安の「東洋平和構想」にみられる「汎アジア主義」の射程の広がりは、今日の朝鮮学校のトランスナショナルな教育方針ともつながっている（第7章）。それに対して当時の日本の「汎アジア主義」は排外主義的形態を伴っていた。このことは日本における当時の支配的な捉え方ともつながっている。その代表的な例の一つが福沢諭吉などの朝鮮観・朝鮮論にみられる（第8章）。補論1は第6章の他者との対話のあり方として歴代首相談話を捉えており、さらにその「歴史認識」の中身を問うている。補論2はトランスナショナルな今日的な課題として特に「教育における差別」を取り上げている。かつての日本の「汎アジア主義」の排外主義的形態の現代的現れであろうか。「歴史認識」のあり方で問われるべきは、「共有する記憶を創りだすのは、共に問いかける営みを通じてである」（第6章）ということであろう。それは「越境的対話」から「歴史認識」へのプロセスである。「転向者」の思想史的役割・位置づけを取り上げている第9章は戦前の日本社会をどのような時代として認識するかにつながっている。これもまた越境的対話の試みである。

第6章　越境する戦争の記憶
――歴史認識、草の根の和解そして安重根の遺産――

テッサ・モーリス＝スズキ

1　安重根義士紀念館

二〇一四年一月一九日、ガラスとコンクリートで囲まれたハルビン鉄道駅舎内に、新しい博物館が開設された。安重根義士紀念館は一〇五年以上も以前の出来事を記念する。厳密にいえば、一九〇九年一〇月二六日午前九時三〇分の事件である。日本の長老政治家であり、初代韓国統監を退任したばかりの伊藤博文が、ロシア高官と折衝するため列車を降りたとき、射殺された。新しい紀念館の正面玄関には、消滅した二〇世紀初頭のハルビン駅舎のミニチュアが再現されている。中央アーチの上部に飾られた時計には、伊藤がこの事件に遭遇した時刻が永久に示されている。

紀念館の規模は大きくないが、その開設が引き起こした論争は、全世界の関心を集めた。この紀念館は、伊藤ではなく、伊藤を射殺した安重根を記憶し顕彰する。紀念館の建設は、二〇一三年における韓国の朴槿恵大統領と中国の習近平主席との首脳会談で議題となった。紀念館は韓国と中国の協力事業であるが、その開設は日本政府に加えて多くの日本メディアからの怒りの声で迎えられた。「安重根は、我が国の初代首相を暗殺したテロリストであり、死刑を執行された犯罪者である」として、菅義偉官房長官は韓国政府と中国政府の協力事業に反対する意思を表明した〔Rauhala 2014〕。韓国は直ちに反論した。与党セヌリ党幹事長は、「もしも安重根がテロリストというのであれば、日本は残忍にも韓国を侵略し、収奪したテロリスト国家である」と答えた〔Kubo 2014〕。

この外交事案はいうまでもなく、過去数年間にわたり東アジア地域で噴出している歴史と記憶に関する一連の国際摩擦の一事例に過ぎない。『タイム』（*Time*）誌は、ハルビン紀念館の開設とほぼ同じ時期に行われた安倍首相の靖国神社参拝の双方を取り上げ、「東アジアは歴史に関する戦争をしている。進行中の領土紛争と勃興する国家主義的な国民感情のさなかで、日本帝国の拡大と戦争の記録は、地域の焦点となっている〔Rauhala 2014〕」と観ている。

事実、日本帝国の拡大と戦争の記録は、一〇年以上にわたって地域摩擦の火種になっている。東アジアにおける「歴史の争い」についてはすでに多くの事柄が書かれ、その争いを克服するため多くの和解事業が試みられている（例えば、Seraphim 2006, Seaton 2007, Togo and Hasegawa 2008, Lind 2008等を参照）。この問題にかかわってきた者にとっての疑問は、あらゆる討論、和解事業、共同のワークショップを行っても、なぜ「歴史の争い」が続くばかりか、今日ではこれまで以上に激しくなっているのだろうか、という点にある。歴史家の観点から言えば、絶望の淵に沈みこみ、とどのつまりこれは歴史の問題ではなく、政治の問題だと結論づけたくなる。そして歴史研究による根拠は、政治的な美辞麗句にわずかばかりの説得力ももたないかに見える。

とはいえ、研究者が絶望の誘惑に抗することは、たいへん大切である。確かに今日の東アジアにおける「歴史の争い」は、政治的な争いの結果である。そのため、学術的な歴史研究だけによって問題の解決をはかることは不可能である。しかしながら、たとえ過去の記憶をめぐる地域的な対立を完全に解決できないとしても、歴史家は過去の真実について責任をもち、政治的な歪曲を批判する責任がある。歴史家もまたささやかではあるが、東アジアの国境を超える歴史的な対話の通路を維持し拡げることができる。そのような通路は、これまでの困難だったいかなる時代に比べても、極度に必要とされているのである。

ハルビン駅舎の新しい安重根義士紀念館は、東アジアにおける「歴史の争い」の源流を明らかにするうえでも、東アジアにおける歴史的な対話と和解の可能性を開くうえでも、実際に適切な場所であると言いたい。紀念館の開設は、ハルビン市がみずから「国際平和都市」〔人民日報 2010〕を宣言する政策の一環だった。言うまでもなく「平和」の用語法も深く政治化されているため、注意深く検討する必要がある。しかし、「平和」こそ新しい安重根義士紀念館の中心的なテーマであり、安重根の最後の未完の論考「東洋平和論」の展示を重視している。安重根東洋平和研究センターは、紛争から離れ地域的な和解に向かう道を希求する際、安重根の遺稿がいかに我々を導いてくれるか考える機会を提供してくれる。

本稿では、日本と近隣国間において和解を創出し歴史的な対話を行おうとしたいくつかのプロジェクトを吟味する。その挫折と成果を検討して、将来の対話を深めるための提案をする。そして最後に安重根の仕事が、我々に残した一つの方法を述べて終わる。

最初ではあるが、「和解（reconciliation）」の意味について、少し丁寧に考える必要がある。これは現在、世界の多くの地域で討論されている概念であるのだが、「和解」という言葉は、注意深く用いる必要がある〔Morris-Suzuki 2013〕。和解の意味や力学について深く考えないと、善意の計画も失敗したり、事態をさらに悪化させたりする。

米国で仕事をしている研究者のエルンスト・フェルデーヤは和解を「複雑な多層のプロセスで（中略）しばしば相互に競合する多様な道義的要請を付随する〔Verdeja 2009：3〕」と述べている。換言すれば、和解は調和的に完結する単純なプロセスではなく、かつての敵すべてが過去についてよく似た了解の仕方を共有するための、むしろ、過去について他者と対話するしばしば複雑であると同時に、しばしば苦痛にも満ちたプロセスである。対話の進行とともに、自分自身の歴史理解やみずからのアイデンティティさえ改めたくなるものである。フェルデーヤは和解が達成されると、「過去の紛争時代のアイデンティティが、もはや主たる分裂点ではなく（中略）

人びとは過去の分裂を乗り越える〔Verdeja 2009：3〕」と述べている。この論点は東アジアの和解問題を考えるうえで、有益なアプローチの仕方であると思われる。それをさらに進めて、和解とはまことに終わりのないプロセスと言うこともできよう。歴史上の知識は常に拡がり、アイデンティティが絶えず再形成される。多分、和解の成功は絶対的なものではなかろう。その反対に、個人やグループが過去を一緒に再発見すると、国家や民族の境界を越えて少しずつ前進することができるはずである。

2　せめぎあう「東洋平和」

二〇一〇年、日本の公共放送NHKは、日韓併合一〇〇周年を記念するドキュメンタリー番組「日本と朝鮮半島」〔日本放送協会 2010〕を放映した。このシリーズの最初のプログラムは、ハルビン駅舎における安重根と伊藤博文の遭遇に始まる。この番組の制作者は、二人の遭遇を東アジアにおける「歴史認識問題の出発点である」と提起した。

安重根が伊藤博文を射殺した一九〇九年一〇月、東アジアは地域と世界のバランス・オブ・パワーの転換点にあった。地域内のすべての国家は、未完の政治的かつ経済的な変化をもたらしつつある圧倒的な西洋近代の衝撃を克服しようと、適応しつつあった。清帝国は崩壊しつつあり、日本がアジアの指導的な国家として登場し、帝国拡大の途上にあった。このような変化に対応する挑戦と困難は、二〇世紀初頭の地域をめぐる武力抗争の核心であった。安重根による伊藤博文の射殺は、この大混乱期を深く象徴するエピソードである。

しかし東アジアにおける一九〇九－一九一〇年の抗争は、単に国家対国家だけの現象ではない。激しい対立は内部からも勃発していた。同様に地域間の諸民族間でも、さまざまな諸グループ間でも、直面する課題に互いにせめぎあいながら対応しようとしていた。伊藤博文のアジア戦略は、日本国内の政敵と日本の民衆の相当な勢力から反対されていた。その中には、日本の帝国主義を厳しく批判する二〇世紀初頭の「非戦運動」のような勢力もあった。その一方で、安重根による伊藤博文射殺は、東アジア全域で多様な反応を引き起こした。安重根は朝鮮の政治活動家だけでなく、中国やさらにはベトナムの活動家からも称賛された。しかしまた、彼の行為が遅きに失したという、朝鮮や中国の活動家からの批判もあった〔Wang, Y. 2009〕。

それゆえ、安重根と伊藤博文の対決は、単純に国民国家間の問題、日本と朝鮮との対立の象徴としてのみ理解するわけにはゆかない。東アジア諸民族内における、政治闘争の文脈を通して見る必要がある。それは地域の未来構想に関する、闘いの一部でもあった。

一九〇九年の東アジアに影響を及ぼした対立抗争と、現在の東アジアにおける深刻な政治的対立とには、重要な並行性が見られると私は思う。現代東アジアにおける「歴史の争い」は、地域と世界のバランス・オブ・パワーの重大な転位から生じている。今回の転位は、冷戦の不十分な終焉に原因し、中国の台頭と日米両国の相対的な地位低下から生まれた。しかし現代のそれは当時と同様に、厳密に国家間の抗争として見るのは間違いであろう。日本と近隣アジアとの対立は、単に国家間の対立ではない。地域の国家内部で進行している闘争をも、その対立は反映しているのである。日本では歴史修正主義者と、正義と和解を求める者との争いであり、韓国では頑強な民族主義者と地域対話の擁護者との争いなどである。

安重根と伊藤博文の遭遇は、東アジアについて対照的な平和構想のぶつかり合いであった。伊藤は、国際的な視点をもった民族主義者とみなされている。換言すれば、彼は国家の存続にとって西洋化を進めることが肝要であるとみなし、西欧列強からの反対を引き起こすことなく、可能な限り地域における日本の利権を追求した。一九〇四年の日露戦争勃発に際して、伊藤は朝鮮半島において日本に広範な権限を与えるように求め、大韓帝国の皇帝（高宗《コジョン》）の説得に成功した。日本主導の朝鮮西洋化は、朝鮮の独立と「東洋の平和」を保障するという論拠である。同様の主張は、一九〇四年の明治天皇による対露宣戦布告でも行われた。この戦争は、「大韓帝国を保全」し、「恒久に平和を維持」することを期すという宣言である。興味深いことに安倍首相は、二〇一四年の靖国神社参拝を正当化するために同じ言葉を用いた。記者たちに対して、この参拝は対立を引き起こすためではなく、むしろ「恒久平和への誓い」であると述べた。さらに最近では、日本の軍事力を世界的な規模に拡大する日本政府の新法は、「安全保障法」と呼ばれる。今日、伊藤博文の時代と同じように、平和と安全保障という美辞麗句は、アジアにおける日本の戦略的な地位強化を目指し、西洋列強との同盟を築くために用いられている。

安重根もまた、異なった意味での「国際的な視点を持った民族主義者」であった。彼はまた、近代化と国際協力が国家と民族の存続にとって不可欠である、と熱情を込めて信じていた。しかし安の構想する地域平和は、いうまでもなく伊藤のいう地域平和と根底から異なっていた。伊藤博文に対する安重根の怒りの深さは、日本政府が「東洋の平和」を唱えながら、この言葉の真の理想を裏切った、と感じたことから噴出した。

東洋平和の源泉として日本のヘゲモニーを構想する伊藤に対して、安重根の提案は、西洋列強の支配に抵抗して日中韓が対等なパートナーとして連合する構想であった。このような連合のあり方の細目について、彼は平石氏人の尋問に応じ語っているが、現代の状況に通じるという点で特に興味深い。安重根の提案は、東アジア平和会議の開催を含み、日中韓が共同で地域銀行を設立し、共通の通貨を発行し、そして共同で真の意味での安全保障軍を創設して、全員が少なくとも二つの地域言語を話すべきだ、というものであった〔Lee 2011：209–210, Kang 2011〕。

3　再び訪れる和解――公認の歴史プロジェクト

二〇世紀初頭におけるこのような東洋平和論は、現代においても強い意義をもつ。伊藤博文と安重根の歴史的な役割に関する対照的な解釈は、現代の「歴史の争い」に油を注いでいる。地域の国民国家は、それぞれ平和構築の主役を主張し、隣国を侵略者として描く。安倍首相の靖国神社参拝とハルビンの安重根紀念館の開設に触れて、米国の研究者ジェニファー・リンドは、隣国を「侮辱し敵対する」形で過去を甦らせる日中韓の政府を批判している。西ヨーロッパの前例は、リンドによれば、和解に真摯な政治家は、「パートナーを敵対させるような記念行事は避けなければならないと理解すべきである。そして英雄や歴史を回顧する方法として、排除よりも包摂を追求しなければならない〔Lind 2014〕。」

しかしながら、西ヨーロッパと同様に、東アジアでも記憶の包摂や和解の歴史を探求する多くの試みがなされてきた。東アジアの探求は失敗したというべきであろうか、そうだとすればなぜだろうか。ここで私は、過去二〇年間に試みられた国境を越える記憶の再建を検討し、その努力の短所と長所を吟味したい。

政府レベルでは日本、韓国および中国政府が、学術的な対話を通して「歴史の争い」を解決しようとした二つの大きな試みがある。二〇〇二年に開始した「日韓歴史共同研究」プロジェクト、ならびに二〇〇六年の第一次安倍政権で設立された「日中歴史共同研究」プロジェクトである。「日韓歴史共同研究」プロジェクトは、二〇〇一年の金大中大統領と小泉首相との首脳会談から生まれ、両国の歴史研究者からなる研究委員会が設立された。第1期は二〇〇二年から二〇〇五年まで活動し、五八の歴史論文を含む膨大な報告書を刊行した。しかしこれらの論文は、日韓両国の歴史家が共同で執筆したものではない。その代わり、同数の論文が両国の歴史家によって執筆された。二〇〇五年、研究委員会は再構成されて、活動を再開した。第2期の研究成果は二〇一〇年に刊行された（日本外務省 2014aを参照）。

「日中歴史共同研究」プロジェクトは、もともと二〇〇五年四月に提案された。日本の文科省が、国家主義的な団体である「新しい歴史教科書をつくる会」が編集した「新しい歴史教科書 改訂版」を検定教科書として認可したことが引き金になって、中国で反日暴動が広がった最中である。安倍首相が中国を公式訪問した二〇〇六年一〇月に、この共同研究を支持し、同年一二月に共同の研究委員会が発足した。このプロジェクトの結果として、日中両国は論文集を刊行し、それぞれ両国の言語に翻訳された。二〇一〇年九月に翻訳文が日本外務省のウェブサイトに公開されている（中国政府の要求により戦後史に関する論文は公表されなかった。日本外務省 2014bを参照）。

日本、韓国及び中国における主流派の歴史記述に関心のある者にとって、二つの歴史研究委員会の報告書は、興味深い読み物であろう。しかし私の見るところ、歴史認識の対立を克服する順路としては、研究者たちの労作にもかかわらず、プロジェクトは全体として失敗に終わった。

東アジアの内外を問わず、これらの報告書を読んだ人は少ない。近藤孝弘が指摘しているように「実際問題として一般大衆は言うに及ばず、歴史の教員でさえ膨大な量と高度な専門用語のため、〔日韓共同研究プロジェクトの〕報告書を読解することは不可能に近い〔近藤 2012: 162〕」。報告書の内容は、関係三国の教科書や歴史論争に影響を及ぼすことはなかった。研究委員会に参加した何人かの学者は、研究の進め方に不満を表明している。プロジェクトが創造的な対話の道筋を開くよりも、インターネットの片隅に埋め込まれてしまい、一人か二人の主要な参加研究者も、期待されていた和解に向かうよりも他の参加国への批判を声高に語るようになっている（その例として〔北岡 2013〕を参照）。

何が間違ったのか。多様な答えがありうるけれども、私の見るところ、このプロジェクトによる和解と歴史研究の関係のつけ方に問題が横たわっていた。（さまざまな問題領域で内部的な論争はあるものの）それぞれの国には一つの国家的な歴史記述をもつという考えが共通している。対話を通じて、これらの相異なった歴史記述が、より近くなるだろうと信じられていた。完成した完全な和解の歴史に到達できないとしても、結果は、ある種の客観的な史実を記述して国境を乗り越えることもありえたのに。

しかし、ここまで見てきたように、東アジアの「歴史の争い」は、単純な国と国との対立抗争ではない。国の内部だけでなく国と国との間でも、記憶とアイデンティティをめぐる闘争であり、東アジア全域と外部世界との関係まで含みこんでいる。国家権力が歴史記述や歴史教育に大きな影響力を及ぼしてきた東アジアの中だけでも、国の歴史は久しく、単に一国の問題だけではなくなってしまった。

現在日本史は、日本人によっても外国人によっても、また日本語によっても外国語によっても、叙述されている。外国に住む日系人によっても書かれ、また日本に住む朝鮮系、中国系、その他のエスニシティをもつ人びとによっても書かれる。韓国史の叙述も、同様に国境を越える。おそらく北朝鮮のみが、ほとんど揺れ動くことなく、いまだに国家の過去を堅持している。その立場でさえ、中国、韓国やその他の密輸入される大衆文化（歴史映画やＴＶドラマを含めて）などにより、国境を越えかねないのである。

この複雑でダイナミックな世界にあって、公認の日韓および日中の共同歴史研究プロジェクトは、皮肉にも、歴史を国民国家（nation）の枠組みに押し込めている。歴史家のチームは、国家史（national history）の代表として振る舞うことを強いられている。そして歴史家の対話は、いくつかの魂の邂逅を産み出したが、対話の構造そのものが本当の意味での知的な越境を奨励するよりも、対照的な国家史記述を避けようもなく推進してしまった。公式報告書の並列的な論文は、読者に国家史のアプローチの共通性より、相違点を見つけるよう誘った。

政府が公認するプロジェクトであるという事実が、問題を一層悪くした。慎重な記述は、理念の自由な交換を窒息させる、あらゆる種類の政治的な配慮に囲まれてしまった。さまざまな立場の政府もまた、明らかにプロジェクトの結果に異なった期待をもった。中国と韓国は、この研究プロジェクトが過去の誤った行為を日本が公式に認定し、将来の謝罪への第一歩になると切望した。日本側は、プロジェクト自体が謝罪の代案であり、その報告書がさらなる反省の声明や補償金の支払いへの終止符になることを希望した。

4　越境する歴史――和解を模索する研究者たち

たとえ公認の和解プロジェクトが成功しなかったとしても、そのことは東アジアにおける歴史の和解に関するすべての試みが、失敗したことを意味しているわけではない。一九九〇年代の半ばとりわけ二一世紀が始まって以降、めざましい数の小さな非政府組織による、越境する歴史プロジェクトが創設され、日本と隣国の歴史的な争いの和解に取り組んできた。これらのプロジェクトは、非常に多く、多様なもので、すべての活動を関連づけて概観することは不可能である。いくつかの試みはすぐに消えてしまったが、他のいくつかは質および量とも膨大で長く続いている。いくつかは学術的な研究をする歴史家だけでなく、学校の教員、草の根の地域活動家などを含んでいる。それらは心が躍るような、多様な方法で越境を行った。しかしその仕事は、主流のメディア、政界、学界からほとんど認知されなかったが、これらの和解グループの活動は、日本と隣国の歴史記述に影響を及ぼしたと私は考える。そしてまた地域内のそれぞれの国に存在する、歴史研究の多様性を反映しているといえる。

最もよく知られている非政府的な和解グループは、多分「歴史認識と東アジアの平和フォーラム」であり、三つの言語で越境する『未来をひらく歴史――東アジア3国の近現代史』を刊行し、広く読まれている。多くの地域歴史家のネットワークのように、このグループは一九九〇年代における国家主義的な修正主義の台頭、特に二〇〇一年の「新しい歴史教科書」の認可に反発して生まれた。このフォーラムの最初の会合は、二〇〇二年にソウルで開かれ、最終的には『未来をひらく歴史』の編纂過程に五〇名以上の歴史家が参加した。日韓中プロジェクトの政府報告書と異なり、文字通りの共著作品であり、ほぼ同時に三つの国で出版された。テーマごとに組織され、相互に対照的なばかりでなく、地域をまたがる共通の経験にも光を当てた〔日中韓3国共通歴史教材委員会 2005: 52–53, 64, & 90–97〕。

三国のいずれも、この本を公式の教科書に採用しなかった。しかし『未来を開く歴史』は、疑問の余地なく影響が大きかった。日本語版は、出版された年のベストセラーになった（Wang 2009: 116）。このフォーラムの重要性は、二〇〇五年の出版にとどまらず、この本が促した継続的な意見の交換にもある。フォーラムは地域における会議を毎年開き、もっと詳細な二巻本『新しい東アジアの近現代史』二〇一二年版を刊行した〔日中韓3国共同歴史編纂委員会 2012〕。

『未来をひらく歴史』はまた、国家主義者からの反発を招いただけでなく、地域間の対話という目的に共感する学者からの批判も受けた。その批判は、地域の研究者ネットワークに存在する微妙なアプローチの違いを指摘したものであった。「歴史認識と東アジアの平和フォーラム」は、戦後日本の進歩的な歴史研究の伝統を引き継ぎ、戦時下日本の軍国主義の諸悪と、そこから生ずる歴史的な責任を果たす必要を強調している。『未来を開く歴史』は、その多国籍的な構造にもかかわらず、国単位の分析枠組みに強く依拠し続けている。その記述の方式は、「日本－韓国－中国（順不同）」のパターンで繰り返し行われ、それぞれ主要な時代ごとに論じている。その場合、テキストが戦後史を論じるとき、台湾と北朝鮮（朝鮮民主主義人民共和国）が姿が現れにくいという問題が生じる。日本による帝国主義的な拡大と、それに対する韓国と中国の反発に焦点を合わせたので、『未来を開く歴史』は、朝鮮史と中国史をやや受動的に描き、地域の戦前史を描くうえで、朝鮮と中国のダイナミックな役割を活写できていない〔成田 2008〕。

「戦後の進歩的な」歴史観が特徴づける『未来をひらく歴史』とは対照的な「ポスト植民地（post-colonial）」という視点をもつもう一つの重要な越境するネットワークがある。二〇〇一年から二〇〇六年まで存続した「批判と連帯のための東アジア歴史フォーラム」だった。このグループは計画的に共通のテキストを作らないことにした。その代わり、根本的に重要な第一歩として、地域の国々の研究者が、自己批判を含む自分の見解を表明する自由なスペースを作り出した〔李成市 2013〕。このグループは、李進熙のような在日の歴史家、そして（林志弦のような）韓国の民族主義を鋭く批判する歴史研究者を含んでいた。それゆえこのグループは、民族主義的な歴史記述を批判しながら、ポスト植民地の立場で歴史的な責任の問題を扱うというジレンマを抱えた。

これによく似た錯綜した問題は、二〇〇四年に創立された「韓日、連帯21」の事業にも明らかである。その中心メンバーには、歴史家と文学者が歴史問題を分かち合う形で入っていた。日本で刊行された国家主義的な教科書と、北朝鮮による拉致事件の暴露が引き起こした排外主義的な双方を憂慮しながら、「韓日、連帯21」は、分かち合う歴史という挑戦的な問題に取り組む一連の会議を開催した〔崔元植 2008，小森 2008〕。取り上げられた話題は、周知の教科書問題や領土問題を越え、アジア・太平洋戦争の敗北に続く在朝鮮日本人に向けられた暴力の記憶のようなテーマを含んでいた〔Watkins 1994〕。

ポスト植民地という視点からアプローチする地域の歴史は、溝口雄三と中国の社会思想史研究者孫歌が中心的な役割を演ずる「日中・知の共同体」の場合、明白である。このグループは、ある種のポスト・アジア主義の要素に強い影響を受け、ヨーロッパや英米が支配する社会思想の代案を模索しているが、単純で月並みな「アジア的価値」を避ける。「日中・知の共同体」は、それゆえ、歴史と現代社会への新しいアプローチ方法を形成するうえで、かなり野心的であり、文化還元主義に陥ることなく新しい討論空間を作り出そうとする〔孫歌 2012〕。

これらのグループは、政策形成に影響を及ぼさなかった。実際問題として、国家の政策に影響を与えることは、彼ら彼女らの目的でもない。しかしささやかではあるが、これらのグループは、東アジアの歴史研究の性格を少しずつ変えつつある、と私は考える。このようなネットワーキングによる小規模な人的交流が、日本だけでなく韓国や中国でも、歴史への新しいアプローチ方法を開いた。

安重根と伊藤博文に関する近年の歴史研究は、このようなアプローチの変化のよい事例である。長い間、日本では伊藤博文に対する見方が、二つに分かれていた。帝国主義者であり非民主的な憲法の起草者という見方と、偉大な国民国家の建設者であり賢明な外交官という見方である。韓国併合に関して、これは次のように翻訳される。日本の帝国主義的な支配拡大を行った中心人物とみる歴史家と、その見方を取らず、代わりに彼は軍事的な朝鮮支配に反対し、将来朝鮮民族の自治を目指す善良な「保護主義」政策を採ろうとしたと見る歴史家に分かれた。後者の見方を取り、伊藤博文の積極的なイメージを丁寧に論じた伊藤之雄のような歴史家によれば、この明治の政治家は朝鮮の友人であり、近代化と立憲政府の成果を日本から朝鮮半島と中国に普及させようと念願していた〔伊藤 2009, 2011〕。

伊藤博文の肯定的なイメージも、否定的なイメージも共に、西洋の観察者の見方を参照することはあっても、確固たる日本国史の範囲に納めがちである。しかし、最近の評価では、異なった形も出てきた。同志社大学の歴史家小川原宏幸は、伊藤博文研究を日本国史の枠から取り出し、朝鮮の史料を広範に活用し、伊藤の行為が二〇世紀初頭の朝鮮社会と社会思想の中で現実に意味した事柄を考察している。小川原の研究によれば、日本の植民地政策の歴史的な意味は、朝鮮の民衆がその政策をどのように把握し、どのように対応したか、によって解釈できるとする。朝鮮人エリートが伊藤の夢「文明化と近代化」を支持していたとしても、その夢は必ず失敗を運命づけられていた、と小川原は結論した。なぜなら、伊藤は自己の言葉や行為が、朝鮮社会で受け入れられる仕方を理解しなかったし、それが引き起こす反発を把握できなかったからである〔小川原 2010 特にpp.421－424〕。他方、日本国内の図書館や公文書館が保管する重要な文献を発掘する作業によって日本人歴史家も、在日韓国人の歴史家も、東洋平和に関する安重根の構想に関する研究に貢献する。

5　地平を拡げる――アジア太平洋における草の根の対話

日本と隣人とを結ぶより一層魅力的な和解の形は、地方の非常に小さな草の根の和解行動グループにある。これらのグループは、必ずしも歴史家や研究者から構成されていない。代わりに、多様な社会的背景をもつ人々を集め、単に歴史に関する意見交換ではなく、記念碑を建てたり、戦時中の犠牲者や植民地の暴力に対して正義を求める裁判に訴えたりする。これらのグループの多くは、数十年も存続し、学界の研究者や主流のメディアからほとんど認知されることなく静かに活動している。

これらのグループはしばしば、日本の特定の地域社会として歴史的な問題の責任を果たすため、人々の願望を表明する。例えば二〇〇五年には、日本の少なくとも六〇を超える地方のグループが、アジア太平洋戦争の時期に朝鮮や中国から強制的に連行された労働者について調査し、その困難な経験を掘り起こしている。特に顕著な仕事をしている北海道のグループ、「東アジア市民ネットワーク」が、韓国の「平和の踏み石」や他の支援者とともに、戦時中に死去した朝鮮人労働者の遺骨一一五体を「故郷に奉還する旅」を行なった。この遺骨奉還の式典は、戦時中に死去し、墓標もなく埋められた遺骨発掘作業を含む四〇年に及ぶこれまでの営為の集大成だった。このネットワークは、韓国の遺族を特定し、故郷に還す試みをしてきた。千名を越える日本や韓国の若者、それに他の国からも参加者が加わった。「長野県強制労働調査ネットワーク」のような団体も、他の協力団体と共に、韓国や中国で暮らす強制労働者の家族から証言を集めている。他の地方でも、強制連行された労働者の記念碑を建てている。しかし多くの運動は、よく知られているように、強制労働の証拠を消し去り記念碑を撤去させたい、と望む日本の右翼団体から激しい攻撃を受けている。

このような背景の下で、越境する記憶の分かち合いが重要となる。現実の国際的な過程を経て、日韓もしくは日中を結びつけるだけでなく、戦争、植民地支配およびその後の経過について記憶を保存し分かち合いながら、アジア太平洋地域の他の人々を含み込むことが特別に重要になった、と私は考える。「東アジア市民ネットワーク」と「平和の踏み石」が本年九月に、北海道から韓国へ強制連行労働者の遺骨を奉還したとき、私の住むオーストラリアの小さな町キャンベラでも、それを記念する集会が開かれ、私たちも精神的な「奉還の旅」に参加できた。日本から韓国への旅に身体的に参加することはできなかったとはいえ、奉還される遺骨が下関からフェリーで釜山に出航した日に、私たちの集会では、詩を朗読し、歌を唄い、北海道プロジェクトの記録映画（『笹の墓標』）を上映した。

少し話が変わるが、最近の私の研究において、東アジア以外の人々が、いわゆる「従軍慰安婦」の歴史を振り返ることに積極的に貢献できる方法について考えている。多くの歴史を拒絶する「否定主義者」がこの歴史を公共の記憶から消し去りたいと、強く望んでいる時だからこそである。私の住むキャンベラの町にあるオーストラリア戦争記念館と、ロンドンの帝国戦争博物館の双方において、連合軍の兵士や市民が東南アジアで「従軍慰安婦」に遭遇した証言の記録が、数多く保存されていることを見つけた。そこには、彼女たちに関わる重要な写真やフィルムも含まれていた（詳細については、Morris-Suzuki 2015 を参照）。

例示すると、オーストラリア戦争記念館に保管されているオーラル・ヒストリーのインタビューの中で、一人のオーストラリア兵士が他の捕虜とともに、シンガポールからタイへ鉄道で輸送されたとき、一つの客車が中国、マラヤなどから、軍人の監視付きでタイやビルマの慰安所へ運ばれる「従軍慰安婦」で満員だった、と回想している。これらの女性が捕虜と同じきわめて劣悪な条件の列車で輸送されたという事実自体が、「従軍慰安婦」を「強制連行」した現実に対する強力な証言となる。

インドネシアで日本軍の捕虜になった英国兵士が、空襲によって破壊された軍の慰安所を再建する工事をしたときにも、「従軍慰安婦」に出会っている。一人の女性が、戦時中の捕虜には大変な贅沢品であるタバコをくれたことを捕虜は回想している。コミュニケーションを取ることの困難さにもかかわらず、「日本軍の下で捕虜が、自分たちと同じように苦しんでいる」ことを女性は伝えようとした、と思い出している。言い換えると、ここでもまた、女性たちが捕虜と同じ過酷な条件を経験していたのである。

終戦時にビルマにいたもう一人の英軍の士官が、彼の属する部隊がシリアム（現代名はタンリン）という製油所のある町に着いたとき、「恐怖におびえている朝鮮人の少女たち」を見つけた。これらの若い女性たちは、日本軍の慰安所から逃げてきた。英国人の士官は次のように記している。

「彼女たちは明らかに意思に反して、日本人兵士の事実上の奴隷にされるために誘拐された。おびえていたが、紅茶と食事を与えられて驚き感謝していた。我々は彼女たちを、リハビリテーションのため憲兵に引き渡し、ビルマ人通訳を通じて保護されるだろうと伝えた〔Morris-Suzuki 2015 を参照〕」。

オーストラリア人の戦争画家ドナルド・フレンドは、日本占領時代のジャワからボルネオに輸送され、戦争末期に栄養失調で死んだインドネシア人強制連行労働者の絵を描いた。絵は同じような状況にあった女性の強制労働者も見た、とフレンドは記している。これらの女性は、工場や事務所で雇用するという口実で、ボルネオに連れてこられたが、従軍慰安所に送られた。

世界中でもっと多くの史料が研究者によって発見される日を待っているし、これまで無視されていた資料を見つけることは、記憶の国境越えに貢献できる、と私は信じる。それゆえ終戦時にビルマで連合軍に見つけられた中国人「従軍慰安婦」のフィルムの一部をここで皆さんと共有したい。私はこのフィルムを、ロンドンの帝国戦争博物館のアーカイブスで見つけた。私の知る限り、英国でもそれ以外のどこでも、これは映写されたことがない。サイレント・フィルムで画質は非常によくないが、近付いて見ていただきたい。このフィルムに登場する人々が強いられた恐るべき体験について、深く考えていただきたい。彼女たちが裸足で、まったく何も持たずに英軍キャンプにたどり着いたことに、注目してほしい。尋問を受けたとき、顔に浮かべたさまざまな表情を見てほしい。しかしまた、キャンプに入ってきた日本軍の降服兵士たちの悲しい状態も見てほしい。暴力の被害者となった者だけでなく、戦場で闘う者にとっても、これほど戦争の恐ろしい現実を、はっきりと想起させるものはない。

同時に、私は戦争における女性に対する暴力に関する討論に参加した時、このようにも考えた。オーストラリア、ニュージーランド、米国などの人々にとっても、自国の軍隊が女性に対する暴力にかかわっていることを思い出すことが大切である、と。日本軍の「慰安所」制度は規模においても、苦痛を強いられた女性の数においても例を見ないとはいえ、日本だけが、戦時期に女性蹂躙の罪を犯した唯一の国家であるとは言えない。もし米国やオーストラリアを含む他の国が自らの過去の記録に忠実であれば、この問題に関して正義を求め、長い間困難な状況下で活動してきた日本や韓国の市民社会における諸グループを勇気づけ、支援することになろう。これは私が将来研究に取り組みたい、と考えている課題であり、今後の研究の方向について、意見や提案を歓迎したい。

6　共に問いかける

和解が過去に関わる他者との対話により「断層を超えた新しいアイデンティティを獲得する」過程であるとするならば、それは避けようもなく、ゆっくりとした時間のかかる営為である。過去一〇年以上に及ぶ歴史の和解に関する多様な努力は、地域における歴史の争いを解決することに明らかに失敗した。しかしこれらの努力の特定のものは、日本と隣国との間に、多くの対話の糸を紡ぎだしてきた。越境する記憶の、このような結びつきは、過去についての見方を静かに変えた。対話の糸は弱く、たやすく切れやすいけれども、東アジア地域内外の研究者である我々にとって、それを持続させることが大切である。一〇年以上かけて摑み取った、越境するネットワークの探究や理想が、国家主義的な暴風によって吹き飛ばされるとすれば、それは大きな悲劇である。

カトリックの民族主義者安重根が、仏教者の友人津田海純に託した墨書を読んで、私は感動した。儒教の古典からの引用で「敏にして学を好み、下問を恥じず」と、若くて学識や地位の低い人からも進んで学ぼうとする意味だった。和解に貢献する草の根の越境するグループは、過去の事実についてそれほど確信をもっていないかも知れないが、共に問いかけたいと願う人々である。知識の限界を認めるのは恥ずかしいことではない。あらゆる方面の知見を参照し、その体験に耳を傾けることこそ重要である。私たちが新しい対話を始め、地域の境界を越えて共有する記憶を創り出すのは、共に問いかける営みを通じてなのだから。

（中村尚司訳）

参考文献（ローマ字表記のアルファベット順）

安倍晋三〔2013〕「総理大臣談話」（『首相官邸』二〇一三年一二月二六日）http://japan.kantei.go.jp/96_abe/statement/201312/1202986_7801.html　二〇一四年三月一日アクセス。

麻生太郎〔2006〕「日中歴史共同研究について」（『外務省』二〇〇六年一一月一六日）http://www.mofa.go.jp/mofaj/kaidan/g_aso/apec_06/kaidan_jc_rekishi.html　二〇一四年一月二〇日アクセス。

Cho Dong-sung（趙東成）〔2013〕「安重根義士の遺骨発掘と遺品・遺物所在把握について――日韓共同作業を日本社会に提案する」『R・i・C・K・Sコリア研究』第四号、二〇一三年、一四九－一五八頁。

Choi Weon-sik（崔元植）〔2008〕「韓日関係の相互進化のために」、小森陽一・崔元植・朴裕河・金哲編著『東アジア歴史認識論争のメタヒストリー「韓日、連帯21」の試み』青弓社、二〇〇八年、一〇－一二頁。

伊藤之雄〔2009〕『伊藤博文　近代日本を創った男』講談社、二〇〇九年。

伊藤之雄〔2011〕『伊藤博文をめぐる日韓関係――韓国統治の夢と挫折1905～1921』ミネルヴァ書房、二〇一一年。

Jang, Seok-heung〔2013〕'The Theory of Oriental Peace by Ahn Jung-geun'. *Northeast Asian History Foundation News*. November. http://www.nahf.or.kr/Data/Newsletterlist/1311_en/sub06.html (accessed 17 March 2014).

Ju Jin-o（朱鎮五）〔2010〕「19世紀末朝鮮の自主と独立」http://www.jkcf.or.jp/history_arch/second/3-03j.pdf　二〇一四年二月二一日アクセス。

Kang, Chang-man（姜昌萬）〔2011〕『図録・評伝　安重根』日本評論社、二〇一一年。

木村幹〔2010〕「「日韓歴史共同研究」をどうするか――当事者的観察」『現代韓国朝鮮研究』第一〇号、二〇一〇年、五七－六四頁。

北岡伸一〔2013〕「地球を読む「安全保障議論」」二〇一三年九月三日、朝刊。

小森陽一〔2008〕「「韓日、連帯21」の役割と課題――発案者の一人として」、小森陽一・崔元植・朴裕河・金哲編著『東アジア歴史認識論争のメタヒストリー――「韓日、連帯21」の試み』青弓社、二〇〇八年、一三一－一六頁。

近藤孝弘〔2012〕'Progress in Dialogues on History in East Asia and Future Perspective'. In Un-Suk Han, Takahiro Kondo and Falk Pingel eds., *History Education and Reconciliation: Comparative Perspectives on East Asia*. Frankfurt: Peter Lang.

Kubo, Angela Erika〔2014〕. China Opens Memorial Honoring Korean Independence Activist'. *The Diplomat*. 22 January. http://thediplomat.com/2014/01/china-opens-memorial-honoring-korean-independence-activist/ (accessed 2 February 2014).

Lee, Claire〔2013〕'Remembering the Colonial Period and the Korean War'. *Korea Herald*. 28 February.

Lee, Eun-jeung〔2011〕'An Chung-gŭn: "A Discourse of Peace in East Asia," 1910'. In Sven Saaler and Christopher W. A. Szpilman eds. *Pan-Asianism: A Documentary History*, Vol.1: 1850-1920. Lanham MD: Rowman and Littlefield. pp.205-210.

Lee, Sung-si（李成市）〔2008〕「日韓共同研究の活動と成果―『植民地近代の視座』の刊行と今後」二〇〇八年一一月。Paper presented at the conference Historical Dialogue and Reconciliation in East Asia. Harvard University. 12-13 September. http://hyi.hmdc.harvard.edu/files/uploads/Lee_Sung_Si.pdf（accessed 20 February 2014）.

Lind, Jennifer〔2008〕*Sorry States: Apologies in International Politics*. Ithaca: Cornell University Press.

Lind, Jennifer〔2014〕'When History Humiliates Former Enemies'. CNN Online. 4 January. http://edition.cnn.com/2014/01/03/opinion/lind-japan-war-memories/

日本外務省〔2014a〕「日韓歴史共同研究」http://www.mofa.go.jp/mofaj/area/korea/rekishi/ 二〇一四年一月一五日アクセス。

日本外務省〔2014b〕「日中歴史共同研究第１回会合（概要）」http://www.mofa.go.jp/mofaj/area/china/jc_rekishi_01.html 二〇一四年一月一七日アクセス。

水野直樹〔2011〕「「博文寺の和解劇」と後日談：伊藤博文、安重根の息子たちの「和解劇」・覚え書き」『人文學報』一〇一巻、京都大学人文科学研究所、二〇〇一年、八一－一〇一頁。

Morris-Suzuki, Tessa〔2013〕'Introduction: Confronting the Ghosts of War in East Asia'. In Tessa Morris-Suzuki, Morris Low, Leonid Petrov and Timothy Y. Tsu. *East Asia Beyond the History Wars: Confronting the Ghosts of Violence*. London and New York: Routledge. pp.1-26.

Morris-Suzuki, Tessa〔2015〕'You Don't Want to Know about the Girls? The "Comfort Women", the Japanese Military and Allied Forces in the Asia-Pacific War'. *The Asia Pacific Journal: Japan Focus*, vol. 13, issue 31, no. 2, Aug 3 2015, http://www.japanfocus.org/-Tessa-Morris_Suzuki/4352/article.html

成田龍一〔2008〕「「東アジア史」の可能性――日本・中国・韓国＝共同編集『未来をひらく歴史』（二〇〇五年）をめぐって」、小森陽一・崔元植・朴裕河・金哲 編著『東アジア歴史認識論争のメタヒストリー「韓日、連帯21」の試み』青弓社、二〇〇八年、一一五－一三〇頁。

日中韓３国共通歴史教材委員会編〔2005〕『未来をひらく歴史――東アジア三国の近現代史』高文研、二〇〇五年。

日中韓３国共同歴史編纂委員会編〔2012〕『新しい東アジアの近現代史［下］』日本評論社、二〇一二年。

日韓文化交流基金〔発行年不明〕日韓歴史共同研究委員会「日韓歴史共同研究報告書」http://www.jkcf.or.jp/projects/kaigi/history/二〇一四年一月一五日アクセス。

「韓国併合」一〇〇年市民ネットワーク「なぜ安重根は伊藤博文を撃ったのか?」http://www.nikkan100.net/090328kikaku-hokoku.html　二〇一四年二月一四日アクセス。

日本放送協会〔2010〕『NHKスペシャル　日本と朝鮮半島』第1回「韓国併合への道」二〇一〇年四月一八日放送。

Northeast Asian History Foundation（東北アジア歴史財団）〔発行年不明〕'The Korea-Japan Joint History Research Committee'. http://www.historyfoundation.or.kr/?sidx=243&stype=2（accessed 22 February 2014）.

小川原宏幸〔2010〕『伊藤博文の韓国併合構想と朝鮮社会』岩波書店、二〇一〇年。

People's Daily（人民日報）〔2010〕'Japanese Army's Biological Warfare Sites to be Declared World Heritage Site'. People's Daily Online（English Edition）. 14 May. http://english.people.com.cn/90001/90782/6985908.html（accessed 2 March 2014）.

Rausch, Franklin〔2012〕'Visions of Violence, Dreams of Peace: Religion, Race and Nationa in An Chunggūn's A Treatise on Peace in the East'. *Acta Koreana*. 15:1. 263-291.

Rauhala, Emily〔2014〕'104 Years Later, a Chinese Train Station Platform is Still the Site of Anti-Japanese Rancor'. *Time*. 30 January.

Seaton, Philip〔2007〕*Japan's Contested War Memories: The 'Memory Rifts' in Historical Consciousness of World War II*. London and New York: Routledge.

Seraphim, Franziska〔2006〕*War Memory and Social Politics in Japan, 1945-2005*. Cambridge Mass. and London: Harvard University Press.

Sun, Ge（孫歌）〔2012〕『「日中・知の共同体」を回顧する』（グローバル化の中の社会変容——新しい東アジア像を形成するために、日本学術振興会北京研究連絡センター、二〇一二年一二月）。

Togo, Kazuhiko and Hasegawa, Tsuyoshi eds（東郷和彦、長谷川毅共篇）〔2008〕*East Asia's Haunted Present: Historical Memories and the Resurgence of Nationalism*（苦悩する東アジアの現代——歴史の記憶とナショナリズム）, Westport CT, Greenwood Publishing.

戸塚悦朗〔2012〕「東アジアの平和と歴史認識——安重根東洋平和論宣揚の必要性をめぐって」『龍谷法学』45（3）、龍谷大学法学会、二〇一二年一二月。

Verdeja, Ernesto〔2009〕*Unchopping a Tree: Reconciliation in the Aftermath of Political Violence*. Philadelphia：Temple University Press.

Wang, Q. Edward〔2010〕'Remembering the Past; Reconciling for the Future: A Critical Analysis of the China-Japan Joint

History Research Project (2006-2010)', *The Chinese Historical Review*. 17 : 2. 219-237.

Wang, Yuanzhou〔2009〕'The Image of An Jung-geun as Seen by the Chinese', *Korea Focus*. December. http://www.koreafocus.or.kr/design2/Essays/view.asp?volume_id=92&content_id=102830&category=G (accessed 23 February 2014).

Wang, Zheng〔2009〕'Old Wounds, New Narratives: Joint History Textbook Writing and Peacebuilding in East Asia', *History and Memory*. 21 : 1. 101-126.

Watkins, Yoko Kawashima〔1994〕*So Far from the Bamboo Grove*. New York: Harper Collins(ヨーコ・カワシマ・ワトキンス『竹林はるか遠く――日本人少女ヨーコの戦争体験記』ハート出版、二〇一三年)。

Yi Yeong-gyeong〔2010〕'영웅과 인간에 대한 정직한 애정, 연극 "나는 너다"'. *Pressian*. 10 August.

補論1　首相談話から見えて来る、この国の歴史認識

谷野　隆

はじめに

日本という国の、近代に関する歴史認識を象徴的に表すものとして、戦後の節目に出されてきた「首相談話」を挙げることができる。「戦後五〇年」の村山談話、「戦後六〇年」の小泉談話、そして昨年「戦後七〇年」の安倍談話である。それに「韓国併合」から一〇〇年に際して出された二〇一〇年の菅談話も加えることができよう。これらは閣議決定されていることから、当時の政府の公式見解としての位置づけをもち、ここから日本社会の歴史認識の特徴を、多少なりとも明らかにすることができると考えられる。その一方、首相の「個人の談話」という形式であることから、そこに反映されている当時の首相自身の歴史認識を推し量ることもできよう。

ところで、「戦後四〇年」はどうだったのか？　一九八五年の八月一五日は、当時の中曾根康弘首相が首相として靖国神社を初めて「公式参拝」した日である。このときを含めて中曾根氏は首相在任中に計一〇回も靖国神社を参拝したが、中国・韓国はじめアジアからの批判の高まりの前に、これ以後は在任中の参拝を見送った。ちなみにその後八月一五日に靖国神社を参拝した現職首相は二〇〇六年の小泉首相のみである。一方、中曾根首相の靖国公式参拝に危機感をもった日本の市民運動の中から、新たに「アジア・太平洋戦争の犠牲者に思いを馳せ、

心に刻む集会」が八六年夏に立ち上がり、アジア・太平洋の戦争犠牲者を日本に招く証言集会が全国で始まった。二〇〇八年まで二三回続いたこの運動は、九〇年代の戦後補償を求める運動と合流していくことになった。

首相の靖国公式参拝と市民運動の高まり、この対極とも言える動きが起こったのが「戦後四〇年」だったことも心に留めておきたい。

1　各談話に共通するもの

まず、これら四つの「談話」に共通しているのは、戦後の日本に関して「平和国家」とする自己認識である。「戦後の平和と繁栄」と一言でまとめられているが、しかし戦後史はそのような単純なものでは決してなかった。例えば、現代まで続く朝鮮半島の分断・対立が、元をたどれば日本による植民地支配に起因していることや、朝鮮戦争勃発による「特需」が戦後の日本独占資本の復活に大きく寄与したことには触れられない。朝鮮民衆の夥しい血の犠牲の上に戦後日本資本主義の「高度経済成長」は築かれたことを自覚している日本人は少ないのではないか。

さらに、朝鮮戦争・ベトナム戦争において在日米軍基地がフル稼働して日本は米軍の不可欠な兵站基地の役割を果たしたこと、何より朝鮮民主主義人民共和国（以下、朝鮮と略）に対する一貫した敵視政策を取り続け、未だに国交正常化すらできず、朝鮮半島の南北対立と分断固定化に積極的に加担してきたことも無視されている。そして一九七二年まで米軍の施政権下に置かれ、その後も米軍基地の過重な負担を押し付けられている沖縄の問題なども挙げることができる。

これらの談話は、戦前と戦後の歴史の「断絶」を強調するものであるが、戦後の「平和国家・日本」という「自己認識」は、多くの戦後の歴史的事実を捨象した虚構の上に成り立っていることを指摘しておきたい。

2　村山談話（一九九五年　戦後五〇年）

現在の安倍政権が「なかったことにしたい」と、おそらく強く願っているものが一九九五年八月一五日に出された「村山談話」である。当時は、国会における「数合わせ」から、いわゆる〝五五年体制〟の下では決して考えられなかった自民党と社会党、それに新党さきがけが連立した自社さ政権が生まれ、社会党の村山富市氏が首相となっていた。だからこそ、可能となった談話であることも間違いない。

村山談話の最大の特徴は、「植民地支配と侵略によって、多くの国々、とりわけアジア諸国の人々に対して多大の損害と苦痛を与えました。私は、……この歴史の事実を謙虚に受け止め、ここにあらためて痛切な反省の意を表し、心からのお詫びの気持ちを表明いたします」と明記されたことである。「植民地支配」と入っていることで、「お詫び」の対象は決して昭和の時代の侵略戦争の犠牲者に限られていない。

さらに、「戦後処理問題についても、わが国とこれらの国々との信頼関係を一層強化するため、私は、ひき続き誠実に対応してまいります」とし、いわゆる九〇年代に広がった戦後補償問題にも「誠実に」対応する意思を明らかにしている。

3　小泉談話（二〇〇五年　戦後六〇年）

在任中の靖国参拝を宣言して首相になった小泉純一郎氏は、言葉通り年一回の参拝を毎年繰り返したことで中国や韓国との関係を悪化、ないしは停滞させた。二〇〇五年八月一五日に閣議決定された談話では、「植民地支配と侵略」の部分については村山談話が踏襲された。だが異なる点もいくつかある。

まず、「今私たちが享受している平和と繁栄は、戦争によって心ならずも命を落とされた多くの方々の尊い犠牲の上にある」としている。文意をいかようにも解釈できる一文ではあるが、戦後の「平和と繁栄」を戦争犠牲者と結びつけることで靖国参拝を正当化する含意が感じられる。

また、戦後史については「いかなる問題も武力によらず平和的に解決するとの立場を貫き、ＯＤＡや国連平和維持活動などを通じて世界の平和と繁栄のため物的・人的両面から積極的に貢献してまいりました」としており、在日米軍基地の存在を始め日米安保体制の軍事的側面が意図的に無視されている。

そして、「世界平和に貢献するため」に、「国際社会の責任ある一員としての役割を積極的に果たしていく」という表現からは、当時進められていたインド洋での「対テロ戦争」支援の給油活動やイラク戦争という自衛隊の行動範囲の拡大の合理化と、さらなる推進の意図を窺うことができる。

4　菅談話（二〇一〇年「韓国併合」一〇〇年）

この談話は他の三つとは性格が異なり、「韓国併合」に対する認識に限定されている。最大の特徴は、朝鮮半島の植民地支配について語っているのに、日韓関係しか語っておらず、語ろうとしていない点である。朝鮮については良くも悪くも一言も言及がない。それゆえ日韓両国を「民主主義や自由、市場経済といった価値を共有する最も重要で緊密な隣国同士」と謳いあげ、「未来志向」の関係構築を言えば言うほど、逆に朝鮮への敵視が鮮明に感じられる。

その点は措いた上で、植民地支配についてみると、「三・一独立運動などの激しい抵抗にも示されたとおり、政治的・軍事的背景の下、当時の韓国の人々は、その意に反して行われた植民地支配によって、国と文化を奪われ、民族の誇りを深く傷付けられました」。「この植民地支配がもたらした多大の損害と苦痛に対し、ここに改めて痛切な反省と心からのお詫びの気持ちを表明いたします」と、村山談話よりも一歩踏み込んで述べている。だが、日清戦争からだけでも膨大な数の人命を奪った末の植民地化であることや、植民地支配下での総督府の過酷な弾圧などには触れられず、「軽い」印象は否めない。

また、戦後補償についてはあくまで「人道的な協力」に限定することがはっきり明記されており、その点で村山談話からの後退は明らかである。その一方、談話の中で述べられている「朝鮮王朝儀軌」についてはその後に返還が実現し、文化財の返還をめぐる動きの中では前向きな側面もあったことは認められる。

さらに、あえて「将来の東アジア共同体の構築」に言及している点も、米国との「距離」の取り方という意味で注目すべき点だと言えよう。

5　安倍談話（二〇一五年　戦後七〇年）

安倍談話の形式的な点で最大の特徴は、三三五四字もあり、他の談話と比べて約三倍の分量があることである。安倍首相の思い入れの強さを窺うことができる。

では、それだけの分量を費やして、彼は何を言いたかったのか？

一言で言えば、「アジアへの謝罪は終わりにしたい」ということで、談話の中でもはっきりと述べられている。ただそれ以外にも、安倍首相ならではの歴史観がかなり明瞭に語られている。具体的に見ていこう。

最初の部分では、西洋諸国による植民地支配に抗して日本が独立を守り抜いたことが述べられ、「日露戦争は、植民地支配のもとにあった、多くのアジアやアフリカの人々を勇気づけました」と、日露戦争を極めて一面的に美化している。日露戦争の結果、日本は武力をもって「韓国併合」への動きをますます強めていくのだが、そうした認識は語られない。そして、この談話全体に言えることだが、西洋諸国による植民地支配には言及し、後段では「植民地支配から永遠に訣別し、すべての民族の自決の権利が尊重される世界にしなければならない」と述べているにもかかわらず、日本による植民地支配については「反省とお詫び」どころか具体的に一切語られていない。さらに、「我が国は、先の大戦における行いについて、繰り返し、痛切な反省と心からのお詫びの気持ちを表明してきました」「こうした歴代内閣の立場は、今後も、揺るぎないものであります」と述べられており、「反省とお詫び」の対象が「大戦」に限られ、日本の植民地支配についての以前の談話の立場が変えられてしまっている。それも「表明してきた」のは過去の内閣であって安倍内閣ではなく、自らの言葉で語ってはいない。これこそ安倍談話に非常に特徴的な点である。

第二に、「何の罪もない人々に、計り知れない損害と苦痛を、我が国が与えた事実。歴史とは実に取り返しのつかない、苛烈なものです。一人ひとりに、それぞれの人生があり、夢があり、愛する家族があった。この当然の事実をかみしめる時、今なお、言葉を失い、ただただ、断腸の念を禁じ得ません」とある。表現が傍観的で日本国家の責任感が希薄である。日本が損害を与えた事実は「認めて」はいるが、「お詫び」の言葉はどこにもない。談話全体を通じても、村山・小泉談話のような「反省とお詫び」に代えて、「胸に刻む」が多用されており、できる限り「お詫び」を避けようとする意図が強く感じられる。

第三に、小泉談話と同様に、「これほどまでの尊い犠牲の上に、現在の平和がある。これが、戦後日本の原点であります」と、戦後の「平和」と「犠牲」とを関連づけている。靖国参拝が念頭にあることが推測される。

第四に、この談話の歴史観をわかりやすく示しているのは以下の部分である。

「世界恐慌が発生し、欧米諸国が、植民地経済を巻き込んだ、経済のブロック化を進めると、日本経済は大きな打撃を受けました。その中で日本は、孤立感を深め、外交的、経済的な行き詰まりを、力の行使によって解決しようと試みました。国内の政治システムは、その歯止めたりえなかった。こうして、日本は、世界の大勢を見失っていきました。

満州事変、そして国際連盟からの脱退。日本は、次第に、国際社会が壮絶な犠牲の上に築こうとした「新しい国際秩序」への「挑戦者」となっていった。進むべき針路を誤り、戦争への道を進んで行きました」。

この部分には、欧米諸国による経済のブロック化を挙げることで「日本だけが悪かったのではない」という思いがにじみ出ている。「誤り」は「新しい国際秩序への挑戦者」となり、「戦争への道」に進んだこととされ、それは「侵略戦争」ではなく「自存自衛のための戦争」だったという認識が背景にあるものと読みとれる。したがって、村山談話のような植民地支配への反省はなく、「誤り」の対象の時期は一九三〇年代以降に限定され、「戦争」に限られているのである。だが、「アジアを西欧列強から解放する大東亜戦争であった」とまでは語られていない点は、私にとっては意外でもあった。安倍首相といえども、東京裁判を経た戦後の国際秩序を真っ向から否定するような主張を公式にすることはできなかったということであろう。

第五に、問題は「日本では、戦後生まれの世代が、今や、人口の八割を超えています。あの戦争には何ら関わりのない、私たちの子や孫、そしてその先の世代の子どもたちに、謝罪を続ける宿命を背負わせてはなりません」の部分である。この談話が一体誰に向けられたものかということにもかかわるが、決して加害者の側から言う言葉ではないことが、首相を筆頭に安倍内閣に関わる人々にはどうしても理解できないようである。安倍内閣には本当に謝罪する意思があるのか？　そもそも「何を」謝罪するのか？　これまで見てきたような歴史認識では、口先だけの「謝罪」と言われても仕方のないことではないだろうか？

第六に、談話の最後には、「我が国は、自由、民主主義、人権といった基本的価値を揺るぎないものとして堅持し、その価値を共有する国々と手を携えて、「積極的平和主義」の旗を高く掲げ、世界の平和と繁栄にこれまで以上に貢献してまいります」と宣言している。これは言いかえれば、日米同盟を一層強化し、武力行使を伴う自衛隊の海外での活動を拡大させ、さらに中国や朝鮮に対しても軍事力を強化させて対抗するという、現在の安倍内閣が掲げる政策を謳ったものに他ならない。

まとめにかえて

以上見たように、村山談話から二〇年あまり、戦前の近代史、特に植民地支配に関する日本政府、ひいては日本社会の認識は、安倍政権になって大きく後退し、歪められようとしていることは明らかであろう。この安倍談話の延長線上に、「慰安婦問題」の「最終的かつ不可逆的な解決」と称した一昨年末の唐突な「日韓合意」がある。このような歴史認識で図られようとする「解決」が、友好的で相互に信頼し合えるような東アジアの未来を創ることにつながるとは、到底考えられない。

安倍首相は「国際法上の侵略の定義は定まっていない」（二〇一三年四月二三日　参議院予算委員会）とする立場を撤回していない。つまりそれは、何が「侵略」なのか判断できないと言っているに等しい。論理的に考えて、判断できないことに対して「心からの反省やお詫び」ができるわけがない。しかし、敗戦し植民地を失って七〇年あまりが経ったにもかかわらず、未だに当時の歴史的事実を直視して判断しようとする意思も能力も持ち合わせていない政治家が一国のリーダーであることは、私たちにとってある意味、悲劇である。

（1）でも触れたように、本来であれば今議論されるべきは、「戦後の七〇年」に関する歴史認識、「平和国家・日本」といった認識の是非ではないだろうか。歴史を学ぶ意義が現代にその教訓を生かすということであるならば、今を生きる私たちの前には、すでに七〇年もの戦後の歴史が積み重なっているのであり、それに対する歴史認識をもつことも不可欠である。そうした戦後史の検証の必要性は、東アジア各国に対しても言えるだろう。その中では韓国が最もそうした歴史の検証に取り組んできていると言える。日本でもそうしたことに取り組むためには、一刻も早く侵略・植民地支配時代の歴史認識問題に、安倍内閣とは全く異なる立場から「解決」を図らなければならない。

《資料》

【村山談話　一九八五年八月一五日】

先の大戦が終わりを告げてから、50年の歳月が流れました。今、あらためて、あの戦争によって犠牲となられた内外の多くの人々に思いを馳せるとき、万感胸に迫るものがあります。

敗戦後、日本は、あの焼け野原から、幾多の困難を乗りこえて、今日の平和と繁栄を築いてまいりました。このことは私たちの誇りであり、そのために注がれた国民の皆様1人1人の英知とたゆみない努力に、私は心から敬意の念を表わすものであります。ここに至るまで、米国をはじめ、世界の国々から寄せられた支援と協力に対し、あらためて深甚な謝意を表明いたします。また、アジア太平洋近隣諸国、米国、さらには欧州諸国との間に今日のような友好関係を築き上げるに至ったことを、心から喜びたいと思います。

平和で豊かな日本となった今日、私たちはややもすればこの平和の尊さ、有難さを忘れがちになります。私たちは過去のあやまちを2度と繰り返すことのないよう、戦争の悲惨さを若い世代に語り伝えていかなければなりません。とくに近隣諸国の人々と手を携えて、アジア太平洋地域ひいては世界の平和を確かなものとしていくためには、なによりも、これらの諸国との間に深い理解と信頼にもとづいた関係を培っていくことが不可欠と考えます。政府は、この考えにもとづき、特に近現代における日本と近隣アジア諸国との関係にかかわる歴史研究を支援し、各国との交流の飛躍的な拡大をはかるために、この2つを柱とした平和友好交流事業を展開しております。また、現在取り組んでいる戦後処理問題についても、わが国とこれらの国々との信頼関係を一層強化するため、私は、ひき続き誠実に対応してまいります。

いま、戦後50周年の節目に当たり、われわれが銘記すべきことは、来し方を訪ねて歴史の教訓に学び、未来を望んで、人類社会の平和と繁栄への道を誤らないことであります。

わが国は、遠くない過去の一時期、国策を誤り、戦争への道を歩んで国民を存亡の危機に陥れ、植民地支配と侵略によって、多くの国々、とりわけアジア諸国の人々に対して多大の損害と苦痛を与えました。私は、未来に誤ち無からしめんとするが故に、疑うべくもないこの歴史の事実を謙虚に受け止め、ここにあらためて痛切な反省の意を表し、心からのお詫びの気持ちを表明いたします。また、この歴史がもたらした内外すべての犠牲者に深い哀悼の念を捧げます。

敗戦の日から50周年を迎えた今日、わが国は、深い反省に立ち、独善的なナショナリズムを排し、責任ある国際社会の一員として国際協調を促進し、それを通じて、平和の理念と民主主義とを押し広めていかなければなりません。同時に、わが国は、唯一の被爆国としての体験を踏まえて、核兵器の究極の廃絶を目指し、核不拡散体制の強化など、国際的な軍縮を積極的に推進していくことが肝要であります。これこそ、過去に対するつぐないとなり、犠牲となられた方々の御霊を鎮めるゆえんとなると、私は信じております。

「杖るは信に如くは莫し」と申します。この記念すべき時に当たり、信義を施政の根幹とすることを内外に表明し、私の誓いの言葉といたします。

【小泉談話　二〇〇五年八月一五日】

私は、終戦六十年を迎えるに当たり、改めて今私たちが享受している平和と繁栄は、戦争によって心ならずも命を落とされた多くの方々の尊い犠牲の上にあることに思いを致し、二度と我が国が戦争への道を歩んではならないとの決意を新たにするものであります。

先の大戦では、三百万余の同胞が、祖国を思い、家族を案じつつ戦場に散り、戦禍に倒れ、あるいは、戦後遠い異郷の地に亡くなられています。

また、我が国は、かつて植民地支配と侵略によって、多くの国々、とりわけアジア諸国の人々に対して多大の損害と苦痛を与えました。こうした歴史の事実を謙虚に受け止め、改めて痛切な反省と心からのお詫びの気持ちを表明するとともに、先の大戦における内外のすべての犠牲者に謹んで哀悼の意を表します。悲惨な戦争の教訓を風化させず、二度と戦火を交えることなく世界の平和と繁栄に貢献していく決意です。

戦後我が国は、国民の不断の努力と多くの国々の支援により廃墟から立ち上がり、サンフランシスコ平和条約を受け入れて国際社会への復帰の第一歩を踏み出しました。いかなる問題も武力によらず平和的に解決するとの立場を貫き、ＯＤＡや国連平和維持活動などを通じて世界の平和と繁栄のため物的・人的両面から積極的に貢献してまいりました。

我が国の戦後の歴史は、まさに戦争への反省を行動で示した平和の六十年であります。

我が国にあっては、戦後生まれの世代が人口の七割を超えています。日本国民はひとしく、自らの体験や平和を志向する教育を通じて、国際平和を心から希求しています。今世界各地で青年海外協力隊などの多くの日本人が平和と人道支援のために活躍し、現地の人々から信頼と高い評価を受けています。また、アジア諸国との間でもかつてないほど経済、文化等幅広い分野での交流が深まっています。とりわけ一衣帯水の間にある中国や韓国をはじめとするアジア諸国とは、ともに手を携えてこの地域の平和を維持し、発展を目指すことが必要だと考えます。過去を直視して、歴史を正しく認識し、アジア諸国との相互理解と信頼に基づいた未来志向の協力関係を構築していきたいと考えています。

国際社会は今、途上国の開発や貧困の克服、地球環境の保全、大量破壊兵器不拡散、テロの防止・根絶などかつては想像もできなかったような複雑かつ困難な課題に直面しています。我が国は、世界平和に貢献するために、不戦の誓いを堅持し、唯一の被爆国としての体験や戦後六十年の歩みを踏まえ、国際社会の責任ある一員としての役割を積極的に果たしていく考えです。

戦後六十年という節目のこの年に、平和を愛する我が国は、志を同じくするすべての国々とともに人類全体の平和と繁栄を実現するため全力を尽くすことを改めて表明いたします。

【菅談話　二〇一〇年八月一〇日】

本年は、日韓関係にとって大きな節目の年です。ちょうど百年前の八月、日韓併合条約が締結され、以後三十六年に及ぶ植民地支配が始まりました。三・一独立運動などの激しい抵抗にも示されたとおり、政治的・軍事的背景の下、当時の韓国の人々は、その意に反して行われた植民地支配によって、国と文化を奪われ、民族の誇りを深く傷付けられました。

私は、歴史に対して誠実に向き合いたいと思います。歴史の事実を直視する勇気とそれを受け止める謙虚さを持ち、自らの過ちを省みることに率直でありたいと思います。痛みを与えた側は忘れやすく、与えられた側はそれを容易に忘れることは出来ないものです。この植民地支配がもたらした多大の損害と苦痛に対し、ここに改めて痛切な反省と心からのお詫びの気持ちを表明いたします。

このような認識の下、これからの百年を見据え、未来志向の日韓関係を構築していきます。また、これまで行ってきたいわゆる在サハリン韓国人支援、朝鮮半島出身者の遺骨返還支援といった人道的な協力を今後とも誠実に実施していきます。さらに、日本が統治していた期間に朝鮮総督府を経由してもたらされ、日本政府が保管している朝鮮王朝儀軌等の朝鮮半島由来の貴重な図書について、韓国の人々の期待に応えて近くこれらをお渡ししたいと思います。

日本と韓国は、二千年来の活発な文化の交流や人の往来を通じ、世界に誇る素晴らしい文化と伝統を深く共有しています。さらに、今日の両国の交流は極めて重層的かつ広範多岐にわたり、両国の国民が互いに抱く親近感と友情はかつてないほど強くなっております。また、両国の経済関係や人的交流の規模は国交正常化以来飛躍的に拡大し、互いに切磋琢磨しながら、その結び付きは極めて強固なものとなっています。

日韓両国は、今この二十一世紀において、民主主義や自由、市場経済といった価値を共有する最も重要で緊密な隣国同士となっています。それは、二国間関係にとどまらず、将来の東アジア共同体の構築をも念頭に置いたこの地域の平和と安定、世界経済の成長と発展、そして、核軍縮や気候変動、貧困や平和構築といった地球規模の課題まで、幅広く地域と世界の平和と繁栄のために協力してリーダーシップを発揮するパートナーの関係です。

私は、この大きな歴史の節目に、日韓両国の絆がより深く、より固いものとなることを強く希求するとともに、両国間の未来をひらくために不断の努力を惜しまない決意を表明いたします。

【安倍談話　二〇一五年八月一四日】

終戦七十年を迎えるにあたり、先の大戦への道のり、戦後の歩み、二十世紀という時代を、私たちは、心静かに振り返り、その歴史の教訓の中から、未来への知恵を学ばなければならないと考えます。

百年以上前の世界には、西洋諸国を中心とした国々の広大な植民地が、広がっていました。圧倒的な技術優位を背景に、植民地支配の波は、十九世紀、アジアにも押し寄せました。その危機感が、日本にとって、近代化の原動力となったことは、間違いありません。アジアで最初に立憲政治を打ち立て、独立を守り抜きました。日露戦争は、植民地支配のもとにあった、多くのアジアやアフリカの人々を勇気づけました。

世界を巻き込んだ第一次世界大戦を経て、民族自決の動きが広がり、それまでの植民地化にブレーキがかかりました。この戦争は、一千万人もの戦死者を出す、悲惨な戦争でありました。人々は「平和」を強く願い、国際連盟を創設し、不戦条約を生み出しました。戦争自体を違法化する、新たな国際社会の潮流が生まれました。

当初は、日本も足並みを揃えました。しかし、世界恐慌が発生し、欧米諸国が、植民地経済を巻き込んだ、経済のブロック化を進めると、日本経済は大きな打撃を受けました。その中で日本は、孤立感を深め、外交的、経済的な行き詰まりを、力の行使によって解決しようと試みました。国内の政治システムは、その歯止めたりえなかった。こうして、日本は、世界の大勢を見失っていきました。

満州事変、そして国際連盟からの脱退。日本は、次第に、国際社会が壮絶な犠牲の上に築こうとした「新しい国際秩序」への「挑戦者」となっていった。進むべき針路を誤り、戦争への道を進んで行きました。

そして七十年前。日本は、敗戦しました。

戦後七十年にあたり、国内外に斃れたすべての人々の命の前に、深く頭を垂れ、痛惜の念を表すとともに、永劫の、哀悼の誠を捧げます。

先の大戦では、三百万余の同胞の命が失われました。祖国の行く末を案じ、家族の幸せを願いながら、戦陣に散った方々。終戦後、酷寒の、あるいは灼熱の、遠い異郷の地にあって、飢えや病に苦しみ、亡くなられた方々。広島や長崎での原爆投下、東京をはじめ各都市での爆撃、沖縄における地上戦などによって、たくさんの市井の人々が、無残にも犠牲となりました。

戦火を交えた国々でも、将来ある若者たちの命が、数知れず失われました。中国、東南アジア、太平洋の島々など、戦場となった地域では、戦闘のみならず、食糧難などにより、多くの無辜の民が苦しみ、犠牲となりました。戦場の陰には、深く名誉と尊厳を傷つけられた女性たちがいたことも、忘れてはなりません。

何の罪もない人々に、計り知れない損害と苦痛を、我が国が与えた事実。歴史とは実に取り返しのつかない、苛烈なものです。一人ひとりに、それぞれの人生があり、夢があり、愛する家族があった。この当然の事実をかみしめる時、今なお、言葉を失い、ただただ、断腸の念を禁じ得ません。

これほどまでの尊い犠牲の上に、現在の平和がある。これが、戦後日本の原点であります。

二度と戦争の惨禍を繰り返してはならない。

事変、侵略、戦争。いかなる武力の威嚇や行使も、国際紛争を解決する手段としては、もう二度と用いてはならない。植民地支配から永遠に訣別し、すべての民族の自決の権利が尊重される世界にしなければならない。

先の大戦への深い悔悟の念と共に、我が国は、そう誓いました。自由で民主的な国を創り上げ、法の支配を重んじ、ひたすら不戦の誓いを堅持してまいりました。七十年間に及ぶ平和国家としての歩みに、私たちは、静かな誇りを抱きながら、この不動の方針を、これからも貫いてまいります。

我が国は、先の大戦における行いについて、繰り返し、痛切な反省と心からのお詫びの気持ちを表明してきました。その思いを実際の行動で示すため、インドネシア、フィリピンはじめ東南アジアの国々、台湾、韓国、中国など、隣人であるアジアの人々が歩んできた苦難の歴史を胸に刻み、戦後一貫して、その平和と繁栄のために力を尽くしてきました。

こうした歴代内閣の立場は、今後も、揺るぎないものであります。

ただ、私たちがいかなる努力を尽くそうとも、家族を失った方々の悲しみ、戦禍によって塗炭の苦しみを味わった人々の辛い記憶は、これからも、決して癒えることはないでしょう。

ですから、私たちは、心に留めなければなりません。

戦後、六百万人を超える引揚者が、アジア太平洋の各地から無事帰還でき、日本再建の原動力となった事実を。中国に置き去りにされた三千人近い日本人の子どもたちが、無事成長し、再び祖国の土を踏むことができた事実を。米国や英国、オランダ、豪州などの元捕虜の皆さんが、長年にわたり、日本を訪れ、互いの戦死者のために慰霊を続けてくれている事実を。

戦争の苦痛を嘗め尽くした中国人の皆さんや、日本軍によって耐え難い苦痛を受けた元捕虜の皆さんが、それほど寛容であるためには、どれほどの心の葛藤があり、いかほどの努力が必要であったか。

そのことに、私たちは、思いを致さなければなりません。

寛容の心によって、日本は、戦後、国際社会に復帰することができました。戦後七十年のこの機にあたり、我が国は、和解のために力を尽くしてくださった、すべての国々、すべての方々に、心からの感謝の気持ちを表したいと思います。

日本では、戦後生まれの世代が、今や、人口の八割を超えています。あの戦争には何ら関わりのない、私たちの子や孫、そしてその先の世代の子どもたちに、謝罪を続ける宿命を背負わせてはなりません。しかし、それでもなお、私たち日本人は、世代を超えて、過去の歴史に真正面から向き合わなければなりません。謙虚な気持ちで、過去を受け継ぎ、未来へと引き渡す責任があります。

私たちの親、そのまた親の世代が、戦後の焼け野原、貧しさのどん底の中で、命をつなぐことができた。そして、現在の私たちの世代、さらに次の世代へと、未来をつないでいくことができる。それは、先人たちのたゆまぬ努力と共に、敵として熾烈に戦った、米国、豪州、欧州諸国をはじめ、本当にたくさんの国々から、恩讐を越えて、善意と支援の手が差しのべられたおかげであります。

そのことを、私たちは、未来へと語り継いでいかなければならない。歴史の教訓を深く胸に刻み、より良い未来を切り拓いていく、アジア、そして世界の平和と繁栄に力を尽くす。その大きな責任があります。

私たちは、自らの行き詰まりを力によって打開しようとした過去を、この胸に刻み続けます。だからこそ、我が国は、いかなる紛争も、法の支配を尊重し、力の行使ではなく、平和的・外交的に解決すべきである。この原則を、これからも堅く守り、世界の国々にも働きかけてまいります。唯一の戦争被爆国として、核兵器の不拡散と究極の廃絶を目指し、国際社会でその責任を果たしてまいります。

私たちは、二十世紀において、戦時下、多くの女性たちの尊厳や名誉が深く傷つけられた過去を、この胸に刻み続けます。だからこそ、我が国は、そうした女性たちの心に、常に寄り添う国でありたい。二十一世紀こそ、女性の人権が傷つけられることのない世紀とするため、世界をリードしてまいります。

私たちは、経済のブロック化が紛争の芽を育てた過去を、この胸に刻み続けます。だからこそ、我が国は、いかなる国の恣意にも左右されない、自由で、公正で、開かれた国際経済システムを発展させ、途上国支援を強化し、世界の更なる繁栄を牽引してまいります。繁栄こそ、平和の礎です。暴力の温床ともなる貧困に立ち向かい、世界のあらゆる人々に、医療と教育、自立の機会を提供するため、一層、力を尽くしてまいります。

私たちは、国際秩序への挑戦者となってしまった過去を、この胸に刻み続けます。だからこそ、我が国は、自由、民主主義、人権といった基本的価値を揺るぎないものとして堅持し、その価値を共有する国々と手を携えて、「積極的平和主義」の旗を高く掲げ、世界の平和と繁栄にこれまで以上に貢献してまいります。

終戦八十年、九十年、さらには百年に向けて、そのような日本を、国民の皆様と共に創り上げていく。その決意であります。

第7章　安重根の汎アジア主義と日本の朝鮮学校のトランスナショナルな類似点について

スーザン・メナデュー・チョン

はじめに

関東地方にある朝鮮初中級学校の図書館の壁には、安重根の書が掲げられている。それは安の書のなかでも最もよく知られたもので、「一日不讀書口中生荊棘」（一日たりとて本を読まなければ、口のなかに棘が生える）とある。同校の歴史教師によれば、安重根の書が日本の朝鮮学校内に掲示されることはあまりないという。だが校長は、日ごろから安の哲学に触れさせることで、子どもたちの励みになるのではないかと考えた。朝鮮民主主義人民共和国（ＤＰＲＫ）の系列に属する学校において安の格言が掲示されていることに、驚く人は多いかもしれない。しかしまた一方で、安と朝鮮学校はどちらもさまざまな顔をもっている。

本研究は、安重根と日本の朝鮮学校の両者が社会から同じような誤解を受けてきたことを指摘するとともに、安と朝鮮学校の見解にはいくつかの類似点があることを示そうとするものである。

（1）用語の定義

在日朝鮮人――一九四五年以前に日本に渡った朝鮮人とその子孫。現在は、朝鮮民主主義人民共和国（以下、Ｄ

PRK）系の朝鮮総聯（在日本朝鮮人総聯合会）と大韓民国（ROK）系の韓国民団（在日本大韓民国民団）という、政治的に二つのグループに分かれている。一九四五年以前に日本に定住した祖先をもつ朝鮮人は、すべて「在日」と呼ばれるようになったが、「在日」とは字義通りには「一時的に日本に滞在している」ことを意味する。

朝鮮籍——一九六五年の日韓条約締結以降も韓国籍を取得していない者を指す。彼らはDPRKを国家承認していない日本の国内法上は無国籍の扱いを受けており、朝鮮総聯に帰属する者が比較的多い。

朝鮮学校——朝鮮総聯によって運営される学校。

（2）本稿の主題

ナショナリスティックな理由から、安重根はしばしば「反日的」であると見なされている。だが実際には、彼は汎アジア主義の理想を抱いていた。それと同様に、朝鮮学校もナショナリスティックな理由により「反日的」であると見なされている。しかし実際の朝鮮学校は次第にトランスナショナルな視点をもつようになってきている。事実、朝鮮学校の教育における安重根の扱いは、そのトランスナショナルな視点の好例となっている。

関東地方にある朝鮮初中級学校図書館
（写真の撮影と掲載は学校の許可を受けている）

（3）問題の背景

冷戦の終結は北東アジア地域に秩序の変化をもたらし〔Shin, & Sneider 2014〕、それとともに中国と韓国、および日本との間に「反日」歴史戦と言われる対立が生じた〔Kingston 2014〕。対立の焦点は国家間の領土問題、歴史認識、日本軍「慰安婦」への謝罪、戦時下の強制労働、日本の閣僚の靖国参拝問題などである。

こうした枠組みのなかで、安重根の人物像は政治的に操作され〔BBC/Asia 2014; Denney, S., & Green, C. 2014; Gale 2013 Rauhala 2014〕、国を問わず「反日」のシンボルに仕立て上げられている。残念ながら、このような安重根に対する国家主義的な説明は、彼の進歩的な汎アジア主義哲学を度外視したものだ〔若林 2007〕。

そこで本稿は、安重根の日本への称賛〔Keene 2002; Rausch 2013〕に関わる汎アジア主義〔牧野 2009; Rausch 2012; Saaler 2002; Schmid 2002〕と彼の世界平和への希求〔Fattig 2009〕について検討する。また、本研究はＤＰＲＫと朝鮮学校において安重根がどうとらえられているか〔Ahn Jung Geun 2002; 教科書編纂委員会 200;「聯合ニュース」2014;「朝鮮新報」2012〕を考察するという点で独自性をもつ。

さらに、安重根と朝鮮学校に貼られた「反日」というレッテルを引き剝がし、朝鮮学校が実質的に安重根の歩みを受け継ぎつつ、教育を通じて朝鮮人としての肯定的アイデンティティを育てようとしている姿〔柳 2014; 辛 1995; 宋 2012〕を明らかにする。そして、安の汎アジア主義と近年の朝鮮学校に見られるトランスナショナルな傾向〔村口　2004; 朴 2012; ウリハッキョをつづる会 2007〕との共通点を示そうとするものである。

（4）安重根の経歴

一八七九～一九一〇年。朝鮮半島では、安は朝鮮の主権を守るために日本に抵抗して命を捧げた愛国者と見なされている。植民地化以前の朝鮮で、安は西欧帝国主義に熱烈に反対していたが、彼が抱いていたキリスト教と儒教の価値観のゆえに、普遍的な汎アジア主義を抱くようになったのかもしれない。彼は中国や日本と対等な関係を築いて朝鮮を主権国家として維持するためには、教育を通じて朝鮮人のアイデンティティを守ることが不可欠だと考えていた。

（5）安重根とＤＰＲＫとの関わり

今日の北東アジアにおいて安重根がどのような評価を受けているかを考える際、通常は中国、韓国、日本に焦点が置かれる。ＤＰＲＫが安をどう見ているかに関する情報は限られているが、同国においても安は民族的英雄として認知されている。当初、彼は「両班」と言われる貴族階級に属していたため、批判の対象だった。ＤＰＲＫの建国に先立つ階級制度の再編によって労働者階級が力をもち、それまでの地主や商人、そして安のような宗教家は打倒されたからだ〔Collins 2012 : 9〕。しかし早くも一九六五年には安が建てた学校の一つがあった港湾都市・南浦に彼をたたえる高さ三メートルの記念碑が設置された〔朝鮮新報 2012〕ところを見ると、そのころにはその民族的英雄としての名声は回復されていたのかもしれない。

その後、一九七九年には金正日の指導で映画『安重根、伊藤博文を撃つ』が製作された。さらに二〇〇二年に平壌で出版された『朝鮮歴史人物事典』にも安重根が取り上げられ、日本人と戦ったその熱烈な愛国心をたたえる金正日の論評が添えられている。

（6）日本における朝鮮人マイノリティとその民族教育開始の背景

日本が朝鮮を「強権的かつ押しつけがましく」〔Eckert 1990 : 254〕植民地化していた三五年の間に、朝鮮語は隅に追いやられ、過酷な教育政策によって朝鮮人たちは自らの歴史と文化に関する知識を奪われた。覇権的な植民地政策と戦争動員により、朝鮮の人口の約一〇％が国外への移住を余儀なくされ、その結果一九四五年の時点で二四〇万人の朝鮮人が日本に暮らすようになったと推計されている〔韓国民団中央民族教育委員会 2006 : 8〕。彼らが帰国するためには、子どもたちを「脱日本人化」する必要があった。民族意識を育てる教育が実施されたのもそのためだ。基礎的な朝鮮語や朝鮮の歴史・文化を教える無党派の語学学校がつくられた。これらの学校が今日の朝鮮学校の原型である。

（7）研究方法

本研究の手法は、二次資料の分析に朝鮮学校の教師、親、卒業生へのインタビューを組み合わせたものである。それが可能になったのは、朝鮮総聯が運営する朝鮮学校が外部の研究者に対して以前よりオープンになったためだ。こうして得られたデータを再構成することで、安重根と朝鮮学校に貼られたこれまでのレッテルに代わるオルタナティブな視点を提示する。同時に、現代の北東アジアにおける安重根に関する言説にＤＰＲＫの見方も取り入れようとするものである。

（8）安重根と朝鮮学校の類似点——既存のレッテルに抗して

①政治的理由から誤って付与されたナショナリスティックなアイデンティティ。②教育を通じた朝鮮人のエスニック／民族意識の育成。③安の汎アジア主義と現在の朝鮮学校のトランスナショナルな視点。

これらを実証するために、以下の点について考察する。

第一に、安重根に誤ってナショナリスティックなアイデンティティを与えている今日の地域的な「反日」パラダイムを分析する。さらに、安が本当に「反日」だったのか、また、なぜ彼が日本とのパートナーシップを構想していながら伊藤博文を暗殺したのかを調査する。

第二に、植民地期以前と植民地からの解放後について、民族意識を養い強化する手段としての草の根教育を再考する。植民地期以前の朝鮮において、草の根教育は民族的再生を促した。それと同様に、解放後の民族学校創設は、祖国への帰還に備えるために朝鮮人の子らを「脱日本人化」して民族意識を養うことに重点を置くものだった。植民地期以前の教育は日本の抑圧的な同化政策に服従を強いられたが、それと似たかたちで、戦後の日本でも民族教育に対して抑圧的な政策が実施された。それは戦後日本の新たな単一民族国家論の枠にはめた、また別のかたちの同化を進めるためだったが、朝鮮学校はそれを拒み、以降「反日」というレッテルを貼られてきた。

第三に、安の汎アジア主義と現在の朝鮮学校のトランスナショナルな教育方針の類似点を、朝鮮学校の教科書における安の描かれ方の変化を通して見ていく。続いて、この七〇年にわたる朝鮮学校教育の変化および東アジアに対する現在のトランスナショナルな視点を分析する。そして最後に、現在の朝鮮学校のカリキュラムがバイリンガルでトランスナショナルなアイデンティティに基づいたものである点を明らかにする。

1　安重根はいかに「ナショナリスト」として解釈されてきたか

(1)現在の北東アジアにおける安重根への理解

一般的に北東アジアにおいて、安重根は愛国者として称賛されている。ここ数年、安をめぐる記憶は政治的に利用され、朝鮮半島と中国、日本との間の歴史紛争に巻き込まれてきた。とりわけ近年に起きた二つの国際的な論争は、ROKとDPRKと中国、日本の民族的アイデンティティのなかで、安がいかに戦略的に「反日」の英雄へと再構築されてきたかを示している。

一つ目の事件は、二〇一三年の東アジアカップサッカー日韓戦で起こった。韓国のサポーターたちが、安の肖像画とともに「歴史を忘れた民族に未来はない」と韓国語で書かれた横断幕を掲げて、日本への挑戦的な態度をとったのである。その韓国人たちの主張によれば、その前に安倍首相ら日本の政治家が日本の朝鮮占領に対して無反省な発言をしたことへの抗議だった〔Gale 2013〕。

二つ目の事件は、二〇一四年一月一九日に韓国と中国がハルビンに安をたたえる記念館を開設したことをきっかけとした、安をめぐる国際的ないさかいである。記念館の発案者は韓国の朴槿恵大統領であり、伊藤博文が暗殺されたまさにその現場に建てられた。習近平国家主席の支援を受けた韓中共同事業は両国関係の接近を示唆するものであり、日本は「中国と韓国が歴史問題で団結している」〔Kingston 2014 : 56〕ことにいらだちを隠せなかった。

ハルビンの安重根義士紀念館開館にあたっての各国の反応は次のようなものだった。まず日本政府の菅義偉官房長官は、「安重根は、わが国初代の内閣総理大臣を殺害し、死刑判決を受けたテロリストだと認識している」〔Rauhala 2014〕と述べた上で、「前世紀の事件について、一方的な評価に基づいた主張を韓国と中国が連携して国際社会に展開するような動きは、地域の平和と協力の関係の構築に資するものではない」〔BBC Asia 2014〕と主張した。

日本からの不満の声に対して、韓国の外交部は次のように反論した。「日本政府を代表する〔菅〕官房長官がこのような理不尽で無知な発言をするということに、我々は驚きを禁じ得ない。このことは、日本の支配層がいまだに帝国主義的な侵略の歴史を美化し正当化する逆行的な歴史観をもっていることを明らかに示している」〔Gale 2014〕。

続けて中国外交部の秦剛報道官は、「安重根は歴史的に著名な抗日義士」〔Rauhala 2014〕として、日本からの抗議を一蹴した。

次に、通常は地域的論争であまり発言しないＤＰＲＫも日本を批判し、「労働新聞」で「反日愛国の烈士をむやみに冒瀆すべきでない」〔聯合ニュース 2014〕と述べた。さらに、韓国の聯合ニュースは、南北朝鮮はともに、伊藤の暗殺は一九一〇年の日韓併合の不当性を証明した高潔な行為と見なしている、とＤＰＲＫの立場を発表した。

こうした「反日」の愛国者という安重根のナショナリズム的解釈は、南北朝鮮と中国の立場に添うようにつくられたものだ。さらに日本では、安は「反日テロリスト」の犯罪者として都合よく描かれている。

続いて、韓国と中国の「反日」感情の現況を見た上で、安が実際に「反日」であったのかを手短に検討してみる。

（２）「反日の象徴」へと政治的に再構築された安重根

朝鮮半島において、安重根は「反日」と見なされる民族的シンボルであり、伊藤博文暗殺と結びつけて考えられている。安が伊藤を暗殺したのは、一九〇五年に朝鮮を保護下に置いた日本が、さらに朝鮮半島の併合を意図していたからだと考えられている。

韓国の朴槿恵大統領は、「反日」政策を採用してきた。父である朴正熙元大統領が「親日」的な外交戦略をとったために、後に厳しく批判されたのとは対照的だ。朴槿恵の戦略は上手くいったように見える。ＢＢＣワールドサービスが二〇一四年に実施した国際世論調査では、韓国人の七九％が日本に対して否定的な見方をとっており（前回調査より上昇）、好意的な評価は一五％に過ぎなかった〔BBC World Service 2014：21－2〕。

中国も安重根を「反日的」に描き、「抗日義士」〔Rauhala 2014〕と呼んできた。同じＢＢＣの調査では、中国人のうち実に九〇％が日本に対して非常に否定的である一方、日本を肯定的に評価する者はわずか五％となっている〔BBC World Service 2014：21－2〕。

（３）安は実際に「反日」だったか？

安が韓国と中国では「反日の象徴」へ、日本では「テロリスト」へと入念に再構築される一方、その先進的な考えは、彼の日本に対する肯定的評価とともに無視されてきた。

逮捕後の安の手記や裁判記録は、彼が決して「反日」ではなかったことを示唆している。安が伊藤を殺したのは、伊藤の朝鮮政策が朝鮮の主権を脅かし、東アジアの統一を妨げると懸念したからだ。

裁判中の「安は、日本の天皇に言及する際は常に礼を尽くし、日本人や日本政府を全体として批判することを控えていた」〔Rausch 2013：2〕。

ドナルド・キーンも以下のように述べている。

安は反日ではなかった。彼が強く敬服していた人物は明らかに明治天皇だった。そして安が伊藤博文を激しく非難した大きな理由の一つは、朝鮮の服属よりも東アジアの平和と朝鮮独立を望んでいた天皇を意図的に欺いたという点にあった〔Keene 2002：664〕。

事実、安が申し立てた伊藤の一五の罪のなかには、「実際には朝鮮と日本の間では戦争と虐殺が絶えないのにもかかわらず、朝鮮の状態は平和でつつがないとして天皇をたぶらかした罪」〔Rausch 2013：4〕が含まれていた。「反日」であるどころか、安の汎アジア主義は西欧帝国主義に抗って東アジア諸国を統合することに重きを置いていた。以下は安の「東洋平和論」に現れる汎アジア主義の分析である。

（4）「東洋平和論」

現在の安をめぐる政治的につくられた「反日」言説とは対照的に、「東洋平和論」に見られる安の汎アジア主義は、東アジア諸国が互いに類似している点に、その根拠を置いていた。

一九世紀末、日本でも朝鮮でも数多くの汎アジア主義が提唱されていた。それらはさまざまな性格の違いがあったが、西欧帝国主義のアジア侵略を阻止しなければならないという点で、共通の信念をもっていた。たとえばサーラ〔Saaler 2002：14〕によれば、日本の汎アジア主義はあいまいで常に変化していたが、本質的に反西欧的であるだけでなく「反中的」でもあった。日本で最も重要な汎アジア主義者の一人は近衛篤麿（一八六三～一九〇四）であるが、そのイデオロギーも安と同様、西欧帝国主義への恐怖と、白色人種と黄色人種間の人種闘争は避けられないとする考えに基づいていた。彼は一八九八年に設立された同文会（後に東亜会と統合して東亜同文会となる）を通じて、中国や朝鮮との「文化交流」を提唱した。しかし、彼が構想した汎アジアは「日本のリーダーシップ」〔Saaler 2002：21−2〕に基づくものであった。

朝鮮でも汎アジア主義は人気があった。「東洋の和平」という言葉が広く使われたが、それが示す内容はさまざまな対立する解釈を含んでいた。そこには主に三つの言説が関わっている。①東洋と西洋の闘争。②日本に服従することで地位の向上を図った親日派朝鮮人。③公然と日本を支持した人々〔Schmid 2002：98−9〕。

安は、日本の利益のために着想された理論とは逆に、強力な自治権をもつ国々からなる統合された平和な北東アジアを構想した。処刑を前に獄中で書かれた「東洋平和論」にまとめられた安の理論は、当時の他の汎アジア主義とは異なっている。というのは、中国、朝鮮、日本の地域的パートナーシップを初めて具体的に提案した理論だったからだ。安はカトリック信仰と儒教原理の強い影響を受け、一九世紀末の朝鮮に現れ始めた新しい考えを吸収した〔Rausch 2012：265〕。さらに、安は平等への強い信念をもっていた。「アジア主義の排外主義的形態」〔Rausch 2012：263〕に陥らないですんだのも、そのためかもしれない。しかしより重要な点は、安のその信念が「アジアにおける世界市民の概念を具体化した」〔若林 2008：1〕ことにある。

簡単にまとめると、安の汎アジア主義は以下のような主張からなる〔牧野 2009：40〕。

①三国による東洋平和会議の組織。
②共同銀行設立、共同貨幣発行。
③組織機構の拡大。
④永世中立地旅順保護。
⑤平和軍の育成。各国の青年の募集、少なくとも二ヵ国語の教育。
⑥共同経済発展。

⑦国際的承認。三国のリーダーのローマ法王による大観。
⑧韓国・中国に対する日本の侵略蛮行の反省など。

「東洋平和論」は各国が主権を維持した上での対等なパートナーシップに基づいていた。しかし、日本がそのリーダーシップをとることを安が提案したのは事実だ。その理由として安は、日本が一九〇五年にロシアに勝利したことや、近代化を成功させたことへの敬意を挙げている。だが、こうした日本への肯定的評価は、朝鮮の主権喪失を必然と見るものではなかった。

安は「東洋平和論」の第五条で、バイリンガルもしくはトリリンガル教育を受けた若者を集めて北東アジアの安全保障体制を構築することを提案している。これは彼自身が教育者であり、教育が民族的アイデンティティをはぐくむカギになると信じていたからだ。

次に、民族意識を培う教育を通じた実力養成についての安の考えを見ていく。そして解放後の在日朝鮮学校における類似の考えについて分析する。

2　民族意識を育て、力づけるカギとしての教育

(1)朝鮮問題解決のカギとしての安重根の教育観

安の教育思想は、「黄金百萬兩不如一教子」（黄金百万両といえども子一人を教えるに如かず）と題された彼の書に象徴されている。これは国の資源を築くには教育が不可欠であることを意味している〔若林 2007：134〕。

安は、教育が朝鮮の主権を守り、市民の実力を養うとともに、経済を刺激して近代化させることができると考えていた。さらに民族の誇りや国の一体性を回復するためにも、教育は重要だと見なしていた。

教育についての安の強い信念は、彼が非難した伊藤の一五の罪にも示されている。そのなかで安は、伊藤が朝鮮人の教育を阻害しており、朝鮮人の留学を禁止し、朝鮮の教科書を押収して焼却していることを批判している〔安重根義士紀念館 2014〕。

安が恐れていたように、日本は朝鮮を併合した後、覇権主義的な同化政策の手始めとして教育を標的にした。朝鮮併合前後の正確な学校数は明らかでない。一九一二年に家永豊吉〔1912：208-9〕は『人種開発ジャーナル』〔Journal of Race Development〕に傲慢な論文を寄稿し、世界の読者に対して日本の朝鮮併合を正当化した。そのなかで彼は、朝鮮の教育は「原始的」であり、「併合時に存在したのは普通学校六〇校、高校九校、師範学校一校、外国語学校一校、医学校一校、商業学校一校、工業学校一校、農林学校一校」だけだったと述べた。

しかし、辛基秀〔1995：25〕の見解は異なり、一九一〇年には「官公立の学校八一校、準公立の学校六五校に対して、私立‐民衆が自主的に設立した学校は二二五〇校、そのうち八三三校はミッション系のスクール」が存在したとしている。

朝鮮併合以前、両班階級の男性を対象とした閉鎖的な儒学校とは対照的に、貧しい人々のための草の根的な教育システムが人気を得つつあった。当時の私立学校の数は、李王朝が衰退するなかで人々の意識に変化が起きていたことを示唆している（Kang 2002：316）。当初、これらの学校は村の発展を促すべく設立されたが、次第にナショナリズム色を強め、朝鮮の独立とアイデンティティを守るために日本の同化政策への抵抗を促すようになった（Kang 2002：316）。学校は子どもたちに朝鮮の文化と歴史を教えると同時に、地域社会にとって民族の再生と誇りを支える場にもなった。その運営資金は地域社会や海外在住の朝鮮人によって担われた。

一九〇六年、安重根も自ら二つの学校を設立して、この独立を求める草の根運動に加わった。彼は私財を投じ、以前カトリックによって運営されていた敦義《トンウィ》学校を受け継ぎ、三興《サンフン》学校を建設した。安の戦略は、才能のある子どもたちを教育して朝鮮の将来の指導者にしようというものだった。学校をさらに拡大したいと願った安は、著名なフランス人学者らを教員とする大学設立の支援をカトリック教会に要請したが、教会側はそれを無視した〔姜 2011：46〕。

結局、朝鮮併合後に日本が教育を統制の手段としたために、教育による朝鮮人の実力養成という安の構想は実現しなかった。日本は、民衆の反乱を防止し、朝鮮人を大日本帝国の忠実で愛国的な国民に作り替える手段として教育を位置づけた。その目的のために、朝鮮人生徒を対象にした道徳教科書が編纂され、厳格な審査を通過しなかった教科書は禁止された〔Iyenaga 1912：212–13〕。

日本は汎アジア主義で提唱した西欧帝国主義からの朝鮮の保護ではなく、朝鮮の自然資源と労働力を搾取した。Shin〔2006：45〕によれば、「日本の同化政策は単に朝鮮のアイデンティティを根絶やしにしようとしたのでなく、（その代わりに）新たなアイデンティティを与えようとした」。つまり、朝鮮人は「異質な（そして劣った）傾向があるとして」〔Em 1999：353〕日本の二級臣民として組織的に統合されたのである。こうして朝鮮人のアイデンティティと歴史、文化は、朝鮮人を周縁化し日本名と日本語の使用を強制する教育制度を通じて根こそぎにされた。

一九四五年の朝鮮解放後、日本にいた朝鮮人移住者はこれ以上日本文化に同化されないことを望んだが、そのために彼らは自分たちの学校を設立する必要があった。これらの学校は、植民地化以前の朝鮮で民族的アイデンティティを守るために設立されたものと類似したものだった。

（2）民族性回復のために日本国内につくられた草の根学校

一九四五年の時点で、移住を余儀なくされて日本に暮らしていた朝鮮人の数は二四〇万人に上ると推計されている〔韓国民団中央民族教育委員会 2006：8〕。一九四五年には約二〇万人〔金 2004：17〕の朝鮮人の子どもが日本学校に通っていた。そこで彼らは隅に追いやられ、日本人の子を教えるためのカリキュラムで学んでいた。戦後、再びいじめられることを恐れて、ほとんどの子どもは学校に戻ることはなかった〔ウリハッキョをつづる会 2007：36〕。

終戦直後から、日本の朝鮮人コミュニティは「朝鮮人の子どもを脱日本人化する」〔Lee & DeVos 1981：163〕ことが緊喫の課題であると考え、さらなる同化を防ぐことで子どもたちの権利を守ろうとした〔金 200：13〕。

子どもたちに基礎的な朝鮮語や朝鮮の歴史、文化を教え、祖国への帰還に備えさせることを目的として、国語《クグォ》講習所《ファンスプソ》と呼ばれる無党派の語学学校が日本のあちこちに登場した。当初、設備や教員の訓練は不十分で、資金も限られていた。しかし、学校の設立者や親たちは日本政府の介入や日本人教師からの独立を祝った。

初期のころ、新たな教科書が準備できるまでは、植民地期の朝鮮語教科書（『朝鮮語《チョソノ》読本《トクホン》』が使用されていた〔藤井 2014：14〕。また、当初、連合国軍最高司令官（ＳＣＡＰ）は在日朝鮮人を「戦勝国民」として見なしていたため、紙の配給を受けて編纂委員会による管理のもとで教科書の刊行が可能になった。わずか二年後に、委員会は九二種の教科書を合計一〇〇〇万部刊行した〔藤井 2014：14〕。

朝鮮人は民族教育のために情熱的に献身し、一九四六年には五五〇箇所におよぶ学校が運営され、生徒数は四万四〇〇〇人を教えた。公式の祖国帰還は一九四八年に終了し、日本に残留した朝鮮人は六〇万一七七二人〔韓国民団中央民族教育委員会 2014〕だけだったにもかかわらず、その時点で六〇〇校で五万八〇〇〇人の子どもたちが学んでいた〔Lee & DeVos 1981：163〕。

こうして朝鮮人の民族教育は肯定的なかたちで始まったが、にもかかわらず日本政府とＳＣＡＰはそれを日本の戦後復興にとって望ましくないものとして恐れた。

（３）民族教育弾圧と「反日」のレッテル

解放当初の数年間、前述の国語講習所は日本政府やＳＣＡＰの介入を受けることなく、草の根の民間施設として活動した。実際、当時のＳＣＡＰは日本の戦後復興に関わる他の問題で手いっぱいだった。多くの日本人も朝鮮人のための分離教育を認めているように思われた。言葉を学ぶことが、すべての朝鮮人の祖国帰還を早めるだろうからである。

一九四八年に朝鮮への公的な帰還が終了し、残った朝鮮人は長期にわたって日本に在住せざるを得なくなった。数年の間に学校のカリキュラムは拡大し、正規の教員養成が導入された。このような実績にもかかわらず、日本当局は学校での民族教育が「反日」感情を煽っていると恐れ始めた。加えて、教員の多くが「反帝国主義」イデオロギーを抱いていたために、ＳＣＡＰは学校が共産主義イデオロギー教育の温床になりつつあると憂慮することとなった。そのためＳＣＡＰは、カリキュラムが日本の教育基準に沿わない場合は学校を閉鎖するよう日本政府に命令した。

同化教育の復活を恐れた朝鮮人の激しい抗議にもかかわらず、一九四九年一〇月一九日、日本政府は「朝鮮人学校閉鎖命令」を発し、ほとんどの学校は強制的に閉鎖された〔朝鮮総聯 2004〕。しかし、自治体の自主的で多様な認可制度により、一部の学校は活動を継続できた。

一九五五年、ＤＰＲＫ系列の朝鮮総聯は民族教育を最優先課題の一つに掲げ、残っていた学校を統合した。一九五七年、学校コミュニティが子どもたちに十分な民族教育を施すのに苦労しているなかで、ＤＰＲＫは教育援助費の送付を開始した。この相当な額の資金は在日朝鮮人に自分たちが「祖国」から「忘れられた公民」〔Lee & DeVos, 1981 : 99〕ではないという安心感を与え、ＤＰＲＫに対する継続的な忠誠のもとになった。

朝鮮総聯はこれまでの朝鮮語学習のための学校を、ＤＰＲＫの在外公民のための近代的な学校へと転換した。一九七〇年代初頭の最盛期には、朝鮮総聯はＤＰＲＫからの援助を受けながら、東京の朝鮮大学校卒業生を教員として、幼稚園から大学校まで一八〇を超える学校（合計生徒数三万五〇〇〇人）を運営していた〔Lee & DeVos 2006 : 168-9〕。

二〇一二年には合計九八校（幼稚園を除く）にまで減ったが、これらの学校（初級学校、中級学校、高級学校、大学校）は六八ヵ所で運営されており、現在は約一万人の生徒を教育している〔朴 2012：32〕。

教育を通じて民族意識を守ろうとする朝鮮人の努力は、植民地化以前と植民地からの解放後とで、極めて似通っている。安重根と同様、戦後日本の朝鮮人は、教育が実力養成や民族的アイデンティティの回復、朝鮮の主権維持に不可欠な手段と考えた。ところが、「日本はというと朝鮮人に利用の価値がないと思った時に朝鮮人排斥を始めた」〔姜 2009：11〕。朝鮮学校は日本の公式な歴史観とは異なる「反帝国主義」イデオロギーを教えているために「反日」と見なされてきたのである。この「反日」のレッテルを背負わされているがために、朝鮮学校が変化していることは気づかれないままなのだ。次に、朝鮮学校のカリキュラムで安がどのように描かれているのかを見ておこう。

3　朝鮮学校のカリキュラムにおける安重根イメージ

(1)朝鮮学校教科書における安重根イメージの変化

前述のように、安の「反日」活動家としてのイメージは政治的に操作され、彼の伊藤暗殺と結びつけられてきた。しかし、安の他の側面は意図的に除外されているように思われる。実際には、安は東アジアの平和に献身した進歩的な人物であり、その理想は、平等、民族意識、朝鮮の主権に基づいていた。すでに述べたように、安は朝鮮人の実力養成のカギとしての教育に取り組んだ。

安に対するこのようなイメージは、朝鮮学校が取り組む民族意識の教育が無視される一方で、朝鮮学校は「反日」的でひたすらＤＰＲＫに忠実であるというレッテルが貼られてきたことに類似している。

日本では、朝鮮学校のカリキュラムの「反日」イデオロギーとされるものに対しては、常に関心と批判の目が注がれている。マスメディアは、朝鮮学校が「反日的」なカリキュラムによって子どもたちを教育し、ＤＰＲＫに忠実で日本嫌いな人間を育てていると主張し続けており、一般にもそう理解されている。しかし、社会の変化を主原因とする生徒数減少にもかかわらず、カリキュラムは民族意識と民族の誇りを喚起することに力を注いでいる。さらに社会的ニーズの変化に合わせてカリキュラムを定期的に改訂することで、学校は子どもたちを引きつけている。

朝鮮学校に対する既存の研究は、主に政治的問題に関するものに限られており、安重根が授業でどう扱われているかについての率直な議論はまれだ。

この研究論文を準備するなかで、私は関東地方にある朝鮮初中級学校の歴史教員と話す機会を得た。安重根が朝鮮総聯コミュニティの人々によってどのように記憶され、どの程度までカリキュラムに含まれているのかということが、現場の生の声によって明らかになるかもしれないと考えてのことだ。

私はまず、「安重根についてご自身ではどのような感情を抱いていますか。そして彼は学校のカリキュラムでどのように扱われているのですか」と質問した。彼はこう答えた。

　安重根は私にとっての英雄の一人です。私が朝鮮初級学校にいたとき、授業で彼について学びました。ですが、長く記憶に残っているのは、「安重根～伊藤博文を殺さざるを得なかった男」（一九九五）と題された日本のドキュメンタリーです。そのドキュメンタリーは安をテロリストとして描くのではなく、伊藤暗殺の背景を検証していました。そのようなことは、まず日本で語られることはありません。私は当時、まだ子どもだったのですが、朝鮮では「反日」の英雄としてたたえられている安重根が、なぜ日本では嫌われており、彼の汎アジア平和の理想が無視されているのかを自問しました。一九九七年に刊行されたいまの歴史教科書は、まだ安を「反日」の愛国者として描いています。でも将来の改訂版では、安が平和をもたらそうとした人物として描かれるようになることを願っています。子どもたちのために国境を超えた平和の理想が必要です。なぜなら日本で生まれたのだし、日本人の親をもつ子もいるんですから。私たちが「反日」だなんておかしなことです。私たちは日本と朝鮮の文化的な架け橋となる必要があります。私はいつも二時間かけて安重根の学習をするようにしています。そしていつも、あのドキュメンタリーを子どもたちに見せているのです。それはとても大切なことです（二〇一六年六月一六日のインタビュー）。

朝鮮学校のカリキュラムは「反日的」だと考えられていたため、安についての授業で日本の資料を使っているというのは驚きだった。さらに私は、すべての初級と中級の教科書に安についての項目が含まれていることを知らされた。朝鮮学校の教科書は東京にある学友書房で出版されている。第二言語としての日本語と英語の教科書を別として、すべての教科書は朝鮮語で書かれている。ＤＰＲＫからの介入は限られており、朝鮮学校の教科書編纂委員会はかなり自律性を持っているようだ。

通常、朝鮮学校の教科書は部外者には手に入らないものだが、私が安を高く評価しているので、その教員は親切に安に対するページをコッピペーストてくれた。以下は初級学校六年生用歴史教科書の「安重根の愛国活動」と題された単元の内容だ。その単元では、安の汎アジアの理想には触れられていないが、安が「反日」ではなかったこと、彼は祖国を守り、反日闘争に参加した若き兵士たちを鼓舞し励ました戦士だったことが、冒頭で指摘されている。伊藤博文暗殺の詳細が記述されているが、裁判と獄中、そして処刑の際に安が示した品位が強調されている。末尾にある彼の経歴では、彼が設立した二つの学校についても言及されている〔教科書編纂委員会2003〕。

歴史教員の話と六年生の教科書の内容から、朝鮮学校がＤＰＲＫのイデオロギーに限定されないトランスナショナルな視点を受け入れており、北東アジアにおいて独自の位置を占めていることが確認できる。では、こうしたトランスナショナルな視点とは、どのようなものなのだろうか。

(2)朝鮮学校のトランスナショナルな視点——故郷としての日本、そして統一朝鮮と北東アジアのトランスナショナリズムへの取り組み

朝鮮学校の現在のカリキュラムは民族的アイデンティティを守ることや、朝鮮半島の再統一、トランスナショナリズムを強調している。東京朝鮮中高級学校の慎吉雄校長は、いまの朝鮮学校について外国人特派員協会で質問されてこう答えている。

朝鮮学校の教育の中核をなすものは母国語教育です。と同時に歴史教育。そして、日本の高校生が学んでいる全科目を同時に習っています。そして今この生徒たちは、日本で生まれ、育ちましたが、祖国の統一と、そして日本の地域社会の発展、なおかつ東アジアの平和のために努力する、そのような気持ちでいま、学校で学んでいます（Shin, Kim, Han, Hyon & Ri 2016）。

一般に、朝鮮学校は日本への憎悪の温床でありＤＰＲＫにのみ忠実だと思われている。だが、慎の発言からわかるのは、学校のカリキュラムはイデオロギー教育以上のものを提供しており、トランスナショナルなものの見方をもっているということだ。

実際、在日朝鮮人のニーズの変化に対応して、朝鮮学校のカリキュラムは変わり続けてきた。カリキュラムはほぼ一〇年ごとに改訂されており、日本の教科書の修正の後を追っている。これまでに四回の大きな修正があったが、それぞれの修正は在日朝鮮人に影響する主要な日本国内とトランスナショナルな政治・社会問題を反映してきた。

簡潔に言うと、一九五〇年代と六〇年代のカリキュラムはＤＰＲＫへの公式な帰国事業という背景のなか、朝鮮語習得を通じた肯定的な民族的アイデンティティの育成に集中していた。

一九七〇年代から八〇年代になると、朝鮮人は将来も日本に残留するであろうという現実を見据え、教科書には日本の政治、経済、文化に関する単元が含まれるようになった。カリキュラム上の主な変化は、社会科と日本語教育の改善である〔宋 2012：143〕。

一九九〇年代には、生徒の大半が在日三世となり、植民地支配と戦後の貧困のなかでの一世と二世たちの苦闘を直接知らない世代となった。それゆえ、第三次カリキュラムは朝鮮総聯やＤＰＲＫのイデオロギーとは距離を置き、民族的誇りを育てることに専念した〔Ryang 1997：56〕。そこで使われたキーワードは、「民族の自覚と国際感覚を持った人材育成」〔ウリハッキョをつづる会 2007：139〕である。

二〇〇三年に発表された現在の第四次カリキュラムは、日本を故郷と見なす四世の生徒を主に対象としている。それは朝鮮学校がより「開かれた民族教育」〔朝鮮総聯 2003〕を志向していることを実証するものだ。それは強い民族的アイデンティティを育み、日本でも海外でも成功できるような力を身につけること、つまり朝鮮総聯コミュニティへの誇りに基づいているが、重要なことは、このカリキュラムが朝鮮総聯イデオロギーとは異なった価値を認めている点である〔朴 2012：40〕。ここから省略→①朝鮮学校の子供たちが豊かな民族性、しっかりとした民族自主意識を身に付け、在日同胞社会に対する正確な歴史認識と主人公としての自覚をもちながら、日本の社会や国際社会で活躍出来る資質と能力を備えることである。②仲むつまじく豊かで、活力のある同胞社会を築くことができる人材の育成を目指していることである。③新しい世代の民族性を育むうえで重要な位置を占める朝鮮初中級学校を、さまざまな思想や信条をもった同胞たちの子どもたちを対象にする、広く開かれた民族教育の場にすることである。さらに、現在のカリキュラムは従来ほど政治的イデオロギーに重きを置いておらず、トランスナショナルなものの見方と朝鮮半島全体を視野に置いた取り組みを備えている。この「ワン・コリア」

朝鮮初中級学校の運動会で掲げられる統一旗

ポリシーでは「ルーツは韓国、祖国は朝鮮」と紹介され、韓国も重要なパートナーとして認める。〔村口 2004：177〕。四回にわたるカリキュラムの定期的な改訂は、朝鮮学校（および朝鮮総聯コミュニティ全体）が、さまざまな政治・社会状況に対応して変わり続けてきたことを示す有力な証拠である。

在日朝鮮人はもはや日本の最大のマイノリティ・グループではなく、いまや朝鮮学校もそうした多様な日本社会の一部となっている。特に現在のカリキュラム導入以降、朝鮮学校はより自律的で部外者に開かれた場になっており、より多文化主義的な取り組みを採用しているように思われる。

在日コミュニティの内部でも多様化が進んでおり、それを受けて朝鮮学校に入学する子どもたちにもトランスナショナルな変化が見られるようになった。そのことは、いまの学校の子どもたちが多彩な民族的背景をもっている事実に反映されている。朝鮮学校は朝鮮人の血を引いた子であれば、国籍を問わず歓迎する。朝鮮学校に通う子どもたちのなかには、朝鮮籍もいれば、韓国、日本、中国（中国籍の朝鮮族）、さらには他の国籍をもつ者もいる。キリスト教系のニューカマーの韓国人や多文化家庭の子（朝鮮人の親と非朝鮮人の親をもつ子）もいる。その結果、アフリカやタイ、ロシア、中国、ネパールから来た親をもつ子どもたちが入学している。たとえば、二〇一五年度の千葉朝鮮初中級学校中級部三年生の生徒一四のうち七人は、典型的な在日朝鮮人ではない（個人的な聴き取りより：二〇一五年九月二七日）。このように朝鮮学校に通う子たちのあいだにトランスナショナルな傾向と多様性が高まったのは、朝鮮総聯イデオロギーとは異なる価値観をもった生徒やその家庭を考慮に入れた現在の方針を反映した結果と言える。

朝鮮学校のカリキュラムは、エスニック・アイデンティティを強化するために朝鮮語教育を最重点に据えている。しかし、子どもたちが日本で暮らしていく準備をするために、日本語にも高い優先度が置かれている。それによって子どもたちのバイリンガル能力を発達させ、トランスナショナルなものの見方を育てるためだ。

（３）バイリンガル教育――トランスナショナルな思考のためのツール

朝鮮学校のカリキュラムは、安重根の汎アジア主義に基づくものではなかった。確かに当初は、朝鮮語を身につけることは、ただ朝鮮のエスニック・アイデンティティを取り戻し、さらなる同化を防ぐためだとして考えられていた。

しかしながら、いまでは日本を故郷と見なす四世、五世の子どもたちが朝鮮学校で学ぶようになるなかで、アイデンティティは固定したものでなくなり、朝鮮人コミュニティもより多様化してきている。現在のバイリンガル教育の環境はエスニック・アイデンティティを強化するとともに、子どもたちが北東アジアの他の国々との関係においてトランスナショナルな視野をもつことに貢献している。

月刊『イオ』に掲載された朝鮮学校の多文化家族に関する記事（月刊『イオ』2014）

哲学者のルートヴィヒ・ウィトゲンシュタインは、「私の言語の限界は、私の世界の限界を意味する」〔Komnikova 2015：1から引用〕という言葉とともに、第二言語を使用することは我々の地平を広げることであると述べている。朝鮮学校で（英語を含む）他の言語とトランスナショナルなものの見方を教えることで、子どもたちは単一言語・単一文化からなる境界線を乗り越える思考を身につけていく。

日本政府から正規の学校として認定されていないにもかかわらず、朝鮮学校ではすべての科目（朝鮮語、朝鮮歴史、朝鮮文化を除く）が日本の学習指導要領に準拠している。

朝鮮学校の制度は日本学校の六・三・三・四制の教育システムと類似しており、むしろＤＰＲＫのそれとは異なっている。

朝鮮学校に入学する子どもたちは、家庭では日本語が第一言語であり、彼らは朝鮮学校のイマージョン・メソッドに基づく言語教育によって朝鮮語を身につけていく。言葉を学ぶ背景にある中心的な考えは、エスニック・アイデンティティをしっかりと確立することであり、それゆえ授業は（日本語と英語の時間を除き）すべて朝鮮語で行われている。ネッテンとジェルマンの研究〔Netten and Germain 2005：189〕によれば、第二言語の習得の際、自然なコミュニケーション能力を開発するには最低二五〇時間の集中的な学習が必要とされる。朝鮮学校では初級学校の一年生で三〇六時間、二年生で二八〇時間が朝鮮語教育に割かれている。その後、学年が上がるにつれて言語教育の時間は少しずつ減少していくが〔柳 2014：21-2〕、初級・中級学校の計八五二二時間の授業時間のうち、二二四%が朝鮮語に割り当てられている。

左の表は科目別の授業数を日本学校と比較したものであるが、かなり多くの時間が朝鮮語に割り当てられていることが一目でわかるだろう。だが、その他の点では日本学校と非常によく似たカリキュラムが組まれている。日本学校のカリキュラムとの類似性は、朝鮮学校の教育が日本を永住の地と見なす子どもたちに配慮すべきだと考えていることの証である。さらに「民族の自覚と国際感覚を持った人材育成」という現在のカリキュラムのスローガンを踏まえて、英語教育は日本学校よりも多くの時間が割り当てられている。

さらに日本社会で進学・就職を希望する生徒たちのために、高級学校では文系、理系、商業の三コースが用意されている。総聯のウェブサイトによれば、二〇〇四年度の高等教育機関への進学率は六九%であった（朝鮮総聯 2015）。朝鮮大学校で教員を務めるインフォーマントの話では、おおよそ三〇%の生徒が朝鮮大学校に進学し、四〇〜五〇%が日本の大学に進むという。彼は、高級学校卒業後の生徒の進路が広がったことで、朝鮮大学校は以前より魅力がなくなったと明らかにした。

近年、朝鮮学校卒業生の進路先は大きく改善された。日本の大学と就職先では異文化に対する抵抗が弱まり、最近では朝鮮学校出身者も日本社会の発展に寄与できるようになった。

　近年の学校のカリキュラムは、朝鮮を祖国、日本を故郷と考える在日朝鮮人の若者の多様性を考慮し、肯定的なエスニック・アイデンティティを強化するための言語習得に基礎を置いている。この多くの面でユニークで例外的な教育環境は、「反日」のレッテルに反して、実際にはトランスナショナルの視野と、朝鮮と日本の両者への深い理解をもつ子どもたちを育てているにもかかわらず、無視され続けてきた。

科目	朝鮮学校	日本学校	＋－
朝鮮語	21.0	＊＊＊＊＊	＋21.0
日本語	12.8	20.8	－8.0
英語	4.3	3.8	＋0.5
社会／歴史／地理	8.2	7.7	＋0.5
算数／数学	14.6	14.3	＋0.3
理科／生活	8.2	10.2	－2.0
音楽／美術	10.7	11.4	－0.7
体育／家庭／情報	7.5	13.3	－5.8
その他	12.8	18.6	－5.8

「＋－」は日本学校との比較。
（朝鮮総聯2005）

おわりに——結論

本研究は安重根と朝鮮学校の両者が似たような誤解を受けてきたことを明らかにするとともに、安と朝鮮学校の見解にあるいくつかの類似点を提示した。

　特に本研究は、日本では「反日」テロリスト、朝鮮半島と中国では「反日」愛国者という、安重根に貼られたレッテルを引き剥がし、安が実際には汎アジア主義を信奉していたことを示した。安は決して「反日」ではなく、実は平和を目指した教養人であり、日本を高く評価していたのである。

　それに伴い本稿では、朝鮮学校は総聯とＤＰＲＫとのつながりがあるがゆえに「反日」教育をしているという、一般に広まっているナショナリスティックな誤解に異議を唱えた。確かに、朝鮮学校の子どもたちが教わっている安重根の姿は、朝鮮学校のトランスナショナルな視点を指し示している。いまや朝鮮学校で教えているのは、単なるＤＰＲＫのイデオロギーに基づく教育を超えたものとなっている。そのユニークな教育環境は民族的アイデンティティを培うとともに、前向きなトランスナショナリズムに貢献し、ひいては日本の利益にもなるだろう。

教育を通じたナショナル・アイデンティティの促進は、安重根の哲学にとって朝鮮の主権を守り、北東アジアの平和を構築するための要だった。朝鮮学校が民族的自覚を促すために言語の習得に基礎を置いた教授法を採用しているのも、それと非常によく似ている。その結果、朝鮮学校で学んだ子どもたちは、誇れる文化に包まれながら肯定的なアイデンティティを持ち、アジアのコミュニティのなかのバイリンガルとして育っていくのである。

参考文献

安重根義士紀念館〔2014〕. The Treatiseon Peace in the East. Retrieved June 7, 2016, from http://www.thomasahn.org/ab-929.
Asian info. Org.〔2010, January 1〕. Education and Literacy in North Korea. Retrieved from http://www.asianinfo.org/asianinfo/northkorea/pro-education.htm.
BBC/Asia.〔2014, January 20〕. Japan protest over Korean assassin Ahn Jung-geun memorial in China. BBC/Asia.Retrieved June 1, 2016, from http://www.bbc.com/news/world-asia-25808437.
BBC World Service.〔2014, June 3〕. Country Rating Poll. Retrieved June 2, 2016, from http://downloads.bbc.co.uk/mediacentre/country-rating-poll.pdf
『朝鮮新報』二〇一二年六月二八日「水野直樹―平壌で考えた植民地支配の歴史」最終閲覧日：二〇一六年三月一六日 http://chosonsinbo.com/jp/2012/06/0629ib/
Collins, R. M.〔2012〕. Marked for life : Songbun, North Korea's social classification system.Washington, DC : Committee for Human Rights in North Korea.

Denney, S., & Green, C. 〔2014, June 6〕. National Identity and Historical Legacy：Ahn Jung-geun and the Grand Narrative. Retrieved May 31, 2016, from http://sinonk.com/2014/06/06/national identity and historical legacy-ahn-jung-geun in the grand-narrative/Sino-NK.

Eckert, C. J., & Yi, K. 〔1990〕. Korea, Old and New：A history. Seoul, Korea：Published for the Korea Institute, Harvard University by Ilchokak.

Em, H.〔1999〕. Colonial Modernity in Korea（G. Shin & M. E. Robinson, Eds.）. Cambridge, MA：Harvard University Asia Center.

Fattig, G. 〔2009〕. Ahn Jung-geun & peaceful Asia: Winning and recommended essays from the Ahn Jung-geun Essay Contest/c. Seoul, Korea: Northeast Asian History Foundation.

Fukuoka, Y., Gill, T., Fukuoka, Y., & Fukuoka, Y. 〔2000〕. Lives of young Koreans in Japan. Melbourne: Trans Pacific Press.

藤井幸之助〔2014〕「朝鮮学校は日本の宝と言える日まで」『部落解放』687.

Gale, A. 〔2013, July/August〕. Banner Controversy Mars Japan-Korea Soccer Match. The Wall Street Journal. Retrieved May 15, 2016, from http://blogs.wsj.com/korearealtime/2013/07/29/banner-controversy-mars-japan-korea-soccer-match/

Gale, A. 〔2014, January21〕. Chinese Shrine to Korean Assassin Irks Japan. Retrieved May 31, 2016, from http://blogs.wsj.com/korearealtime/2014/01/21/chinese-shrine-to-korean-assassin-irks-j

在日本朝鮮人総聯合会「民族教育」民族教育、二〇〇三（最終閲覧日二〇一六年六月二〇一五年）http://www.chongryon.com/j/edu/index3.htm.

在日本朝鮮人総聯合会　「民族教育～関連年表」民族教育、二〇〇四（最終閲覧日二〇一五年九月二六日）http://chongryon.com/j/edu/index8.html.

在日本朝鮮人総聯合会「民族教育科目別時間数」民族教育、二〇〇五（最終閲覧日二〇一六年七月一一日）http://www.chongryon.com/j/edu/index7.html.

在日本朝鮮人総聯合会「卒業後の進路」民族教育、二〇一五（最終閲覧日二〇一五年六月二〇日）http://www.chongryon.com/j/edu/index4.html.

Gyogwaseo Pyeonchan-Wiwonhoe（Editorial committee for textbooks）.〔2003〕. Joseon Yeogsa・Chogeub Haggyo Jaehag 6 Nyeon（Korean History for 6th graders）. Tokyo：Hagu Seobang.

Joseon Yeogsa Inmyeong Sajeon（Encyclopedia of Korean Historical Figures）〔2002〕Ahn Jung Geun.（pp.262–263）. Pyongyang：Gwahag Baeggwa Sajeon Chulpansa.

Iyenaga, T.〔1912〕. Japan's Annexation of Korea. The Journal of Race Development, 3(2), 201-223.
姜昌萬〔2011〕『図録・評伝　安重根』日本評論社。
姜徳相〔2009〕「日本と朝鮮のまっとうな過去と今を結ぶための史観」『ＲＩＣＫＳコリア研究』創刊号。
Kang, S.〔2002〕. Democracy and Human Rights Education in South Korea. Comparative Education, 38(3), 315-325. doi：10.1080/0305006022000014179.
Keene, D.〔2002〕. Emperor of Japan：Meiji and his World, 1852-1912. New York：Columbia University Press.
Kikuchi, D.〔2016, Aprill 4〕. Korean schools slam possible loss of funds. The Japan Times.
金徳龍〔2004〕『朝鮮学校の戦後史［増補改訂版］1945-1972』社会評論社。
Kingston, J.〔2014〕. Museums, Manga, Memorials and Korean-Japanese History Wars. Asian Studies, 2(2), 41-71.
Konnikova, M.〔2015, January 22〕. Is Bilingualism Really an Advantage? The New Yorker. Retrieved May 13, 2016, from http://www.newyorker.com/science/maria-konnikova/bilingual-advantage-aging-brain
Lee, C., & De Vos, G.〔1981〕. Koreans in Japan：Ethnic Conflict and Accommodation. Berkeley：University of California Press.
牧野英二〔2009〕「東洋平和論と永遠平和――安重根とエマヌエル・カントの理想」『文学部紀要』60。
村口敏也〔2004〕『ウリハッキョ――民族のともしび』創風社出版。
『テレビ朝日』一九九五年「驚きももの木20世紀　安重根――伊藤博文を殺さざるを得なかった男」。
朴三石〔2012〕『知っていますか、朝鮮学校』岩波書店。
Rauhala, E.〔2014, January 30〕. 104 Years Later, a Chinese Train Station Platformis Stillthe Site of Anti-Japanese Rancor. Time. Retrieved June 1, 2016, from http://time.com/2609/104-years-later-a-chinese-train-station-platform-is-still-the-site-of-anti-japanese-rancor/
Rausch, F.〔2013, December〕. The Harb in An Jung-Geun Statue：A Korea/China-Japan Historical Memory Controversy ハルビンの安重根石碑と韓・中対日歴史認識論議. Retrieved June 01, 2016, from http://apjjf.org/-Franklin-Rausch/4040.
Rausch, Franklin. Visions of Violence, Dreams of Peace：Religion, Race, and Nation in An Chung gŭn, SA Treatise On Peace in The East. Acta Korea na 15, no.2 (2012)：263-91. doi：10.18399/acta.2012.15.2.001.
李相英〔2014〕「アボジ会責任者も務めたアッパ」『イオ』七月 (217)。
Ryang, S.〔1997〕. North Koreans in Japan, Language, Ideology and Identity. Colorado：Westview Press.
柳美佐〔2014〕「継承語と民族的アイデンティティの葛藤――在日朝鮮学校の継承語教育をめぐって」『社会言語学』XIV。

Saaler, S.〔2002〕. Pan-Asianism in Meiji and Taishô Japan-A Preliminary Framework. PHILIPP FRANZ VON SIEBOLD STIFTING DEUTSCHES INSTITUT FÜR JAPANSTUDIEN, 1-35. Retrieved from http://www.dijtokyo.org/publications/Pan Asianism us Saaler_WP. pdf.

Schmid, A.〔2002〕. Korea Between Empires, 1895-1919. New York：Columbia University Press.

Shin, G.〔2006〕. Ethnic Nationalism in Korea：Genealogy, Politics, and Legacy. Stanford, CA：Stanford University Press.

Shin, G., & Sneider, D.〔2014, April 10〕. History Wars in Northeast Asia. Foreign Affairs. Retrieved May 20, 2016, from https://www.foreignaffairs.com/articles/china/2014-04-10/history-wars-northeast-asia.

辛基秀〔1995〕『韓国併合と独立運動』労働経済社。

Shin, Kim; Han, Hyon & Ri.〔2016, Aprill 4〕. Calling for the Equal Educational Opportunity in Tokyo, Japan. Retrieved April 15, 2016, from https://www.youtube.com/watch?v=qQxxHU2LiIc.

宋基燦〔2012〕『語られないものとしての朝鮮学校――在日民族教育とアイデンティティ・ポリティクス』岩波書店。

Toby, R.〔1974, April〕. Education in Korea under the Japanese：Attitudes and Manifestations. University of Washington Center for Korean Studies, 1, 55-64.

ウリハッキョをつづる会〔2007〕『朝鮮学校ってどんなとこ?』社会評論社。

若林一平〔2007〕「文化と政治の弁証法――和解のメディアとしての安重根」『立教大学国際学部紀要』18（1）。

若林一平〔2008〕「Ahn Jung-geun and the Cultural Sphene」『立教大学国際学部紀要』19（1）。

『聯合ニュース』二〇一四年一月二六日「北朝鮮「日本は安重根義士の冒瀆やめるべき」」（最終閲覧日：二〇一六年五月一五日）http://japanese.yonhapnews.co.kr/northkorea/2014/01/26/0300000000AJP20140126000700882.HTML?f3ee19c8?22e81c40.

『在日大韓民国民団』〔2014〕「年度別人口推移」（最終閲覧日二〇一六年六月一四日）http://www.mindan.org/shokai/toukei.html.

在日本大韓民国民団中央民族教育委員会〔2006〕『在日コリアンの歴史』明石書店。

補論2　高校無償化からの朝鮮高校除外の問題に関する意見書

田中宏

はじめに

日本は、教育に対する公費投入が少ないことで有名である。例えば、「経済協力開発機構（ＯＥＣＤ）は、九日、二〇一一年の加盟国の国内総生産（ＧＤＰ）に占める学校などの教育機関への公的支出を発表した。日本は前年並みの三・六％で、データが比較可能な三二ヵ国中、五年連続で最下位だった」（二〇一四年九月一〇日付、東京新聞）と伝えられた。日本は、一九七九年に社会権規約を批准したときも、同第一三条（教育）の無償化をうたった（ｂ）と（ｃ）は留保した。二〇一〇年に導入された高校無償化を受けて、日本政府は、二〇一二年九月、ようやく、国連に「留保」撤回を通告した。

二〇一〇年四月に施行された高校無償化法（公立高等学校に係わる授業料の不徴収及び高等学校等就学支援金の支給に関する法律）は、その対象を、従来の「一条校」に限らず「専修学校」及び「各種学校である外国人学校」にも拡大した。社会権規約第一三条は「教育についてのすべての者の権利を認める」としているからである。

対象となる外国人学校は、高校無償化法施行規則第一条第一項第二号により、（イ）大使館などを通じて日本の高校に相当する課程であることが確認できるもの、（ロ）国際的学校評価団体の認証を受けているもの、（ハ）

その他、文部科学大臣が、高等学校の課程に類する課程として指定したもの、に分けられた。しかし、民主党政権は、朝鮮高校への適用については、途中で審査を「凍結」したり、それを解除した後も結局結論を先延ばしした。

そして、二〇一二年一二月二六日、第二次安倍晋三内閣が発足すると、二日後の二八日に、下村博文文部科学大臣は、朝鮮高級学校（以下、朝鮮高校という）は高校無償化の対象にしないと表明し、翌二〇一三年二月二〇日、朝鮮高校を対象とする根拠になる（ハ）を施行規則から削除する省令改正を公布するとともに、朝鮮高校一〇校に「不指定」処分を通知したのである。

この意見書では、高校無償化法にいう「高等学校の課程に類する課程」とは何か、どう考えるべきかについて、一九六五年の文部事務次官通達以降の経緯を踏まえつつ述べ、本審理の参考にしていただければと思う。

1　朝鮮学校は「各種学校として認可すべきではない」（通達）

今年（二〇一五年）はちょうど日韓国交正常化五〇周年にあたる。日韓条約が締結された一九六五年の年末、文部省（当時、以下同じ）は、朝鮮学校に関して重要な通達を出した。すなわち、「朝鮮人のみを収容する教育施設の取り扱いについて」（一二月二八日、文管振第二一〇号、文部事務次官から各都道府県教育委員会、各都道府県知事あて）である。いわく「民族性又は国民性を涵養することを目的とする朝鮮人学校は、我が国の社会にとって、各種学校の地位を与える積極的意義を有するものとは認められないので、これを各種学校として認可すべきではない」と。外国人学校の中でも、朝鮮学校のみを扱った通達である点に政治性を感じざるをえない。当時の学校制度は、正規校（学校教育法第一条）と各種学校（旧同第八三条）のみで（一九七五年に専修学校制度創設）、朝鮮学校は、あらゆる意味で「学校」とは認めない、というのである。

一九四五年八月、日本の「ポツダム宣言」受諾により、朝鮮半島に対する日本の植民地支配も幕を閉じた。在日朝鮮人は、奪われた言語、文化、歴史をとり戻すために、自力で、日本各地に〝寺子屋〟のような「国語〔朝鮮語〕講習所」を設け、それが、今日の朝鮮学校の「原点」となる。しかし、日本政府は、それに対して、一九四八〜四九年には閉鎖・改組命令を出すなどの敵視政策をとったが、それについてはここでは立ち入らない（梶井陟『都立朝鮮人学校の日本人教師』岩波現代文庫の解説、田中宏「戦後日本の朝鮮人教育政策と都立朝鮮学校」に譲りたい）。前述の次官「通達」は、その延長線上に位置づけられよう。

この「通達」の背景には、一方、東西冷戦のもとでの韓国側の意向も働いたようだ。韓国で二〇〇五年に全面公開された日韓会談文書によると、第七次日韓全面会談・日韓法的地位協定委員会第二六次会合（一九六五年四月二三日）では、次のようなやり取りがあった。

韓国側（イ・ギョンホ代表、のちに法務次官など歴任）「赤化を目的とする共産教育をしている朝鮮総連系学校を閉鎖しなければならないのではないか。そのような当然すべきことはせず、韓国人が設立した正当な学校を、そういうものと同一視することで、その上級学校進学資格すら認めないというのは理解できない」。

日本側（文部省・大臣官房参事官石川次郎）「これは、日本側が責任を持って解決する内政問題だ」（中略）、「仮に、日本政府が、朝鮮総連系学校を整理するとしたら、在外国民保護の見地から外交的に抗議することはないだろうか？」

韓国側「そのような抗議はないだろう」。

前述の次官通達の末尾には、「なお、朝鮮人を含めて一般に我が国に在住する外国人をもっぱら収容する教育施設については、国際親善の見地から新しい制度を検討し、外国人学校の統一的扱いをはかりたい」とあり、翌一九六六年から外国人学校法案が登場した（当初は、学校教育法一部改正法案として）。その最大の眼目は、外国人学校の認可権などを「知事」から「大臣」に移すことだった。日本では、大学の認可権は文科大臣が有するが、高校以下の認可権はすべて都道府県知事が有している。一四条からなる同法案は、規制に関する条項ばかりで、その修了者に大学入学（受験）資格（以下、「大学入学資格」という）を付与するとか、私学助成の対象にするなどの助成・振興策は何一つ盛り込まれなかった。

2　「教育の同等性」承認へ

前述の「通達」なり「法案」に見られる中央政府の朝鮮学校政策に〝一石〟を投じたのは、一九六七年に東京都知事となった美濃部亮吉前東京教育大教授だった。美濃部知事は、一九六八年四月「法に従った行政を行う」として、朝鮮大学校を「各種学校」として認可した。前述の「通達」には従わなかったのである。また、外国人学校法案も結局成立を見ないままに終わった。今では、全国にあるすべての朝鮮学校は各種学校として認可されている。従って、「通達」は、もはや〝有名無実〟と化したと言えよう。

各種学校認可に続いて、自治体（都道府県レベルと市区町村レベル）から朝鮮学校に補助金が交付されるようになる。それは、朝鮮学校での教育は、日本学校での教育と同じ「普通教育」であり、「教育の同等性（equivalence）」が承認されたことを意味する。例えば、私の住む東京都足立区には「外国人学校児童生徒保護者負担軽減補助金交付要綱」があり、その対象校は「認可を受けた各種学校のうち、外国人を対象として教育を行う学校で、義務教育に相当する教育を行うものとする」と定めている。「義務教育に相当する教育」に注目したい。特別区である足立区は、義務教育に当たる区立の小・中学校を設置している。在日外国人の子どもが外国人学校に就学すれば、計算上そのための公的負担は削減されることになる。そこに「義務教育に相当する教育」を行う外国人学校に、足立区が補助金を支給する根拠が生まれるのである。

朝鮮学校を始めとする外国人学校の処遇改善は、その後も、ＪＲの通学定期券が認められ、各種の競技大会への出場資格も認められるようになった。毎年の高校ラグビー選手権で、大阪府代表として「花園」に向かうのは、このところいつも大阪朝鮮高校であった。先日（二〇一五年一一月八日）行われた東京第二地区代表の決定戦では、東京朝鮮高校が勝利し、初めて「花園」への切符を手にしたが、大阪朝鮮高校は、逆に大阪府代表の決定戦で敗退した。このようにして、朝鮮学校を始めとする外国人学校の地位処遇は徐々に改善されるが、それはその「教育の同等性」なり「教育の相当性（reasonablaness）」なりが承認されたことを意味するのである。

3　大学入学資格認定も「同等性の承認」

日本における大学入学資格については、学校教育法施行規則第一五〇条に定めがある。外国人留学生が日本の大学に入学する場合、同条第一号にいう「外国において、学校教育における一二年の課程を修了した者」に該当するとして受け入れている。すなわち、「課程年数主義」によって「教育の同等性」が認定されるのである。教育の「同等性」、「相当性」の問題は、日本にある外国人学校（高校相当）修了者の日本の大学入学資格にも関わってくる。文部省は、かつては、専修学校及び外国人学校の修了者は、大検（大学入学資格検定、現在は高等学校卒業程度認定試験）に合格しなければ大学を受験することはできないとしていた。

二〇〇三年三月、文科省は、アメリカの要請を受けて、欧米の三つの教育評価機関が認定する日本のインターナショナル・スクール（高校相当）一六校については、大学入学資格を認めると発表した。対象外とされたアジア系や中南米系の外国人学校から強い批判が寄せられ、文科省は軌道修正を図り、同年九月、他の外国人学校についても認めるとして、新しい方針を発表した。すなわち、①前述の国際的教育評価機関の認定するインターナショナル・スクールの卒業者、②本国の高校と同等の課程を有すると位置づけられる学校（韓国学校、中華学校、ブラジル学校など）の卒業者、③その他、各大学の個別審査により入学資格が認定された者は、いずれも大学入学資格を有するとされたのである。②については、学校教育法施行規則第一五〇条第一号後段にその定めがあり、二〇一五年三月現在、三八校の外国人学校が指定されている。

なお、朝鮮高校卒業者は②に該当しないのかと思われるが、日本と北朝鮮（朝鮮民主主義人民共和国）は外交関係がないため、同等の課程かどうかが確認出来ないことが理由のようだ。北朝鮮の学校制度は、大学入学までが一一年制（幼稚班年長班一年＋人民学校四年＋高等中学校六年。鎌倉ほか編『入門朝鮮民主主義人民共和国』雄山閣出版、一九九六）であるのに対し、日本にある朝鮮学校は日本と同じ一二年制（初級六年＋中級三年＋高級三年）であり、両者が符合しない点もあろう。日本にある朝鮮学校は、北朝鮮の建国（一九四八年九月）以前にすでに発足していたのである。もっとも、日本にある朝鮮高校卒業者は、韓国を始め日本以外の大学では入学資格が認められていることも紹介しておく。③にいう、大学による認定は、以前は文科省が認めていなかったが、以降、認めるとした点が政策変更であり、同施行規則第一五〇条第七号に定められている。

大学入学資格に関連して、専修学校卒業者のそれにも触れておきたい。前述のように、専修学校卒業者は、かつては「大検」に合格しなければ、大学を受験することはできなかった。しかし、一九八五年九月、専修学校高等課程（三年制）で文部大臣が指定した課程の修了者に、大学入学資格を付与することとなった（一九九八年六月には、専修学校専門課程修了者に大学編入学資格が認められた）。同施行規則第一五〇条第三号に定められ、二〇一五年二月現在、全国で九七三課程が指定されている（埼玉一一六、東京九九、大阪九五、愛知七二、など）。

専修学校高等課程が大学入学資格付与の指定を受ける要件は、①修業年限三年以上、②総授業時数が二八〇〇時間以上、③普通科目（国語、社会、数学、理科または外国語）の総授業時数が四二〇時間以上、などとされた。専修学校の場合、その教育内容はさまざまであり、「一条校」のような「教員免許」にも、「検定済み教科書」にも、「学習指導要領」にもなじまないので、結局は、修業年限や総授業時数によるしかない。

「日本の教育」と「外国の教育」との間で、教育の「同等性」なり「相当性」を承認する場合、前述した「課程年数主義」によらざるを得ないのである。海外からの留学生に日本の「大検」に合格しなければ、日本の大学は受験できない、とするわけにはいかないのである。その時、問題とされるのは、日本と同じ「一二年の課程」を修了しているかどうかだけである。

4　高校無償化と外国人学校

二〇一〇年四月に施行された高校無償化法は外国人学校をも対象とし、しかも国庫から支出されることもあって、外国人学校に学ぶ生徒にも「画期的」なことと受け取られたに違いない。「同等性の承認」がさらに進み、一つの「頂点」に達したと言えよう。

対象となる外国人学校は、前述のように、同法施行規則第一条第一項第二号により、(イ)、(ロ)、(ハ)に分けられた。そして四月三〇日、(イ)として、ブラジル八校、中華二校、韓国、イギリス、フランス、ドイツ各一校、計一四校が、(ロ)として、北海道から沖縄県までのインターナショナル・スクール一七校、合計三一校が、さっそく指定された。

朝鮮高校一〇校は、(ハ)に該当するとされたようだ。朝鮮高校は、なぜ(イ)に該当しないのかについて、しかるべき説明はなされていない。日本と北朝鮮との間に外交関係がないことが、その理由かとも思われるが、指定された中華学校二校はいずれも台湾系であり、日本と台湾との間に外交関係はない。あるいは、前述のように、北朝鮮の学校制度は大学入学までが一一年制であるが、日本にある朝鮮学校は日本と同じ六＋三＋三制を採用しており、両者は一致しない点があるかもしれない。なお、北朝鮮は、二〇一二年九月、一二年制への移行を決めたが、ここでは立ち入らない（佐野通夫「朝鮮民主主義人民共和国の全般的一二年制義務教育」『海峡』二五号、社会評論社二〇一三年、所収参照）。

（八）に関しては、二〇一〇年五月二六日、専門家による検討会議が設けられ、五回の会議を経て、八月三〇日、「高等学校の課程に類する課程を置く外国人学校の指定に関する基準等について（報告）」（以下、「基準等」という）が公表された。その基準は、専修学校高等課程の水準を基本とすること、（ほかの外国人学校の）指定に当たっては、教育内容を判断基準とせず、……客観的・制度的な基準により指定していること、……指定については外交上の配慮などにより判断すべきではなく、教育上の観点から客観的に判断すべきである、などとされた。

「専修学校高等課程の水準」に関連して、一言触れておきたい。前に見たように、一九六六年以降、幾度か、外国人学校法案が国会に提出されたが成立しなかった。実は、その時、同時に専修学校制度創設のための法改正も進められていた。こちらのほうは、一九七五年に法改正が実現し、専修学校制度が創設された。当初、同時に進められていたため、学校教育法の専修学校に関する第一二四条には「我が国に居住する外国人を専ら対象とするものを除く」とある。専修学校と外国人学校とは、〝双生児〟の間柄だったからである。

もう一つ指摘しておきたいのは、「（ほかの外国人学校の）指定に当たっては……」に関連してである。私は、情報公開手続きにより、（イ）についてどのような方法によって指定されたかを調べたところ、大使館などから該当する学校のリストを入手し、それによって指定した学校を、『官報』に「告示」するのである。

例えば、ドイツについてみると、二〇一〇年四月一日付で、文科省・高等学校修学支援室長からドイツ大使館・文化部長宛、「我が国に所在する各種学校である外国人学校について（照会）」を発し、「我が国の高等学校に対応するドイツ連邦共和国の学校の課程と同等の課程を有するものとしてドイツ連邦共和国の学校教育制度において位置付けられたものについて、別添の回答案を御参考として、ご回答をお願いします」と要請し、四月六日付で駐日大使より川端達夫文科大臣宛に「下記の学校が、日本国の高等学校に対応するドイツの学校の課程と同等の課程を有するものとして、ドイツの学校教育制度において位置づけられていることを証明します」との回答が届いている。なお、外交関係のない台湾については、日本側の窓口機関である財団法人交流協会と台湾側の窓口機関である台北駐日経済文化代表処の間でのやり取りによっている。要するに、学校を訪ねるとか、教科書を提出させるとか、財務諸表の提出を求めたわけではない。大使館もしくはそれに準ずる機関からの文書によって、まさに「客観的・制度的な基準により指定」したのである。

検討会議の報告を受けて、二〇一〇年一一月五日、文科大臣は、「高校無償化法施行規則第一条第一項第二号ハの規定に基づく指定に関する規程」（以下、「規程」という）を決定し、指定の基準及び手続きを定め、申請期間を一一月三〇日とした。そして、朝鮮高校一〇校は、いずれも期限までに申請を済ませた。

5　「拉致問題」と「北朝鮮問題」が、押しつぶす朝鮮高校の無償化

朝鮮高校が「規程」に基づき申請手続きを開始して程ない、二〇一〇年一一月二四日、菅直人首相は、北朝鮮による韓国・延坪島砲撃事件を受けて、朝鮮高校の審査を「凍結」するよう指示した。高校無償化の朝鮮高校への適用については、以前から否定的な動きが見られた。早くは、法成立以前の二〇一〇年二月二一日、中井洽拉致担当大臣が、朝鮮高校除外を文科大臣に要請していた。

二〇〇二年九月の「日朝平壌宣言」は、それ自体がもつ本来の意味は脇に押しやられ、もっぱら拉致問題に収斂してしまった感がある。「北朝鮮による拉致被害者家族連絡会（代表：飯塚繁雄、以下「家族会」という）」と「北朝鮮に拉致された日本人を救出するための全国協議会（会長：西岡力、以下「救う会」という）」が、連名で「朝鮮学校への国庫補助を拙速に決めることに反対する声明」を発表したのは、二〇一〇年八月四日である（「救う会」ＨＰより）。なお、高校無償化法は、学校への補助ではなく生徒に就学支援金を支給する仕組みである。『声明』には、「一部報道によると、高校無償化の朝鮮学校への適用の適否を検討している専門家委員会が、「補助すべき」とする結論を出すことが決まったといいます。しかし、専門家委員会のメンバーが誰なのか、いつ、

どのような議論をしているのかさえ公開されていません。そのような密室の議論で拉致被害者救出にも影響を与えうる重大事案を扱うことに強い違和感を覚えます。専門家の中に、拉致を始めとする北朝鮮や朝鮮総連の不法活動に関する専門家は含まれているのでしょうか。……」とある。「高等学校の課程に類する課程」であるか否かを審査・検討する会議に、拉致問題などの専門家が入っているかどうか、というのである。

その翌日の八月五日、もう一つの団体「北朝鮮帰国者の生命と人権を守る会」（代表：三浦小太郎、以下「守る会」という）が、「朝鮮学校無償化の政府方針に抗議する声明」を発表した（「守る会」HPより）。専門家による検討会議は、七月二六日に第四回会議を開き、次回の第五回会議（八月一九日）で『報告』を採択し、その幕を閉じるが、こうした流れを、無償化の対象になることが決まったと見たのである。それは正確ではないが、「高等学校の課程に類する課程」の指定にはさしたる裁量の余地がないので決まったと見たのかも知れない。ともあれ、朝鮮高校への無償化適用に関して、これら三団体、すなわち「家族会」「救う会」「守る会」が、いずれも反対を表明したことは、以降重要な意味をもつことになる。

八月二五日には、家族会・救う会が、文科省と拉致問題対策本部を訪れ、「朝鮮学校への国庫補助に反対する要請文」を手渡している。文科省では、尾崎春樹・大臣官房審議官（初等中等教育局担当）、和田勝行・初等中等教育局財務課高校修学支援室長に面会している。さらに、八月二九日には、「朝鮮高校無償化が実現すれば、日本は拉致被害者の返還を強く求めていないとの間違ったサインになる危険があります」とのキャッチコピーのもと、都内で大衆的な「朝鮮高校への授業料無償化に反対する緊急集会」が開かれた。朝鮮高校無償化と拉致問題を〝天秤にかける〟方向が出てきたのである。

高木義明文科大臣は、一一月五日、前述のように「検討会議」の報告を受けて、「規程」を定めたところ、即日、「家族会」・「救う会」は「朝鮮学校への国庫補助に反対する緊急声明」を発し、「文部科学大臣におかれては、朝鮮学校への国庫補助を決める基準適用手続きにおいて、拉致問題への悪影響を払拭する措置がとれるのかどうかを十分に検討して頂きたい」などとした。一一月一六日には、「守る会」が「朝鮮学校授業料無償化の決定に抗議し、国会での再検討を求める声明」を発し、「文部科学省は、朝鮮学校が無償化にふさわしいと判断した理由を、歴史教科書に対する評価も含めて、公的な形で国民に納得のいくよう説明してください」などとした（守る会の機関誌『光射せ』六号所収）。この「規程」が決定されたことによって、多くの人びとが朝鮮高校への適用がほぼ決まったと見る一方、反対派も危機感を抱いただろうことは想像に難くない。

菅首相の「凍結」指示は、こうした経緯を受けた「地点」に位置することになる。朝鮮高校が「高等学校の課程に類する課程」に該当するか否かという、そもそもの原点は、すっかり忘れられたかの感はぬぐえない。

6　（ハ）により指定された二つの外国人学校

二〇一〇年一一月、「規程」が定められたが、朝鮮高校だけは審査が凍結されたことは前述の通りである。しかし、それ以外の該当校は、審査を受けることになる。「規程」第一五条により、「教育制度に関する専門家その他の学識経験者で構成される会議」として、「高等学校等就学支援金の支給に関する審査会」（以下、審査会という）が設置された（以下、審査会の内容等については、文科省のＨＰによる）。

そして、二〇一一年七月一日、第一回審査会が開かれ、文科省初等中等教育局長より、ホライゾンジャパン・インターナショナル・スクール（神奈川県）及びコリア国際学園（大阪府）の審査が依頼された。前者は、トルコ人が中心となって開設されたインターナショナル・スクールで、同年九月に高等部を開設予定。後者は、韓国人の生徒がほとんどであり、同年四月に学校法人、各種学校として認可されたばかりだった。

この二校の審査は、七月一日、二〇日、一一月二日の三回の審査会で審査され、前者については八月三〇日に、後者については一二月八日に、それぞれ指定され『官報』に告示された。前者については、二回の審査で結論が出ている。第二回審査会では、委員から「高等部はまだ開校前だが、現時点で指定することについては問題ないか」との問いに、事務局の文科省は「これから行われようとする教育が『高等学校に類する課程』かどうかを判断するものである。なお、申請通りの教育が行われているか等は、今後確認していく」と答えている。

そして、指定に当たっての「留意事項」は五項目で、両校ほぼ同文である（ただ、前者については、開校前のため「申請内容に沿って着実に実施すること」との項目を追加）。また、「三　就学支援金の授業料への確実な充当について」の項目は、「就学支援金が確実に生徒の授業料に充てられるようにするとともに、その原資が貴重な税金であることを踏まえ、経理の透明化を図ること」とあり、両校全く同文である。なお、第二回審査会では、留意事項に関して、次のようなやり取りがなされている。委員「留意事項を守らなかった場合、ペナルティはあるか」、事務局「直ちにペナルティを課すことはできないが、改善を促していく。就学支援金が授業料に充てられないなどの法令違反があった場合には、指定の取り消しを行う」と。

両校については、「審査基準適合状況」と題する一覧表が作成され、例えば、「規程」に沿って、「第二条（修業年限）――「三年」のように記入されている。また、同第一三条については、「第一三条（適正な学校運営）――①財務諸表の作成、②理事会等の開催実績、③所轄庁による処分（H18・4・1～H23・6・1）なし」と記入されている。

このような審査を経て両校が指定を受けた結果、朝鮮高校より後に申請した学校が、追い越す形で無償化の適用を受けたことになる。

7　朝鮮高校審査の「凍結解除」後の経緯

菅首相は退陣を前に、二〇一一年八月二九日、高木文科相に凍結解除を指示し、朝鮮高校の審査が再開されることとなる。同日、早速、例の「家族会」・「救う会」は連名で、「菅首相の朝鮮学校への国庫補助手続きの再開に抗議し、新内閣に拉致問題解決にふさわしい新たな対応を求める声明」を出した。また、三一日には、自民党政務調査会の文部科学部会（部会長・下村博文）、外交部会（部会長・小野寺五典）、拉致問題対策特別委員会（委員長・古屋圭司）が、三部会合同会議を開き、「（凍結解除の）指示の即時撤回を決議」している（機関紙『自由民主』二四七七号、二〇一一年九月一三日）。同日、新党「立ち上がれ日本」も同じように抗議声明を出している。

もう一つの「守る会」も、同日、野田佳彦首相宛に「朝鮮学校無償化手続き再開の撤回を求める要請文」を送り、そこには「朝鮮学校ならびに朝鮮総連に対し、教科書での北朝鮮独裁政権礼賛を改めるまでは、無償化はありえないことを通告してください」などとある（「守る会」HPより）。教育内容は、そもそも審査対象になっていない。「アメリカン・スクールで原爆投下はどう教えられ、中華学校の教科書に南京大虐殺はどう記されているか。それらが問われないのは、価値観や歴史認識が異なるからといって、教育内容に政治的干渉をすべきでないとの大前提があるからだ」（二〇一三年二月二日付、神奈川新聞社説）との指摘を紹介しておこう。

「救う会」のＨＰには、凍結解除当日、与党民主党の拉致問題対策本部が、菅総理に抗議文を出したこと、一〇月二五日、民主党内に「朝鮮学校授業料無償化を考える会」（代表：鷲尾英一郎衆議院議員）が生まれ、野田首相、中川正春文科相あてに「朝鮮学校授業料無償化の審査に当たり、厳正かつ慎重な対応を求める決議」を採択し、それに名を連ねた五一名の議員名が紹介されている。

野田内閣は九月二日に発足するが、一一日には、家族会代表が野田総理と面会、九月末までに要求が実現しない場合、「座り込み」も辞さない姿勢で被害者救出のために闘う覚悟であると文書で伝えている。その三項目のひとつは、「朝鮮高校への無償化適用手続きを、拉致問題を理由に停止せよ」である。同月三〇日、家族会代表に対して、山岡賢次拉致担当大臣から、近く野田総理が地方在住者を含む家族会会員と面会する、また、中川文科大臣とも翌週面会が決まり、「座り込み」は見合わせることを決めている。

そして、一〇月六日、家族会・救う会は、中川文科相と面会、進められている手続きについて、拉致問題への悪影響などの懸念や問題点を指摘した。中川大臣は、「これまでの経過を踏まえ、私なりにもう一度整理する。教育行政としては、子どもたちの人権も考慮しなければならないというのが文科省の施策にあるとして、〝留意事項〟にもとづく教育内容の調査では、だまされないよう厳正に調べる」と約束した。また、「調査結果に基づき最終判断したい。あと二か月猶予してほしい。……国民に対しても、教育の問題と拉致の問題で、ちゃんと説明できるようにし、両方が大事なんだと伝えたい」とも。文科大臣が初めて、教育問題と拉致問題との〝区別〟に言及した場面といえよう。

自由民主党は、審査の再開を受けて、朝鮮高校排除の方向をはっきり打ち出したようだ。『自由民主』（二四七八号、二〇一一年九月二〇日）では、「自民党はこう考える：朝鮮学校の高校無償化は認められない　反日教育に血税――下村博文シャドウ・キャビネット（ＳＣ）の文科大臣に聞く」を掲げている。そこでは「金正日体制を支える思想教育を行う朝鮮学校への無償化適用は、国民の理解を得られない……」という一方で、「教育内容を基準とせずに、外形的な条件を満たせば無償化の対象となります。……審査手続きが再開されれば、事実上無償化の対象となってしまうのです」としている。「高等学校の課程に類する課程」であるかどうかは、外形的に判断するので除外はできないと正しく認識しており、それが後の「（ハ）の削除」案につながるのである。

二〇一二年九月二日、「すべての拉致被害者を救出するぞ！　国民大集会」が東京・日比谷公会堂で開かれ、民主党政権になって初めて野田首相が出席した。そこでの「決議文」には、「政府と関係地方自治体は、朝鮮学校への公的支援を止めよ」の一句が入っていた。

朝鮮高校が、高校無償化法にいう「高等学校の課程に類する課程」に当たるかどうかということは、結局どこかに行ってしまったようだ。

8　曲折を経つつも進む朝鮮高校審査

前述の二校については第三回審査会で議了し、第四回（二〇一一年一一月二日。第三回と同日の午後開催）以降、朝鮮高校の審査に入る。配布資料一、の「審査日程（案）」には、「一一月七日（月）～二二日（火）実地調査」、「一二月五日（月）又は一六日（金）審査会を開催→指定の可否について意見を聴取、実地調査の結果にもとづき留意事項を検討」、「一二月末～一月初旬　文部科学大臣指定（留意事項の通知）」となっている。前述の中川文科相と「家族会」「救う会」との面会は同年一〇月六日であり、そこで大臣が「あと二か月猶予してほしい」と発言したこととほぼ符合する。

朝鮮高校審査に入った第四回審査会当日、事務局である文科省・修学支援室が用意した「資料」は、さきの「1、日程」のほか、「2、朝鮮高級学校の審査（ポイント）」、「3、指定を受けようとする外国人学校の概要［一〇校の一覧表］」、「4、各朝鮮高級学校の審査基準適合状況」、「5、都道府県による朝鮮高級学校の検査及び行政処分等の状況について」、6、各朝鮮高級学校の法令に基づく適正な運営の確認」、「7、各朝鮮高級学校への書面による確認事項（案）」と多岐に及んでいる。

「資料2、……審査（ポイント）」では、「1、主たる教材について、2、学校経理、就学支援金の適正な使用について、3、朝鮮総連との関係について、4、法令に基づく適正な運営について、5、申請に虚偽があった場合の対応」の項が建てられた。「1、教材」についての「対応」は、「具体的な教育内容については、審査の対象としないが、……審査の過程で『懸念事項』として学校に伝え……改善の方針が確認できない点は、指定の際に『留意事項』として通知し……」との方針が事務局から示された。「2、……支援金の適正な使用」については、「学校法人会計基準への外形的な適合性のみを公認会計士に依頼。……指定後に……仮に、不正使用が発覚した場合には、指定の取り消しを含め厳格に対処」などとある。「3、朝鮮総連との関係」では、「一般論としては、ある団体が教育に対して影響を及ぼしていることのみをもって、直ちに『不当な支配』（教育基本法第一六条）があるとはいえないが、『不当な支配』に当たるかどうか引き続き検討する必要があるため、過去の報道等に基づき、以下の点を学校に確認。」などとある。「報道等に基づき……」とある点は、もっぱら『産経新聞』の記事を指すのである。例えば、「教材の改定には本国の決裁が必要か」との設問は、「教科書、金総書記の決裁必要」（二〇一〇年三月一一日付、産経新聞）から来ている。審査の過程では、こうした「産経報道」に起因する〝曲折〟を余儀なくされた面が多い。

「資料4、……審査基準適合状況」は、前述の二校の場合と同様、「規程」の各条項をタテ軸に、北海道から九州までの一〇校をヨコ軸にした大きな一覧表が作成されている。因みに、「第一三条（適正な学校運営）」の項は、「①財務諸表の作成、②理事会等の開催実績、③所轄庁による処分（直近五年間）」に分かれている。①については、各校いずれも同じで、それぞれ必要なものを作成、③も、各校いずれも「なし」となっている。②について列記すると、北海道（理事会三回、評議員会三回）、茨城（理事会一回、評議員会一回、＊理事会は、常任理事会（寄付行為上に規定なし）を月一回開催）、東京（理事会九回、評議員会六回）、神奈川（理事会四回、評議員会四回）、愛知（理事会三回、評議員会三回）、京都（理事会七回、評議員会五回）、大阪（理事会一五回、評議員会一〇回）、神戸（理事会六回、評議員会六回）、広島（理事会九回、評議員会二回）、九州（理事会四回、評議員会四回）である。

「資料6　……法令に基づく適正な運営の確認」では、「規程第一三条の法令に基づく学校の適正な運営の観点から……法令違反となるかどうかについて、整理が必要」とあり、「校地・校舎について、仮差押えを受け、又は抵当権を設定されている学校」→「仮に、報道にあるように、第三者の事業資金に充てる借入に対し、校地・校舎に抵当権が設定されている場合、法令違反となるか要整理」とある（報道とは、二〇一一年一〇月二六日付、産経新聞「九州、愛知の朝鮮学校、施設仮差押え」）。

第五回審査会（二〇一一年一二月一六日）での「配付資料」を見ると、「2、報道で指摘された事項への対応について」との項目が初めて登場し、前述した「産経報道」により審査の〝曲折〟が窺われる。「高等学校の課程に類する課程」に該当するや否やという審査の原点から、ややもすると離れかねないところだ。

第六回審査会（二〇一二年三月二六日）になると、事務局が用意した「資料1、各朝鮮高級学校の審査状況」の「1、審査基準への適合性」には、「審査基準のうち、裁量の余地のない外形的な基準（教員数、校地・校舎の面積等）については、全校が基準を満たしている」、「（1）審査基準（法令に基づく学校の運営）に抵触しうる事項、（2）申請内容の重大な虚偽となりうる事項、については、指定の可否に関わることから確認を行ったが、重大な法令違反に該当する事実は確認できていない」とある。次いで、「2、朝鮮総連との関係」では、「教育会とは、保護者、学校卒業生、その他各地域の学校支援者の代表等からなり、学校への寄付金の募集等の支援を行う組織であり、教育会が学校運営を支配しているという事実は確認されなかった」とある。「3、主たる教材の懸念事項」では、「（1）教育基本法第二条（教育の目標）に違反しないか、（2）指定の際に留意事項として自主的改善を促すべきか、との観点から……必要な確認を行ったところ、……拉致問題、大韓航空機爆破事件に関する記述が改定された教材が使用されていることが確認された。ミサイル発射、領土問題（竹島、北方領土）、日本海の呼称等について、我が国の政府見解と異なる記載が確認できた」などとある。

さらに、「資料4、朝鮮高級学校への留意事項（素案）」では、「既に指定済みの学校と共通する事項」のほかに、朝鮮高校について加えられる部分には「下線」が施してある。下線部分は、例えば、「1、学校の情報提供」→「日本語による公開を検討すること」、「4、社会の担い手として活躍できる人材養成に努めること」→「各種学校に対しては、教育基本法第一四条第二項（政治活動の禁止）は、適用されないが、高級部の生徒の年齢を考慮すると、……民族教育の自主性を維持しつつも、過度に党派的な教育が行われないよう留意すること」、「5、学校の自主的な運営」→「特定の団体による『指導』の下に、学校運営が行われているとの誤解を招くことのないよう、学校として自主的に運営を行う……」などである。前に見た二校の時も「留意事項」が登場すれば、審査が大詰めを迎えたことを意味していたのである。

第七回審査会（二〇一二年九月一〇日）に用意された「資料二、朝鮮高級学校への直近の確認事項に対する回答」を見ると、またぞろ「産経報道」への対応に終始している。例えば、「全国の朝鮮初中級学校から選抜された生徒約一〇〇名が、一～二月に北朝鮮を訪問し、故金正日氏、金正恩氏への忠誠を誓う歌劇を披露していたとの報道について」→「いずれも高級部の生徒は参加していないと回答。また、初中級部の児童・生徒が参加している場合も、学校行事ではなく、参加希望の児童・生徒が自由意思で参加しており、学校は関与していないとの回答」。因みに、産経新聞の記事は、「朝鮮学校生、正恩氏に忠誠、全国選抜一〇〇人、北で歌劇披露」（二〇一二年三月一六日付）である。また、「金正恩氏の肖像画の掲示について」→「いずれの学校も掲示しておらず、掲示について検討もしていないとの回答」。因みに、産経新聞の記事は、「正恩語録で総連幹部講習、朝鮮学校偶像化教育へ」（二〇一二年六月一八日付）である。

朝鮮高校が「高等学校の課程に類する課程」に該当するや否やの審査とどう結びつくのだろう。前述したように、「すべての拉致被害者を救出するぞ！　国民大集会」に、野田首相が出席したのは、二〇一二年九月二日のことで、その決議文には「朝鮮学校への公的支援を止めよ」とあった。しかし、その少し前に、「横田めぐみさん」の父・滋さんは、「拉致問題があるから朝鮮学校を無償化の対象から外すとか、補助金の対象から外すというのは、それは筋違い」と発言している（「横田滋さん・早紀江さんインタビュー」『週刊金曜日』二〇一二年六月一五日）。また、「国民大集会」の後になるが、拉致被害者の兄・蓮池透さんも、「高校無償化政策から朝鮮学校を除外したり、……これは拉致問題とは関係ない〝八つ当たり〟です」と発言している（『週刊朝日』二〇一三年二月二二日）。

第七回審査会は、一方で、前回同様、指定に当たっての「留意事項」を掲げており、その内容もほとんど前回と同文で、審査の最終段階にあったと思われる。第七回の「議事要旨」も、「今回の議論を踏まえながら、今後も審査作業を進めていく。次回の審査会については、決まり次第、連絡する」とある。しかし、それは「暴風」のなか、まったくの〝空手形〟に終わってしまった。

9　とにかく朝鮮高校は除外する

野田政権の先行きが怪しくなると、朝鮮高校除外も加速し、二〇一二年一一月一六日、自民党は、朝鮮高校への無償化適用を阻止することを目的とした「高校無償化法一部改正法案」を参議院に提出した（二〇一二年一一月一六日付、産経新聞「朝鮮学校の無償化阻止へ法改正案提出　自民　義家氏」）。それは、同法施行規則にある（イ）（ロ）（ハ）を、法律レベルに格上げしたうえで、（ハ）を削除する法案である。とにかく朝鮮高校は除外するとの〝堅い〟意思の表れであろう。同法案は、衆議院解散により廃案となったが、自民党が選挙に勝利し、一二月二六日、第二次安倍晋三内閣が発足した。二日後の二八日、下村博文文科相は、早速、定例記者会見で、高校無償化からの朝鮮高校除外を明言した。

下村大臣は、その理由について「拉致問題に進展がないこと、朝鮮総連と密接な関係にあり、教育内容、人事、財政にその影響が及んでいること等から、現時点での指定には国民の理解が得られず、不指定の方向で手続きを進めたい……このため、野党時代に議員立法として国会に提出した朝鮮学校の指定の根拠を削除する改正法案と同趣旨の改正を、省令改正により行うこととし、本日からパブリックコメントを実施することといたします。なお、今後、朝鮮学校が都道府県知事の認可を受け、学校教育法第一条に定める日本の高校となるか、又は北朝鮮との国交が回復すれば、現行制度で対象と成り得ると考えているところでございます」と述べた。また、記者の質問に答える中で、「外交上の配慮などにより判断しないと、民主党政権時代の政府統一見解として述べていたことについては、当然廃止をいたします」と答えている（いずれも、同日の大臣会見録、文科省ＨＰより）。

意見募集要領に付された「省令案の概要」においては、現行法制度を説明した後、「改正の概要」として「上記のうち、（ハ）の規定を削除し、就学支援金制度の対象となる外国人学校を（イ）及び（ロ）の類型に限ることとする」とあるのみで、改正の趣旨、理由はいっさい書かれていない。そこで、私は、改正の理由をファックスで文科省に問い合わせたが、結局返事は得られなかった。

因みに、通常のパブリックコメントでは、改正の趣旨或いは目的が意見募集要領の中で説明されている。例えば、二〇一三年一月一八日に公示された「高校無償化法施行令の一部改正政令案」の「意見募集」には、「趣旨」が掲げられ「所得制限を設け、保護者等の負担を軽減する必要……」とある。

それまでの流れから見れば、朝鮮高校を除外するためとなるのだろうが、さすがにそれを明記することは憚られたのだろう。

パブリックコメントの期間を経て、二〇一三年二月二〇日、（ハ）を削除する省令改正を公布施行するとともに、朝鮮高校一〇校に「『規程』第一三条に適合すると認めるに至らなかった」として「不指定」処分を通知した。

最後となった第七回審査会（二〇一二年九月一〇日）の「議事要旨」には、実は、次のようなやり取りも記録されている。

委員「本審査会として、結論として一つの方向性を示すことが求められているのか。場合によっては、委員の間にいろいろな意見があってまとまらない、ということもありうるのか」。

事務局「最終的に、どちらかの方向性は示していただくことになるが、その際に、少数意見を併記することも考えられる」。

委員「本審査会でとりまとめたものを参考に、最終的には大臣が決定することになるということか」。

事務局「そのとおり」。

しかし、「審査会にどちらかの方向性を示していただくこと」もなく、省令改正と不指定処分が「断行」されたのである。本来は、朝鮮高校が、高校無償化法にいう「高等学校の課程に類する課程」に該当するかどうか、が審査されるべきなのに、いつしかその原点が忘れられ、「拉致問題……」なり「朝鮮総連との関係……」という政治問題にされてしまった。

因みに、文科大臣決定の「規程」第一五条（意見の聴取）には、「文部科学大臣は、……指定を行おうとするときは、……（審査会）の意見を聴くものとする」とある。自ら定めたルールをも無視したというほかない。また、同第一六条（定期的な書類の提出等）には、「文部科学大臣は、……毎年度……就学支援金が生徒の授業料に係わる債権の弁済に充当されていることが確認できる書類の提出を求めるものとする」と定めており、「債権の弁済への充当」は担保されているのである。

また、大臣会見には「北朝鮮との国交が回復すれば……」とあるが、その場合は、（ハ）はすでに削除されているため（イ）によるほかなく、大使館からの「確認文書」により朝鮮高校を指定することになる。もちろん、「朝鮮総連との関係……」や「不当な支配」を問う余地はまったくないのであり、今回の処分が、それとの整合性をまったく欠いていること、は明らかである。

10　国連での「釈明」は通用しなかった

高校無償化からの朝鮮高校除外は、もちろん国連の人権機関でも問題になった。高校無償化法の制定に伴い、社会権規約第一三条の留保撤回を国連に通告したことは、本意見書の冒頭でも触れた。社会権規約に関する日本政府の第三回定期報告書は、二〇一三年四月三〇日、国連・社会権規約委員会において審査され、五月一七日に「総括所見」が発表された。

審査当日における、委員と日本政府代表とのやり取りの概略は、次の通りである。
シンヘス委員（韓国、法務部ジェンダー政策委・委員長、梨花女子大学国際大学院教授など）「なぜ朝鮮学校の生徒たちは、その対象に入っていないのか。彼らは、日本で生まれ育った子どもたちだ。日本は北朝鮮と国交がないというが、生徒たちの中には韓国籍も多く、日本籍もいる。朝鮮学校に対する差別的な待遇を撤回し、救済措置がとられるべきだ」。

文科省の回答「朝鮮学校を無償化の適用対象外とした理由は、次の二つです。まず、朝鮮総連と密接な関係にあり、教育内容、人事、財政にその影響が及んでおり、無償化の審査基準一三条に記されている法令に基づく適正な学校運営、これに適合するとの確証が現時点では得られていない。また、拉致問題に進展がないことを踏まえ、……国民の理解が得られない、このため……朝鮮学校の指定の根拠となる規定を削除したことから、不指定処分をしたところでございます。……」

同委員の再質問「高校無償化は、高校での教育に対する平等な権利のためでしょう。……日本の人たちを拉致した確かに恐ろしい犯罪ですけれども、それと朝鮮学校に通っている子どもたちとの間には何の関係もないということです。ですから、それで彼らを排除するという理由にはならない。子どもたちが学校で教育を受ける権利を奪ってしまうことになるんです。……」

外務省の回答「朝鮮総連、これは日本に住む北朝鮮と関係のある人たちの団体で、ここと朝鮮学校が大変密接な関係にあって、朝鮮総連の非常に強い協力のもとで運営をされているということです。そういうところに、拉致問題も含めて犯罪行為をやっていることを無視して、国民の税金を支給することに対して、国民の理解が得られるかというところです。さらに言えば、朝鮮学校とは別に韓国系の方が通っている学校があり、これは制度の対象となっているわけです。ですから、特定の民族を差別する措置ではないことを御理解いただきたい」（委員は英語で発言し、日本政府の発言は日本語でなされ、参加した人権ＮＧＯがそれを録音反訳したものによる）。

こうした質疑応答の後、同委員会は日本審査後の「総括所見」をまとめた。なお同委員会は、弁護士、研究者など法律の専門家一八名よりなる（自由権規約委員会には東京大学の岩沢雄司教授〈国際法〉が、女性差別撤廃委員会には林陽子弁護士が、それぞれ委員に就任しているが、この社会権規約委員会には日本からの委員はいない）。

「総括所見」は、「肯定的側面」と「主な懸念事項及び勧告」に大別される。前述の留保撤回については、「（パラグラフ5）委員会は、締約国による無償教育の漸新的導入に関する第一三条二（b）及び（c）の留保の撤回に、満足を持って留意する」と記された。

朝鮮学校の問題については「（パラ27）委員会は、締約国の公立学校授業料無償制・高等学校等就学支援金制度から朝鮮学校が排除されており、そのことが差別を構成していることに懸念を表明する。（第一三条、第一四条）

委員会は、差別の禁止は教育の全ての側面に完全かつ直ちに適用され、全ての国際的に禁止される差別事由を禁止の事由に包含することを想起し、締約国に対して、高等学校等就学支援金制度は、朝鮮学校に通学する生徒にも適用されるよう要求する」となっている（外務省訳、同省HPより）。

日本政府は、国連でも、日本国内と同じように、朝鮮学校除外の理由を事細かに「釈明」したが、結局、受け入れられなかったというほかない。国連は、「教育を受ける権利」なり「差別」という視点から問題をとらえているのである。

次に、国連・人種差別撤廃委員会は、二〇一四年八月二〇～二一日に、日本政府の第七～九回定期報告書の審査を行い、八月二八日、「総括所見」を発表した。委員会での委員と日本政府のやり取りは、次の通りである。

アナスタシア・クリックリー委員（アイルランド、EU基本的人権部執行委・委員長〈二〇〇七－二〇一〇〉など）「ヘイトスピーチに関して、直接的な質問をします。外国人や在日コリアンに対する暴力の呼びかけに対して、政府はどう対処するつもりでしょうか？　これは、人種差別撤廃条約の直接的な違反です。朝鮮学校無償化除外について、数々の報告から理解する限り、拉致問題の調査に進展がないことに基づいているのではないでしょうか。もしそうなら、多数の若者から教育の機会を奪う理由としては曖昧に思えます。また、朝鮮人の生徒に対する差別が続いています。生徒たちは制服や通学経路などについて、自由に判断できない状況にあります」。

森祐介（文部科学省・大臣官房国際課）「複数の委員から、『朝鮮学校を高校無償化の対象外としているのは差別ではないか』という質問をいただきましたが、朝鮮学校の高校無償化にかかる不指定処分については、以下の理由から差別にはあたらないと考えています。

まず、高校等就学支援金は、学校が生徒に代わって受領して授業料にあてる仕組みになっていることから、学校において就学支援金の管理が適正に行われる体制が整っていることが求められます。そのための本件規程一三条において、学校の運営が法令に基づき適正に行われていることを要件としており、具体的には教育基本法、学校教育法、私立学校法等の関係法令の順守が求められます。……制度の対象となるための基準を満たすかどうかを審査した結果、朝鮮学校は朝鮮総連と密接な関係にあり、また朝鮮総連は北朝鮮と密接な関係にあると認識しており、教育内容・人事・財政にその影響が及んでいることなどから、教育基本法第一六条第一項で禁じる「不当な支配」にあたらないこと等について十分な検証を得ることができず、……不指定処分としました」（同審議録は、反差別国際運動日本委員会編『レイシズム　ヘイト・スピーチと闘う――二〇一四年人種差別撤廃委員会の日本審査とNGOの取り組み』解放出版社二〇一五年、所収）

クリックリー委員の発言は、在日コリアンへのヘイトスピーチの問題（同委では、もちろん、レイシストによる京都朝鮮学校襲撃事件も議論に）、かつて国連・人権機関で問題になった朝鮮学校女生徒の制服・チマチョゴリ切り事件などの文脈の中で、今回の高校無償化からの朝鮮高校除外を取り上げているのである。ほかに、ケマル委員（パキスタン、元外交官（一九七〇-二〇〇三）など）は、一部の自治体が朝鮮学校への補助金を止めている問題を取り上げ、それは後述の「総括所見」にも反映された。

高校無償化からの朝鮮高校除外についての日本政府の答弁は、社会権規約の時とほぼ同じであるが、さすがに「拉致問題」という文言は、人種差別撤廃委では引っ込めたのである。そして、朝鮮学校は朝鮮総連と密接な関係にあり、朝鮮総連は北朝鮮と密接な関係にあり、その影響から教育基本法の禁じる「不当な支配」に当たらないか検証できないから……との〝三段論法〟を駆使して懸命に「釈明」に努めたが、国連人権機関では通用しなかったのである。

人種差別撤廃委員会の「総括所見」の該当箇所は、次の通りである。

「（パラ19）委員会は、（a）高等学校等就学支援金制度からの朝鮮学校の除外、及び（b）朝鮮学校に対し地方自治体によって割り当てられた補助金の停止あるいは継続的な縮小を含む、在日朝鮮人の子供の教育を受ける権利を妨げる法規定及び政府の行動について懸念する（条約第二条、第五条）。

（前半の一文省略）委員会は、締約国に対し、その立場を修正し、朝鮮学校に対して高等学校等就学支援金制度による利益が適切に享受されることを認め、地方自治体に朝鮮学校に対する補助金の提供の再開あるいは維持を要請することを奨励する。委員会は、締約国が、一九六〇年のユネスコの教育における差別待遇の防止に関する条約への加入を検討するよう勧告する」と（外務省訳、同省ＨＰより）。

この委員会の認識も、「教育を受ける権利」に関する問題であり、「差別」にかかわる問題と見ているのである。なお、ユネスコ条約への加入については、前回の日本審査の「総括所見」（二〇一〇年三月）でも指摘された（パラ22）が、何の対応もせず今回を迎えたのである。因みに、二〇一五年二月現在、同条約への加入国は一〇一か国に及ぶ。

国連の人権機関に関して、もう一つ指摘しておきたい。二〇一三年三月、国連は、北朝鮮の人権状況について「調査委員会」を設置し、一四年二月にはその「報告書」をまとめ、それにもとづいて、一五年六月に、そのフォーローアップのための事務所をソウルに設置した。国連は、北朝鮮の人権問題と日本の朝鮮学校差別の問題を、はっきり区別しているのである。北朝鮮が韓国・延坪島を砲撃したからと、朝鮮高校の審査を凍結した菅首相の措置、北朝鮮が核実験をしたからと朝鮮学校への補助金をストップした黒岩神奈川県知事の措置は、いずれも、きわめて特異な日本的状況というほかなく、国際的には到底理解されないであろう。

11　韓国で広がる朝鮮学校への共感と支援

東京・枝川の朝鮮学校の一部校地が、長期の無償貸与の都有地である点をとらえ、学校にその明渡し等を求めて、東京都（石原慎太郎知事）が提訴したのは二〇〇三年一二月のこと。訴訟が学校の存亡を意味したため、市民団体「枝川朝鮮学校支援都民基金」が生まれた。一方、韓国の市民運動家、国会議員、メディアも同校を訪れ、日本の支援運動と交流し、そこから戦後日本で地道に続けられてきた民族教育への共感と支援の輪が広がっていった。裁判は、二〇〇七年三月、東京地裁で、都有地を学園が廉価で購入するとの「和解」が成立し、学校の存続を手にすることができた。

そうした経緯の中から生まれた記録映画『ウリハッキョ（私たちの学校）』（金明俊《キムミョンジュン》監督が北海道の朝鮮学校に泊まり込んで制作、一三一分）は、韓国で反響を呼び、二〇〇六年の釜山国際映画祭で受賞作となった。二〇一一年三月の東日本大震災で仙台市と福島県郡山市の二つの朝鮮学校が被災したことも重なって、韓流ドラマ「冬のソナタ」で日本でもお馴染の俳優、権海孝《クォンヘヒョ》氏が代表となる「モンダンヨンピル（ちびた鉛筆）」が結成され、朝鮮学校支援のチャリティコンサートが韓国各地で開かれた。日本でも、東京、大阪、広島、松山などで支援コンサートが行われ、好評を博した。

ソウル出身の女性監督・朴思柔《パクサユ》さんは、大阪朝鮮高校のラグビー部を舞台とする青春記録映画『60万回のトライ』（一〇六分）を二〇一三年に完成。これまた、全州国際映画祭で受賞作となり、韓国における朝鮮学校理解に新しい風を呼んだ。二つの映画は、韓国での朝鮮学校理解を広めたが、それをさらに一歩進めるために、韓国のＮＧＯ地球村同胞連帯（ＫＩＮ：Korean International Network）は、二〇一四年九月、韓国初の朝鮮学校紹介本を出版した。その日本版も、このほど出版された（『朝鮮学校物語』共栄書房、二〇一五）。

二〇一一年六月、東京・池袋で開かれた高校無償化を求める市民集会に駆けつけた金明俊監督は、「朝鮮学校が完璧な教育機関とは誰も言いません。しかし、子どもたちに朝鮮学校は自分が誰であるかを教え、この地で朝鮮人として生きていく方法を教える唯一の学校です。これは、日本の学校は絶対にできないことです。日本の学校ができないことを、朝鮮学校がしているのです。……」と、朝鮮学校への自分の想いを語った。

韓国における朝鮮学校支援の動きはさらに広がりを見せ、二〇一四年六月、宗教界、女性界、労働界、法曹界などが一堂に会し、「ウリハッキョと子どもたちを守る市民の会」が発足した。その共同代表の一人である孫美《ソンミ》姫《ヒ》さんは、同年一一月来日され、文科省に要請を行うとともに、国会内での記者会見で、「市民の会」について、次のように述べた。

「残念ながら悲しい南北分断が続いて七〇年になります。この間、分断された地で痛みや無念がありましたが、分断は南と北だけにあったのではありませんでした。まさに、この日本にいる私たちの同胞たちが分断により、一層辛く生きてきました。多くの同胞たちは、分断によって南と北を選ぶことができない立場でも、子どもたちに、わが民族の言語や文字、歴史を守るための学校を設立しました。そして血の涙を流しながら守ってきました。……子どもたちはどこにいようと、何をしようと、愛され保護される権利があります。幸運にも、日本では朝鮮学校の学生、父母たち、先生たちだけでなく、日本の良心的な多くの団体や市民たちが、高校無償化適用を要求する署名運動や関連する訴訟を進めている事実を知りました。恥ずかしいです。申し訳ないです。私たちの子どもたちの問題、私たちの同胞の問題です。それで遅くなりましたが始めました。……」と。

先に引用した日韓会談における韓国側の発言を思うと、この間の「五〇年の時差」を感じざるをえない。しかし、いまの韓国の市民は、日本における朝鮮学校の民族教育に強い共感を抱く一方で、「良い韓国人も　悪い韓国人も　どちらも殺せ」などのヘイトスピーチが吹き荒れ、朝鮮学校差別（京都朝鮮学校襲撃事件、高校無償化からの除外、一部自治体による補助金停止など）が罷りとおっている日本の現実を、同胞として玄界灘の向こうから大いに憂慮しているのである。

12　見識なき下村文科相の迷走

一連の政策決定は、下村文科相の下で進められており、いちど整理してみたい。

（1）二〇一二年八月、菅首相により「凍結」が解除されると、下村ＳＣ文科相は、『自由民主』（同年九月二〇日）紙上で、「反日教育に血税……」の見出しのもと、「教育内容を基準とせずに、外形的な条件を満たせば無償化の対象となります」との正しい認識を示している。朝鮮高校を無償化から除外するのは現状では難しいとみており、それが、二〇一二年一一月、自民党が「高校無償化法の一部改正案」（同法施行規則にある（イ）（ロ）（ハ）を法律レベルに格上げしたうえで、（ハ）を削除する）を国会に提出したことにつながったのである。

（2）二〇一二年一二月二八日、下村文科相は、就任早々に高校無償化からの朝鮮高校除外を明言。「その理由は、拉致問題に進展がない……、朝鮮総連との関係……。野党時代に提出した法案と同趣旨を、省令改正により行う。……外交上の配慮などにより判断しないとの民主党時代の政府見解は廃止する」とした。すなわち、外交上の配慮との「縛り」をはずし、（ハ）を削除することにより、朝鮮高校除外を実現する、としたのである。

（3）高校無償化法は、「就学支援金は、高等学校等に在学する生徒……に対し、……支給する」（改正法、第三条）と定めている。受給権者は生徒なのである。下村文科相は、記者会見において、幾度か「子どもには罪がありません……」としている（例えば、二〇一二年一二月二八日、二〇一三年二月一九日、いずれも文科省での会見）。

ならば、朝鮮高校生に支給しなければならないのではないか。

前に見たように、国連・社会権規約委では、「子どもたちが学校で教育を受ける権利を奪う……」とされ、人種差別撤廃委でも、「(拉致問題に進展がないことが)若者から教育の機会を奪う理由としては曖昧……」とされたのは、まさに「子どもには罪はない」からではないだろうか。従って、下村大臣がいう「子どもには罪はない」という言葉は、単なる〝飾り文句〟なり〝口頭禅〟というほかなかろう。

(4) 二〇一三年二月二〇日、下村文科大臣は、施行規則からの(ハ)の削除とともに、朝鮮高校一〇校に「不指定」処分を通知した。(ハ)の削除と不指定処分との関係は、当初からよくわからない。下村大臣は、前に見たように「審査手続きが再開されれば、(朝鮮高校は)事実上無償化の対象になってしまうのです」(『自由民主』二〇一一年九月二〇日)との認識を示しており、その故に(ハ)の削除によって朝鮮高校を除外したのではなかったろうか。

東京朝鮮高校に処分を伝える「通知」には、「(ハ)の規定を削除したこと」及び「規程第一三条に適合すると認めるに至らなかったこと」の二つを掲げている。そして、この規程第一三条の「……授業料に係わる債権の弁済への確実な充当など法令に基づく学校の運営を適正に行わなければならない」を拡大解釈して、教育基本法第一六条に言う「不当な支配」をも持ち込むのであるが、かなり無理なので「認めるに至らなかった」という〝奇妙な表現〟となったのだろう。

下村大臣は、かつては、前述のように、審査が始まったら朝鮮高校は「事実上無償化の対象になってしまう」との正しい認識をもっていたのであり、その前言を覆すことはそもそも出来ない仕組みなのである。

(5) 東京・板橋区は下村大臣の選挙区であるが、二〇一四年五月三一日、「高校無償化からの朝鮮学校排除に反対する板橋集会」が開かれ、そこで採択された「要請書」が地元の事務所に届けられた。要請書には、①二〇一三年二月二〇日付の省令改正を直ちに撤回すること、②高校無償化制度を、二〇一〇年度に遡り朝鮮学校にも適用すること、とある。後日、大臣秘書官　榮友里子氏より、七月一六日付の文部科学大臣下村博文名の「要請書に対する回答」が送られてきた。そこには、「不指定処分とした理由は、朝鮮高級学校が指定基準に適合すると認めるに至らなかったこと、及び省令の規定を削除したことであり、拉致問題に進展がないことなどの政治的・外交的理由によるものではありません」とある。〝君子豹変す〟というほかない。

おわりに

高校無償化からの朝鮮高校除外が行われたのは、二〇一三年二月二〇日であるが、その少し後に、一つの「事件」が報道された。東京・町田市で新入生に配布されてきた「防犯ベル」が、朝鮮学校だけには配布されなくなった、というのである。市役所を訪ねた友人たちは、朝鮮学校生の安全は考えなくていいのか、と問いただしたという。その時、耳にした台詞が「市民感情を考え……」だった。政府が多用したのは「国民感情」である。町田市は、さすがに撤回することとなり、朝鮮学校生にも配布され、事なきを得た。しかし、その後、市役所は、なぜ配布したのかとの抗議電話の応答に追われたという。

この事件を受けて書かれたJapan Timesの社説「生徒たちは、政治的な人質ではない」は、次のように結んでいる。「今回の町田市の問題は、この国全体に吹荒れる、大きな、とても厄介な風潮（a bigger, very disturbing trend）の一部である。いくつかの地方政府は、北朝鮮系（pro-North Korean）学校への補助金支給を停止している。この二月二〇日、安倍内閣は、北朝鮮系学校を高校無償化制度から除外した。これらの決定は撤回されるべきである。生徒たちを政治的な人質として利用することは間違っており、そうしたことをすれば、日本における朝鮮人差別を煽るだけである（田中仮訳）」（二〇一三年四月一二日付）と。社説のとらえ方と、国連での議論には、どこか相通ずるところがある。

問題の核心は、いうまでもなく、朝鮮高校が、高校無償化法にいう「高等学校の課程に類する課程」に該当するかどうか、である。本意見書の前半で見てきたように、それは「教育の同等性」乃至「教育の相当性」の承認問題なのである。例えば、前述したように、自治体が「各種学校である外国人学校」に補助金を出すとき、その学校の教育が「義務教育に相当する教育」であるかどうかを、「課程年数」など外形的にみて判断しているのである。

同じことは、次に見た大学入学資格についても言えるのである。海外からの留学生が日本の大学入学資格を有するとされるのも、同じ仕組みである。ただ、日本では、二〇〇三年までは、日本にある外国人学校卒業者は「大検」に合格しなければならなかったが、今ではその必要がなくなったことも、前に見たとおりである。「教育の同等性」の問題は、教育機関の「接続」の問題と見ることもできる。前に見たように、一九八五年以前は、専修学校高等課程修了者は「大検」に合格しなければ大学を受験できなかった。しかし、大学との「接続」に道を開くため取られた方式は、専修学校での修業年限、総授業時間数という外形的尺度が使われたのである。

高校無償化制度を外国人学校に適用する場合も、基本的には同じことである。例の（イ）、（ロ）、（ハ）についても、「課程年数」による外形的審査によることは言うまでもない。すなわち、（イ）については、大使館等からの文書によってそれを確認したに過ぎない。（ロ）についても、国際的教育評価機関の認定を確認するだけである。そして（ハ）についてどうするかであるが、（イ）、（ロ）に準じる形で、「課程年数」なり「総授業時数」なりの外形的審査が行われることが基本であろう。

具体的には、「検討会議」が、「基準等」をまとめ、それに基づいて、文科大臣が「規程」を決定した。そして申請を受け付け、審査会の審査を経て、大臣が指定する仕組みが整った。「基準等」には、「専修学校の水準を基本とする」「教育内容を判断基準とせず」「制度的、客観的に把握しうる内容によることを基本とする」「外交上の配慮などにより判断すべきでない」などとあり、前述の外形的審査を旨としていることは明らかである。

しかし、現実には、「拉致問題」、「北朝鮮問題」に振り回され、ほぼ一年近く朝鮮学校審査は「凍結」されたが、それが「外交上の……」に反することは言うまでもない。再開後における朝鮮学校の審査（第四〜七回の審査会、二〇一一年一一月〜一二年九月）でも、先の「基準等」に基づき、朝鮮学校が「高等学校の課程に類する課程」に該当するかどうかの審査は、脇に押しやられ、「産経報道」への対応に多くの時間が費やされた。しかし、最終段階の第七回審査会（二〇一二年九月）では、「最終的に、どちらかの方向性は示して頂くことになるが、……」「本審査会で取りまとめたものを参考に、最終的には大臣が決定することになる」ところまで漕ぎ着けていたが、政権交代によって〝激変〟することになる。

「御用納めの日」に当たる二〇一二年一二月二八日、下村文科大臣は、会見で、朝鮮高校除外の理由を、「拉致問題に進展がない」「朝鮮総連と密接な関係……」とした。朝鮮高校が「高等学校の課程に類する課程」に該当するかどうかには、まったく触れていない。

下村文科相は、前述のように、野党時代のＳＣ文科大臣の時、「審査手続きが再開されれば、（朝鮮高校は）事実上無償化の対象となってしまう」と正しく認識しており、朝鮮高校の審査は、「基準等」により、「高等学校の課程に類する課程」に該当するかどうかを、客観的・制度的に或いは外形的に判断するしかないことを、熟知していたのである。すなわち、朝鮮高校を除外するには、審査の根拠となっている（ハ）の削除によるしかないと認識していたのである。

しかし、省令改正による朝鮮高校除外方針を巡って、二〇一三年一月、大阪と名古屋で裁判が始まり、（社）自由人権協会は、「高校無償化法の施行規則改正案に反対する声明」において、「改正案は、朝鮮高校を就学支援金の指定対象から意図的に排除するものであり、教育の機会均等という高校無償化法の趣旨に反し、委任の範囲を逸脱するものであるとともに、憲法及び国際人権諸条約に反するもの」と図星の批判を加えた。

こうしたなか、二月二〇日、一方で、朝鮮学校排除の〝切り札〟と目されてきた省令改正を公布施行する（通常は経過規定を設けるが）とともに、もう一方で、朝鮮高校への処分通知には、「規程第一三条に適合すると認めるに至らなかった」という〝名（迷？）文句〟が登場したのである。「規程」第一五条（意見の聴取）にある審査会にも諮らずの「決行」だった。しかも、同一六条（定期的な書類の提出等）により「毎年……授業料に係わる債権の弁済に充当されている」かどうかは確認できるのであり、不都合なことがあれば、その時点で十分対処できるのである。

国連・人種差別撤廃委では、前年の社会権規約委での「拉致問題」は姿を消し、規程第一三条（適正な学校運営）の「指定教育施設は、高等学校等就学支援金の授業料に係わる債権の弁済への確実な充当など法令に基づく学校の運営を適正に行わなければならない」を持ち出し、それも「これに適合するとの確証が現時点では得られていない」（同委員会での政府答弁、二〇一四年八月二〇日）ことを理由とした。にもかかわらず、同委員会は、高校無償化を朝鮮高校に適用し、自治体の補助金停止も復活させるよう日本政府に勧告した。

文科省は、その一方で、実は、高校無償化法の省令改正により、二〇一四年四月以降、その対象範囲の拡大を図っている。すなわち、省令第一条にいう「高等学校の課程に類する課程」に、新たに（1）理容師法に規定する理容師養成施設、（2）保健師助産師看護師法に規定する学校又は准看護士養成所、（3）美容師法に規定する美容師養成施設、（4）調理師法に規定する調理師養成施設、（5）製菓衛生師法に規定する製菓衛生師養成施設、を加えたのである。それによって、法が掲げる「経済的負担の軽減を図り、もって教育の機会均等に寄与すること」が拡大されたのであるが、その際、「高等学校の課程に類する課程」であるか否かを別途検討したわけではない。朝鮮高校を除外するために省令を改正し、対象外国人学校を（イ）（ロ）に限定したこと、すなわち、法の趣旨に反して範囲を縮小したことの〝特異性〟が浮かび上がってこよう。

日本の朝鮮学校における民族教育に対して、韓国市民の間に共感と支援の輪が広がっていることも指摘した。

国連人権機関における指摘や勧告とともに、日本に注がれるもう一つの「眼」と言えよう。先に紹介した金明俊監督の言葉「この地で朝鮮人として生きていく方法を教える唯一の学校です」、そして孫美姫さんの言葉「分断によって南と北を選ぶことができないなか、子どもたちに、わが民族の言語や文字、歴史を守るための学校を設立しました。……申し訳ないです。私たちの同胞の問題です。それで遅くなりましたが始めました」、そこに示されている「海を越えたもう一つの想い」に、私たちは耳を傾ける必要がないだろうか。

さきに見たJapan Timesの社説が指摘したように、いま日本では、「お前らウンコ食っとけ」「半島帰れ」などのヘイトスピーチが吹き荒れている。その一方で、折角の高校無償化なのにそこから朝鮮高校だけが除外されたのである。ヘイトスピーチ集団が京都朝鮮学校を襲撃したのは、二〇〇九年一二月のことである。それにおびえた子どもたちのことを思うと、胸が締め付けられる。子どもたちの質問「朝鮮人って悪いことなん？」「朝鮮学校やからアカンのん？」に、どう答えたらいいのだろうか。朝鮮高校に学ぶ生徒に即して言えば、「朝鮮高校に学ぶと、なぜ差別されなければならないのか」ということである。

二〇一三年一〇月、京都地裁は、ヘイトスピーチ集団の行為は、人種差別撤廃条約にいう人種差別に当たるとして、学校周辺での街頭宣伝を差し止め、約一二〇〇万円の賠償を命じたが、そのことは、あの子どもたちや保護者たちに、日本のもう一つのメッセージを送ったのではなかろうか。幸い、同判決は、大阪高裁でも、最高裁でも維持された。

私人による京都朝鮮学校襲撃事件と違って、高校無償化からの朝鮮高校除外は、国による新しい差別であるところに大きな特徴がある。国連人権機関では、はっきりと「教育における差別」であると認定していることは重く受け止めねばならない。阿部浩己神奈川大学教授（国際人権法）は、共同通信配信の寄稿文で「問われているのは、北朝鮮の振る舞いではない。日本の中で生きる子供たちを等しく処遇できない、私たち日本人自身の姿勢である」と述べている（二〇一二年三月二五日付、神奈川新聞）。日本国内だけでなく、隣国韓国を始め、国際社会でも大きな期待が寄せられている本件審理において、この意見書が何がしかのお役にたつことを願いつつ筆をおく。

付記　本意見書は、二〇一五年一一月二二日付で、名古屋地裁に提出された。

第8章　福沢諭吉の朝鮮観——勝海舟と対比して

仲尾宏

はじめに

日清戦争（一八九四〜五年）の開戦前夜というべき一八九四年七月二三日のことであるが、比較的近年に叙述された原田敬一の『日清・日露戦争』（二〇〇七年、岩波書店）では次のように述べられている。

「七月二三日午前二時、漢城南郊外の龍山から出発した二個大隊は、漢城電話局の電信を切断し、「このことを早く清国へ聞こえんことを予防し」（『日清戦史草案』）、国王の居住していた景福宮を攻撃した。開門させたのが午前五時、建春門内外や春生門付近などで銃撃戦を繰り返し、朝鮮兵七七名の死傷者を出して、ようやく銃声が止んだのが午前七時半。最初の銃撃戦の午前四時二〇分から約三時間衝突が続き、計画の中心である「国王」を擒《とりこ》にした」（同書六五－六六頁）。

ところが司馬遼太郎の名著とされ、ベストセラーになった『坂の上の雲』ではこうである。「大鳥（圭介）公使は、韓国朝廷の臆病につけ入って、ついにはその最高顧問格になり、自分の事務所を王宮に持ち込んだ。」

いかに小説とはいえ、この一文はまさに歴史の偽造ではないだろうか。この頃、日本政府は清国との開戦の契機を探索し尽し、再起した東学農民革命軍の掃討を朝鮮朝廷から出させようとしており、他方では朝鮮朝廷の内政改革、さらに清軍撃退の要望を日本に出させることに主要な眼目をおいていた。つまり日本国内では開戦の動機をめぐっていくつかの論議がたたかわされていたとはいえ、朝鮮への介入とその完全な支配の目的達成のために、当時朝鮮と冊封関係にあった清国の軍事的・政治的影響力を排除しようとして開戦の口実探しをしていたのであった。そして高宗国王の幽閉を実現したあと、大院君政権を擁立して、本格的な清国攻略を開始した。

換言すれば、日本の朝鮮に対する侵略はこの時の東学軍に対する殺戮、朝鮮朝廷への露骨な内政干渉を通じてその第一歩が踏み出された。そして戦局の展開は日本に圧倒的な勝利をもたらした。一八九五年の馬関（下関）講和条約により、日本は清国が「朝鮮は自主之国」つまり、清国の宗主権を完全に否定させ、莫大な賠償金を手にし、さらに一時は遼東半島の領有さえもたらし、また台湾領有を確定させる、という「大戦果」を得た。日本ではマスコミをはじめ、全土がその「大戦果」を喜んだことは言うまでもない。この時の福沢諭吉の感想はよく知られているが、それは次のようなものであった。「日清戦争など官民一致の勝利、愉快とも難有いとも云ひやうがない。」「命あればこそコンナ事も見聞するのだと、毎度私は泣きました。」（『福翁自伝』）であったことはよく知られていよう。

これに対して勝海舟はどのような感懐をもっていたか。すでに官途を辞して長い海舟は次のような感慨を書き留めている。

「噫　明治二七年夏、これ何の年ぞ。鶏林を蹂躙して其の民益々叛く」
「噫　隣国に兵を弄し、無辜死する者幾人」
「噫　国威を震はむとして、魯、英両国の地歩を成す」（以下略）（松浦玲『明治の海舟とアジア』より）

同時代に生きた知識人としてなぜこのような明確な違いが生じたのか。年齢の格差だけではないだろう。それは両者の若い頃からの実生活上の体験の相違もあるが、やはりその思想形成の過程において、東アジア、そして朝鮮の歴史に対する見方、また西欧文物の怒濤《どとう》のごとき流入と氾濫のなかでの自己の立ち位置を確かめる視点の違いから生じているのではないか。本小論ではその一端に論及してみたい。

1　二人が経験した時代

諭吉は一八三五（天保五）年生まれ。出生地は豊前中津藩大坂屋敷である。海舟は一八二三（文政六）年、江戸の本所生まれ。二人の年齢差は約ひとまわりである。この年齢差は大きい。米国艦隊をひきいてペリーが浦賀に来航した時、海舟は三一歳、諭吉は二〇歳であった。この時、海舟はすでに時局に対して十分とは言えないまでも一定の見識をもつべき立場にあった。諭吉の方はまだ部屋住みの身でこれから本格的な修行をはじめる時期だった。しかし二人に共通していたのはその頃の武士の必修の教養としての儒学を身につけていたこと、さらに共通点はすでに蘭学を学んだ海舟、諭吉はその頃より蘭学を身につけるため、長崎遊学を志したことである。二人とも修学の甲斐あって共に蘭学塾を開くまでに道を究めた。しかし時代はすでに蘭学のみでは新知識に触れるには不十分な世となり、諭吉は一八五五（安政二）年頃、英学に転向、海舟もまた英学を身につける。そして二人に共通体験の時がきた。それは一八六〇（万延元）年の咸臨《かんりん》丸による米国渡航であった。米国では両人ともはじめての西洋見聞であるから、大いに新知識を吸収した。また社会制度についても盛んに米国人を質問責めにしてその大要を知ることができたらしい。このあたりにも子細に諭吉の『自伝』や海舟の『日記』を読みとく必要がある。その見聞は『自伝』をざっと読み流すだけでも、二人とも所謂《いわゆる》「大身」でなかったため、武士的な観点からの見聞ではなかったことが特色である。つまり身分、出身階層、権力のありかたについて、あまり固定的な観点からではなく、自由な視野からの受け止めができたのではないか、と思ってよいだろう。

このあと、両者の立場と生きかたは大きく相違する。

海舟の方はその学識と弁舌力、交渉力を買われて、多事多難な幕末の政局のただなかで幕府権力側の立場から枢要な政務に参画することになる。軍艦操練所頭取から軍艦奉行並、軍艦奉行、海軍奉行に任ぜられただけでなく、幕府を代表して多様な反幕勢力のリーダーたちと交渉し、一時は政局を指導する立場にも立たされた。よく知られているように、海舟は幕府政権のあり方、つまり幕藩体制の大改革を目指すべき、という視点から薩長の有志と交わり、やがては徳川政権の幕引きににも立ち合わされることになる。その間、幕府の立場に立ってであれ、後述するように対外政策についての展望を視野に入れることができた。

他方、諭吉の方はその後もう一度咸臨丸で渡米、さらに一八六二（文久二）年の遣欧使節団随行、さらに一八六七（慶応三）年の渡米使節団での随行と三度の海外出張の機会に恵まれる。官途についたのはそれらの団員であったことと、二度目の咸臨丸渡航後、幕府の「外国方」へ登用されて主として外国語の翻訳業務についた時だけであった。あとは生涯、在野の知識人として振る舞うという幸運にめぐまれた、と言えよう。しかし、こと朝鮮論に関しては二人の見解は相交わることはなかった。そして二人の生涯の終局を迎えた頃に起きた日清戦争をめぐる評価においては決定的な差異がみられることになる。以下、二人の思想や政局論は割愛するとして、朝鮮に関する見解や論議のみをとりあげてみることにする。

2　福沢諭吉の朝鮮観

まずは福沢諭吉である。明治維新の年、諭吉が開いていた義塾は江戸の芝へ移転した。慶応義塾である。戊辰戦争当時、薩長軍、いわゆる官軍と幕府の側の「義兵」であった彰義隊の江戸市中での激烈な戦闘を横目にして福沢はひたすら塾での講義に励んでいた、という話は有名である。そして政権を完全に掌握した新政府はただちに朝鮮国との外交関係樹立に向かった。ただし、それは「皇国」による開国強要であった。それは当然、朝鮮側に受け入れを拒否された。以後、数年間交渉が行き詰まる中で日本の外務省はいわゆる「征韓論」を提起し、廟堂での裁決を求めた。それに対し西郷隆盛らの五参議が「丸腰遣韓使節派遣論」を提案し、一旦可決されたものの、岩倉遣欧使節団らの帰国と参議登用によって裁決が覆された。いわゆる「明治六年」の廟堂大分裂である。

この時、福沢諭吉は次のような一文を残している。

「朝鮮の交際は仮令ひ我が望所の如くなるも、此独立の権勢に就き、一毫の力も増すに足らざるなり。況んや事を起して之と戦ふに於いておや」。

すなわち朝鮮に開国（日本との国交成立）が実現したとしても日本の「独立」とはならず、武力衝突を起こしてまですべきでない、というのである。一見、平和解決を望んでいるようにも見えるが彼の主眼点は日本の独立、すなわち欧米との対等な立場に日本が立つことであった、とみてよい。そして一八七五（明治八）年に大久保政権下で起きた江華島事件の年、即ち朝鮮国の「開国」が武力侵攻により成功した年、福沢は「朝鮮は退歩の説に非ずして停滞なるの説」を提起する。目は明らかに欧米を先進文明国、アジアは遅れた停滞国という視点に向かいつつあった。他方、勝海舟は明治六年の廟堂大分裂当時は請われて海軍卿の地位にあったが、この大論議には加わっていない。そして分裂が決定的になった当日は、適当な名目を作って横浜へ出かけてしまっている。つまりこの論議から身を避けているのである。その真意はいくつか読みとれるが、それは主題でないのでここでは触れない。この大政変を契機として日本各地でいわゆるさまざまな「民権運動」が展開され、在野の民権論者が各地で活発な運動を展開する。福沢諭吉はそれには加わらず、「国会開設」論を提起はしたものの、民衆の参政権を強調するよりも「民心収攬」の手段として考えていたようである。また一八七九（明治一二）年の琉球王国の完全廃止である琉球藩の廃藩置県には賛成しつつ、その「その人民の心を籠絡する事、最第一の緊要」と述べている。このあたりの福沢諭吉の信条や主張の要点をみると彼は多くの欧米の書籍や論調を知るにつけても、急激な改革や民衆主導による政変などを排除し、穏健な立憲国家による「近代国家」を目指していたことが知られよう。

さて、福沢諭吉の朝鮮論は一八八二〔明治一五〕年に創刊した『時事新報』により全面展開される。この新聞は「内安外競」「官民調和」「不偏不党」をかざして毎号、福沢諭吉自身の手になる時事評論を掲載する。そして多くの読者を獲得して隆盛を誇り、一九三六〔昭和一一〕年『東京日日新聞』に買収され、廃刊となった。そのあとは一九四六年に復刊されたが、五五年に『産業経済新聞』と合体し、『産経新聞』の前身である『産経時事』となり、今日の『産経新聞』へと続いている。

以後、諭吉はこの『時事新報』を舞台として活発な論文活動の場とする。朝鮮＝アジア論もまたこの『新報』の論壇に掲載された。その主なものを紹介しよう。この一八八〇年代、朝鮮では、江華島事件のあと、日本の他、欧米列強と不平等な条約を強いられ、国内経済の疲弊の中ではあったが、日本へ「紳士遊覧団」を派遣して日本の「文明化」ぶりを視察させていた。そのような中で諭吉は朝鮮人留学生を慶応義塾に受け入れ、またその一人、金玉均《キムオッキュン》らの政治運動を積極的に支援するに至る。だがその支援の立場は次にみるような点からの「援助」であった。

「不幸にして一旦此土〔朝鮮〕が西洋人の手に落ちることあらば、其時の形勢は如何なるべきや」「日本国の独立も疑いなきに非ず」〔一八八一〔明治一四〕年〕。

「日本は最旧の和親国として、交際上の事に就いては常に其首座を占めるは自然の勢なるべし」〔一八八二〔明治一五〕〕。

ここで言う「交際」とは「外交上の特権」である。さらに「逆徒を追討」「十分の懲戒」後、花房公使を以て朝鮮国務監督官に就任」「開国主義の人を輔弼翼賛」すべし。〔同年の「壬午軍乱」後の論説〕

「我日本は東洋文明の魁《さきがけ》にして、首として支那と朝鮮を誘導し、彼等をして我と共に喜憂を与《くみ》にせしむることに勉め、文を以て論じて聴かざればぱ武を以て威するをの必要なるを知る者なればなり。」

「我日本国は其食む者の列に加はりて、文明国人と共に良餌を求めん」〔以上、一八八三〔明治一六〕年〕。

そして翌年に、金玉均が帰国していわゆる甲申事変といわれるクーデターを企図するが、福沢は彼等を直接、間接に支援した。だがこのクーデターは失敗し「三日天下」に終わる。再び日本へ逃れ帰った金玉均を諭吉は一時匿《かくま》うが日本政府の官憲の追及をかわすことができず、やがて金玉均は刺客に襲われて非業の死をとげる。

諭吉が著名な「脱亜論」を『時事新報』に掲載するのはこの後間もなくの一八八五（明治一八）年である。

その論調はここであらためて紹介するまでもない。諭吉のここまでの軌跡を振り返ってみると、西洋文明の見聞のもとに「文明開化」こそが未来を築きうるのだ、という確信を前提として、日本の文明化を促すことが彼の第一の目標であった。そしてその改革はいわゆる「上からの改革」であり、民心をそこに誘導することが知識人の使命、ジャーナリズムの使命である、という確信がそれに続く。それとともに「脱亜論」にみられるように本来は友邦であったはずの朝鮮や中国が簡単に「文明化」の道を歩まない時には、日本が強権的にそれを領導する任務がある、という確信が第三であった。その前提として「遅れた亜細亜」すなわち「悪友」という論点に到達するのである。

そしてそのアジアの国々との交際を「謝絶」するとは、たんなる外交関係を意味するのではなく、先にみた論説通り、西洋文明国と共にアジアを「良餌」の対象とする、という意味をもっている。これこそまさに帝国主義の論理であろう。かつての啓蒙主義者の面影さえ振り捨てているとも言える。かくて、さきにみたように日清戦争の結果の彼の感慨は冒頭に記したように「愉快とも難有とも云ひやうがない」と嬉し泣きになる。

3　勝海舟の朝鮮論

先述の通り、勝海舟は幕末の最大の激動の時期をおおむね徳川政権の中枢に参画する幕臣であった。そのため、自己の政治的、外交的、軍事的見解を政権維持のための政策として具体化することも時には可能であった。そのひとつとして一八五七（安政元）年、長崎の海軍伝習所時代に他の新任教師とともに咸臨丸に乗船して対馬に至り、さらにその周辺からはるかに浮かぶ朝鮮の陸地を遠望した、という。対馬藩士を除けば、幕府要路者の数少ない朝鮮望見経験であろう。

これより以前、一八五三（嘉永六）年、アメリカからペリーの艦隊が来航してきた。その時、この事態が予想されていたにもかかわらず、当時の幕閣は何の対応策も準備できておらず、右往左往したことは周知の通りである。しかしこの事態をめぐって沸騰した世論を収めるべく翌年になって、譜代、外様、身分の上下を問わず、献策を求めることとした。海舟はその時、三一歳、小普請という小身であったが「建言」を提出した。それはどのように幕閣に受け取られたかは不明である。だかその「建言」は海舟の「建言書類」に収められている。その趣旨の大要は次のようである。献策は次の五策である。

①人材登用、言路洞開　②堅船建造、近国交易（この中に朝鮮も入っている）その利益で国防をまかなう　③江戸防備　④西洋風兵制の採用と教練学校属設　⑤火薬はじめ西洋流の武器弾薬製造体制の確立、である。この全体構想に特に新味はない。ただ、近国交易論のなかに、中国、朝鮮、ロシアを具体的に国名をあげて記していることが彼の視座を知る上で大事だろう。長崎での伝習時代、彼は進んで実習に参加し、やがて江戸へ戻った時には「軍艦操船教授方頭取」という役目に任じられている。なお、先述の「建言」中の交易については「此方より雑穀雑貨を以て有益の品々と交易盛んにし候儀に御座候」と述べ、平和な交易を予想している。

さて、ここでこの頃の対馬藩をめぐる情勢を一瞥《べつ》しておきたい。一八一一（文化八）年に最後の朝鮮通信使が対馬で聴礼《へいれい》を行ったあと、両国の交流は中断したままであり、対朝鮮貿易も不振を極め、その交易の利益に依存していた対馬藩は極度に疲弊していた。そしてなにかと理由をつけて幕府からの下賜金を得てその財政を維持していたが、幕府当局も内外多端の折りから、その出費に苦しんでいた。そこへロシア軍艦の対馬上陸事件が起きる。いわゆるポサドニック号事件である。時に一八六一（万延二・文久元）年のことである。測量と薪水補給を求め、抵抗した島民を殺傷するという事件であるが、幕府はすでに外交関係を結んでいたイギリスの公使と結んでロシア艦に退去を命じて一件は落着した。このあと、対馬藩内外で今後の対馬対策についてさまざまな議論が起こった時に海舟は次のような献策を幕府に提出した。すなわち対馬を幕府直轄とする「上地論」である。

「我対馬は英仏懇望するの意有り。これは必ず魯国の西睡を押止するの大策なり。急に此島を以て上地仰せつけられ、良港を開き貿易地となる時は、朝鮮支部の往来開け、かつ海軍盛大に到る端ならんか」（一八六一〔文久二〕年八月）。

海舟はこのようにあくまで東アジアとの交易論者だった。幸いこの紛争は後をひかず、内外の危機は一応収束した。しかし対馬藩の窮乏は相変わらずである。藩士たちもこの危機打開のために江戸、京・大坂・馬関などでめいめい奔走しはじめた。その代表格が京留守居役を勤めていた大島友之允《とものじょう》であった。一方、尊皇攘夷派の急先鋒であった長州藩の桂小五郎は同藩の多数派工作に関わり、対馬藩士とも接触して大島と出会い、海舟と大島を出会わせる一幕があった。海舟の「日記」は、その日のことを次のように記している。

今朝桂小五郎、対馬藩大島友之允同道にて来る。朝鮮の議を論ず。我が策は、当今亜細亜州中欧羅巴人に抵抗する者なし。これ皆規模狭小、彼が遠大の策に及ばざるが故なり。

今我が邦より艦船を出だし、弘く亜細亜各国の主に説き、横縦連合、共に海軍を盛大し、有無を通じ、学術を研究せずんば彼が蹂躙を遁るべからず。先ず最初、隣国朝鮮よりこれを説き、後日支那に及ばんとす。同人悉く同意。（一八六三〔文久三〕年四月）

この「日記」には海舟独特の言い回しや若干の誇張もみられるがほぼ彼の論点を伝えているだろう。ただし大島や桂がどこまでこの説に同意したかはまた別である。

この後まもなく、対馬藩主名義で大島の画策の結果と思われる「征韓の議」の建白書が幕閣に提出される。その内容は朝鮮に「外夷」が出没していると噂があり、その根拠を打破するために軍艦を出し、時により「兵威」

を以て服従させるべく、というもので、主意と目的はそのようなことを計画しようとしている対馬藩に米と援助金の支給を要請する、というものであった。結果として、この作戦は成功して対馬藩は一応目的を達するが、この頃の海舟の日記には大島や幕閣での論議に際して時折「征韓」という用語が見られる。しかしこれは相手に対する言葉の綾で、海舟が本気で「征韓」を考えていた、とは思えない。というのは先にみた大島・桂に対する説得や一八六三（文久三）年四月、摂海防備巡視の為に西下してきた将軍家茂に対して「神戸海軍操練習所」の創設を認めさせた。その時、操練所の目的について、海舟は次のように述べたのである。

「営所を兵庫・対馬に設け其一を朝鮮に置き、終に支那に及ぼし、三国合従連合して西洋諸国に抗すべし」。

要するにこの時、海舟の持論は「三国合従連合論」であった。そして彼が幕府に対してこの件に関する最後の「建議」は次のようなものであった（一八六四〔元治元〕年四月）。

「建議第九条　海軍演習のため、支那、朝鮮地方に航せんとす。故に先ず神戸の地に海軍局を設け、此輩（公募に応じた人々）を集合し船舶の実地運転に従事せしめ、遠く上海、天津、朝鮮地方に航し、其地理を目撃し、人事を洞察せしめんとす。（以下略）」。

しかしこの建議は陽の目をみることは無かった。その直後の京都での尊皇攘夷をめぐる政局の急転とそれに絡まる幕府側の人事、将軍家茂の急死などが重なり、海舟は事実上その役職を罷免されたからである。

このような海舟の発言や残された記録からみると、内外多事をきわめた幕末の政局のもとで、少なからぬ幕臣や知識人が対外政策として朝鮮に注目しはじめたが、その多くは吉田松陰を筆頭とする「取り易き地」として朝鮮侵略を呼号する主張であったことに対し、海舟は唯一、日本・中国、朝鮮連合論を唱えた政治家であった、と言えよう。

維新政権の時代にあってもその見解は不動のものであったことは、先にみた一八七三（明治六）年の遣韓使節論争の時に、海軍大輔を経て参議兼海軍卿という直接に関わる立場にいながらも、慎重な行動をとっていたことに表れた。一八七五（明治八）年にその参議海軍卿を辞したあと、一八八八（明治二一）年、請われて枢密院顧問官という一種の名誉職につくが、もう政局の動向とは一線を画していた。だが、中国や朝鮮に対する関心と親愛の目を捨ててはいなかった。そのことは晩年の口頭談話の筆録である『海舟座談』や『氷川清話』にも随所に語られている。

日清戦争についても「あれは伊藤サンの戦争だよ」と突き放し、大院君もなかなかの人物だ、と評価するなど、他の政治や評論家、ジャーナリストとは明らかに異なる視座を保ち続けていた。戦争遂行のための義金に一万円の寄付を自ら差し出した福沢諭吉と目の付けどころが根本的に違っていたのである。

この違いの根源は何か。ごく概略的な印象でいえば、諭吉の場合は「脱亜論」にみる通り、西欧的な文明社会に対して、中国や朝鮮は閉鎖的社会であり、文明世界に目を閉ざしている「悪友」だ、とみるのである。さらに文明社会の欧米諸国は、よき先輩であり、先導者である。その先導者の仲間入りをすることが日本のとるべき道である、という。ここには西欧文明に対する一種のコンプレックスのような思考があるのではないだろうか。そして、世界の隅々までその「文明力」を及ぼすことが「善」であり、そのこと自体が支配領域の拡大であると考え、帝国主義であることを見抜いていない。

海舟の場合は「朝鮮は日本のお師匠だった」というように東アジア社会の歴史に対する敬愛の意思が明確にあり、支配-非支配の関係に立つべきでない、という思考が基底にあったのではないだろうか。

残念なことに海舟の構想は幕府権力の急速な衰退とともに実現の可能性は消滅した。

他方、福沢諭吉の方は、その思いが明治を担った権力者によって実現に第一歩を踏み出すことになった。それゆえ、諭吉の思想は陽のあたる場所を得ることになり、以後の日本人の思考方法に大きな影響を与えることになった。

幕末から明治初期を生きた二人の軌跡から学ぶことは少なくない。

主要参考文献（主として近年のもののみに限定した。）

井口和起『日本帝国主義の形成と東アジア』名著刊行会、二〇〇〇年。

杵淵信雄『福沢諭吉と朝鮮』彩流社、一九九七年。

中塚明『日清戦争の研究』未来社、一九六三年。

中塚明『これだけは知っておきたい日本と韓国王宮占領事件』高文研、二〇〇二年。

日韓共通野制作チーム編『学びつながる日本と韓国の近現代史』明石書店、二〇一三年。

原田敬一『日清戦争』岩波新書、二〇〇七年。

朴宗根『日清戦争と朝鮮』青木書店、一九八二年。

松浦玲『明治の海舟とアジア』岩波書店、一九八七年。

（勝海舟の明治以降の記録については『海舟座談』『氷川清談』や関連著述もあるが、海舟や編者の思い違いなどもあるので、ここでは割愛している。）

安川寿之輔『福沢諭吉のアジア認識』高文研、二〇〇〇年。ほか
吉野誠『東アジアのなかの日本と朝鮮』明石書店、二〇〇四年。
☆福沢諭吉の根本資料は『福沢諭吉全集』全二十一巻、慶応義塾編、岩波書店（一九六九〜一九七一年）がよい。
☆勝海舟については『勝海舟全集』に収められている『海舟日記』勁草書房（一九七二〜一九七三年）がよい。

第9章　転向者・小林杜人における「弁証法」的真宗理解について

平田厚志

はじめに

一九二八（昭和三）年三月一五日、検察当局と特高警察の連携によって日本共産党に対する全国的大弾圧が行われ（いわゆる三・一五事件）、検挙者数約一六〇〇人にのぼり、そのうち起訴された者は四八八人に及んだ。[*1] この事件で検挙・起訴された党員のなかの一人に本稿で取り上げる小林杜人《もりと》（一九〇二〜一九八四）が含まれていた。[*2] 小林は長野県長野市近郊（現、千曲市雨宮土口）の農業と蚕種製造を家業とする農家の長男として生を享け、地元の農蚕《のうさん》学校を卒業後、村役場勤務の傍ら農民運動の指導に従事した一農民労働運動活動家にすぎなかったが、長野県水平社運動の設立に協力したり、日本農民組合長野県連合会北信支部の中心的な活動家として奔走したことなどが実績として認められ、一九二八（昭和三）年一月、誘われて日本共産党に入党した。しかしそれからわずか二ヵ月後に「三・一五事件」に巻き込まれてしまい、懲役三年六ヵ月の判決を受けて、市谷刑務所に収監、豊多摩刑務所で服役した。そして両刑務所に収監・服役期間中に浄土真宗西本願寺派に所属する教誨師藤井恵照との運命的な出会いがあり、小林の言葉によれば、獄中藤井の精神的支援もあって「コペルニクス的な回転を体験」して、マルクス主義を捨てて浄土真宗の信仰に帰依し、「転向者」として仮出獄したのであった。出獄後の小林は、恩師藤井の斡旋で司法省の外郭団体として組織された御用保護更生団体「帝国更新会」[*3]に身を寄せた。その後、佐野・鍋山の「転向声明」がきっかけとなって「大量転向」期を迎え、[*4]帝国更新会にも思想部が置かれることになり、「更新会」幹部達の信頼を得ていた小林は、一九三四（昭和九）年一二月から転向者を対象とした思想部の主事として誠心誠意、思想犯転向者の更生・保護支援活動に尽力し、実際多くの「転向者」が彼の世話になって社会に復帰していったのであった。[*5]

ところで、転向者・小林杜人の歴史的役割・位置づけについては、すでに一定の評価が与えられており、[*6]いま敢えて彼を取り上げる意味がどこにあるのか、と問い返えされそうであるが、それは筆者の私的な関心事に基づくものであることを、まず以て断っておきたい。近年筆者は、天皇制ファシズム国家体制下における日本国内、ないし中国東北部（旧満州）・朝鮮半島・台湾など植民地支配地域において、監獄教誨活動に従事、尽力した東西両本願寺教団所属の教誨師の足跡について調べているのだが、とりわけ国内において特筆すべき足跡を残した教誨師の一人として知られている、藤井恵照[*7]（一八七八〜一九五二）の人となりと、彼の真宗教誨思想とその実践活動を追跡してみたいと考えている者の一人である。ところが、いざ藤井の教誨師としての教誨理論やその思想の内実を探る手掛かりになりそうな論説を諸雑誌・諸資料中から収集するとなると、諸大学附属図書館や諸研究機関に足を運ぶ必要があり、資料蒐集にはそれなりの期間を要することが判明し、本稿で取り上げるには時間的にもとうてい間に合わないので、当面は断念するほかはなかった。しかし、藤井について調べていたその過程で興味を抱いたことであるが、藤井の教誨教化に多くの受刑者が感化を受けたと見られるが、そのひとりに小林杜人がいた。小林は藤井から真宗的な教誨（『真宗聖典』等の差入れも含む）を受けたであろうことがきっかけとなって、「コペルニクス的な回転を体験」し、如来の本願に帰依する敬虔な念仏者になったのだと告白している。小林は恩師藤井に対して、師を如来の「応身」と仰ぎ、受刑者に寄り添った師の教誨教化活動に「顕現した如来の姿を見た」とも自伝的自書[*8]の中に記している。「応身」にして「顕現した如来の姿を（藤井に）見た」との表現は、その体験内容の意味するところから察して、親鸞の主著『教行信証』や、『唯信鈔文意』等の和語聖教を、かなり本格的に読み込んだ上でないと告白できない信仰表現であろうと推察される。「他力の信仰」獲得《ぎゃくとく》の度合いも、それまでの「転向」をめぐる壮絶な内面的葛藤の過程を経た上での真宗「他力信仰」への帰依であったことが窺える。彼の帝国更新会との深い関わりから、かつての同志などからは「転向者」「裏切者」「日和見主義者」と罵られながらも敢えて表《おもて》だって反論もせず、更生・保護活動に全身全霊を注いで、多くの「転向」者の社会復帰のために優しく背中を押し、彼等を無条件で支援し続けた。その実践活動を小林の内面から強く促しつづけたのは、彼が獄中で恩師藤井を介して「コペルニクス的な回転を体験」したことで入信した真宗信仰に基づく「還相廻向《げんそうえこう》」[9]の働きが作用したものと思われ、念仏者として「無碍《むげ》の一道《いちどう》」に徹しきった結果だと推測できるからである。小林の転向者達への温かいまなざしは、如来回向の大慈悲心のなせる業《わざ》であろう。小林の真宗信仰に留意し、その重要性に言及する論者は少なくないが、彼の真宗理解の捉え方に視点を据えて考察を深めた論考はほとんど見当たらない。一九二〇年代後半から一九三〇年代前半のこの時期は、国家権力による思想統制・宗教統制が本格化しつつあった時期であり、多くの「転向」者が親鸞の他力信仰に強く惹かれ、真宗信仰に一時的に避難（＝救済）の拠り所を見出した人達が少なからず存在したことは事実であるが、小林の場合もその類《たぐい》であったのかどうかは、具体的に検討してみなければ断定できないであろう。親鸞の他力信仰に強く窺える「世間内的な「聖」化の実践論理」[10]に小林が少しなりとも触れ得たとすれば、転向者・小林杜人の歴史的位置づけについて、宗教思想史的視座から何らかのプラス評価を加えることも可能ではないかと思う。

1　小林杜人の転向を決定づけた真宗信仰について

(1)教誨師藤井恵照との出会い

小林は、若かりし日に長野市で日本救世軍士官・牧師の山室軍平（一八七二～一九四〇）の説教を聞き、一時キリスト教に入信していた時期があるが、[*11] そのことからも彼の宗教への関心は人並み以上であったことが推測できる。ただし、キリスト教入信の動機について彼が語るところによれば、「キリスト教には日本封建制の権威を否定する面がある」[*12] ことに対する共感にあったようだから、若き日の彼の宗教への関心は、内面的苦悩というよりも、マルキストの立場からの無産者運動の全面的戦線に連動させてのそれであったと思われる。実際、その戦線の一部としての反宗教運動[*13]が吹き荒れていた時期とも重なって、小林も無産者階級の視点から現行宗教界の旧態依然の悪しき現状を厳しく批判し、反宗教運動が盛況であることの意義を次のように認識していた。「現行宗教・教団は、この世でさんざん無産階級の人々を搾取しておきながら、死んでからお浄土や天国へ行けると説教等に於いて慰めるが、結局彼等の立ち位置は現代の有産階級の手先なのだ。従って、無産者運動に従事するものから見れば、宗教を世俗的世界に引き下げて、徹底的に批判し、排撃しなければならない。なぜならば、現に現行宗教界が有産者階級に加担している事実を挙げるとすれば、第一には無産者階級が搾取されつづけている矛盾だらけの有産者階級優位の現実社会を、不当な矛盾した差別的現実社会として自覚させないように、無産者に対して死後の世界のパラダイスを欺瞞的に描いて見せることで阿片の効果を狙い、第二には現在の社会組織及び制度をそっくりそのまま無批判に容認し、有産者階級優位な社会に於いて人間として自由・平等で豊かに生きる権利を否定された無産者階級の人々が、全人類をして自由・平等で豊かな人間らしい生活を実現させるべく歴史的使命を有する無産者による無産者運動を麻痺させるような反動的役割を担う側に立っていることから判断できる。従って、反宗教運動は、無産者階級運動の全面的戦線の主要な一部として戦いとらねばならなかったのだ」（小野陽一『共産党を脱する迄』一七八～一七九頁、意取）と。転向前のマルキストとしての小林の立場からすれば、当然の宗教界批判だといえるが、だからといって小林に本来的宗教への志向性が稀薄だったということにはならない。

小林が獄中において体得したとする「信仰」とは、如何なるものであったのだろうか。またその「信仰」を獲得したことによって、彼の生き方はどのように転換されていったのであろうか。

真宗教（浄土真宗）を信楽して如何に自分の世界観が変つたか。其れを一口に云へば、従来は自分の小さな自我を中心に、前へ〳〵と進んでゐたのであるが、それが今度は如来大悲の大信心の廻向によつて、コペルニクス的な回転を体験したことである。即ち従来の世界観に於ける相対的な方向転換ではなく、自己を如来の位置に転置したそれであつた。（「マルキストは獄中如何に宗教を体験したか」小野陽一『転向者の手記』二四〇頁、傍点引用者）

小林は豊多摩刑務所の獄中で自殺を図るほどに極限値に追い込まれるくらいの精神的絶望状況下にあった時、たまたま同刑務所の教誨師として赴任してきた藤井恵照と運命的に出遭い、藤井教誨師の慈愛の籠った教化を介して親鸞の思想（浄土真宗の信仰）に触れたことによって、彼の人生観・世界観が一八〇度の大転換を起こしたことは事実のようである。すなわち、己の「小さな自我」への執着（無産者階級解放のための革命運動への尖兵になることが、自己や大衆にとっての幸福につながるとの確信）を拠り所に運動へのモチベーションを高め、前進させようとしていた彼が、下獄によってその精神的足場が一挙に瓦解してしまい、獄中で脳裡を去来するものは父母をはじめ弟妹たちへの断ちがたい情愛と家族を犠牲にしてきたことへの慚愧《ざんき》との交錯、同志を裏切ることになる背信行為への罪悪感等で絶望的な心的状況に追い詰められていたのである。この時「精神上に異常があつた小野（小林のこと）は、一切の自分の心持をＦ師（藤井恵照）に打明けて、御相談を願つてゐたのであるが、其の時の

F師は、決して小野の過去の犯罪を批判するという態度ではなく、自分に悔悟せよとは一言も仰せられぬ。たゞ会う度毎に、自分の心に何物かの潤ひを与へられる。そして肉体的にも、精神的にも、死といふ絶望の手から救つてくれた」（小野陽一「光明の彼岸へ――マルキスト及び世の大衆に與ふ」『共産党を脱する迄』一五一頁）。この時から小林にとって、藤井はいのちの恩人となった。だから「たとひ信仰を獲得せず、共産主義を放棄せぬとしても、F師に対する恩義は、海より深いものであつたのだ。その小野を如来の勅命を聞いて、念仏せずには居られぬ様に導かれて行つたのだ。此処に念仏に於て救はれつゝ、ある自分――否今でなしに最初に念仏した時から救はれて居た自分を見出した」（同上）のだと、恩師藤井を介しての自らの入信経緯を振り返る。小林はこのような藤井の導きによっていよいよ念仏の機縁熟し、「如来大悲の大信心の廻向によつて、コペルニクス的な回転を体験」することになったのである。

　小林の念仏帰依への深まりは、親鸞思想の真髄に迫ることによって、善知識たる藤井への思いをさらに募らせていく。

　小野は或る日『教行信証』を拝した時、其の総序に示された阿闍世王の姿は、吾々自身の姿であることを知った。そして浄業の機は、二千年前の王舎城の牢獄に於て、韋提に表れた如く、今自分の前に表れてゐる。従つて二千年前の出来事は、吾々の前世の姿であり、単に阿闍世王一人のことではなかつたのだ。親鸞聖人は仰せらるゝ。「行にまどひ、信にまどひ、心くらく識少く、悪重く障り多き者、ことに如来の発遣を仰ぎ、かならず最勝の直道に帰して、もはら此の行につかへ、たゞ此の信をあがめよ」と、これこそ今の私にとつての救ひの道であつたのだ。小野は、たゞにF師を、こゝ迄自分を導いてくれた人として見るのみならず、今では如来の顕現者の一部として見るに至つた。小野の考へる所によると、如来の心は、一切群生海に満ち満ちてゐる、それ等の法性法身の世界は、到底吾々の知識を以て推測することは出来ない。それは宇宙の実体で、如来は種々応化の身を示し給ふのだ。その統一的方便法身が法蔵菩薩であつて、不可思議の四十八願に依り、一切衆生を仏道に導き入れんと、絶対救済の念願を起されたのだ。此の法蔵菩薩の誓願を信楽するものが絶対信者だ。だから如来は、それ等の人々に顕現せられる、従つて大信者は如来の往身ともなり得る。小野はF師に会つて、F師が出て行かれた後姿をぢいつと見つめて、其処に顕現した如来の姿を見た。（小野陽一「光明の彼岸へ――マルキスト及び世の大衆に與ふ」『共産党を脱する迄』一五三－一五四頁、傍点、引用者）

小林の所見として披歴している上掲傍点部に窺われる親鸞思想の理解は、おそらく『唯信鈔文意』の以下の文節を読み込んだ上での理解だと思われる。

仏性すなはち如来なり。この如来、微塵世界にみちみちたまへり、すなはち一切群生海の心なり。この心に誓願を信楽するがゆゑに、この信心すなはち仏性なり、仏性すなはち法性なり、法性すなはち法身なり。法身はいろもなし、かたちもましまさず。しかれば、こころもおよばれず、ことばもたえたり。この一如よりかたちをあらはして、方便法身と申す御すがたをしめして、法蔵比丘となのりたまひて、不可思議の大誓願をおこしてあらはれたまふ御かたちをば、世親菩薩は「尽十方無碍光如来」となづけたてまつりたまへり。この如来を報身と申す、誓願の業因に報ひたまへるゆゑに報身如来と申すなり。報と申すはたねにむくひたるなり。この報身より応・化等の無量無数の身をあらはして、微塵世界に無碍の智慧光を放たしめたまふゆゑに尽十方無碍光仏と申すひかりにて、かたちもましまさず、いろもましまさず。無明の闇をはらひ、悪業にさへられず、このゆゑに無碍光と申すなり。無碍はさわりなしと申す。しかれば阿弥陀仏は光明なり、光明は智慧のかたちなりとしるべし。（『浄土真宗聖典（註釈版）』七〇九～七一〇頁）

親鸞はこの文節において、法性法身《ほっしょうほっしん》と方便法身《ほうべんほっしん》との関係、方便法身の現われ方とその働きを平易に述べ、同時に方便法身と凡夫との関係の根本構成を簡明に示しているのであるが、実際の内容理解はとなればかなり難解である。それはさておき、小林は親鸞の『唯信鈔文意』のこの箇所に何故惹きつけられたのか。恐らくそれは、宗教的回心前の小林が固く信じ込んでいた「神仏の存在は科学的に証明できぬ」（小野陽一「マルキストは獄中如何に宗教を体験したか」『転向者の手記』二三三頁）との反宗教的観念から解き放たれ、他力信仰への帰依によって「仏性」の実在性を確信せずにはおれなくなったのであろう。ともかく、上記のように理解したことを踏まえて、二法身説を小林がその思想的・実践的課題にどう生かして行こうと考えていたかについての考察が必要となるが、とりあえずは、まず先行研究ではどのように意義づけているか窺ってみよう。

(2)小林の真宗信仰をめぐる先行研究の所見

小林が「転向」を決断した決定的な要因は、獄中で教誨師藤井とめぐり合い、藤井のすすめで親鸞思想にふれ、体験的・主体的に真宗思想を学び取った結果、「コペルニクス的な回転を体験」して真宗信仰へ帰依したことであった。小林の真宗信仰に最初に着目した研究者は、米国ハワイ大学の女性社会学者・パトリシア・スタインホフであった。スタインホフは、マルキストであった小林がほかでもない日本仏教の一宗派である浄土真宗の信仰者に「転向」したのは、小林が真宗の論理を、マルクス主義「弁証法」とある種類似した「弁証法」的構造であると確信したからではないかと当たりをつけ、実際スタインホフがハワイから来日して、直接小林夫妻と面談し、夫妻から以下のような聞き取り調査をして、その点を再確認したことを記している。

小林杜人（彼自身は真宗信者であった）は、転向者のかなりの者が浄土真宗をえらんだ理由として、真宗の論理が弁証法であり、したがって元マルクス主義者が、たとえこの弁証法が物質と精神のそれであろうとも、

これを身近に感じていること、……[*14]

転向者となった元マルクス主義信奉者のかなりの人びとが真宗思想に傾倒し、「転向」の契機やその理由としたのが、親鸞の思想構造に窺える「弁証法」的思考であり、その点に親近感を抱いたからだと小林は証言したようだが、この証言を聞き取ったスタインホフが、とりわけ証言者の小林を「彼自身は真宗信者であった」と注記しているのは、親鸞に親近感を抱いた他の「元マルクス主義者」と区別して、小林こそが浄土真宗（親鸞思想）の論理が「弁証法」であると真に理解して真宗信仰者になった人物だと確信したからではなかろうか。

小林と親交のあった社会思想研究家・労働運動家の故石堂清倫[*15]（一九〇四〜二〇〇一）は、スタインホフのこの指摘を深い関心をもって受け止め、「小林が親鸞の「弁証法」的教えのうちに生涯の行動を決する何物かをえたことは間違いないところである[*16]」と慎重な言い回しながら、小林が「親鸞の「弁証法」的教え」に学んで、それこそが彼をして生涯の実践行動を突き動かした拠り所であったと、確信的に断定している。ならば、「親鸞の「弁証法」的教え」とは、具体的に親鸞の如何なる論理的思考を指してそういっているのであろうか。この点について石堂は、「小林は自著のなかでも方便仏性と法身仏性の関係を弁証法と認めている。それはおそらく『教行信証』によるものであろう。親鸞は、法性法身によりて方便法身を生じ、方便法身により法性法身をいだすといい、この「二つの法身は異にしてわかつべからず、一にしておなじかるべからず」と説いている。このことから救済の方便が、便宜的手段または計略という通俗的意味にとられないで、小林にとっては、救いそのものの方便という信念が生じたのではないかと思われる[*17]」と推論している。確かに、『教行信証』証文類・還相廻向釈（『浄土真宗聖典』注釈版、三二一－三二二頁）や『唯信鈔文意』（同上『聖典』注釈版、七〇九－七一〇頁）には、〈法性法身〉と〈方便法身〉との二種法身の関係構造が明示されており、それは親鸞思想の独創的な論理教説の一つとして多くの親鸞研究者が注目するところである。小林が「救済の方便」を方便法身（如来）による衆生救済の働きと捉えていた、と見抜いたことは石堂の慧眼によるものといえるが、その方便法身による衆生救済の働きが小林自身にどのように受け止められ、かつ彼の実践活動原理としてどのように作用したのかという、具体的な点についての言及はなされていないことが惜しまれる。

親鸞の二種法身説を小林は「弁証法」的論理と受け止め、それによって彼の「生涯の行動を決する何物かをえた」に違いないとする石堂の指摘を念頭においてのことと見られるが、小林が獄中で獲得した「如来回向」の信心は、決して抽象的・隠棲的な信仰ではなく、「人を救い社会に奉仕する」信仰へと、「弁証法」的に止揚させたところに積極的な意義があるとして、小林における真宗信仰の持つ意味の重要性を見逃さなかったのは、日本社会主義運動史家・労働運動史家の伊藤晃[*18]であった。

「如来の大生命」のなかに生きること、それは当然、救われた自分が人をも救う報恩の業に生きることである。自分の小さな自我には持ち得ぬ人類救済の力が、一切が如来によって生かされている世界に合体するところから生れることを知った小林は、その悟りで自分の社会変革運動を再解釈したのである。彼が法性法身に対する方便法身という考えで説明しているのはそのことであろう。如来本来の絶対的世界を言う法性法身にたいして、方便法身は、人間的次元に応化して現われる仏の姿である。それによってはじめて「大悲が具体化され、吾々凡夫がそれを悟り得られるのである。それは全大衆を救はんといふ大誓願であったのだ。」「此の法蔵菩薩の誓願を信楽するものが絶対信者だ。だから如来はそれ等の人々に顕現せられる。従って大信者は如来の応身ともなり得る。」この方便法身の立場からすれば、小林の報恩・奉仕の道は「現実の吾人大衆と如来との問題」であり、それは「今私達の社会状態」のなかでこそ求められるであろう。（伊藤晃「いくつかの転向者運動」『転向と天皇制』二三三－二三四頁）

上掲の伊藤論文について、引用者が注目したい点が二つある。第一には、己の小さな自我に執着している限り絶対に持ちえぬ「人類救済の力」を、「如来の大生命」の中に生かされている己に気付いたことに依って得た「人類救済の力」を、彼がめざす「社会変革運動」の推進力として「再構築」せんとした点に着目したこと、第二には、小林が体得したとするその「悟り」（＝真宗信仰）とは親鸞の独創的な論理である二種法身説の正確な理解を通して、「方便法身」たる如来が「応身」となって大誓願を起こし、信楽《しんぎょう》（信じ楽《ねが》う）の絶対信者の上に顕現する事実を体験した、その具体性にこそあったことに着目した、という二点においてである。もっとも、伊藤は上掲引用文での着目点を踏まえ、その点をさらに突っ込んで分析をしているわけではないので、われわれは真宗思想史的立場から伊藤のこの問題提示を受け止めて、具体的に深めて行くほかはないであろう。

以下の論述において、小林における「信の確立」が、「転向」後の彼をして「全大衆を救はんといふ大誓願」の具現化にどう連動・展開せしめんとしたのかについて、さらにその具現化の成立根拠について、小林の言説を踏まえて考察してみよう。

2　小林の「弁証法」的真宗理解について

（1）「弁証法」的真宗理解

小林が真宗思想を「弁証法」的に理解しようとしていたことを窺い知る上で、ひとつの手がかりとなるのが次の言説であろう。

　吾々は、先づ否定的立場をとらねばならぬ。限られた人間の力を知る時に、吾々の力を以てしては、此の社会をありのまゝに動すことが出来ぬと考へる。これが此の現世の否定である。けれども単なる否定で止まつて居るのではない。否定の上に、更にそれが止揚された世界があつた。それが何であるか？　吾々は自己を止揚するためには、先づ自己を捨てなければならぬ。自力の執心を、そして無我の世界を知り、信仰の世界を知つた時に、そして大誓願の世界に蘇つた時に、初めて神通力を与へられた自分を見出すことが出来るのである。其の時は無碍である。従つて其の現実的観察に於いては、社会科学者と同一であるが、宗教はそこに一つの段階を経て、初めて社会的奉仕をするのであつた。小野は今愈々親鸞主義の神髄と、宗教の真諦について、その体験を述べたいと思ふ。（小野陽一「光明の彼岸へ——マルキスト及び世の大衆に與ふ」『共産党を脱する迄』一七六頁）

右掲の言説内容からあらまし窺えるように、前段は転向後の小林の真宗的宗教観を述べたものだが、それが「弁証法」的宗教理解に立っていることは明らかであろう。真宗的宗教観に立脚すれば、いやが上にも気づかされるように、限りある人間の力でもって「此の社会をありのまゝに動すこと」など出来はしない。その意味で自力的宗教観には否定の立場をとらざるをえないが、けれども我々の居所する現世は、「単なる否定の世界」ではなく、「否定の上に、更にそれが止揚された世界」があったのだと、現世は〝絶対肯定〟される。「弁証法」的に止揚された〝絶対肯定〟の世界とは、信仰の世界としての如来回向の「大誓願の世界」であって、それが現世に蘇った世界なのであった。そして我々がこの「大誓願の世界に蘇つた時」に、絶対無限の「神通力を与へられ」て再生し、自由自在に「社会的奉仕」も可能になるとする。「其の時は無碍である」とは、上述のような信仰世界を指しているのであろう。小林は、かくなる信仰的体験を踏まえて、「親鸞主義の神髄」と「宗教の真諦」に出遭うことができたというが、ならば小林が理解し得た「親鸞主義の神髄」とは、親鸞思想の何をもって「真髄」と捉え得たのであろうか。

転向前の小林は、マルキストの一人として「神仏の存在は科学的に証明ができぬ」ゆえ、所詮、観念の世界のことと考えていたから、マルキシズムを「清算」して「他力信仰」に基づく新たな第一歩を踏み出すに当っては、己のすべてを懸けて仏の存在を論理的に証明しなければならないし、且つまた救済者としての如来のはたらきと我との関係についても「弁証法」的な証明が必要であった。

（A）明かに知る、この宇宙の実相、絶対的真理は、それ自体が人格化する。如来を人格化したものに、絶対的真理を、因果に依せて説いたものが経文であり、法性法身は、超因果的なものであつた。従つて方便法身となつて、初めて因果関係が生じた。大経はそれを具体的に表現したものであつた。（中略）然らば真宗に於ける、念仏の意義はどうであろうか。（小野陽一「光明の彼岸へ――マルキスト及び世の大衆に與ふ」『共産党を脱する迄』一八六－一八八頁）

（B）明かに知る、実相の世界（一如の世界）を人格化し、それに因果関係を與へた。其の一如の世界よりの、方便法身の姿に、阿弥陀如来がなられたのである。此の法蔵の根本は、如来の誓願の本である大慈悲であつた。法蔵菩薩に於て、大慈悲の具体化が吾々凡夫に悟られたのだ。それは或ゆる衆生を救はんといふ、大誓願であつた。それは一切のものが、兄弟姉妹であるといふ大きな世界であつた。誠に知りぬる、我々有情の心に、此の如来の誓願を信楽する時、それがほんとうの金剛の信心であると。（同右書、一八八頁）

（C）「ひとすぢに、具縛の凡夫・屠沽の下類、無碍光仏の不可思議の誓願、広大智慧の名号を信楽すれば、煩悩を具足しながら、無上大涅槃にいたるなり」とある通り、自己の救済と、社会への奉仕は、他力の信楽を得て、初めて真実のものになるのであつた。だから一切は如来の光明に照されてのみ、其のまゝの救ひに預り、同時に一切衆生への愛の出発点になるのであつた。（同右書、一九八頁）

他力宗教観における根本的・基盤的論理構造についての小林の理解度については、親鸞の基盤的思想構造の一つである二法身説をかなり正確に捉えていたので、当時の親鸞理解の一般的レベルを超えるものであったことは間違いないと思われる。小林によれば、「宇宙の実相」＝「絶対的真理」＝「法性法身」は、「超因果的なもの」だという。何故ならば、「法性法身」はそれ自体としては無色無形《むしきむぎょう》、言亡慮絶《げんぼうりょぜつ》（「法性すなわち法身なり。法身はいろもなし、かたちもましまさず。しかれば、こころもおよばれず、ことばもたえたり」（『浄土真宗聖典（註釈版）』七〇九～七一〇頁』）で、人間の居所する現実界とは絶対断絶した世界の真理だからである。それならば、「宇宙の実相」たる絶対真理性としての「法性法身」は、絶対断絶下にある人間世界の現実界とは、どのようにして因果関係を取り結ぶことになるのか。このことについては、宗教哲学者の故星野元豊（一九〇九～二〇〇一）が明解に解読しているように、「法性法身」が自ら人格化して顕現することによって、人間世界の現実界と因果関係を取り結ぶほかはないのであるが、その取り結び方は、直線的なものとしては成り立たない。何故なら、現実界に居所する人間は、本質的に「具縛の凡夫・屠沽の下類」（同上）で、煩悩を断ち切ることのできない有為なる存在だからである。従って、「法性法身」の世界が現実界と因果関係を取り結ぶためには、「逆対応的」に「即同一」するほかはない。[*19]「煩悩即菩提」「生死即涅槃」という概念が大乗仏教の根本原理としてあるように、煩悩・生死の凡夫は「宇宙の実相」たる絶対真理とは「逆対応的」に「即同一」な関係として成り立っているのである。そうした関係にあることを「煩悩具足の凡夫」に知らしめるために、「法性法身」は人格化したのであるが、「法性法身」の人格化した姿が「方便法身」としての「如来」（尽十方無碍光如来）なのである。

ところで、「法性」が人格化して「方便法身」として姿を現わした際、「方便法身」としての「如来」は、現実界とはどのような関係を取り結ぶことになるのか。浄土は彼岸の世界といわれながらも、現実界とは絶対断絶した関係ではなく、浄土の弥陀は常に大慈悲・大誓願の心をもって現実界に働きかけているのである。その意味で「方便法身」としての「如来」は、現実界とは対応関係にあるといえよう。親鸞はそうした関係を端的に次のように説く。上掲引用文（1-(1)）の一部重複になるが、再度掲げる。

　この如来、微塵世界にみちみちたまへり、すなはち一切群生海の心なり、この心に誓願を信楽するがゆゑに、この信心すなはち仏性なり、仏性すなはち法性なり、法性すなはち法身なり。（「唯信鈔文意」『浄土真宗聖典（註釈版）』七〇九頁）

　右掲の引用部によれば、如来は「微塵世界にみちみち」ており、しかも如来は「一切群生海の心」となって、「誓願を信楽する」とあるから、如来の誓願は衆生には信心（信楽）信受として決定《けつじょう》することになる。小林が最重要視する「信心が確立する」ことを示すものである。「信の確立」とは信の決断であり、それは凡夫一人ひとりの決断である。しかし、私の信心の決断の心はといえば、「微塵世界にみちみちたまへ」る如来そのものの心なのである。だから煩悩にまみれた私の決断であっても、それはそのまま仏性であり、法性でもあるのだ。「方便法身」たる「如来」と凡夫とは対応的関係にあるが、そこには法性法身と現実界との「逆対応的」関係が横たわっているのであり、この「逆対応的」関係を根拠として「対応的」関係が成立し、成就することができるのである。[*20]

　ところで、このような二法身の衆生へのはたらきかけに、われわれ衆生はいかなる構えで受け止めたらよいのであろうか。小林は「自己の救済と、社会への奉仕は、他力の信楽を得て、初めて真実のものになるのであった」と、「信楽」信受の我をしての「真実」は、自己救済と他者への奉仕として顕現するものであることを「信心の確立」の証として自覚するに至ったのであるが、その「自覚」の底には「具縛の凡夫」という親鸞の言説から体得した自己認識があった。『歎異抄』後序に、親鸞自身の受け止め方が最も端的に示されている。

弥陀の五劫思惟の願をよくよく案ずれば、ひとへに親鸞一人がためなりけり。さればそくばくの業をもちける身にてありけるを、たすけんとおぼしめしたちける本願のかたじけなさよと、御述懐さふらひしことを。
（『浄土真宗聖典（註釈版）』八五三頁）

弥陀における衆生済度の願いは、われら凡愚の生きる場においてしか意味を持たず、如来に願われつづけている世界は、まさしくこの娑婆世界においてほかにはない。しかるに、われらはといえば、「そくばくの業をもちける身」なるがゆえに、「本願にそむき」「本願にさからひ」つづけて生きるしかないわれらなのである。しかし、その境涯に居る一人いちにんが、おのれの実存的存在のきわみの果てに気づかしめられたとき、如来の大慈悲は、われら「一人がため」に注がれていることを実感させられるのである。そのときこそがおそらく、小林のいう「信の確立」した瞬間であり、自己救済と他者への奉仕が同時に動き出す時でもあるといえよう。

（2）「弁証法」的真宗理解に基づく社会的実践性

小林の獄中における宗教的回心は、藤井恵照の教誨教化が決定的な契機となったことは間違いないが、小林をして「他力信仰」に帰依せしめる素地たるや、「転向」以前の彼の生活態度や行動様式の基調にあった「反省」＝「謝罪」（清算）＝「運動」にその素因があったと思われる。ここでいう「反省」＝「謝罪」＝「運動」とは、政治思想史家の故藤田省三（一九二七〜二〇〇三）が小林の「転向」問題を思想史的に分析し、位置づけるに当たって着目した彼の生活態度・行動様式のことである。*21

彼（小林のこと）はこのサイクルを生きるに当たって反省主義の態度を貫く。「同仁会」運動を起した時、その創立大会において彼は、かつて小学生時代に被差別部落出身の友人に対して他の全級友と一緒になって、侮辱的な行いをしたことについて、「泣きながら、それを告白し」、「皆さん、どうか許してください、此の通り謝罪します」といって、深く「同人」の前に頭を垂れたのであった。これは何人が見ても誠実な態度である。しかし、小林の謝罪主義はこの時ばかりではなかった。彼は何か新しい事を始めるときには、つまり自分の生活史の新しい段階に立ったと自覚したときは、必ず、その自覚にとってわだかまりになるような従来の事蹟についての全ての記憶を、どんな微細なものでも、反省し、そして内面的に反省するだけでなく、公衆の前で謝罪し、「清算」しなければ、前進できなかった。いやむしろ、この謝罪過程が新しい段階の運動なのである。彼の目標とするところは、自己嫌悪を催すような汚れを残らず払い去った潔白の心情に至ることであった。それまでは反省＝謝罪＝運動を片時も止めてはならない。ここでは、生活と反省と反省の展示との切れ目のない連続に他ならない。そして、外部世界と内部世界とが分裂せずに直通しているから、つねに正直である。このような精神は、偽装転向をしたり、また内心の転向を中途半端に止める力をもっていない。狡猾な策略を自分の中に蓄えておくことができないからである。これは感性を軸にした日本の真面目主義の典型ではないだろうか。（藤田省三「『昭和八年』を中心とする転向の状況」『転向の思想史的研究』三八―三九頁）

小林における「転向」とは、マルクス主義を「清算」して、「他力信仰」を拠り所とした実践的念仏者として社会的に蘇る（再生する）ことであったが、彼の「謝罪過程が新しい段階の運動」として展開する当たって、「汚れを残らず払い去った潔白の心情に至る」ために、マルクス主義をいかに「清算」したであろうか。マルクス主義の革命理論を一度は信奉して入党した小林が、そこから脱却するために「偽装転向」ではない完全「転向」を目指したとすれば、それまで彼を呪縛していたマルキシズムに対する「本質的」批判の視座と、実践的念仏者としての新たな宗教的実践に踏み出すべき社会貢献への展望があったと思われるが、その一端を窺わしめる言説を挙げるとすれば、次の言説が該当するのではなかろうか。

①彼等（当時の共産党員および周辺の仲間たち）は、共産主義は絶対的真理であると云ふけれど、……次々に色々な真理が発見されて行くもので、此の世界にはイズムとして、永遠に不変なものはあり得ない。たゞ常に進化へと流転あるのみだ。

②小野（小林のこと）が今共産党を脱するに至つたのは、それが余りに闘争主義であることも一つの原因であつたのだ。人間としてそう毎日〳〵闘争の世界にばかり居られるであらうか。前へ〳〵と進んで居る内に自己を内省した時、如何にも空虚な惨めな吾々を発見するのだ。人間同志が絶えず闘争をして傷つき合ふことは、どうしても堪へられぬのだ。

③社会人としては、お互ひの立場を認め合つて、傷つき合はぬ世界、即ち合掌の世界を求めるものだ。けれどもそれがためには、此の社会に、どんなに疾患があつても、それを忍んで合掌せよといふのではない。合掌の世界は、同時に社会的疾患を除くことであらねばならぬ。（小野陽一「マルキシズムの清算」『共産党を脱する迄』一六九－一七〇頁）

上掲①段落目で小林が指摘していることを忖度するとすれば、超越的絶対真理から見れば、社会科学的・唯物弁証法的な真理は「永遠に不変」ならざる相対的真理にすぎず、それは「常に進化へと流転あるのみ」だとの批判を展開しているのだが、それは小林が宗教的回心後に気付いたことであって、相対的真理としての社会科学理論の一つであるマルキシズムを、あたかも永遠不変の「絶対的真理」と信じ込んでいた小林自身に対する自己反省という意味合いが込められているように思われる。

②段落目はマルキシズムの運動形態としての「闘争主義」に対する批判である。小林は投獄されるまで「反省

＝謝罪＝運動を片時も止め」ず、「前へ〳〵と進んで居」たのであるが、独房で自己内省を繰り返すうちに、「空虚な惨めな吾々を発見」し、「人間同志が絶えず闘争をして傷つき合ふことは、どうしても堪へられぬ」という心境を抱くに至ったという。他力信仰が深まれば深まるほど、「闘争主義」は、時には激しい暴力行為を伴うこともあり、彼のそれまでの体験や見聞を踏まえて、マルキストたちの「闘争主義」に対する「謝罪」（清算）の気持ちが沸き起こってきたのであろう。そして③段落目にいうように、「闘争主義」に明け暮れるのではなく、「お互ひの立場を認め合つて、傷つき合はぬ世界、即ち合掌の世界」を希求するようになったのだという。

ところで、念仏者として「無碍の一道」を歩んで行くことを決意した小林であったが、「反省＝謝罪＝運動」という生来からの行動様式は、念仏者として「無碍の一道」を歩んで行く決断をした小林の宗教的再生の道に、どのように連続するのであろうか。彼の宗教的領解《りょうげ》は、①「信念の確立」＝他力の信仰↓②「感謝報恩の念」↓③「一切の救済への出発」として展開される。

①「信念の確立」＝他力の信仰

宗教的真実としての「信念の確立」を遂げるには、「他力の信仰」に徹してこそ、はじめて可能となる。それは、ひとたび如来（「尽十方無碍光如来」）に帰命すれば、即「正定聚《しょうじょうじゅ》（必ずさとりを開いて仏になることが正しく定まっているともがらのこと）の数に入」[*22]ることが定まるからである。

我々が如来廻向の信心を獲得できるのは、それは如来大悲の願心、すなわち如来回向の「至心信楽《ししんしんぎょう》の願《がん》」（阿弥陀仏の四十八願中、第十八願のこと）[*23]に基づくから可能となるのだ。親鸞聖人は『教行信証　信巻』の最初の所で、このことをお諭しになっている。「博く大悲広慧の力によるがゆゑなり。たまたま浄信を獲ば、この心顚倒せず、この心虚偽ならず、こゝをもつて極悪深重の衆生、大慶喜心を得、もろもろの聖尊の重愛を獲るなり」（『浄土真宗聖典（註釈版）』二一一－二一二頁）と。まことに、吾々は如来回向のこの「浄信」

（きよらかな信心の意で、他力信心のこと）を預かったならば、現実界における我々の一切の行為は皆嘘であることが見えて来る。それが世間的にはいかに「善根」であっても、我々の限りある「小さな自我」を全部すてて、如来大悲の御誓に蘇らない愛はすべて不純なのだ。

従って、「他力の信心」の確立によってのみ、我々は「如来の光明に照らされた世界」「思ふが如く衆生を利益する世界」に、第一歩の足を踏み入れることができるのである。[*24]

②　「感謝報恩の念」

吾々が「他力の信心」を頂いて、当然沸き起こってくる歓びとは、受け難き人身を受けてこの世に生存させていただくことの幸福感と、遇ひ難き仏法に遇わせていただくことの幸福感である。人間の精神を物質の高度に発達したものと見る唯物論の立場からは、感謝の心持ちは沸き起こってこない。

私は宗教の世界を知ってこの世に生存させていただいていることの幸福を浸みじみと感じている。獄中で頂く食べ物への感謝の気持ち等、一切のものが明るく、幸せな世界へと導きだされた。こうした歓びと幸福感を私が享受できるのは、根源的にいえば、如来大悲の大生命に私も合流できた事への喜びであると思わずにはおれない。そしてこうした「他力の信心」に出遭えた喜びを、これからの私の生活の基調としていきたい。ここから湧き出てくるものは、必然的に「報恩の業」となろう。[*25]

③　一切衆生の救済活動

「自利利他」実現のための実践行動は、あらゆる宗教の根本原則であることはいうまでもないが、とりわけ浄土真宗においてはそれが最も徹底した形で示される。そもそも、我々は人を救済する力など持ち合わせている筈もないが、ひとたび如来回向の信心をたまわったうえは、我らには無限の力が与えられることになる。それは『歎異抄』第四章の「念仏申すのみぞ、すゑとほりたる大慈悲心にて候ふべき」（『浄土真宗聖典』註釈版、八三四頁）、第五章の「ただ自力をすてて、いそぎ浄土のさとりをひらきなば、六道・四生のあひだ、いづれの業苦にしづめりとも、神通方便をもつて、まづ有縁を度すべきなり」（同上書、八三五頁）という中に読み取ることができる。これこそ真実の道なのだ。親鸞聖人は如何なる道に赴くものも、如何なる迷いの世界にあるものも、決して見捨てられるようなことはなかった。「他力の信心」に預かるだけで神通方便をもって人々を救済することができるのだと断言できる。

我々が一切の者を救済する出発点に立つには、何よりも「他力の信心」を頂くことであり、その救済の完成は、浄土のさとりを開く（＝如来回向の本願を信受する）ことに依って成し遂げられるものである。[*26]

小林は信仰と社会生活との関係をどのように考えていたのであろうか。

> 自分は知つた、信仰を実践的に自己の生命とすることは、信念の確立にも、感謝報恩の業に於ても、また一切衆生救はんとする上に於ても、仏の称名が根本となることを。従つて信仰即生活であらねばならぬ。（小野陽一「マルキストは獄中如何に宗教を体験したか」『転向者の手記』二四四頁）

「信心の人」（信仰を得た人）であれば、如来に対しては感謝の念、祖師・善知識に対しては感恩の念を抱きつつ、「報恩」「報謝」の証として社会奉仕に積極的・活動的に関わることが必然のものとなる。その際、何故十方有縁への奉仕をしなければならないのか。それは、「一切の有情はみなもつて世々生々の父母兄弟」（『歎異抄』『浄土真宗聖典』註釈版八三四頁）で、ともに御同朋・御同行だからである。

小林は思う。仏法を信じ、念仏に生きる者は、現世（現実社会）における矛盾だらけの社会状態の改善のために、一身を捧げなければならない。且つ又、仏教徒は従来の因襲をかなぐり捨てて、この行き詰まった社会問題の解決に、積極的な態度をもって、その第一歩を踏み出さねばならない、と。もちろん、自身に対しても「小野は信仰を把握した大衆の一人として生きたい。それが第一の念願である。師と知友の指導のもとに、如来の御導きのまゝに、無碍の一道にひたすらに進んで行かう」（小野陽一「光明の彼岸へ――マルキスト及び世の大衆に與ふ」『共産党を脱する迄』二〇一頁）と、堅い決意を表明している。

小林は、「転向者」のレッテルを貼られて出獄し、娑婆世間に帰還して来た人達のことが気がかりでならなかった。小林は彼等に温かいエールを送る。「我々は転向者のことをよく新聞に見る。けれども其の人達が、出獄後どうした生き方をして居るであらうか。—其れが問題である。其等の人達は共産党を脱しても其れは没落にあらず、自己を本質的に止揚することでなければならぬ。そして社会的正義と関心を失はず、其の生き方は飽迄新生活に積極的でなければならぬ」（小林杜人「転向者は何処へ行く」『転向者の手記』二五九頁）と。小林が彼等「転向者」に望むらくは、小林自身が親鸞の「弁証法」的教えに依って潜り抜けられてきたように、「自己を本質的に止揚」する「絶対的な見方」（「弁証法」的菩薩道）の見地に立って、不正義な社会問題と積極的に関わり、社会的正義を貫く生き方を、胸を張って実践して欲しい、と願うのであった。小林は、転向者仲間のひとり山口隼人[*27]の出獄後の生き方に一つの菩薩道の具体相を見た。

彼は獄中親鸞の教に蘇へつた。然して一つの相対的見地から、絶対的な見方に転向したのであつた。彼自身の本質的革命であつた。彼が出獄の日、門を出て振りかへりて、刑務所に向つて合掌したと云ふことは、あまりに有名な話であつた。さはあれ獄中獲得した信仰は、其れが社会的実践の過程に上《のぼ》つてこそ、真に実質的なものになるのである。私は其れを彼の上《うえ》に見たことを心から喜び、この大きな仕事が完成されんことを念願するのであつた。……

思へば私も農民運動に参加し、三・一五事件に連座し、ともに豊多摩刑務所に受刑の身となり、しかも同じ宗教によりて転向するに至つた奇縁に結ばれたのであつた。今は西と東に別れてゐるが、私も亦さゝやかながら、転向後の実践を辿りつゝある今日、君こそは私にとりて真の友なのである。（小林杜人「転向者は何処へ行く」『転向者の手記』二五九－二六〇頁）

彼が獄中で獲得した信仰・信心は、それを社会的実践の菩薩道の過程において顕現されてこそ、それは本当の意味で実質的なものになる。私は、それを彼の実践行動の上に見届けることが出来たので、本当に心から喜び、さらに大きな仕事として完成せられんことを、念願するものである。君と私は、共に真宗の信仰に帰依することによつて、マルクス主義から脱却して「転向者」となったが、君が宗教的転向を遂げた。転向後の実践活動は方便法身による菩薩道としての活動過程を歩みつつある現在であるから、私と同じ菩薩道の実践活動を進みつつあるので、君こそは私にとって真実、本当の友なのだと思う。（小林杜人「転向者は何処へ行く」『転向者の手記』二五九－二六〇頁）

小林は自己完結的にではあるが、マルキシズムを「清算」して、他力信仰を体した念仏者として再生する途を歩み出した。マルキシズムを「清算」するためには、それまで彼自身もア・プリオリに信じ込んでいた「神仏の存在は科学的に証明できない」のだから、いかなる宗教も結局は観念論にすぎないとする定式論を撤回して、宇宙には絶対的真理としての仏が間違いなく存在することを合理的・論理的に証明しなければならない。小林は親鸞思想の「神髄」に迫るべく、親鸞教説の単なる祖述ではなく、真っ向から取り組んだ結果、親鸞の思想が宗教的弁証法であることを突き止めたのである。しかも、小林はそこに自己満足したわけではない。彼はいう。

「吾々は単に理論的に宗教を論証するだけでなく、信仰の生活に這入つてのみ初めて宗教が吾々の血となり肉となる」のだと。「信仰の生活に這入」るとはどういうことか。如来回向の信心を頂いたことにより、われは「大悲の生命に合流し得たことを喜び」とし、無限の力が与えられたことにより、「六道・四生のあひだ、いづれの業苦にしづめりとも、神通方便をもつて、まづ有縁を度すべきなり」（『歎異抄』第五条）という親鸞の言説に導かれて、一切の衆生救済への第一歩を踏み出したのである。「他力の信仰」を実践的に自己の生命とするということは、①信念の確立、②感謝報恩の業、③一切衆生の救済活動を推進していく上にも、如来勅命の称名がなによりもその原動力となる。「念仏申さんと思い立つ心の起こるとき、すなわち摂取不捨の利益にあずけしめたまう」（『歎異抄』第一条）かることができるのであるから、「（他力）信仰に生きる労働者・農民であることを信ずる」（小林杜人「転向者は何処へ行く」『転向者の手記』二四四頁）というのが、小林の願いでもあった。

むすびにかえて

反宗教運動が吹き荒れていた昭和初年期、長野県下に住む一農民活動家にすぎなかった小林杜人は、「三・一五事件」で長野県特高に検挙・起訴され、豊多摩刑務所に受刑者として服役する身となった。小林も御多分に漏れず転向者となったが、彼の場合は半強制的転向でも偽装的転向でもなく、自ら主体的に親鸞思想を択び取って宗教的転向を成し遂げ、且つ主体的にマルキシズムを放棄した真正「転向者」であった。従って、彼が深く帰依した真宗信仰は、「抽象的・隠棲的な信仰ではなく、如来回向の信心に救われた自分が、また人を救い、社会に奉仕しなければならない」[*28]と決意する動的な「弁証法」的信仰を特色としており、宗教的実践性が強く滲み出たダイナミックな信仰であった。小林が何故に「弁証法」的な信仰理解に至ったのかといえば、藤田省三が着目した「反省＝謝罪＝運動」を連続させて前進するという[*29]、彼の生来の思考・行動パターンそのものが宗教性を内包させたそれであったからだと考えられる。獄中での「如来大悲の大信心の廻向によつて、コペルニクス的な回転を体験」したことによって、いちだんと他力信仰が深まったと見られるが、より直接的には「神仏の存在は科学的に証明ができぬ」とするマルキシズムの反宗教観を脱却して真宗的世界観を確かなものにするためには、「仏性」や「如来」の存在を証明しなければならず、そのためには「弁証法」的親鸞思想と真正面から向き合う必要があり、小林の「弁証法」的真宗理解はその成果であったといえる。小林の親鸞思想の理解度は、「同時代水準の平均的祖述を一歩踏み出し、深化させている」[*30]と指摘されている通りだと思う。

とはいえ、小林における真宗信仰の思想史的位置づけをめぐっては、次のような厳しい批判的な評価もなされている。小林の真宗信仰の持つ意味について、「残された思想的主体性の完全な放棄を完了させる」とともに、彼等の「精神的没落をくいとめ」る役割りを担うこととなり、結果として「新しい自己の主体性」を確立するどころか、「天皇制イデオロギーの「再発見」をなし、それへの積極的奉仕者として「立ち直っていく」ことになった[*31]、と。殿平善彦が「彼等」の代表格として念頭に置いているのは小林杜人であろうが、確かに客観的にも的確な批判だと思う。しかし、伊藤晃も言うように「一九三〇年代半ば以降の社会運動家が現状の社会矛盾を放置できず、あくまで社会変革の途を探って行かねばならないとすれば、「転向者」として住まうべき許された思想的すき間[*32]」は、小林が依拠した仏教的菩薩道の道でしかなかったことに一定の理解を示すことは十分に意義あることだと思う。

註

＊１　荻野富士夫『思想検事』岩波新書、（岩波書店、二〇〇〇年刊、三一頁）。
＊２　小林杜人（一九〇二〔明治三五〕～一九八四〔昭和五九〕）の略歴

小林杜人は、長野県埴科《はにしな》郡雨宮県《あめのみやがた》村土口《どぐち》（現、千曲市）の自作農家に生まれ、埴科農蚕《はにしなのうさん》学校（乙種）を卒業後、同村の融和運動団体である「信濃同人会」に参加し、雨宮県村役場勤務の傍ら農民運動の指導に従事することになった。その間、政治研究会北信支部、全日本無産青年同盟などに加入。以来日本農民組合、労働農民党北信支部の結成など社会運動に専念しつつ、一九二八（昭和三）年一月に日本共産党に入党。しかし、すぐさま同年の「三・一五事件」で逮捕・起訴され、豊多摩刑務所で受刑することとなった。そして仮釈放後、同所の教誨師であった藤井恵照の斡旋で一九三一（昭和六）年二月に帝国更新会に入るに至った。やがて帝国更新会には思想部が置かれ、小林は一九三四（昭和九）年一二月から思想部の主事として思想犯転向者の更生・保護に尽力した。とりわけ同部発行の機関誌『轉生』の事実上の主筆として健筆を揮うことになる。なお、戦後は、日朝協会・在日朝鮮人帰国協力会長野県支部事務局長を務め、戦前とはまた異なる形ではあったが、引き続き朝鮮問題に関与し続けた。小林杜人関係資料については、「小林杜人文庫」（長野県立歴史館所蔵）を参照。

＊3　帝国更新会は、一九二六（大正一五）年一二月、宮城長五郎（大審院検事、のちに司法大臣）が、藤井恵照（教誨師）の協力を得て、起訴猶予者・執行猶予者の更生・保護団体として、東京芝区（現港区）田村町に創設した。本施設は、それまで放擲されていた起訴猶予者・執行猶予者の更生・保護という新分野を開拓した点において、我国の刑事政策史上、画期的とされている。一九三一年（昭和六）一二月より思想転向者の監視・司法保護を開始し、宮城の早稲田の私邸を保護施設に充て、思想部独立の体勢を整えた。『宮城長五郎小伝』一九四五年刊、参照。

＊4　伊藤晃『転向と天皇制――日本共産主義運動の1930年代』第五章「大量転向の様相」勁草書房、一九九五年刊。

＊5　「昭和九年は、佐野・鍋山の転向声明（一国社会主義への転向（—引用者、註））が出されて以来の全面的転向の時代に入っていたから、控訴公判では、法律上の中心人物（中央委員）のほかは執行猶予になるといった情勢であったし、また、転向を声明した人は、ほとんどが保釈になって出所していた。したがって、私の仕事は、裁判について協力すること（執行猶予になるための）が重要な任務であったが、同時に会員の職業・生活の問題について手伝うことが主要な仕事になっていた。当時は「知識階級職業紹介所」が設置されるほど、一般的にも就職の困難な時代であったから、思想事件関係者の就職は、戦後の人びとには想像もできないだろうほどけわしかったのである。」（小林杜人『「転向期」のひとびと』新時代社、一九八七年刊、一二〇－一二一頁）。

＊6　小林の「転向」問題について論評した論考としては、藤田省三「昭和八年を中心とする転向の状況」『共同研究・転向』上巻、平凡社、一九五九年刊。のち著作集『藤田省三著作集2　転向の思想史的研究』みすず書房、一九九七年刊に再録。橋川文三「昭和十年代の思想」『近代日本思想史講座』第一巻、筑摩書房、一九五九年刊、所収。のち著作集『橋川文三著作集4』筑摩書房、一九八五年刊、に再録。平野謙「革命家失格」『文学界』一九五九年五月号。殿平善彦「『転向』と仏教思想――刑務所教誨等と関連して」（中濃教篤編『戦時下の仏教』国書刊行会、一九七七年刊、所収。）安田常雄『日本ファシ

ズムと民衆運動』第I章、れんが書房新社、一九七九年刊、所収。石堂清倫「小林杜人のたどった道」『異端の視点――変革と人間と』勁草書房、一九九五年刊、所収。綱澤満昭「小林杜人と転向」『異端と孤魂の思想――近代思想ひとつの潮流』海風社、二〇一六年刊、所収。

＊７　藤井恵照（一八七八〔明治一一〕～一九五二〔昭和二七〕）の略歴

　藤井恵照は、広島県沼隈郡（福山市）の浄土真宗本願寺派正光寺で出生。本願寺大学林（現在の龍谷大学）を卒業後、京都監獄に教誨師実習生として任ぜられ、まもなく西本願寺派遣の内務省警察監獄学校留学生となり、市谷監獄の教誨師であった河野純孝に感化を受け、一九〇九年高松監獄の教誨師となって以来、小菅・市谷・豊多摩監獄等の教誨師の道を歩む。一九二六（大正一五）年、両全会（女性釈放者のための更生保護施設）・帝国更新会（更生保護団体）の創立に当たる。一九三六（昭和一一）年、東京保護観察所の保護司となり、また昭和戦前期には市谷・豊多摩監獄に勤務して思想犯教誨に力を注ぐ。一九三九（昭和一四）年には司法保護委員の指導にもあたり、翌一九四〇（昭和一五）年には司法大臣から表彰を受ける。

　一九五二（昭和二七）年一二月二九日、築地本願寺葬において、東京保護観察所長・大坪与一が弔文を朗読したが、その一部を掲げれば、以下の如し。

「先生の七十余年の御生涯は恂に荘厳な栄光に輝いて居ります。先生が実に半世紀の長きに亘って多数の釈放者の保護に尽瘁《じんすい》せられ、世路に踏み迷った薄倖《はっこう》な人々の更生を助けられました御功績は、例える方もなく尊いものであります。明治三十七年監獄教誨の事に従われまして以来、終始渝《かわ》ることなき温情を注いで更生の機縁を与え更生を遂げさせられた人々は、その数幾百千なるを知らず、先生がその功労により先年藍綬褒章を帯びさせられましたことも、恂に宜なりと存ずるのでありますが、先生の恩愛に蘇ったこの数多の人々が今日先生の御長逝を聞きましたならば、在所在所に跪いて、遙かに先生の温容に拝謝していることでありましょう。これ恂に先生によってこの世に点ぜられた不滅の光であります。又先生が曾つて両全会を設立し、帝国更新会を育成し、さらに和敬会母子寮を創設されましたことも、先生の御生涯の輝きを添える御業績でありました。」山下存行「藤井恵照」『更生保護史の人びと』法務省保護局更生保護誌編集委員会刊、一九九九年。

＊８　小野陽一（小林杜人のペンネーム）『共産党を脱する迄』大道社、一九三二年刊、一五三―一五四頁。生活史の記述については、小林杜人「わが半生の回想」（第一回～第十三回）『労働運動研究』（一九七二年七月号～一九七三年七月号）、労働運動研究所刊を参照。

＊９　「浄土に往生する還相廻向の利益によって不可避的に穢土にもどって他の衆生を済度するという還相廻向の思想は、親鸞の主著『教行信証』教巻の冒頭にある、「つつしんで浄土真宗を案ずるに、二首の廻向あり。一つには往相、二つには還相なり」という文章に鏡映するものですが、この国の仏教者で往還二廻向に言及したのは親鸞ただ一人だと思います」（八木晃

介「序章　濁悪薄福の現況と親鸞の思想」『親鸞往還廻向の社会学』批評社、二〇一五年刊、一五頁）。

＊10　丸山眞男「鎌倉仏教における宗教行動の変革――絶対他力信仰による非呪術化―親鸞」（『丸山眞男講義〔第四冊〕所収』東京大学出版会、一九九八年刊、二五一－二五二頁）。

＊11　「私は十八歳の時キリスト教徒（救世軍）になった」（小林杜人「わが半生の回想」第六回、『労働運動研究』一九七二年一二月号、二八頁）。

＊12　同右。

＊13　三木・服部論争や日本戦闘的無神論者同盟の動きなどを指す。反宗教運動については、赤澤史朗『近代日本の思想動員と宗教統制』校倉書房、一九八五年刊、第六章「反宗教運動」を参照。

＊14　Patricia Steinhoff『テンコー・戦前日本のイデオロギーと社会への統合』（Tenkō : Ideoloy and Societal Integration in Prewar Japan, 第五章第三節第四項　1991, p.172）奈良女子大学所蔵本。

＊15　石堂清倫「小林杜人のたどった道」『異端の視点――変革と人間と』（勁草書房、一九八七年刊、三一九頁）。石堂は、一九〇四（明治三七）年に石川県石川郡松任町（現白山市）に生まれ、中野重治と共に、東京帝国大学在学中、新人会で共に活躍する。一九二七（昭和二）年一〇月に日本共産党に入党し、無産者新聞の編集に携わるが、一九二八（昭和三）年「三・一五事件」に連座して逮捕。一九三三（昭和八）年、転向・釈放後、満鉄調査部に入社して当時の満州国大連に赴くが、一九四三（昭和一八）年の第二次満州事件で逮捕・投獄・釈放。一九四九（昭和二四）年一〇月に帰国後、日本共産党に再入党し、『マルクス＝エンゲルス全集』『レーニン全集』等のマルクス主義諸文献の翻訳に従事する。一九六一（昭和三六）年八月に離党届を出し、一一月に日本共産党から除名される。スターリン批判後、イタリア共産党のグラシム・トリアッティならびに同党の構造改革路線の紹介につとめる。小林杜人とは戦前・戦後を通じて親交があった。石堂の出身地が北陸真宗地帯でもあり、小林の真宗信仰には一定の理解を示したと思われる。

＊16　石堂清倫「小林杜人のたどった道」『異端の視点――変革と人間と』（勁草書房、一九八七年刊、三一九頁）。

＊17　同右。

＊18　伊藤晃「第六章　いくつかの転向者運動――転向思想の表現形態」の「第三節　小林杜人と帝国更新会」（『転向と天皇制』勁草書房、一九九五年刊、二三三－二三四頁）。

＊19　星野元豊（「浄土真宗と久松禅」『親鸞と浄土』一六三頁、法藏館、一九八四年刊）。

＊20　同右。

＊21　藤田省三「昭和八年を中心とする転向の状況」（『藤田省三著作集2　転向の思想史的研究』三八～三九頁、みすず書房、一九九七年刊）。

＊22　親鸞は、『教行信証』行巻に「いかにいはんや十方群生海、この行信に帰命すれば摂取して捨てたまはず。ゆゑに阿弥陀仏と名づけたてまつると。これを他力といふ。ここをもつて龍樹大士は即時入必定といへり。曇鸞大師は入正定聚之数といへり」（『浄土真宗聖典（註釈版）』一八六頁）等といい、正定聚は他力信心の行者が平生《へいぜい》の信の一念に与えられる利益《りやく》であるとし、これを現生正定聚《げんしょうしょうじょうじゅ》という。（『浄土真宗辞典』本願寺出版社、三五三頁）。

＊23　『仏説無量壽経　巻上』第十八願文には「たとひわれ仏を得たらんに、十方の衆生、至心信楽してわが国に生ぜんと欲ひて、乃至十念せん。もし生ぜずんは、正覚を取らじ。ただ五逆と誹謗正法とをば除く」（『浄土真宗聖典（註釈版）』一八頁）と説かれている。親鸞は『教行信証　信巻』冒頭にこの願名を標し、さらに第十八願について「この心すなはちこれ念仏往生の願より出でたり。この大願を選択本願と名づく、また本願三心の願と名づく、また至心信楽の願と名づく、また往相信心の願と名づくべきなり」（『浄土真宗聖典（註釈版）』二一一頁）とも述べている。

＊24　小野陽一（小林杜人）「マルキストは獄中如何に宗教を体験したか」『転向者の手記』二四二頁からの意取。

＊25　同右書、二四二－二四三頁からの意取。

＊26　同右書、二四三－二四四頁からの意取。

＊27　山口隼人の出生、没年は不明。小林杜人編著『転向者の思想と生活』（大道社、一九三五年刊）第二部生活編「更生々活にいそしむ人々」のなかで、小林杜人によって取り上げられている小林隼郎なる人物が該当すると思われるが、杜人は彼を以下のように紹介している。「日本農民組合兵庫県連合会書記として三・一五事件に連座し、昭和七年一月仮出獄した小林隼郎君は、今、郷里群馬県箕輪町にあつて産業組合運動に従事して居られる。」（同上書、一〇一頁）小林隼郎が別名隼人であることは、註＊18の伊藤前掲書でも「山口隼人は群馬県で実行した……産業組合運動指導者として活躍した」（二二二頁）と紹介していることからも推定できる。山口隼人の親鸞思想との関わりについては今後の研究課題としたい。

＊28　伊藤晃、前掲書、二一八頁。

＊29　藤田省三、前掲書、註＊21に同じ。

＊30　平野謙「革命家失格」『文学界』一九五九年五月号。

＊31　殿平善彦「『転向』と仏教思想――刑務所教誨等と関連して」（中濃教篤編『戦時下の仏教』国書刊行会、一九七七年刊、所収、二六四頁）。

＊32　伊藤晃、前掲書、二一八頁。

〔付記〕小林杜人関係資料の閲覧にあたっては、長野県立歴史館の諸氏にお世話になった。心より感謝申し上げたい。

第Ⅲ部　過去責任

第Ⅲ部は、「過去責任」を強制連行・強制労働の問題を中心に論じている。第10章、11章、12章は、いずれも二〇一二年の韓国・大法院（最高裁判所）判決を取り上げている。日本判決と真っ向から対立するこの判決をめぐる評価の仕方は「越境的対話」および「歴史認識」の試金石的テーマの一つである。そこでは、植民地支配の不当性・不法性を、主に法的視点から（第10章）、被害者の視点に立ちつつ「ダーバン宣言」の「植民地主義克服」の視点から（第11章）、企業のCSRの視点から（第12章）アプローチしている。これに加えて、強制連行・強制企業を特徴づける戦時期の鉱山開発国策企業の具体的事例に言及している（第13章）。また、学校教材として強制労働を取り上げている歴史教育の取り組みが論じられている（第14章）。補論は、強制連行・強制労働を被害者の視点から捉えるとともに、ここから未来を展望している。安重根が「東洋平和論」で提唱した日韓中三国が協力し合う経済共同体構想はすぐれて今日的なテーマである。安は「東洋平和構想」の基礎に経済分野でのパートナーシップを一九一〇年二月に提唱した。このことを想起しつつ、しかし真逆の結果となった過去の経緯およびその責任について第Ⅲ部は論述している。「東洋平和構想」を展望するならば、そのための最重要テーマの一つとして、日本はドイツのように強制連行・強制労働の「過去責任」を果たすことが問われている。

第10章　こじれた日韓関係　和解への道を探る！
——強制連行・「慰安婦」問題についての韓国の判決を手掛かりに[*1]

戸塚悦朗

1　二〇一二年五月二四日、韓国大法院判決

（1）ポイントはどこにあるか？

二〇一一年八月三〇日韓国憲法裁判所決定で、申立人である韓国人「慰安婦」被害者は、韓国政府に対して勝訴し〔戸塚悦朗 2012a：41－48〕、以後韓国政府（当時李明博大統領）は日本政府に対して積極的な外交交渉を進めるようになった[*2]。

その翌年になって、この憲法裁判所決定に触発されたかのように、韓国人強制労働被害者による三菱重工（原審釜山高裁）及び新日鉄（原審ソウル高裁）に対する二つの損害賠償事件について二〇一二年五月二四日韓国大法院判決[*3]が言い渡された。大法院は、日本の最高裁判所に当たるので、この事件について韓国司法府の判例が確立されたとみることができる。

韓国の裁判所に訴えを提起した強制労働被害者は、それ以前に提起した同じ被告に対する日本における訴訟では、日本の最高裁判所で敗訴が確定している。だから、韓国の原審裁判所（釜山高裁及びソウル高裁）は、韓国の民事訴訟法の原則（民事訴訟法第二一七条）にしたがって、外国（日本）の確定判決を承認し、原告の訴えを退け

ていた。ところが、大法院は、外国の確定判決承認を拒否できる例外規定[*4]を適用し、原告の訴えを退けた二つの原審判決を破棄し、原審へ差戻したのである。大法院が原則を覆して日本判決の受け入れを拒否したことも画期的だが、その論理[*5]にも画期性がある。その意義を日本側が深く理解することができれば、これを契機にして、日韓関係を阻害してきた過去清算の諸課題を全面解決する方向で外交政策を大転換することが可能になるだろう。二〇一二年五月二四日大法院判決は、そういう可能性を秘めた重要な判決と言える。

(2)全面和解の実現可能性

日本政府・企業と韓国政府・被害者は、戦後補償問題で全面和解を実現できるか？　それを以下で検討してみたい。

結論から言えば、当面の日本側の対応をみると、大法院判決の意義を正面からとらえることに失敗している。だから、残念ながらこのままでは全面和解の可能性は見えてこない。

これらの韓国訴訟は、韓国人被害者（原告）が加害日本企業（被告）に対して損害賠償という金銭の支払いを求める民事訴訟である。だから、被告企業は、大法院判決によって敗訴が確定した場合、その事件に関して韓国内の資産に対して強制執行を受ける。ところが、それを避けるために、請求を受けた限られた原告についてだけ個別に判決が求める一定の金銭を支払うことによって対応するという方針をとることが可能である。日本の企業・財界側としては、日本政府に対して多数の同様の事例を含めて政治的に全面解決を実現するようリーダーシップをとるように要請することも可能である。だが、日本側個別企業からも、財界からもそのような積極的な動きは（少なくともメディアを通じては）見えてこない。日本政府の対応は、相変わらず一九六五年の日韓請求権協定で解決済みという条約の抗弁を一方的に繰り返すだけで、歴史を動かすような国際関係の改善のための政治的リーダーシップを欠いている。[*6]日本のメディアも全面解決へのリーダーシップをとる気配は見えない。[*7]

大法院判決の結果、韓国の原審裁判所（ソウル高裁）の差戻し審では、二〇一三年七月一〇日元徴用工だった四名の被害者原告が新日鉄住金に対して勝訴し、ソウル高裁は、一人当たり一億ウォン（約九〇〇万円）の賠償を命じた。[*8] 差し戻しを命じた前記大法廷判決の時にすでに予想されていたことだが、一年後に差し戻し審で現実に支払いを命じる判決が出ると、日本での報道ははるかに大きなものとなった。

この一年間に前記大法院判決を検討する十分な時間があったのに、日本側の認知の仕方に変わりがなかった。韓国の大法院が判決中の判断で日本側に呼びかけている重要なメッセージがあったにも関わらず、この間日本側は、全面解決にむけて大法院判決の呼びかけの内容と意義を理解しようと誠実な努力を何らしなかった。だから、二〇一三年ソウル高裁判決に対しても、日本側は一致して否定的反応を示したのである。[*9] 元徴用工五名の原告が三菱重工を訴えた釜山高裁の差し戻し審判決（二〇一三年七月三〇日）の際も事態は変わらなかった。[*10]

韓国の被害者と支援の弁護士たちの献身的な努力に大法院をはじめとする韓国の司法府は正面から応答した。しかし、日本側は、日本政府も企業もメディアも、韓国司法府の呼びかけに応えて、これを契機に全面解決への動きを作り出そうとする意欲をみせなかった。それは、植民地支配の歴史認識を改めることに否定的かつ消極的な態度が日本側に根強く、韓国側の認識の仕方との間で共通項を見いだせていないからではないか。日本側は、韓国からの呼びかけに共感し、正面から応答しようとしていない。一方的に条約の抗弁を繰り返すだけでは、全面解決への道は開けない。

韓国側は、日韓官民が協調して財団を創設して強制労働問題の全面解決を図るというヴィジョンを描いて呼びかけている。韓国側が進めている和解案の呼びかけについて日本側が沈黙し続けているため、積極的なコミュニケーションを発展させることにも失敗している。

その他の和解への道もないわけではない。国際司法裁判所に提訴するとの主張もあるが、強制管轄権がないので、訴え提起ができない。一九六五年協定の仲裁規定を活用できる可能性はある。しかし、韓国憲法裁判所が提起した「慰安婦」問題解決の方法についても同様な状況にある。国際的な識者たちが仲裁規定による解決への道を強く勧告したにもかかわらず、日韓両政府とも仲裁規定の活用の動きをみせなかった〔戸塚悦朗、2012b：164－180〕。

このように日本側社会には、植民地支配責任の清算に取り組む強い意欲が見えないのである。

2　和解失敗の歴史への反省の不足

（1）和解のために

そこで、日韓がなぜ全面的な和解の成立に失敗し続けているのかを検討してみよう。第一に考えられるのは、日本側の政府・メディア・学界・市民団体には、全面和解がなぜ成功していないのかについての反省が不足していることがある。

筆者は、「慰安婦」問題の和解成立への失敗を反省し、和解成立のための条件を検討したことがある〔戸塚悦朗 2012c：121－142〕。筆者が「慰安婦」問題について指摘した和解失敗の原因は、大略以下のとおりである。和解の必須条件[*11]のすべての要素を欠いたプロセスは、以下のように要約できる。

①　加害者側日本政府の姿勢は、常に一方的だった。

「慰安婦」問題では、日本側が一方的に決定した和解案（民間基金政策）を押し付けた。当事者との誠実な協議も不十分なまま、忍耐強く「被害者側の同意」をえて、被害者全体との和解をめざそうとしなかった。

被害者側の求め、たとえば代替案（日本政府が関与しない純粋の民間基金案）の提案を受け付けなかった。国家が明確な責任をとる立法の提案は、「不可能」と決め付けた。

この案が「被害者の利益」と主張し続け、民間基金の支払いを強行し、謝罪どころか、加害者側と被害者側全体の争いが激しくなって、紛争がかえってこじれてしまった。

② 加害者側日本政府の主張の多くは、重要な点で真実に基づかなかった。

特に官僚によるダブルスタンダードに基づく情報が氾濫し、情報操作が行われた。

加害者側（日本政府首脳・日本のメディア・国会議員日本政府支持者）も正確な情報を欠いた。

官僚の虚偽、情報の隠匿、歪曲がめずらしくなかった。

首相も知らない重要情報（ＩＣＪ勧告）の隠匿と虚偽があった。

国会議員も信じた「立法解決は不可能」と言う虚構が横行した。

メディアもだまされ。国連・ＩＬＯ決議・勧告関係情報の歪曲、情報の遮断があった。

③ 未来を志向し、歴史認識についての原則[12]に立ち返る必要がある。

「慰安婦問題」に関する二〇一五年一二月二八日の日韓外相合意は、全面和解の契機になりえたであろうか。

残念ながら、前記①にあげた一方的な姿勢は変わらなかった。しかも、誰と和解するのかという基本的問題に立ち返ることをしなかった。和解の相手方としての被害当事者を無視して、誠実な協議もせず、韓国政府とだけ政治的合意をしても、被害者側全体との和解は成立しない。それは、失敗したアジア女性基金政策の時と同じプロセスの間違いと失敗を繰り返した。日韓外相間の合意に従って二〇一六年七月韓国に設立された「和解・癒やし財団」に一〇億円を日本政府が支出して政府間合意を実施しようとしているが、これでは、韓国政府を盾にして、被害当事者を封じ込めるかのような政策のように見える。生存「慰安婦」被害者・支援者の間にも、韓国の野党など多数の人々との間にもこれに反対して、真の謝罪をもとめる声が根強く残っている。[13]日本政府は、ソウル日本大使館前の平和の碑「少女像」の撤去を要求し、韓国政府はその「努力」を約束したが、撤去の約束はしなかった。ところが民衆の抵抗は強く、撤去は実現していない。日本政府は約束違反と韓国政府を批判している。これでは、③の原則にも反し、日本による謝罪が明確になされたとは見えないから、当然の結果である。日本が真の和解に失敗したために韓国を政府と被害当事者・民衆の間で分断し、国内対立を激化させてしまうようでは、何のための「和解か?」という疑問がわく。日韓の全面和解はとうてい成立しない。日本政府は、失敗の原因を反省する必要がある。

（2）大法院判決と歴史認識

二〇一二年五月二四日韓国大法院判決についての日本側の反応を見ると、反省の不足を象徴するポイントが見えてくる。それは、日本側と韓国側の歴史認識に大きな落差があり、それを克服しない限り、日本側の反省の不足の原因が見えない。そのために常に同じ問題を繰り返すことになり、日韓の和解の条件が整わないのである。

強制労働問題でも、加害者日本側には、「慰安婦」問題について指摘した和解失敗の原因と同じ問題を再確認することができる。①一方的であり、②真実に基づかず、③原則にも忠実でない。大法院判決に関して以下指摘する点を熟考すれば、和解失敗の原因を特定できるだろう。

【一九六五年日韓請求権協定とのかかわり】

日本のメディアは、韓国側が従来とおなじように日韓請求権協定によって解決した問題を蒸し返しているとの観点から報道した。たとえば、日経新聞二〇一二年五月二五日「戦時徴用工の主張認定　韓国最高裁差し戻し〝日本への請求権有効〟歴史問題、解決むつかしく」は、日本外務省幹部による「二国間の協定で定めた請求権問題を提起されれば妥協はできない」との談話を報道している。〔一方的な解決済み論の押し付け〕

このように日本政府は、従来の主張を一方的にひたすら繰り返している。これでは新しい局面を開くことはできない。ここは、落ち着いて一旦は胸に手を置き、「問題をその様に単純化できるのか?」と反省すべきではないか。少なくとも、韓国大法院判決がこの問題をどうとらえているのか、判決を熟読してみてはどうだろうか。

相手方の真意と考え方を十分咀嚼したうえで、もっと深い理解を踏まえて応答する道を探ることも可能である。それが応答責任を果たすことになる。

大法院判決は、大きくは二つの法律上の争点[*14]についてかなり詳しい判断をしている。そのすべてを限られたスペースしかないこの論文で分析し尽すことはできない。要点だけに絞ろう。

請求権協定の問題については、大法院判決が「日本の国家権力が関与した反人道的不法行為や植民支配と直結した不法行為」による損害賠償請求権は消滅していないとしていることに注目すべきである。

請求権協定は、大法廷判決が指摘するように、「韓日両国間の財政的・民事的債権債務関係を政治的合意により解決するためのもの」だったに過ぎない。八項目請求に含まれていた徴用工の未払い賃金もこの範囲のものでしかない。不法行為についての合意を含まず、ましてや、「国家が関与した反人道的不法行為」も「植民支配と直結した不法行為」も全く含まれていないのである。〔単純化・限りない反復・歪曲によって真実を見ることができない〕

そのうえ、「請求権協定の交渉過程で日本政府は植民支配の不法性を認めないまま、強制動員被害の法的賠償を根本的に否定し、このため韓日両国政府は日帝の韓半島支配の性格について合意に至ることができなかった」という状況でなされたのである。植民地支配が不法であったのであれば、不法行為の違法性は、より高度になる。質的に異なる不法行為としてたち現れるので、徴用工の法的地位は、単なる賃金未払い問題の債権者とは違ったものとなる。だから、この部分は、請求権協定では問題にされなかった全く性格が異なる別個の重大な不法行為があり、それは請求権協定では放棄されていないという判断なのである。

参考になると思われるのは、「慰安婦」問題に関する同様の問題点について筆者が韓国憲法裁判所に提出した意見書が指摘する請求権協定に関する法的意見がある〔戸塚悦朗、2009a：193−222〕。さらに、付加するなら、朝鮮半島から日本の企業に移出された労働者については、ＩＬＯ二九号条約違反（犯罪として処罰義務がある）の産業労働であったとのＩＬＯ専門家委員会の勧告がある。これは賃金未払い問題ではない。これについては国際法違反の犯罪として処罰義務があった〔戸塚悦朗、2006a：121–207〕。徴用労働者であってもこのような国際法に違反する違法な強制労働（賃金未払い問題とは別個）の被害者と見る場合は、この国際犯罪行為については、請求権協定で個人請求権が放棄されたとみることはできない。しかし、ＩＬＯ勧告については、大法院判決は指摘していないから、これ以上詳述することは避ける。

【植民地支配の不当性・不法性とのかかわり】

「日本判決承認の可否」についての大法院の判断は、日本の確定裁判を承認しなかった理由を示したのだから、極めて重要である。おそらく、このような判断が出されることは、日本の政府もメディアも予想しなかったのではないか。

大法院は、「日本判決の理由には日本の韓半島と韓国人に対する植民支配が合法であるという規範的認識を前提とし、日帝の国家総動員法と国民徴用令を韓半島と原告らに適用することが有効であると評価した部分が含まれている」とした。

そのうえで、大法院は、「大韓民国制憲憲法はその前文で「悠久の歴史と伝統に輝く我ら大韓国民は己未三一運動により大韓民国を建立し、世の中に宣布した偉大な独立精神を継承し、いま民主独立国家を再建するにおいて」と述べ……また現行憲法もその前文で「悠久な歴史と伝統に輝くわが大韓国民は三・一運動により建立された大韓民国臨時政府の法統と不義に抗拒した四・一九民主理念を継承し」と規定している」と憲法の定めを確認したうえで、「……このような大韓民国憲法の規定に照らしてみるとき、日帝強占期の日本の韓半島支配は規範的観点から不法な強占に過ぎず、日本の不法な支配による法律関係のうち、大韓民国の憲法精神と両立しえないものはその効力が排斥されると解さなければならない。そうであれば、日本判決の理由は日帝強占期の強制動員自体を不法であると解している大韓民国憲法の核心的価値と正面から衝突するものであり、このような判決理由が含まれる日本判決をそのまま承認する結果はそれ自体として大韓民国の善良な風俗やその他の社会秩序に違反するものであることは明らかである。したがってわが国で日本判決を承認し、その効力を認定することはできない」と判断し、その結果日本判決の承認をしなかったのである。

この判断は、韓国の憲法の規定から、大韓帝国が滅亡し、韓国が人民主権の大韓民国となった時期を一九一九年三月一日独立宣言のときと判断し、日本による韓国の支配については「日帝強占期の日本の韓半島支配は規範的観点から不法な強占に過ぎず」としているのである。

これは、日本のメディアには相当大きな衝撃だったと見える。最近リベラルな報道で高く評価されている東京新聞の社説（二〇一三年七月一三日）でさえも、「判決は戦後日韓関係の出発になった協定を否定するものだ。徴用による原告らの苦難には胸が痛むが、「不当な植民地支配」との表現は、現在の価値観によって約百年前の条約が不当だったとみなしており国際的な基準からみても無理があるのではないか。……歴史の対立ばかりが強調されるのは残念でならない」と主張した。[*15]

東京新聞社説が、「現在の価値観によって約百年前の条約が不当だったとみなしており国際的な基準からみても無理があるのではないか」とソウル高裁差し戻し審判決に反映した韓国大法院判決の重要な判断を、十分検討しないまま切り捨ててしまったのは、極めて残念である。そのために、植民地支配の根源とその問題点についての大法院判決の判旨を十分に理解するための努力をすることができなくなってしまったからである。〔韓国司法府が指摘する真実を受け止めず、日本側の一方的な見方を相手方に押し付けている〕

たしかに大韓民国制憲憲法の成立は、一九四八年であるから戦後にできた基本法ではある。また、日本の植民地支配が武力を背景にして韓国の人々の意に反してなされたことを承認し、謝罪した二〇一〇年八月一〇日の菅直人首相談話は、現在の判断に基づく事実の承認である。

しかし、それは、「現在の価値観によって約百年前の条約が不当だったとみなして」いる結果なのだろうか。

大法院は、大韓民国制憲憲法が、その成立の根拠とした一九一九年三月一日独立宣言の時の価値観に照らして、日本の植民地支配という歴史的事実を「規範的観点から不法な強占」と評価したのであって、決して現在の価値観に基づいて判断したのではない。それにはそれなりの理由があるとみることはできないだろうか。筆者は、菅首相談話は、一九一〇年八月当時の歴史的真実を踏まえてなされたものであると評価している。

前記東京新聞社説は、「不当な植民地支配」との表現は、……国際的な基準からみても無理があるのではないか」と大法院判決の論旨を疑問視している。「国際的な基準」として端的なのは、国際法上の検討である。

これについては、一九一九年の三・一独立宣言より以前にさかのぼることができる。百年前日本の大多数の研究者が当時一致してもっていた国際法の知識によれば、日本による韓国の植民地化は、違法だったことが明らかだったと判断するしかない。筆者は、そういう研究成果を得ている。筆者の研究自体は最近のものだが、決して現在の国際法を遡及適用したのではない。百年前の基準とそれに関する当時の日本の国際法学者の知識を当時の文献をもとに研究したのである。以下、その点を詳しく説明してみよう。

結論を言えば、歴代日本政府は、韓国植民地化のプロセスに関わる事実について虚偽を述べ、真相を隠蔽・沈黙し続けてきた結果、日本の現在の研究者も一般の人々もメディアも、虚偽（神話）を信じこむに至ったにすぎないのである。一九六五年当時も、その沈黙の状況が続いていたし、今も続いている。〔神話を信じ込んで、真相を認識することができない〕

筆者の研究成果からは、百年以前当時に日本の研究者が一致して持っていた国際法の知識と解釈に基づけば、日本の韓国植民地化は違法だったという結論しか出てこない。

そうであれば、「現在の価値観によって約百年前の条約が不当だったとみなして」いるとか、「国際的な基準からみても無理があるのではないか」いう前記社説による大法院判決批判は、正鵠を得ていないということになる。現在の日本で、最もリベラルと思われるメディアの歴史認識がこのような状況にとどまっているのであれば、その他のメディアの歴史認識も似たようなものであることは容易に推測できるだろう。日本側からの大法院判決への応答が不十分になるのは無理がないと思われる。

したがって、大法院判決は、構造的とも思われる日本側の歴史認識のトータルな不足に対する厳しい問題提起となったと評価することもできるのではないか。今からでも遅くはない。この点に留意することができれば、大法院判決を正面から受け止め直し、歴史認識の転換の契機とすることが可能になる。そうしてこそ和解への条件が生まれてくるだろう。

実は、日韓の基本的な関係がこじれてしまったのは、最近始まったことではない。ずっと以前から常に同じパターンを繰り返してきた継続する問題なのである。過去一〇〇年の歴史を振り返るなら、それがよくわかる。だから、原点にさかのぼって、この歴史認識のもつれを解きほぐすところから始めなければ、日韓の全面和解を構想することは、困難である。

3　歴史認識と日韓の「和解」への道

日韓の歴史認識の落差を埋めるにはどのような方法があるだろうか。

筆者は、二〇一五年から歴史認識のもつれを解きほぐすために「歴史認識と日韓の「和解」への道」というシリーズを執筆している。シリーズの（その1）〔戸塚悦朗、2015a：163‒188〕は、「安重根東洋平和論研究は、日本を孤立から救うか？」との副題のもとに、安重根義軍参謀中将に関する最近の研究の進展を整理することから始めた。なぜこの研究が日韓の歴史認識の落差を埋めることに役立つのだろうか。それは、以下述べることから推し量れるように、これが日韓関係の脱植民地化の研究の中核に位置づけられるべきものだと思うからである。日本の明治の元勲伊藤博文公爵の思想と韓国の安重根義軍参謀中将の東洋平和構想は、水と油ほど異なる。だが、そのどちらが一〇〇年後を見据えていたであろうか。それを検討するだけでも、日韓の和解への道を探すうえで有意義ではないだろうか。

（1）一九〇五年の失敗とその原因

筆者は、二〇一二年三月二五日龍谷大学社研安重根東洋平和研究センター主催のシンポジウムで、「一〇〇年の沈黙と安重根義軍中将の遺墨――コミュニケーション回復のために」とのタイトルで講演し、一九〇五年当時の日本の失敗について問題提起をした。その講演録〔戸塚悦朗 2013：33－39〕は、出版されているが、その要点はおおよそ以下のとおりである。

一九〇九年一〇月二六日安重根義軍参謀中将が伊藤博文公爵を射殺した事件をめぐる日韓の関係をコミュニケーションの失敗の事例ととらえ、新しい視点を提起しようとした。これが継続していて、今日の日韓の和解の失敗の根源となっていると考えたのである。

大韓帝国への軍事的侵略の加害者日本政府の姿勢の分析が必要だが、伊藤射殺に至る最大の原因は、伊藤が率いる日本政府・軍による韓国の植民地化のプロセス、とりわけ一九〇五年のいわゆる「韓国保護条約」の強制事件であった。当時すでに上記の和解の必須条件のすべての要素を欠いた一方的な日本の行為を見出すことができる。この時から今まで、日本の韓国に対する態度は同質であり、一貫している。

①〔一方的な押し付けであること〕

一九〇五年一一月一五日韓国王宮を日本軍が包囲し、武力を背景にした伊藤博文公爵は、伊藤の要求を拒否する高宗皇帝に、「貴国の損害となっても利益になるところは無いということをご記憶ください」と脅迫して、いわゆる「韓国保護条約」案を大韓帝国に一方的に押し付けようとしたが、皇帝は同意しなかった。

②〔日本政府の一九〇五年「韓国保護条約」合法・有効の主張は、真実に反すること〕

伊藤が率いる日本軍・政府は、一九〇五年一一月一七日に皇帝及び皇帝の閣僚の「意に反して」強制的に「日韓協約」という条約の調印の形を作って、日本内外にこれが合法・有効だったと主張し、その外交権を奪って、韓国を保護国として扱った。だが、実際には保存されている原本には、条約文として日本政府が内外に公表・喧伝した「日韓協約」という公式タイトルさえなかった。条約文としても完成していず、原案段階にとどまっていたのである。そのことを筆者は直接日本政府保存の原本（一行目のタイトルの部分は空白）により最近確認した。大韓帝国側の国家の代表者個人に対する脅迫によるこの条約は、その点でも絶対的無効（国連国際法委員会一九六三年報告書の記載）だが、高宗皇帝による署名もなく、皇帝による批准書も今日に至るも発見されていない。

筆者は、当時の日本の国際法学者が条約の成立について一致して批准必要説をとっていたことを文献調査により明らかにしたが、大多数の日本の国際法学者は、その不法性・無効性については、その後今日に至るも沈黙している。一九一〇年韓国併合条約（皇帝の署名もなく、批准書もない）は、法的には存在しないこの一九〇五年「日韓協約」（韓国保護条約）に基づいて、その上に作られた砂上の楼閣である。

だから、これら二つの条約は、日本政府側が形式だけを作って合法有効に締結されたと主張してきたものにすぎず、実際には不法・無効なものであった。したがって、国際法上日本の保護国化、植民地化も不法であり、無効だったのである。

(2)日韓のコミュニケーションを妨げる原点＝暴力的支配関係

「伊藤博文罪悪十五個條[*16]」は、二〇一二年三月二五日龍谷大学社研安重根東洋平和研究センター主催のシンポジウムでの筆者の講演録〔戸塚悦朗 2013：34〕の（写真３）で紹介した。一九〇九年一一月、旅順獄中で、大韓帝国人安重根義軍参謀中将が執筆した漢文である。一九〇九年一〇月二六日伊藤博文を射殺した直後逮捕された安重根は、日本人である溝渕検察官から、なぜ伊藤博文を撃ったのか尋問を受けた。その際、回答として、安重根が旅順監獄で最初に書いた漢文が「伊藤博文罪悪十五個條」であった。日本による韓国の植民地化のプロセスの重要事件を端的に記述している。

その第二にあげられている理由は、「二、一千九百〇五年以兵力突入于帝国皇宮威脅皇帝陛下勒定五條約事」というものである。これが上記一九〇五年「韓国保護条約」が強制・捏造されたことを告発していることは漢文からもわかるであろう。

注目すべきことは、その第一四の理由で、安重根は、伊藤博文は、このような罪を犯したのに、天皇を欺いてきたと主張し、検察官に天皇に真相を伝えてほしいと要請していたことである。伊藤は、真相を知っていたのに、それを天皇に報告しなかったのだから、当然の要請だったが、安重根の（忠臣としての）この要請も天皇に伝えられていなかったであろう。

大韓帝国の希望に基づき、対等の立場で締結された条約による合法的かつ有効な「併合」だった（したがって、韓国は日本によって合法かつ有効に植民地化された）という日本では周知の言説は、それほど確かなことなのか。研究を進めてみれば、それは日本政府が百年の間内外に喧伝し続けた神話にすぎないことがわかってくる。

真相は、日本政府・軍の侵略による独立国大韓帝国の不法不当な武力占領であった。大法院判決は、このことを「日帝強占期の日本の韓半島支配は規範的観点から不法な強占」だったと要約しているのである。

大法院判決の要約は、一九〇五年当時から高宗韓国皇帝が主張してきたことであるだけでなく、一九〇七年ハーグ平和会議に派遣された大韓帝国の三名の密使による主張でもあった。このような流れの中で、一九〇九年一〇月二六日安重根義軍参謀中将は、大韓帝国を軍事的に侵略しようとしていた日本から韓国を防衛しようとする戦争行為に際して、そのような一五の罪を犯した主導者であった伊藤を撃ったのである。安重根は、その主張を法廷でも述べた。この主張は、一九一九年三月一日の独立宣言と万歳運動に至る独立運動の伏流になっている。

だからこそ、「日帝強占期の日本の韓半島支配は規範的観点から不法な強占」だったという真相が三・一精神として基本法の根幹に存在していて、それが、大法院判決の憲法解釈にも表れているのである。

そうすると、日韓間の最大の問題の原点は、暴力的支配関係にあり、それは、対等なコミュニケーションも対話も成立させないという真理にあることがよくわかる。対等な対話の上に成立する全面的な和解は、この歴史的な事実と評価を、日本側が正面から認識し、理解し、受け止めたうえでなければ、成立しようがないのである。

このように見てくると、「現在の価値観によって約百年前の条約が不当だったとみなして」いるという前記社説の大法院判決批判が的を得ていないことは明らかではないか。大法院判決が指摘している法的判断の骨子は、韓国側は、百年の間ずっと主張し続けてきたことなのである。ただ、日本側は、二〇一〇年菅直人首相談話までは、一度もそれを正面から受け止めて応答してこなかっただけなのである。そして、菅首相談話の三年後である二〇一三年（差し戻し審判決）の時に至っても、二〇一二年大法院判決の判断が百年前から一貫して継続してきた韓国側の主張であることを、最もリベラルとされる日本のメディアまでが知らないという状況が続いている。

これが問題の根底にある。

(3)大法院判決判断と一致する筆者の研究成果

偶然のことだが、「日帝強占期の日本の韓半島支配は規範的観点から不法な強占」だったという大法院判決の判断は、筆者の別の観点からの日韓の旧条約研究の成果から言える結論と一致している。

筆者は、もう少し時代をさかのぼって日本の朝鮮半島支配の根拠とされてきた一九〇五年のいわゆる「韓国保護条約」及びこれをもとに締結されたことになっている一九一〇年韓国併合条約を研究し、大法院判決と同じように、日本の朝鮮半島支配は、不法・無効な条約に基づく軍事的占領だったという結論を導いた。筆者は、「慰安婦」問題に関連してこの研究成果の要約を一九九三年国際友和会（ＩＦＯＲ）の文書による報告書（ＪＦＯＲ

1993〕として英文で国連人権委員会へ提出した。国連国際法委員会一九六三年報告書の記載[*17]に基づくこの研究成果は、国際人権研究会（本岡昭次会長）への日本語報告〔戸塚悦朗 1993：6－33〕ほか、二〇〇六年統監府一〇〇年を記念して学術誌へ投稿した論文〔戸塚悦朗 2006b：15－42〕等により次第に発展した。

この研究は、偶然のことから予想外の発展を遂げ、一九一〇年の安重根裁判の不法性を明らかにする研究に結実した〔戸塚悦朗 2009b：1－27〕。

これらをまとめた研究成果〔戸塚悦朗 2010a：311－336〕は、韓国併合一〇〇年の二〇一〇年を前に、いくつかの国際会議で発表したほか、ブックレット〔「韓国併合」一〇〇年市民ネットワーク 2010：45－65〕にも掲載された。筆者は、二〇一〇年の年にも、これをテキストにして関西地方を中心に相当数の講演で報告した。

韓国併合一〇〇年に際しては、日本でも韓国の植民地化への反省の機運が高まった。そのハイライトは、菅直人首相談話（二〇一〇年八月一〇日）であった。仙谷由人官房長官が談話の準備を担当し、公表に貢献した。閣議決定に基づき発表された談話は、「政治的・軍事的背景の下、当時の韓国の人々は、その意に反して行われた植民地支配によって、国と文化を奪われ、民族の誇りを深く傷付けられました」と述べた。

具体的に韓国の植民地化に関する日本政府の歴史認識を述べた首相談話は、菅直人首相のそれが初めてだった。一般には、植民地支配への「反省」と「おわび」を表明した一九九五年「村山談話」を「踏襲した」と考えられたようだが、これは、植民地支配に関する一般的なものであったから、韓国併合に絞った菅直人首相談話は、一歩進んだ歴史認識を示したものだった。歴史に残る重要な談話と積極評価すべきである。菅直人首相は、旧条約に関する従前の日本政府の法的立場を変更したわけではない。しかし、一九一〇年韓国併合条約を不当だが合法に締結されたと国会で答弁した村山富市首相とは違って、菅直人首相は、条約の法的評価についてはあえて触れることはなかった。

菅直人首相談話（二〇一〇年八月一〇日）は、二〇一二年大法院判決と矛盾しないことに注目すべきであろう。

（4）「日韓の旧条約はすべて無効だった」のか？

旧条約の効力については、個々に検討すべきであり、筆者の研究は、今でもまだ旧条約すべてには及んでいない。しかし、（原初的に）「すべて無効」という結論になるとは考えてはいない。当面、一九〇五年のいわゆる「韓国保護条約」及びこれをもとに締結されたことになっている一九一〇年韓国併合条約の検討にとどまっている。筆者の研究のプロセスは、以下のとおり段階的に進んできたので、その経過を簡略に述べておきたい。

前記したように、日韓関係の基本になると考えてとりかかった筆者の上記二つの条約に関する研究も、当初は、「慰安婦」問題に関連して国連国際法委員会一九六三年報告書の記載に関わる研究をしたことに限定されていた。筆者は、日韓関係の研究者ではなく、歴史家でもない。弁護士として（二〇〇〇年以後は大学の研究者として）国際人権法の実践と研究に取り組んではきたが、条約法の研究者でもなかった。だから、それ以上に研究範囲を広げることも差し控えたのである。

筆者の研究に対して、日韓・日朝関係、歴史、条約法などの専門家がどのような評価を下し、さらに発展させるかに関心をよせて、見守っていた。ことに月刊雑誌『世界』誌上で日韓の研究者が旧条約問題についての論争を繰り広げたことについては、研究の発展の積極的な動きとして肯定的に評価していた。[*18] それが、もっと拡大して日韓の研究者が旧条約の不法性に関する研究に明快な研究成果を上げるだろうと強く期待していたのである。

ところが、筆者の期待とは逆に、日本側研究者の研究は次第に低調になり、熱心に研究を進める研究者は増加しなかった。それどころか、わずかな例外を除いて、日本側研究者が消えてしまった。研究をリードするかに見えた海野福寿教授と坂本茂樹教授が日韓の共同研究から離脱し、残念な後退が起ったことがある〔笹川・李2008〕。日本側の沈黙を象徴する事態だったが、日本における研究の顕著な発展が期待できなくなってしまった。

そうこうするうち、韓国での講演に招かれる機会が増えた。二〇〇三年から勤務するようになった龍谷大学に安重根の遺墨があることを知って、その公開運動を始めたこともあった〔戸塚悦朗 2014a：57–66, 2014b：67–78〕。そのため、安重根裁判の不法性の研究を始めることになった。当初、条約の効力問題に関する筆者の研究は、前記したように国連国際法委員会の一九六三年報告書の記載に関わるものに限定されていたこともあり、丁重にではあったが、「研究が不十分ではないか」との韓国側研究者からの批判を受けることになった。そのため、一九〇五年「韓国保護条約」捏造説〔李 2006, Yi 2007：200〕についても、日本側、ことに海野教授が主張していた条約に関する「批准不要説」〔海野 1995：17〕についても、「筆者の守備範囲外」との消極的な理由から検討しないままとすることが困難になった。

そこで、折に触れ、明治時代前半の文献研究によって一九〇五年当時の国際法学説を網羅的に掘り起こす作業を進めるようになった。二〇〇九年には、東北亜歴史財団の助成を受けることができたこともあり、勤務校であった龍谷大学の短期在外研究制度を活用してオランダと日韓旧条約の関わりを研究することができた。こうして筆者の旧条約の効力に関する研究は、次第に発展したが、その成果には筆者自身にも目が覚めるほど意外なものがあった。一九〇五年当時の日本の文献研究から、これまで日本側では当然視されてきた日韓旧条約の合法・有効説の論拠を根本から疑わざるを得なくなってきたのである。

このようにして得られた研究成果は、韓国併合条約強制締結一〇〇周年を記念してソウルで開かれた国際会議[*19]（二〇一〇年八月二三–二六日韓国商工会議所議員会議室）で発表する機会を与えられた。このとき発表した講演をもとにかなり長い論文をまとめ、のちに龍谷法学に前記シリーズの（その２）副題「植民地支配責任と一九〇五年「韓国保護条約（?·）」〔戸塚悦朗 2015b：155–175〕及び（その３）副題「文献研究から一九〇五年「韓国保護条約（?·）」の無効性を問う」〔戸塚悦朗 2016a：135–177〕を発表した。

それに先立ち、筆者の研究成果を多くの講演会・研究会で公表し、討議する機会があった。その都度、論議を重ねたが、筆者の研究成果は、揺らぐことがなかった。ことに重要だったのは、〔戸塚悦朗 2010b：27–37〕の公表であった。一九〇五年当時の日本の国際法学者たちは、日本が韓国の植民地支配を始めるための法的根拠とした一九〇五年「韓国保護條約（?.）」が無効・不法であると判断すべき国際法学の十分な知識をもっていたことが、この文献研究から明らかになった。日本の学問水準は、国際法の分野でも相当高いレベルに達していたのである。

シリーズ（その4）副題「『國際法雜誌』は、「韓国保護条約（?.）」をどのように準備したか」〔戸塚悦朗 2016b：227–271〕では、次のような重要な事実を明らかにした。それは、大韓帝国の植民地支配を唱道した『國際法雜誌』に集った指導的な国際法研究者たちは、帝国主義思想の最先端を走っていたこと、一九〇五年大韓帝国の植民地化の方法を研究し推進していたこと、その際には、はっきりと「批准必要説」の立場を貫いていたこと、そして、それらの研究成果を同雑誌に公表することで日本の学界にも政府にも明確なメッセージを伝えていたことなどである。

このように、一〇〇年前には、「批准必要説」は通説以上の存在だった。「批准不要説」はあとからむりやり作り上げたもので、一九〇五年当時は存在しなかったと言える。だから条約を合法・有効なものとして完成するために必須の要件であった批准を欠いていたことだけを見ても、大韓帝国を合法的に植民地化したことになっている一九〇五年「韓国保護条約」及びこれに基づいて締結されたとされている一九一〇年「韓国併合条約」は、法的に不法・無効と言わざるを得ないのである。これは、当時の日本の指導的な国際法学者を含む圧倒的大多数の国際法学者の知識を前提とした判断である。決して今日の国際法学者が今になって考えだしたことではない。

こうしてみれば、韓国大法院判決も筆者も、「現在の価値観によって約一〇〇年前の条約が不当だったとみなして」いるのではないことがわかるだろう。日本のメディアにも識者にも政府関係者にも一般の方たちにも期待したいことだが、まずこの点をご理解いただいたうえで、大法院判決の意義を再考し、日韓の和解への道を歩み始めていただきたいと強く要望したい。

参考文献

IFOR〔1993〕Written Statement to the UNCHR, UN Doc. 1993. E/CN.4/1993/NGO/36.

李泰鎮〔2006〕『東大生に語った韓国史――韓国植民地支配の合法性を問う』明石書店。

Yi, Taijin,〔2007〕*The Dynamics of Confucianism and Modernization in Korean History*, Cornell University.

海野福寿〔1995〕「I研究の現状と問題点」、海野福寿編『日韓協約と韓国併合――朝鮮植民地支配の合法性を問う』明石書店、一七頁。

「韓国併合」１００年市民ネットワーク編〔2010〕『今、「韓国併合」を問う～強制と暴力・植民地支配の原点～』アジェンダプロジェクト。

笹川紀勝・李泰鎮〔2008〕『国際共同研究　韓国併合と現代――歴史と国際法からの再検討』明石書店。

戸塚悦朗〔1993〕「乙巳保護条約の不法性と日本政府の責任」国際人権研究会編『１９０５年「韓国保護条約」は成立していたのか――国際法から日本の朝鮮支配40年を問い直す』国際人権研究会発行。

戸塚悦朗〔2006a〕『ＩＬＯとジェンダー――性差別のない社会へ』日本評論社。

戸塚悦朗〔2006b〕「統監府設置１００年と乙巳保護条約の不法性――１９６３年国連国際法委員会報告書をめぐって」『龍谷法学』39（1）。

戸塚悦朗〔2009a〕資料：「元日本軍「慰安婦」被害者申立にかかる事件に関し大韓民国憲法裁判所へ提出された意見書――いわゆる「条約の抗弁」について」『龍谷法学』42（1）。

戸塚悦朗〔2009b〕「安重根裁判の不法性と東洋平和」『龍谷法学』42（2）。

戸塚悦朗〔2010a〕「最終講義に代えて――「韓国併合」１００年の原点を振り返る――１９０５年「韓国保護条約（？）」は捏造されたのか」『龍谷法学』42（3）。

戸塚悦朗〔2010b〕「「韓国併合」１００年の原点と国際法――日韓旧条約の効力問題と「批准必要説」に関する文献研究」『現代韓国朝鮮研究』（特集「日本と朝鮮半島の１００年」）。

戸塚悦朗〔2012a〕「「戦時性的強制」被害者、韓国憲法裁判所で勝訴」『季刊　戦争責任研究』75。

戸塚悦朗〔2012b〕「「慰安婦」問題の解決と国際法手続――地域の平和と信頼関係の醸成のために」『インパクション』186。

戸塚悦朗〔2012c〕「和解の条件――真実とプロセス」、志水紀代子・山下英愛共編著『シンポジウム記録「慰安婦」問題の解決に向けて――開かれた議論のために』白澤社、現代書館。

戸塚悦朗〔2013〕講演録「100年の沈黙と安重根義軍参謀中将の遺墨――コミュニケーション回復のための国際法・多国間国際機構の役割」、李洙任・八幡耕一（編）『龍谷大学アフラシア多文化社会研究センター研究シリーズ2、龍谷大学アフラシア多文化社会研究センター国内ワークショップ・「韓国併合」100年市民ネットワーク共催、植民地支配と紛争解決に向けての対話――東アジアの相互理解のために』、龍谷大学アフラシア多文化社会研究センター発行。

戸塚悦朗〔2014a〕「龍谷大学における安重根東洋平和論研究の歩み―― 100年の眠りからさめた遺墨（上）」龍谷大学社会科学研究所社会科学年報44。

戸塚悦朗〔2014b〕「龍谷大学における安重根東洋平和論研究の歩み―― 100年の眠りからさめた遺墨（下）」龍谷大学社会科学研究所社会科学年報44。

戸塚悦朗〔2015a〕「歴史認識と日韓の「和解」への道（その1）――安重根東洋平和論研究は、日本を孤立から救うか?」『龍谷法学』第48（1）。

戸塚悦朗〔2015b〕「歴史認識と日韓の「和解」への道（その2）――植民地支配責任と1905年「韓国保護条約（?）」」『龍谷法学』48（2）。

戸塚悦朗〔2016a〕「歴史認識と日韓の「和解」への道（その3）――文献研究から1905年「韓国保護条約（?）」を問う」『龍谷法学』48（3）。

戸塚悦朗〔2016b〕「歴史認識と日韓の「和解」への道（その4）――「國際法雜誌」は、1905年「韓国保護条約（?）」をどう準備したか」『龍谷法学』48（4）。

註

＊1　本論文は、「講演：「こじれた日韓関係　和解への道を探る！――強制連行・「慰安婦」問題についての韓国の判決を手掛かりに」として、龍谷大学社会科学研究所・安重根東洋平和研究センター第3回共同研究会、主催：龍谷大学社会科学研究所・安重根東洋平和研究センター、協力：「韓国併合」100年市民ネットワーク、二〇一三年九月一四日～一五日のうち一四日、龍谷大学深草学舎二二号館一〇二教室において発表された筆者による講演のレジメを下敷きに、二〇一六年七月龍谷大学社会科学研究叢書向けに新たに執筆したものである。

＊2　この決定は、日韓関係に大きな衝撃を与え、二〇一五年一二月二八日の日韓外相合意に至った。その評価については、後述

する。

＊3　二〇一二年五月二四日宣告三菱事件大法院第一部判決（仮訳）は、日本弁護士連合会HPに全訳が掲載されている。http://www.nichibenren.or.jp/library/ja/kokusai/humanrights_library/sengohosho/saibanrei_04_1.pdf　二〇一六年七月二三日閲覧。

＊4　前掲大法院判決によれば、「民事訴訟法第二一七条第三号は外国裁判所の確定判決の効力を認定することが大韓民国の善良な風俗やその他の社会秩序に反してはならないということを外国判決承認要件のひとつとして規定しているが、ここで外国判決の効力を認定すること、すなわち外国判決の効力を承認した結果が大韓民国の善良な風俗やその他の社会秩序に反するか否かは、その承認の可否を判断する時点で外国判決の承認が大韓民国の国内法秩序が保護しようとする基本的な道徳的信念と社会秩序に及ぼす影響を、外国判決が扱った事案と大韓民国の関連性の程度に照らして判断すべきであり、このとき当該外国判決の主文のみならず理由及び外国判決を承認する場合に発生する結果まで総合して検討しなければならない」としている。

＊5　大法院の論理の該当部分は、熟読する必要がある。前掲大法院判決は、「原審が適法に採択した証拠によれば、日本判決は日本の韓国併合の経緯に関し、「日本は一九一〇年八月二二日韓国併合に関する条約を締結し、大韓帝国を併合して朝鮮半島を日本の領土としてその統治下においた」、原告らに対する徴用の経緯について「当時の法制下では国民徴用令にもとづく原告らの徴用はそれ自体は不法行為とは言えず、また徴用の手続が国民徴用令にしたがって行われる限り、具体的な徴用行為が当然に違法だということはできない」と判断し、日本国と被告による徴用は強制連行であり強制労働であったという原告らの主張を受け入れず、当時の原告らを日本人、韓半島を日本領土の構成部分とみることによって原告らの請求に適用される準拠法を外国的要素を考慮した国際私法的観点から決定する過程を経ずに初めから日本法を適用した事実、また日本判決は旧三菱が徴用の実行において日本国とともに国民徴用令の規定を逸脱した違法な行為をした点、安全配慮義務に違反し原爆投下後原告らを放置して原告らの帰郷に協力しなかった点、原告らに支給する賃金と預貯金積立額を支給しなかった点等、原告らの請求原因に関する一部主張を受け入れながら、このような旧三菱との関係で認定される余地がある原告らの請求権は除斥期間の経過や時効の援用で消滅し、そうでなくとも一九六五年韓日請求権協定と日本の財産権措置法により消滅したという理由で結局原告らの被告に対する請求を棄却した事実等を認めることができる。このように日本判決の理由には日本の韓半島と韓国人に対する植民支配が合法であるという規範的認識を前提とし、日帝の国家総動員法と国民徴用令を韓半島と原告らに適用することが有効であると評価した部分が含まれている。しかし、大韓民国制憲憲法はその前文で「悠久の歴史と伝統に輝く我ら大韓国民は己未三一運動により大韓民国を建立し、世の中に宣布した偉大な独立精神を継承し、いま民主独立国家を再建するにおいて」と述べ、附則第一〇〇条では「現行法令はこの憲法に抵触しない限り効力を有す

る」と規定し、附則第一〇一条は「この憲法を制定した国会は檀紀四二七八年八月一五日以前の悪質な反民族行為を処罰する特別法を制定することができる」と規定した。また現行憲法もその前文で「悠久な歴史と伝統に輝くわが大韓国民は三・一運動により建立された大韓民国臨時政府の法統と不義に抗拒した四・一九民主理念を継承し」と規定している。このような大韓民国憲法の規定に照らしてみるとき、日帝強占期の日本の韓半島支配は規範的観点から不法な強占に過ぎず、日本の不法な支配による法律関係のうち、大韓民国の憲法精神と両立しえないものはその効力が排斥されると解さなければならない。そうであれば、日本判決の理由は日帝強占期の強制動員自体を不法であると解している大韓民国憲法の核心的価値と正面から衝突するものであり、このような判決理由が含まれる日本判決をそのまま承認する結果はそれ自体として大韓民国の善良な風俗やその他の社会秩序に違反するものであることは明らかである。したがってわが国で日本判決を承認し、その効力を認定することはできない。然るに原審はその判示のような事情を挙げて大韓民国の裁判所が日本判決を承認することが大韓民国の善良な風俗やその他の社会秩序に反するとはいえないと判断し、さらには日本判決を承認することが大韓民国の憲法精神に反するという原告らの主張をその判示のような理由で排斥した後、日本判決は大韓民国でその効力が承認されるので日本判決の既判力によりそれと矛盾する判断をすることができないとして原告らの本件請求を棄却した。このような原審判決には外国判決の承認に関する法理を誤解し判決結果に影響を及ぼした違法がある。この点を指摘する原告らのこの部分の上告理由の主張は理由がある」と判示した。

＊6　日経新聞二〇一二年五月二五日「戦時徴用工の主張認定韓国最高裁差し戻し「日本への請求権有効」歴史問題、解決むつかしく」によれば、日本の外務省幹部（氏名不詳）は「二国間の協定で定めた請求権問題を提起されれば妥協はできない」とコメントしたという。

＊7　メディアの報道は、事件の内容の画期性に不釣り合いと思われるほど地味な事実関係の報道にとどまり、大法院判決を契機とする全面解決への展望を開くものとはなっていない。①京都新聞二〇一二年五月二日は、「元徴用工の請求権「有効」韓国最高裁判決審理差し戻し」と共同通信による配信を取り上げた。②毎日新聞同日「元徴用工訴訟の請求権消滅せず　韓国最高裁」。③朝日新聞同日付けの「日本企業への請求権「有効」徴用の賃金韓国最高裁が判断」という記事は、「韓国政府は対応に苦慮も」としているほか、「原告「涙が出そうだ」」と韓国側被害者の反応を報道し、その中で、原告代理人張完翼弁護士が「元徴用工も多くがなくなり、高齢化が進んでいる。日本企業に和解に応じるなど前向きな対応を求めたい」と訴えていると報道するにとどまっている。④産経新聞同日付け報道は、「戦時徴用者の個人請求権韓国最高裁認める判断　日韓条約で「完全に解決」」と、請求権協定による解決を見出しで強調している。ただ、記事の末尾で「それだけで物事は済むのか。政治的な方針を作り、判断しなければいけないという案件もあるのではないか」と述べた民主党政権時代の仙石由人官房長官の談話（二〇一〇年当時）に言及していることには注目すべきである。

＊8　①京都新聞二〇一三年七月一一日（ソウル発共同通信）の記事を、「韓国高裁強制労働初の賠償命令元徴用工訴訟新日鉄住金に」と一面トップで報道した。「企業では対応限界相次ぐ訴え政府と連携も　支払い拒否韓国内資産差し押さえも」「戦時強制労働賠償命令　日韓の新たな火種　戦後補償見解ずれ　歴史問題、外交にも影響」とする関連記事のほかに、「「現実的解決模索を」とする解説を掲載し、被害者側の弁護士が「高齢の被害者や遺族は早期の決着を願っている。裁判までしなくていいような環境を日本側は作ってほしい」と述べていることを指摘した。②毎日新聞同日は、「戦後補償で賠償命令　ソウル高裁新日鉄住金に　「請求権解決済み」官房長官」のほか、「戦後補償命令　韓国司法へ不信感　日本側、歴史見直し続き」と報道し、韓国への「不信感」をあらわにした。③朝日新聞同日は、「元徴用工の請求権認める　韓国高裁戦時動員で新日鉄住金に賠償命令　「国家間の合意否定する判決」とするほか「集団訴訟を検討　韓国元徴用工請求権問題再燃も」と問題の拡大の可能性を報道している。④日経新聞同日は、「新日鉄住金に賠償命令　ソウル高裁、戦時徴用で初　日韓政府とは相違」としている。⑤産経新聞同日は、「戦時徴用で賠償命令　韓国高裁、新日鉄住金に」「個人請求権消滅認めず韓国司法強まる「反日」」とするほか「戦時徴用賠償命令　日本「解決済み」堅持　対韓関係「新たな火種」」「新日鉄住金、資産差し押さえ恐れ」と、韓国が「反日」を強めているのに対し、日本が「解決済み」との主張を貫くべきだと主張している。⑥読売新聞同日も、「戦時徴用韓国で賠償命令　ソウル高裁新日鉄住金に」「官房長官「請求権問題は解決済み」」と報道している。

＊9　日本のメディアの主張は、大法院判決を否定的に見る点では、一枚岩のように見える。主要メディアの社説を比較すると、この点で大きな違いが見えない。これまでも、日韓の全面和解の実現に消極的な保守的な立場を明らかにしてきたメディアが同じ論調であることは予想できることだ。しかし、日韓関係の改善を唱えるなどリベラルな主張を続けてきたメディアまでが韓国大法院の判決の趣旨を理解しようとする姿勢を示していないのは、どういうことなのであろうか。①読売新聞二〇一三年五月一二日社説は、「日韓合意に反する賠償命令だ　ソウル不当判決」として、「結果として日本の確定判決が無視されたことになる。菅官房長官は、「日本の立場に相いれない判決であれば、容認できない」と述べたのも当然である」と日本政府を全面的に支持している。②産経新聞同日社説は、「戦時徴用賠償　根拠なき要求に拒否貫け」として、「原告側が一部被告企業に和解をもちかけ、分断を図ることも考えられ、日本側は足並みをそろえる必要がある」と、全面解決への努力に反対している。③毎日新聞七月一五日社説は、「韓国の賠償判決　国家間の合意に反する」として、保守派メディアに歩調をそろえている。「その見解は「日本による韓国支配は違法な占領であり、強制動員自体を違法とみなす韓国憲法の価値観に反している」などと、現在の視点で過去を判断するかのような内容を含んでいる」とした上で、日韓の協定があっても徴用工個人の請求権は消滅していないと断じたのである。……韓国大法院の見解を日本社会が納得して受け入れることはないだろう」とまでの拒否感をあらわにしている。④東京新聞二〇一三年七月一三日社説は、「戦後補償判決　日韓両政府と

も重荷に」として、「判決は戦後日韓関係の出発になった協定を否定するものだ。徴用による原告らの苦難には胸が痛むが、「不当な植民地支配」との表現は、現在の価値観によって約百年前の条約が不当だったとみなしており国際的な基準からみても無理があるのではないか。……歴史の対立ばかりが強調されるのは残念でならない」と主張し、韓国大法院判決の判断の根幹を理解しようとさえしていない。⑤朝日新聞二〇一三年七月二五日社説は、「徴用工の保障　混乱回避へ知恵しぼれ」として、ソウル高裁判決を「日韓関係を揺るがしかねない判決」として、「混乱」を招くものと見ている。「韓国の関係者の間では、被害者支援のための基金を日韓でつくろうとの声が出ている。……両政府は、韓国の司法判断を待つのではなく、混乱を未然に防ぐ行動を早急に始めねばならない」としている。メディアの社説のなかでは、全面解決を志向する点で違いがあるが、大法院判決を「混乱」のもとと否定的なとらえ方をしてしまったために、その趣旨を積極的に評価してこれまでの歴史認識を改め、全面和解を実現する契機とする姿勢が見えない。朝日新聞社説の「混乱」と言う言葉に象徴されるように、大法院判決が困った事態を引き起こしているという否定的な評価をしている点で、日本の主要メディアの社説には共通項があると思われる。

＊10　東京新聞二〇一三年七月三一日は、「強制労働訴訟　三菱重工にも賠償命令　釜山高裁、韓国で二例目」としたうえで、「財団つくり補償も」と原告代理人張完翼弁護士の話を詳しく報道している点で、全面解決に向けた主張に努めている。日本には支援者弁護士の招きで来日したとされているが、肝心の日本の政府・財界の動きが報じられていない。

＊11　筆者が弁護士としての経験から知りえた具体的な和解の条件は、以下のとおりである。①双方向：相手方を理解するための誠実な協議が必要。一方的押し付けでは真の和解は実現しない。②真実に基づくこと：正確な情報に基づく。相手方をだましたり、情報を操作したりしない。当事者間で信頼関係が失われ、和解のプロセスは壊れるからである。当事者間の継続的な信頼関係の構築こそが和解の必須条件である。③調停者が必要。裁判所のような第三者を間におき、双方が密接な協議を継続し、和解の内容について事前に合意することが必要である。④多数被害者が集団として要求を提起している集団事件の特殊性がある。一部の被害者・加害者だけの間では事件は解決しない。被害者全体との和解を実現する必要がある。⑤公益的な事件の場合には、賠償だけでなく、加害者側の真摯な謝罪が、被害者を慰藉し、全体の和解を実現する重要な契機になる。

＊12　筆者は、未来をひらくために、歴史認識の原則を以下のように整理した。①“KIMURIKIMUA”「未来のために、過去に目を向ける」（マオリの言葉）。②「前事不忘　後事之師」（周恩来中華人民共和国元首相）。③「過去を忘れる者は、現在にも盲目となる」（ワイゼッカー・西ドイツ元大統領）。④「私たちは、日本と朝鮮半島の二一世紀を信頼と希望の世紀として創造するために、『世界人権宣言』および『日本国憲法』の理念に基づいて、各自「同胞の精神」をもって行動したいと考えます」（「韓国併合」一〇〇年「反省と和解のための市民宣言」）。

＊13 日韓の報道の一部を見るだけでも、このことは容易に見て取れる。①二〇一六年七月二九日、東京新聞・朝刊「慰安婦財団が発足　韓国、反対派抗議で混乱も」。②二〇一六年七月二九日、ハンギョレ新聞「「財団もお金も、必要ありません。日本にきちんと謝罪してもらいたいです」政府、「和解・癒し財団」の発足を強行　被害者キム・ボクトンさんの政府批判　挺隊協なども財団の強行に強く反発」。

＊14 前掲日弁連HP掲載の二〇一二年五月大法院三菱事件判決についてみるなら、①日本判決承認の可否、及び②原告らの被告に対する請求権の存否の二つに分かたれている。後者②は、第一には、旧三菱と被告の法的同一性の有無。第二には、請求権協定による原告らの請求権の消滅の当否。第三には、被告の消滅時効の完成の抗弁の可否。以上三点に分かたれている。②の第二点、請求権協定による請求権の消滅の当否に関する判断は、簡単に理解できないかもしれない。大法院判決は、「請求権協定の交渉過程で日本政府は植民支配の不法性を認めないまま、強制動員被害の法的賠償を根本的に否定し、このため韓日両国政府は日帝の韓半島支配の性格について合意に至ることができなかったが、このような状況で日本の国家権力が関与した反人道的不法行為や植民支配と直結した不法行為による損害賠償請求権が請求権協定の適用対象に含まれていたと解することは困難である点などに照らしてみると、原告らの損害賠償請求権については、請求権協定で個人請求権が消滅しなかったのはもちろん、大韓民国の外交的保護権も放棄しなかったと解するのが相当である。……」としている。

＊15 なお、毎日新聞二〇一三年七月一五日社説も、前述のとおり、大法院判決の判例を踏まえた差し戻し審二〇一三年七月一〇日ソウル高裁判決について、「その見解は「日本による韓国支配は違法な占領であり、強制動員自体を違法とみなす韓国憲法の価値観に反している」などと、現在の視点で過去を判断するかのような内容を含んでいる」その上で、日韓の協定があっても徴用工個人の請求権は消滅していないと断じたのである。……韓国大法院の見解を日本社会が納得して受け入れることはないだろう。」とまでの拒否感をあらわにしている。毎日新聞社説も、東京新聞社説同様に「現在の視点で過去を判断するかのような内容を含んでいる」と言っていて、日本社会の一般的な歴史認識にとらわれ、韓国司法府の判断についての無理解を露呈していることに注目すべきであろう。

＊16 韓国ソウル所在安重根義士紀念館前に展示されている石碑。二〇一二年三月二五日龍谷大学社研安重根東洋平和研究センター主催のシンポジウムにおいて筆者が写真三により紹介した。

＊17 一九〇五年「韓国保護条約」を国家代表個人に対する脅迫の故に絶対的無効としたもの。

＊18 『世界』の誌上論争は、以下のような興味深いものだった。関西大学（国際法）坂元茂樹教授の「日韓対話旧条約問題の落とし穴に陥ってはならない――本誌・李泰鎮論文へのひとつの回答」（『世界』六五二（一九九八年九月）号一九三－二〇六頁）、国際基督教大学（憲法）笹川紀勝教授の「日韓対話の試み日韓における法的な「対話」をめざして――第二次日韓協約強制問題への視点」（『世界』六六三（一九九九年七月）号二三六－二四七頁）、明治大学（日朝関係史）海野福寿教授の

＊19　「日韓対話の試み——李教授「韓国併合不成立論」を再検討する」（『世界』六六六（一九九九年一〇月）号二六〇–二七四頁）：ソウル大学（韓国史）李泰鎮教授「略式条約で国権を移譲できるのか——海野教授の批判に応える（上）」（『世界』六七四（二〇〇〇年五月）号二四六–二五五頁）、駿河台大学（国際政治）荒井信一教授の「日韓対話歴史における合法論不法論を考える」（『世界』六八一（二〇〇〇年一一月）二七〇–二八四頁）の論争など多くの論考が掲載された。
Northeast Asian History Foundation 2010 International Conference, "The Forced Annexation of Korea by Japan in 1910 : Its History and Tasks", 23-26 August 2010, Seoul Chamber of Commerce and Industry.

第11章　韓国大法院判決とダーバン宣言から見る朝鮮人強制連行・強制労働[*1]
――日本製鐵（現・新日鐵住金）の事例から

中田光信

1　朝鮮人「強制連行・強制労働」とは

(1)総力戦体制を支えるための植民地朝鮮からの労務動員

近代国家日本は、明治維新を前後して北海道や沖縄など周辺領域を取り込み、内には国民国家の形成を図りつつ、外には「遅れてきた」帝国主義国家として日清・日露戦争を経て朝鮮半島を植民地化し、中国大陸、アジア太平洋全域へと戦線を拡大し「大日本帝國」の崩壊までまっしぐらに侵略の道を走り続けた。一九三一年の満州事変を機に、中国大陸への侵略を本格化させ一九三七年の盧溝橋事件を機に日中戦争に突入した日本は、侵略戦争を支える「総力戦体制」を構築していくために、国家のすべての人的・物的資源を政府が管理統制運用するための法律＝「国家総動員法」を一九三八年に制定し、植民地支配下にあった台湾・朝鮮半島もその体制へと組み込んでいった。

そして、一九四一年一二月の真珠湾攻撃により対米英戦争へ踏み出し一挙にアジア太平洋全域に戦線を拡大させていくが、この総力戦を支えるため、朝鮮半島から数多くの人々を様々な形で動員していく。労務動員、軍人・軍属、あるいは日本軍性奴隷（「慰安婦」）として、そしてあまり知られていないが、戦争末期には「農耕勤務隊」〔雨宮剛 2016〕と言う形態の動員も行われた。これらの戦時動員は、地域的には朝鮮半島内はもちろんのこと、当時「内地」と呼ばれていた日本本土のみならず、樺太や南洋諸島、アジア・太平洋全域に及んだ。*2

従来「朝鮮人強制連行」という言葉は、多くの日本人が徴兵により戦地派遣されることによって生じた労働力不足を補うために、日本国内の炭鉱、鉱山、工場などへ朝鮮半島から動員されて劣悪な環境下で強制労働に従事させられた事実を指して用いられる場合が多かったが、植民地支配下における「労務動員」を全体として捉えるためには、当時の植民地朝鮮内外へどのような人的・物的動員が計画され、そして実行に移され、それが植民地朝鮮の人々・社会にどのような苦痛や影響を及ぼしたのかというトータルな視点に立って考えることが必要である。

（2）朝鮮人「強制連行・強制労働」の本質

朝鮮半島から「内地」への朝鮮人労務動員について年代を追って整理すると、一九三九年七月に「朝鮮人労働者内地移住に関する件」が策定され、鉱業や土木建設工事などへの「募集」による労務動員がはじまる。そして一九四二年二月「朝鮮人労務者の内地移入斡旋要綱」が定められて「官斡旋」という形で労務動員がいっそう強められていく。そして一九四四年九月からは国民徴用令を朝鮮半島においても適用し「徴用」による動員を行っていく。「募集」と「官斡旋」による動員は、形式的には関係企業の申請によるものであったが、動員の過程で詐欺や暴力による本人の意思に反する「連行」が数多く行われ、動員先も炭鉱や鉱山といった劣悪な労働環境のところが多く、そしてなにより重要なのは、「連行」の強制性や過酷な労働環境もさる事ながら、労務動員が植民地支配下の朝鮮において日本の侵略戦争遂行のための総力戦体制を維持するために日本政府が作成した「労務動員計画」に基づいて実施され、その結果として日本国内だけでも約八〇万人〔竹内康人 2014：303-319〕とされる朝鮮人が日本国内において強制的に労働させられたという点にある。

2　日本製鐵における「強制連行・強制動員」と日本の司法判断

（1）日本製鐵株式会社（以下日鉄）による「強制連行・強制労働」

日鉄は、一九三四年に経済的・軍事的に重要な物資である鉄鋼の安定供給を図るために鉄鋼業再編のために国策会社として設立された。そして、鉄鋼生産という基幹産業で総力戦体制を支えるという重要な役割を担った。その日鉄が行った「強制連行・強制労働」とその戦後処理に関する経過については、駒澤大学名誉教授古庄正氏が日鉄の内部資料『朝鮮人労務者関係』を偶然に発見し、資料を詳しく分析し、調査研究を行った結果、その実態が解明された〔古庄正 1991, 1993〕。

（2）裁判にいたる経過と概要

古庄氏が研究の過程で、釜石製鉄所の未払賃金の「供託名簿」に記載されていた元徴用工らの当時の住所宛に手紙を送ったところ、遺族からの返信で、遺骨の返還や、未払賃金の支払、死亡通知等が一切なされていないことが判明した。そして、一九九五年九月、元徴用工の遺族一一名が、新日鐵株式会社（現新日鐵住金株式会社）と日本政府を被告として遺骨返還、未払賃金の支払い、謝罪と補償を求めて東京地方裁判所に提訴した（釜石裁判）。その後、新日鐵と元徴用工遺族とは、一九九七年九月、会社が慰霊金の支払いと慰霊事業を行うことで和解をし、元遺族らは会社に対する訴訟を取り下げ、日本政府を被告とする裁判として継続することとなった[*3]。

また、日鉄は、戦前、日本国内では、室蘭、釜石、広畑、八幡に製鉄所を有し、大阪市大正区にも日鉄大阪工場（現在大阪製鉄株式会社）を操業していた。釜石裁判に続いて、一九九七年一二月、日鉄大阪工場に強制連行された元徴用工の生存者二名（呂運澤《ヨウンテク》氏、申千洙《シンチョンス》氏）が同じく新日鐵株式会社と日本政府を被告として未払賃金の返還、謝罪と補償を求めて大阪地方裁判所に提訴した（大阪裁判）。

（3）元徴用工の補償要求

日鉄大阪工場に「強制連行・強制労働」された二名の元徴用工被害者が具体的に会社に何を要求していたかを理解するのに、二〇一二年一月に彼らが当時の新日鐵の社長と役員に宛てた手紙の一部を紹介する。

呂運澤《ヨウンテク》氏の手紙

「私は一九九七年一二月、私が受けとれなかった給料を支給してくれという訴訟を提起しましたが、棄却されました。日本の最高裁判所は「日韓協定で韓国人の権利が消滅し、今の日本製鉄は（私が仕事をした）日本製鉄とは異なる会社」といいました。ですが、戦争が終って、国を再建する過程で会社を分離・統廃合し、法人を異なるようにしていても、今の日本製鉄が、独立前私が仕事をしていた日本製鉄と同じ会社だということは、誰でも知っている事実です。会社を統廃合し、月給を供託しながら、私には何の連絡もくれませんでした。このようなことを「詐欺」と言わなくて、なんと言ったらいいのでしょうか。若い時、日本製鉄で仕事した経験は、それが苦しいものであれ、楽しいものであれ、私の人生の一部であり、人生に大きな影響を及ぼしました。ですから、私はその時期、汗を流しながら一所懸命に仕事をした代価を必ず認めてほしいです。日本製鉄は、法とか外交協定のような政治的な決定の後ろに隠れずに、堂々と前に出て、この問題について、責任をとって下さい。

二〇一二年一月　呂運澤《ヨウンテク》」

申千洙《シンチョンス》氏の手紙

「私が日本製鉄と日本政府に要求しているのは、戦争中に血と汗で儲けた労働の代価を返してほしいということです。私は道義的な同情を受けたいわけではありません。当然受けとるべき労働の代価を要求しているのです。

戦争が終わってすでに六五年になりました。もう九十歳になるから、あとどれぐらい生きるかわかりません。真の韓日関係の発展のため、日本製鉄会社が何をすべきか真剣に悩んで、被害者との対話に出るべき時だと考えます。ご返事をお待ちします。　二〇一二年一月　申千洙《シンチョンス》」

二人の訴えは、当時の過酷な労働に対しての未払賃金の支払いという当たり前の要求である。長い人生からすれば、わずかな期間のことであるかもしれないが、被害者にとってはそれが一生の傷（トラウマ）となっていること、その傷の回復なしには彼らは人生を全うできないのである。[*4]

（4）裁判経過と司法判断

大阪裁判において、元徴用工被害者と支援の日本の市民団体（日本製鉄元徴用工裁判を支援する会）は、「強制連行・強制労働」の不当性・違法性と「強制連行・強制労働」の事実認定を裁判所に求めた。主な論点として、国際法（ハーグ陸戦条約、世界人権宣言、国連人権規約、ＩＬＯ二九号条約など）の個人への適用、国家無答責論[*5]の不当性、別会社論（戦後制定された会社経理応急措置法・企業再建整備法により旧勘定とされた債務については、新会社には承継されない）の不当性、安全配慮義務違反、日韓請求権協定と国内法的に請求権を消滅させた法律一四四号[*6]の違憲性、会社が行った未払賃金の供託についてその手続の違法性など、さまざまな論点を主張した。日本政府は、主に国家無答責論、時効・除斥、国際法・国際条約・人権規約等に基づく個人請求権の否認、日韓請求権協定による解決済論などを主張した。新日鐵は、当初は、主に別会社論、時効・除斥を主張していたが、最終的には、日韓請求権協定による個人の請求権「消滅」論についても主張を行うようになった。

二〇〇一年三月、大阪地裁は、二人が「新聞広告」を見て募集に応じたことを理由に日本への「連行」についての強制性を否定したものの工場での労働について「強制労働」に当たると認定した。しかし、請求自体は、日本政府については国家無答責論、新日鐵については別会社論などを理由にいずれも棄却した。二〇〇二年一一月の大阪高裁判決は、地裁の事実認定は維持しつつ、主要な論点ではなかったにも関わらず、突然判決において日韓請求権協定及び法律一四四号によってすべての請求権が消滅したとする判断を下した。そして、二〇〇三年一〇月、最高裁において上告は棄却され、最高裁での敗訴により、日本の司法の場での解決の道は閉ざされた。[*7]

最高裁での棄却により国内法による法的責任は否定されたが、すべての責任から免罪されたわけではない。歴史的にみても、戦時生産を続けていくための労働力不足を補うために朝鮮半島からの労働者の「移入」を積極的に当時の日本政府に働きかけたのは、鉄鋼や炭鉱などの企業自身であった。そして自らの利益・利潤追求のために、「国策」としての「強制連行・強制労働」により利益を得た事実は否定することはできない。ＣＳＲ[*8]（企業の社会的責任）、コンプライアンス（法令遵守）という点からも、たとえ半世紀以上前の過去の行為であったとしても、その責任を棚に上げ、無視することは許されないというべきである。

3　「強制連行・強制労働」と植民地支配

（1）敗戦による植民地支配の終了と未完の「脱植民地化」

一九四五年八月の日本の敗戦により、一九一〇年の韓国併合から三六年間の朝鮮の植民地支配は終わったが、植民地支配についての「清算」は行われなかった。それは、ポツダム宣言受諾という戦争終結＝日本の降伏と同時に植民地支配が終了し、その後も東西冷戦等により、植民地宗主国である日本と被支配国である韓国・朝鮮との間で「脱植民地化」のプロセスを経る機会がなかったことにより植民地支配責任は果たされなかった。

それは、現在もなお朝鮮半島の南北分断が継続し、植民地支配責任を認めることなく締結された一九六五年の日韓条約[*9]、ヘイトスピーチに顕著な現在に至るまで日本社会にはびこる在日朝鮮人差別の問題など植民地支配に起因する問題がすべて絡まり合いながら未解決のまま現在に持ち越されている現実がそのことを示している。

今、その克服のために何が最も重要であるかを考えなければならない。単なる戦後処理の問題、あるいは日韓・日朝関係といった二国間の外交関係といった視点ではなく、植民地宗主国と被支配国の「脱植民地化」の問題として、そして世界的な「植民地主義」克服の歴史的な文脈の中でどう捉えるかという視点が要求される。日本の植民地支配下で行われた「強制連行・強制労働」政策についてグローバルな観点、世界史的な視点、普遍的な観点から読み直すことが求められているのである。

(2)植民地主義の克服を掲げたダーバン宣言に至る歩み

第二次世界大戦の終了直前の一九四五年六月、サンフランシスコにおいて五〇カ国の代表が参加して開催された「国際機関に関する連合国会議」において、国際連合憲章が採択され、国際機構(国際連合)設立の必要性が次のように述べられた。

「われら連合国の人民は、われらの一生のうちに二度まで言語に絶する悲哀を人類に与えた戦争の惨害から将来の世代を救い、基本的人権と人間の尊厳及び価値と男女及び大小各国の同権とに関する信念をあらためて確認し、正義と条約その他の国際法の源泉から生ずる義務の尊重とを維持することができる条件を確立し、一層大きな自由の中で社会的進歩と生活水準の向上とを促進すること並びに、このために、寛容を実行し、且つ、善良な隣人として互いに平和に生活し、国際の平和及び安全を維持するためにわれらの力を合わせ、共同の利益の場合を除く外は武力を用いないことを原則の受諾と方法の設定によって確保し、すべての人民の経済的及び社会的発達を促進するために国際機構を用いることを決意して、これらの目的を達成するために、われらの努力を結集する」。

そして憲章の目的の第一番目に「国際の平和及び安全を維持すること。そのために、平和に対する脅威の防止及び除去と侵略行為その他の平和の破壊の鎮圧とのため有効な集団的措置をとること並びに平和を破壊するに至る虞のある国際的の紛争又は事態の調整または解決を平和的手段によって且つ正義及び国際法の原則に従って実現すること。」として集団的安全保障の確立と国際紛争について平和的解決の原則が謳われ、目的の第三番目に「経済的、社会的、文化的または人道的性質を有する国際問題を解決することについて、並びに人種、性、言語または宗教による差別なくすべての者のために人権及び基本的自由を尊重するように助長奨励することについて、国際協力を達成すること」が掲げられた。

国際平和実現のためには、戦争を引き起こす原因としての「人種、性、言語、宗教」による差別の根絶や基本的人権の尊重が戦争の予防に重要な役割を果たすことを指摘し、そのために「人権及び基本的自由の尊重」の「助長奨励」を促した。とりわけ「人種」「言語」「宗教」の三つの要素[*10]は、植民地支配＝植民地主義と密接な関係をもつ。国連憲章は、この三つの要素に起因する差別の根絶と、権利を保障することが戦争を抑止・防止するために不可欠であることを宣言した。

一九四八年一二月の国連総会において「基本的人権の尊重」の具体的内容を示した「世界人権宣言」が採択された。そして、一九六六年の国連総会は「経済的、社会的、文化的権利に関する国際規約」（社会権規約、A規約）と「市民的、政治的権利に関する国際規約」（自由権規約、B規約）を採択し、基本的人権を全般的に保障する国際人権法が確立された。

「植民地」を巡っては、一九六〇年に国連総会が「植民地と人民に独立を付与する宣言」いわゆる「非植民地化宣言」を発し、加盟国に植民地主義を早急に終わらせる必要があることを宣言した。そして、一九六三年に国連総会は、すべての人は基本的には平等であり、人種、皮膚の色もしくは種族的出身に基づく人間間の差別は世界人権宣言に掲げる人権の侵害であり、国家間および人民間の友好的かつ平和的関係に対して障害となることを確認した「人種差別撤廃宣言」を採択した。二年後の一九六五年には人種主義、民族差別を根絶するための「あらゆる形態の人種差別の撤廃に関する国際条約」が採択された。これにより、締約国は、人種差別を防止し、処罰するために立法、司法、行政、その他の措置を取ることが義務付けられた。人種差別を禁止することが国際社会において確認されたのである。

(3)ダーバン宣言で示された植民地主義克服の課題

一九九三年、国連総会は「第三次人種主義および人種差別と闘う一〇年」を宣言し、新しい形態の人種差別主義と闘うためにとくに法律、行政措置、教育および広報による措置をとるよう加盟国に要請した。そして準備会議を経て、二〇〇一年九月に南アフリカのダーバンで「人種主義、人種差別、外国人排斥および関連する不寛容に関する世界会議」が開催され、ダーバン宣言と行動計画が採択された。宣言前文は次のように述べられている。

「人種主義、人種差別、外国人排斥および関連のある不寛容は、それが人種主義および人種差別に等しい場合、すべての人権の重大な侵害であり、その完全な享受の障害となり、すべての人間は尊厳と権利において自由かつ平等に生まれているという自明の真実を否定し、諸人民や諸国の間の友好で平和な関係の障害となり、武力紛争を含む多くの国内紛争や国際紛争の根因となり、住民の強制移送に帰結することを確認し」「普遍的・不可分・相互依存・相互関係的であるすべての人権、経済・社会・文化・政治的権利の完全な享受を保証するために、すべての諸国の男性・女性・子どもの生活条件を改善するために、人種主義、人種差別、外国人排斥および関連のある不寛容と闘う国内活動と国際活動が求められていることを認める」。

この前文において植民地主義がもたらす「人権の重大な侵害」に対しては、すべての諸国がその防止に向けて国内活動、国際活動を推進していくことを求めている。

植民地支配による被害の再発防止を求める宣言

宣言は「人種主義、人種差別、外国人排斥および関連のある不寛容の源泉、原因、形態、現代的現象」として「13　大西洋越え奴隷取引などの奴隷制度と奴隷取引は、その耐え難い野蛮のゆえにだけではなく、その大きさ、組織された性質、とりわけ被害者の本質の否定ゆえに、人類史のすさまじい悲劇であった。奴隷制と奴隷取引は人道に対する罪であり、とりわけ大西洋越え奴隷取引はつねに人道に対する罪であったし、人種主義、人種差別、外国人排斥および関連のある不寛容の主要な源泉である。アフリカ人とアフリカ系人民、アジア人とアジア系人民、および先住民族は、これらの行為の被害者であったし、いまなおその帰結の被害者であり続けている」「14 植民地主義が人種主義、人種差別、外国人排斥および関連のある不寛容をもたらし、アフリカ人とアフリカ系人民、アジア人とアジア系人民、および先住民族は植民地主義の被害者であったし、いまなおその帰結の被害者であり続けていることを認める。植民地主義によって苦痛がもたらされ、植民地主義が起きたところはどこであれ、いつであれ、非難され、その再発は防止されねばならないことを確認する。この制度と慣行の影響と存続が、今日の世界各地における社会的経済的不平等を続けさせる要因であることは遺憾である」として、現在もなお続く植民地主義の犠牲となっているアジア、アフリカ、先住民などの被害者の存在を認め、植民地支配がもたらした被害の再発防止を促している。このダーバン宣言の文脈において「強制連行・強制労働」問題についても見ていかなければならない。

4　韓国の大法院判決の意義

(1)韓国大法院判決に至るまでの経過

三菱被爆徴用工裁判[*11]に続く韓国の司法に日本企業の「強制連行・強制労働」責任を問う二番目の裁判として日鉄に強制連行された元徴用工と遺族五名（大阪裁判の原告も含む）が新日鐵を被告として二〇〇五年二月に損害賠償を求めてソウル地方法院に提訴した。二〇〇八年四月ソウル地方法院で原告敗訴、遺族一名除く原告四名が控訴、二〇〇九年七月ソウル高等法院で原告敗訴、大法院へ上告、二〇一二年五月二四日大法院は三菱・新日鐵の両事件について、下級審の判決を取り消し、元徴用工被害者の損害賠償請求権を認め、裁判を高等法院へ差戻した。そして翌二〇一三年七月一〇日差戻審のソウル高等法院は、原告一人あたり一億ウォンの損害賠償の支払いを命じた。しかし会社側の上告により、現在再び大法院に審理が継続中である。[*12]

(2)大法院判決の骨子

大法院判決は、本来「善良な風俗やその他社会秩序」に反しない限り外国の確定判決は尊重されるべきであるとするが、一九一〇年の韓国併合以後の日本の植民地支配は「不法な強占」であり、大韓民国の「憲法精神」及び「核心的価値」と正面から衝突するので、日本での大阪裁判の判決の効力を認定できないと判断する。

現行憲法もその前文に「悠久な歴史と伝統に光輝く我が大韓国民は、三・一運動で建立された大韓民国臨時政府の法統と、不義に抗挙した四・一九の民主理念を継承して」と規定した。このような大韓民国憲法の規定に照らしてみると、日帝強制占領期の日本による朝鮮半島支配は規範的な観点から、不法な強占に過ぎなかったし、日本の不法な支配に因る法律関係の内、大韓民国の憲法精神と両立し得ないものは、その効力が排除されるとみなければならない。それならば日本判決の理由は、日帝強制占領期の強制動員自体を不法と見る、大韓民国憲法の核心的価値と正面から衝突するものなので、このような判決理由が込められた日本判決をそのまま承認する結果は、それ自体で大韓民国の善良な風俗やその他社会秩序に違反することが明らかである。したがってわが国で日本判決を承認し、その効力を認定することはできない。

請求権協定第一条によって支払われた「経済協力資金」は、第二条に定めた「財産、権利及び利益並びに両締約国及びその国民の間の請求権」と法的対価関係はなく植民地支配に対する賠償請求については「完全かつ最終的に解決され」ていないと判断する。その帰結として、植民地支配に直結した不法行為による個人の損害賠償請求権は日韓請求権協定によっては、消滅もせず、外交保護権も放棄されなかったと見るのが妥当であるとする。

請求権協定は日本の植民地支配の賠償を請求するための交渉ではなく、サンフランシスコ条約第四条に基づき韓日両国間の財政的・民事的債権・債務関係を政治的合意によって解決するためのもので、請求権協定第一条に依って日本政府が大韓民国政府に支給した経済協力資金は、第二条による権利問題の解決と法的対価関係があるとはみられない。請求権協定の交渉過程で日本政府は植民地支配の不法性を認めないまま、強制動員被害の法的賠償を原則的に否認し、このために韓日両国の政府は日帝の朝鮮半島支配の性格に関して合意に至らなかった。このような状況で、日本の国家権力が関与した反人道的不法行為や、植民地支配に直結した不法行為に因る損害賠償請求権が、請求権協定の適用対象に含まれたと見るのは難しい点等に照らしてみれば、原告らの損害賠償請求権に対しては、請求権協定で個人請求権が消滅しなかったのは勿論、大韓民国の外交保護権も放棄されなかったとみるのが相当である。

時効の問題について時効を認めることは、信義誠実の法則に反するとして認めず、過去に遡って植民地支配者として日本企業に対しての責任を認めた。

「旧日本製鐵と実質的に同一な法的地位にある被告が消滅時効の完成を主張して、原告らに対する債務の履行を拒絶することは顕著に不当で、信義誠実の原則に反する権利濫用であり許容できない」。

（3）大法院判決の意義と日本社会の反応

大法院判決は、一九一〇年の「韓国併合」自体が不法・無効でありその後の植民地支配下の不法行為について、それが日本の植民地支配に関わって生じた損害であれば、一九五一年のサンフランシスコ条約においても未解決であり、一九六五年の日韓請求権協定でも解決されなかったとする。

大法院判決の最大の意義は、一九一〇年の韓国併合以降の植民地支配についての「不法・無効」性を司法として判断したことにある。判決は直接的にダーバン宣言に言及はしていないものの、大韓民国の「憲法精神」及び「核心的価値」という表現で実質的に「植民地支配」を法的判断の俎上に載せ、不法な「植民地支配」によってもたらされた損害は回復させられるべきであるとして、司法として植民地主義を裁いた画期的な判決であった。

しかし、残念ながら大法院判決を報じる日本のマスコミや一般的な世論は「ちゃぶ台返し[*13]」と表現した事例に典型的に現れているように、大法院判決が過去の問題の蒸し返しであり、いったん二国間で結ばれた条約を覆す常識外れの判決であるという見解が日本社会においては大勢を占め、大法院判決の意義を認めようとしない。

5　植民地主義克服への道

（1）戦争の違法化と基本的人権の確立

一八六四年のジュネーブ条約で傷病兵の保護に始まった国際人道法は、発展を遂げジュネーブ四条約と三つの追加議定書として確立する。

また、第一次世界大戦後、戦争が人間にいかに悲惨な被害をもたらすかを知った人類は従来の国際法の世界観を脱し、国際連盟を設立し、不戦条約を成立させ、集団的安全保障の確立と国家間の紛争解決の手段としての戦争の「違法化」を図る。

そして第二次世界大戦を経て、国連憲章を定め、世界人権宣言、人権規約、それに続く様々な国際人権条約[*14]へと、個人の基本的人権を保障する条約を採択していく。それは、国家を前提とした国家間の取り決めという考え方としての従来の国際法から個人の権利＝基本的人権の概念を国際法に取り入れていく過程であったと言える。少数者や弱者、女性や先住民などの権利なども取り上げられていくが、しかしながら戦争による被害や植民地支配がもたらした過去の犠牲については、やむを得ないもの、受忍されるべきものとされてきた。

（2）過去の植民地主義の清算を掲げるダーバン宣言

しかしダーバン宣言は「国家、地域、国際レベルの効果的な救済、回復、是正、補償その他の措置」として「一〇〇　奴隷制、奴隷取引、大西洋越え奴隷取引、アパルトヘイト、ジェノサイドおよび過去の悲劇の結果として無数の男性、女性および子どもたちに加えられた語られざる苦痛と害悪を認め、深く残念に思う。さらに、犯された重大かつ大規模侵害について進んで謝罪をしてきた国家や、適切な場合には、補償を支払った国家があることに留意する。」「一〇一　歴史の暗い章を閉じて、和解と癒しの手段として、国際社会とその構成員がこれらの悲劇の犠牲者の記憶に敬意を捧げるよう勧める。さらに、進んで、残念に思う、遺憾の意を表明する、または謝罪を表明するとしてきた国家があることに留意し、被害者の尊厳を回復しようとしていないすべての諸国に、そのための適切な方法を見いだすよう呼びかけ、それを行った諸国に感謝する」と述べ、植民地支配がもたらした犠牲に対する補償をかつて植民地支配を行ってきた国々に促す。

そしてそれは、ラワグテ事件[*15]〔吉田信 2013〕や元マウマウ団補償請求訴訟[*16]〔津田みわ 2009〕に見られるように、植民地支配による犠牲者に対して過去に遡って補償を行わせるまで発展してきたと言える。

しかし、日本の場合は、一九九〇年代に過去の日本の侵略戦争や植民地支配がもたらした「暴力」の犠牲に対して日本軍性奴隷（元「慰安婦」）や「強制連行・強制労働」被害者が声を上げ、「戦後補償」を求める声として日本政府・企業への責任追及を行った。しかし、一部の企業が被害者と和解を進めたもののほとんどの裁判において被害者の請求は棄却されてしまい、日本の侵略戦争・植民地支配の被害への補償は不十分なまま現在に至っている。

（3）「過去の声」を国際法の枠組みへ押し上げる

戦争や植民地主義がもたらした被害の補償は、これまで「不遡及の原則」によって法的保護の枠外に置かれてきた。しかし、国際法の「射程」の時間軸を過去・現在・未来に延ばしてこのような「過去の声」＝過去の戦争や植民地支配の犠牲者の声を拾い上げて行く基盤がダーバン宣言によって作られた。ダーバン宣言の採択という歴史的な流れは、一九六五年当時「強制連行」問題や「慰安婦」問題は「法」が扱う範疇ではないとされていたものを、現在の規範的価値のもとで今一度この「不遡及原則」を見直すことを私たちに提起している。

その時にもっとも大切なことは被害者の尊厳＝個人の人権回復の視点である。真の「過去清算」とは「構造的暴力」としてあらわれる植民地主義を克服し、被害者が歴史の主人公＝真の主権者として尊厳回復を図っていく過程である。そして、戦争被害や植民地支配による犠牲の回復（個人の人権＝生存権の回復）を「規範化」する運動を進めることによって、未来に向けての戦争抑止、植民地支配暴力の抑止、平和の実現が展望できる。

歴史の捻じ曲げ、植民地支配の事実の歪曲・改竄に対しては「真実」を対置しなければならない。そしてなにより、韓国の大法院判決をかつての被支配国の独りよがりのナショナリスティックな判決としか評することのできない日本社会の植民地主義にまみれた「宗主国意識」からまず変えていかねばならない。

（4）過去を克服し平和な東アジアをつくりだすために

勝手な過去の正当化からは真の友好関係は生まれない。地域に平和を作り出するためには、被害者・犠牲者の声に基づいて歴史認識を再構築していかねばならない。それを踏まえて、国境を越えて人々がつながり、偏狭な排外主義を超えていくことが求められる。そこから新しい関係が生まれる。「強制連行・強制労働」問題の解決もそのためのひとつの道標としなければならない。この問題について東アジア地域全体の平和・人権保障に繋がる何らかの解決策を日本政府が責任を持って提示[*17]し、平和構築への道標を示すことによって国際社会において日本が「名誉ある地位」を占めることができるのではないだろうか。

参考文献

阿部浩己〔2013〕「日韓請求権協定・仲裁への道——国際法の隘路をたどる」『季刊　戦争責任研究』第80号、日本の戦争責任資料センター。

雨宮剛〔2016〕「もう一つの強制連行　謎の農耕勤務隊——足元からの検証」春秋社。

委員会活動結果報告書〔2016〕大韓民国・国務総理所属　対日抗争期強制動員被害調査及び国外強制動員犠牲者等支援委員会編

太田修〔2003〕『日韓交渉——請求権問題の研究』クレイン。

古庄正〔1991〕「連行朝鮮人未払金供託報告書」『駒沢大学経済学論集』第25巻、第1号。

古庄正〔1993〕「日本製鉄株式会社の朝鮮人強制連行と戦後処理——「朝鮮人労務者関係」を主な素材として」『駒沢大学経済学論集』第25巻第1号。

竹内康人〔2014〕「調査・朝鮮人強制労働③発電工事・軍事基地編」社会評論社。

張完翼（野木香里訳）〔2015〕「強制動員に関する韓国大法院判決の経過と現状」『季刊　戦争責任研究』第85号　日本の戦争責任資料センター。

津田みわ〔2009〕「復権と「補償金ビジネス」のはざま　ケニアの元「マウマウ」闘士による対英補償請求提訴」永原陽子編〔2009〕『「植民地責任」論——脱植民地化の比較史』青木書店（一八九-二一七頁）所収。

外村大〔2012〕『朝鮮人強制連行』岩波書店。

永原陽子編〔2009〕『「植民地責任」論——脱植民地化の比較史』青木書店。

日本製鉄元徴用工裁判を支援する会・太平洋戦争犠牲者補償推進協議会編〔2012〕『5・24韓国大法院判決資料集　三菱広島元徴用工原爆被害者・日本製鉄元徴用工裁判』。

山田昭次・古庄正・樋口雄一〔2005〕『朝鮮人戦時労働動員』岩波書店。

吉澤文寿〔2005〕『戦後日韓関係――国交正常化交渉をめぐって』クレイン。

吉田信〔2013〕「オランダにおける植民地責任の動向――ラワグデの残虐行為をめぐって」『福岡女子大学国際文理学部紀要　国際社会研究』第2号。

註

＊1　「強制連行」という言葉では、強制が伴った「連行」という行為だけを意味することになるので「連行」後の労働の「強制」とを総体として理解するために「強制連行・強制労働」という表現を使うこととする。
＊2　韓国の「対日抗争期強制動員被害調査及び国外強制動員犠牲者等支援委員会」の委員会活動結果報告書によると「慰安婦」を除いた重複動員数も含めた総数として、朝鮮内での労務動員数を六四八万八四六七人、日本本土・「満州」・サハリン・南洋など朝鮮外への労務動員数を一〇四万五九六二人、軍人軍属の動員を二六万九九四七人としている。
＊3　最終的に二〇〇七年一月最高裁で請求棄却。
＊4　しかし、その後呂運澤氏は、二〇一三年一二月、申千洙氏は二〇一四年一〇月に相次いで亡くなった。
＊5　戦後、一九四七年に国家賠償法ができるまでは、国家や官公吏（公務員）の違法な行為によって損害が生じても国家は賠償責任を負わないとされていた。
＊6　「日韓請求権協定第二条の実施に伴う大韓民国等の財産権に対する措置に関する法律」（昭和四〇年、法律一四四号）
＊7　二〇〇七年四月最高裁は、西松建設を訴えた元中国人強制労働被害者の判決において「請求権の「放棄」とは、請求権を実体的に消滅させることまでを意味するものではなく、当該請求権に基づいて裁判上訴求する権能を失わせるにとどまるものと解するのが相当である。したがって、サンフランシスコ平和条約の枠組みによって、戦争の遂行中に生じたすべての請求権の放棄が行われても、個別具体的な請求権について、その内容等にかんがみ、債務者側において任意の自発的な対応をすることは妨げられない」「サンフランシスコ平和条約の枠組みにおいても、個別具体的な請求権について債務者側において

任意の自発的な対応をすることは妨げられないところ、本件被害者らの被った精神的・肉体的苦痛が極めて大きかった一方、上告人は前述したような勤務条件で中国人労働者らを強制労働に従事させて相応の利益を受け、更に前記の補償金を取得しているなどの諸般の事情にかんがみると、上告人を含む関係者において、本件被害者らの被害の救済に向けた努力をすることが期待されるところである。」と判示した。裁判上の請求は行えないが請求権としては消滅しておらず、関係者において被害者救済の努力を期待するとの判断を示した。その後二〇〇九年一〇月、西松建設と被害者・遺族とは和解をした。

＊8　龍谷大学教授重本直利氏は、経済組織体としての企業が担うべき主たる社会的責任（CSR）は経済的責任（CER）であり、それは、経済組織体の経済的行為それ自体によってもたらされた事態に対する責任であるとする。

日本製鉄元徴用工の韓国での裁判に関わって提出した意見書で次のように主張している。「戦争当時の強制連行労働に政府の関与があったことは歴史的事実であるが、同時にこの強制連行による労働が企業の管理下にあったこともまた歴史的事実である。従って、企業は、自らの自律的・独自的責任である経済的責任を免れえない。強制連行下の奴隷的労働などの実態は、ドイツにおいても同様であったが、これに対し、ドイツは、すでに個人賠償を含め企業も積極的に賠償に関する基金の設立に参加し、その経済的責任を果たしている。これに対し、日本においては国も企業も過去責任を認めようとはしていない。政治的に決着済みであり、法的責任は時効となっているということをもって責任を免れようとしている。しかし、経済組織体としての企業の経済的責任の決着はついていない。この経済的責任を果たしてこそ、はじめて政治的に解決し、法的責任が果たしえるのである。」

＊9　「日本国と大韓民国との間の基本関係に関する条約」と以下の四つの協定及び交換公文が結ばれた。「財産及び請求権に関する問題の解決並びに経済協力に関する日本国と大韓民国との間の協定（日韓請求権並びに経済協力協定）」、「日本国に居住する大韓民国国民の法的地位及び待遇に関する日本国と大韓民国との間の協定（在日韓国人の法的地位協定）」、「日本国と大韓民国との間の漁業に関する協定（日韓漁業協定）」、「文化財及び文化協力に関する日本国と大韓民国との間の協定」日本国と大韓民国との間の紛争の解決に関する交換公文。

＊10　当然、ジェンダーの問題も植民地主義に関わっているが「性」差別は、他の三つの要素と次元を異にした「根源的」なレベルの問題であると考える。

＊11　二〇〇〇年五月日本で訴訟を提起した五名を含む六名の元徴用工が三菱重工業に対して損害賠償を求めて、釜山地方法院に提訴した。二〇〇七年二月地方法院で、二〇〇九年二月高等法院で原告らの請求が棄却、大法院に上告していた。

＊12　二〇一七年一月二五日現在

＊13　二〇一二年五月二五日付　日本経済新聞

＊14　女子に対するあらゆる形態の差別の撤廃に関する条約（女性差別撤廃条約）、拷問及び他の残虐な、非人道的な又は品位を

傷つける取扱い又は刑罰に関する条約（拷問等禁止条約）、児童の権利に関する条約（子どもの権利条約）、全ての移住労働者及びその家族の権利保護に関する条約（移住労働者権利条約）、障害者の権利に関する条約（障害者権利条約）、強制失踪からのすべての者の保護に関する国際条約（強制失踪者保護条約）が挙げられる。

*15　オランダによるインドネシア植民地支配にかかわる事例。第二次世界大戦での日本軍の降伏後、独立を宣言したインドネシアに対して、旧宗主国のオランダは武力をもってその再植民地化を企てた。そのようにして始まった独立戦争の最中の一九四七年一二月九日に、ジャカルタ東部の「ラワグデ」という村で、オランダ軍が些細な理由から男のほぼ全員（一人を除く）を並ばせて銃殺するという事件が起こった。翌年には国連がこれを非難する報告書を出したが、オランダ政府は加害行為をはたらいた兵士を処分することもなかった。オランダ政府は、インドネシアからの撤退後の一九六八年に発表した報告書で、「行き過ぎた暴力」があったことを認めつつも、軍隊はゲリラに直面し、「警察行動」に出ただけであると説明した。報告書では、殺害された村人の数を一五〇名としている。一方、村人たちは、生き残った男性および未亡人たちの証言から、犠牲者の数を四三一名としている。二〇一一年一二月九日、オランダ政府は、インドネシアの西ジャワのラグワデ村での住民虐殺に正式に謝罪し賠償を支払った。

*16　イギリスによるケニア植民地支配に関わる事例。
「英、ケニア独立闘争の拷問被害者らに三〇億円支払いへ」（CNN、二〇一三年六月七日）
ヘイグ英外相は六日、英植民地時代のケニアであった拷問などの人権侵害への補償として計一九九〇万ポンド（約三〇億円）を支払うと発表した。「英政府は当時行われた人権侵害と、ケニアの独立への歩みを妨げたことを心から遺憾に思う」と、ヘイグ外相は述べた。賠償金は五二二八人の被害者に対して支払われる。また英政府は独立の闘士たちを称える施設を建設する計画だという。人権侵害は、英統治下のケニアで「マウマウ団の乱」と呼ばれる独立闘争が行われた一九五二〜六一年に起きた。独立闘争では数千人のマウマウ団の兵士が死亡。民間人を含む多くのケニア人が身柄を拘束された。被害者らは強姦や違法な身柄の拘束、去勢といった人権侵害が英国によって行われたと主張。英政府を相手取って訴訟を起こしていた。「高齢の拷問被害者はついに、長年求めてきた（被害の）認知と正義を手にした。被害者にとって、この瞬間の重要性はどれだけ強調してもしすぎることはない」と、被害者側の弁護士の一人は述べた。被害者が英政府に賠償を求める訴訟を起こしたのは二〇〇九年。これに対し英政府は、出訴期限は過ぎており、全ての賠償責任は独立の際にケニア政府が引き継いだと主張した。だが二〇一一年一月、拷問の詳細を記録した文書が発見され、風向きは大きく変わった。英外務省は本件に関する証拠を全て提出するよう裁判所から命じられた。これには、独立前に秘密裏に運び出された大量のファイルも含まれていた。英裁判所は昨年、独立闘争時に拷問を受けた三人のケニア人に対し、英政府を相手取って訴訟を起こす権利を認める判決を下した。この後、数千人の被害者が同様の裁判を起こしていた。（http://www.cnn.co.jp/world/35033098.html）

＊17　「朝鮮人強制労働被害者補償立法をめざす日韓共同行動」という日韓共同の市民団体が強制動員された朝鮮人労務動員被害者に対し謝罪と補償を行うための法案「朝鮮人強制労働被害者補償のための財団設立に関する法律（案）」を提示している。（http://rippousuishin.blog.fc2.com/blog-category-3.html）

第12章　強制連行企業の戦後補償責任
――現代日本企業の過去責任と責任倫理

重本直利

はじめに――現代日本企業のあり方として

企業の管理下にあった強制連行・戦時労働奴隷制の実態とはいかなるものか。過去において七〇～一〇〇万人の朝鮮人・中国人の強制連行の事実がある。この強制労働の実態は、賃金不払い、強制労働収容所での暴力、労働奴隷、劣悪な職場環境などである。戦争当時の強制連行労働に政府の関与があったことは当然のことだが、この強制連行による労働が企業の管理下にあったこともまた事実である。それは後述する裁判においても確認された歴史的事実である。この事実から強制連行企業は戦後補償問題にどう向き合うのか。

強制連行下の奴隷労働などの実態は、ドイツにおいても同様であったが、ドイツは、すでに個人賠償を含め企業も積極的に賠償に関する基金（賠償基金「記憶・責任・未来」）の設立に参加し、その責任を果たしている。これに対し、日本においては国も企業も過去責任を認めようとはしていない。政治的に決着済みであり、法的責任は時効、別法人となっているということをもって責任を免れようとしている。

しかし、少なくとも強制連行企業の「経済組織体としての責任」は今日においても決着はついていない。原告・被害者側の「請求権」は依然として残っており、この権利に対して企業は自らの戦後補償責任を果たさなければならない。また、こうした過去責任の未解決状態は、現在の日本企業における例えば、多発する企業不祥事、隠蔽体質、安全性の軽視、長時間労働、さらには過労死・過労自殺、ワーキングプア（格差・貧困問題）などにみられる深刻な人権問題につながっている。過去の賃金不払い、強制労働収容所での暴力、労働奴隷、劣悪な職場環境などは、形を変えてではあるが、今日の日本企業においても引き継がれていると言わざるをえない。

戦後補償責任の視点およびこの問題の解決は、すぐれて日本企業における今日的なテーマである。本章の目的は、この責任の内容を明らかにすることをとおして、日本におけるＣＳＲ（Corporate Social Responsibility＝企業の社会的責任）の今日的意味を明らかにすることにある。

1　強制連行企業の戦後補償責任とは何か

（1）戦後補償責任と「別会社論」

二〇一二年五月二四日、韓国大法院は、日本製鉄元徴用工裁判において、「原審判決を破棄し、事件をソウル高等法院に差し戻す」という判決を下した。判決は、日本の植民地支配における反人道的不法行為等による損害賠償請求権は日韓請求権協定において消滅していないとした。原告は呂運澤、申千洙ら四名であり、被告は新日本製鐵株式会社（以下、新日鉄）および日本政府である。

これに遡る日本製鉄元徴用工裁判は、一九九七年大阪地方裁判所に、日本政府と新日鉄を被告として提訴したことに始まる。だが、二〇〇三年に最高裁で原告敗訴が確定した。その後、二〇〇五年にソウル中央地方法院に、新日鉄および日本政府を被告として提訴したが、二〇〇八年に原告敗訴となった。原告は、ソウル地方高等法院に控訴したがここでも敗訴となった。原告は、大法院に上告し、判決は原審判決全部を破棄する歴史的な判決となった〔日本製鉄元徴用工裁判を支援する会他　2012：34〕。

この判決は旧日本製鐵と被告〔新日鉄〕の同一性に関して次のように述べている。

「旧日本製鐵が被告に変更する過程で、被告が旧日本製鐵の営業財産、役員、従業員を実質的に承継し、会社の人的・物的構成には基本的な変化がなかったにもかかわらず、戦後処理及び賠償債務解決のための日本国内の特別な目的の下に制定された技術的立法に過ぎない、会社経理応急措置法と企業再建整備法等日本の国内法を理由に、旧日本製鐵の大韓民国国民に対する債務が免れる結果になることは、大韓民国の公序良俗に照らして容認できない」〔同上　2012：41〕。

日本での「会社経理応急措置法」〔一九四六年八月一五日法律第七号〕の制定・施行によって、一九五〇年四月一日に解散した日本製鐵は八幡製鐵と富士製鉄等の四つの会社に分割された。その際、特別経理会社となった四つの新会社には新勘定と旧勘定に分けられた。過去の収入・支出〔債権・債務〕は旧勘定において経理処理することとなった。これに対し、大法院判決は、「技術的立法に過ぎない」とし、以下のように結論づけた。

「旧日本製鐵と被告はその実質において同一性をそのまま維持しているものと見るのが相当で、法的には同一の会社と評価しても充分であり、日本国の法律が定めるところによって旧日本製鐵が解散し、第二会社が設立された後、吸収合併の過程を経て被告に変更される、等の手続きを経たからといって、別なものに見ることはできない」〔同上　2012：41〕。

このように大法院は「別会社論」を批判し、旧日本製鐵と新日鉄の同一性を認めた。

この日本製鉄元徴用工裁判の他に、日本における一九九〇年以降の戦後補償裁判の事例は、日本鋼管〔一九九一年提訴〕、三菱造船〔一九九二年提訴〕、不二越〔一九九二年提訴〕、三菱重工〔一九九二年提訴〕などに始まり、その後、多くの事例が続くことになる。

三菱重工の提訴の事例は、それに先立って、被害者・金順吉さんは、以下の四項目を一九九一年八月七日に同社〔長崎造船所〕に訪問し、以下の要求を行った。

「一、未払い賃金に年六分の利息をつけ、現在の貨幣価値に換算して支給すること（この未払い賃金の内訳は、一九四五年四月から八月までの賃金全額、退職金、帰還旅費、一九四五年一・二・三月支給の賃金と六月の中元賞与から差し引いた退職積立金・国民貯蓄などの全額）、二、徴用に対する謝罪と慰謝料の支給、三、徴用された同胞の名簿の公表、四、被爆者健康手帳の交付に必要な在職証明書の交付など」〔竹内 2015：22〕。

これに対し三菱側は、「未払い賃金は一九四八年に供託済みであり、弁済されている、徴用は国家総動員法による国家の強制的動員であり、三菱の責任問題ではない」〔竹内 2015：23〕とした。また、「社内にあるはずの供託の名簿については「紛失しているようだ」と示さなかった。供託先の長崎法務局は「名簿はない」と回答し、長崎県や労働基準局にも供託資料がなかった」〔竹内 2015：23〕のである。

他方、「日本政府は、朝鮮人関係の供託名簿が各地の法務局にあることは認めたが、一九六五年の日韓条約・請求権協定に基づく国内法（法律第一四四号）により、金さんの請求権は消滅していると対応した」〔竹内 2015：23〕のである。

賃金の支払いについては、少なくとも強制的天引きであった「国民貯蓄」（俸給全体の六一・三％におよぶ）、退職積立金、退職金などの未払いがあり〔古庄 1993：134－135〕、また「未渡し賃金等全ての債務」を法務局に供託したというが、長崎法務局に供託名簿は存在しなかった。さらに会社は本人の所在地がわかっているにも関わらず供託の通知を本人に一切行っていない。本人がこのことを知ったのは戦後四六年も経った一九九一年である〔古庄 1993：131〕。このこと自体は会社および政府の戦後責任と言わざるを得ない。三菱重工がそもそも供託を行っていたのか、またもし供託されていたとすればそのお金はどのように扱われたのか。依然不明のままである。

被告・三菱重工は、第一回口頭弁論（長崎地方裁判所）で、「「昭和二〇年八月当時存在していた三菱重工業株式会社は昭和二五年一月一一日解散している」いまの三菱は、「昭和三九年六月三〇日合併してできた株式会社」であって、「原告が被告の行為として主張する事実について一切関与していない」」〔古庄 1993：138－139〕と述べた。日本製鉄元徴用工裁判と同様、三菱重工も「別会社論」を展開している。

長崎地方裁判所の判決（一九九七年一二月）は、「国と三菱による違法な手段での連行と半ば軟禁状態での労働の強制を認定し、その責任を認定した。しかし、旧三菱重工は解散しており、新会社には未払い賃金債務は継承されない。また、旧憲法下では国の権力作用による個人の被害への賠償責任はないとし、金さんの請求を棄却した。それは、三菱と国による不法行為と責任は認定するが、別会社論と国家無答責論を採用して、未払い金の支払いと賠償の責任を免じるというものだった」（竹内 2015：24）のである。この「別会社論」は、新日鉄の場合においても、同社は「「日本製鐵の行為」の当時には、被告会社は存在していない……日本製鐵は、昭和二五年四月一日をもって解散した」（大阪地方裁判所・第一回口頭弁論）と述べている。

（2）被害者の「請求権」と企業の経済的責任

このように企業は過去（戦争）責任を認めようとしないし、「未払い賃金」の支払いなど（＝「請求権」）にも応じようとしない。また、裁判においては、日本政府も含め、政治的に決着済み、法的責任は時効となっているとしている。しかし、経済組織体としての企業の責任の決着はついているのであろうか。政治的責任、法的責任を問う前に、経済組織体としての企業の独自的・自律的責任である経済的責任に「別会社論」、時効は適用できるのであろうか。強制連行企業は今もこの経済的責任（強制労働の実態、賃金不払い、強制労働収容所での暴力、労働奴隷、劣悪な職場環境など）を未解決のまま放置している。企業の社会的責任（ＣＳＲ）からもこのことは許されるのであろうか。道義的責任を認める一部の強制連行企業はあるが、道義的責任（謝罪等）だけで済まされる性格の問題なのであろうか。

裁判事例においては、被告・企業側は「六〇年以上の前のことである」、「時効」、「別法人である」などと言って責任を回避している。しかし、企業は経済組織体としては断絶せず継続して存在している。たとえ法人が法形式上で変わっても経済的に事業を継承している以上、経済的責任は継承されるべきであり、その責任を引き受けなければならない。「別法人論」はあくまでも法形式上の事柄である。時効を含む法的免責をもって、企業が過去〔戦争〕責任としての経済的責任を免れる必要十分条件であるとは到底言えない。また、道義的責任も重要だが、企業にとっての経済的責任は、社会における企業の存在理由に関わる責任である。

二〇〇八年四月二一日の福岡高裁の三菱マテリアルと三井鉱山への和解勧告に対して、二社は「国策として遂行された本件について、国が和解協議を拒否している以上、企業としては和解協議を行うことは困難である」〔強制連行・企業責任追及裁判全国ネットワーク編 2008〕と回答した。国という政治組織に自らの経済的責任を委ねたこうした判断は、経済組織体としての企業の社会的無責任と言わざるをえない。

例えば、中国人強制連行の西松建設訴訟において、二〇〇七年四月二七日、最高裁判所は、「本件被害者らの被った精神的、肉体的苦痛が極めて大きかった一方、上告人〔西松建設〕は前述したような勤務条件で中国人労働者らを強制労働に従事させて相応の利益を受け、更に、前記の補償金を取得しているなどの諸般の事情にかんがみると、上告人を含む関係者において、本件被害者らの被害の救済に向けた努力をすることが期待される」との異例の「付言」を出した。

これに関して、中国人強制連行・強制労働事件全国弁護団は、「ここに「上告人を含む関係者」とは、西松建設を含むすべての加害企業、および、閣議決定により国策として強制連行・強制労働を実行した日本政府であることは明らかであり、最高裁判所は、被害事実の重大性を直視し、日本政府と加害企業が、中国人被害者を救済して、人道的、道義的、政治的責任を果たすべきであるとの見解を示したのである」〔中国人強制連行・強制労働事件全国弁護団 2008〕と述べている。

最高裁「付言」は、判決そのものではないが、被害者の「請求権」を認めたと言える。この「請求権」は強制連行企業の経済的責任に対する権利であると言える。強制連行労働を実行した西松建設の道義的責任は当然としても、この責任とともに同社が過去の経済的責任を果していないという事実が、この最高裁「付言」の「請求権」の根拠と言える。

つまり、強制連行企業に対する「未払い賃金」の支払いなどに対する被害者の「請求権」である。この「請求権」は企業側の経済的責任に対する被害者側の経済的権利と解することができる。また、この経済的権利は法的にも保障されるべきである。法と経済は一応区別されるが、被害者の被害の実質的内容である「未払い賃金」などは、当然、企業側が償わなければならないのであり、この支払いなどをしない場合は、法的責任を免れないと解すべきである。

企業の社会的責任（CSR）とは何か。法的責任を第一責任、道義的責任を第二責任とすると、それぞれの組織体が独自的・自律的に担わなければならない責任を第三責任とすることが出来る。企業が、法的責任を免れ、道義的責任をとらないとしても、経済上の過去責任は残っている。この第三責任が組織体の実質的責任の中身である。企業が、過去（戦争）責任の法的責任はないとし、残るは道義的責任であるとする理解は明らかに誤っている。企業の第三責任である経済的責任、つまりこの場合では、企業の過去責任としての賃金未払い、強制労働収容所での暴力、労働奴隷、劣悪な職場環境などの経済的責任が残っている。この経済的責任の実質から、法的責任の形式、道義的責任の謝罪等があらためて求められていることになる。

以上のことから、「企業の社会的責任」の実質においては、経済的責任はむしろ企業にとっての「第一責任」と言うべきであろう。

2　継続事業体としての企業の過去責任

ではなぜ「第一責任」なのか。企業はそもそも継続事業体（going concern）としての存在である。そこでは、企業をとりまく様々な利害関係者の調整を図ることによって、その存続・継続を維持する機能が働いている。このことが企業経営の内実であり、経済組織体として企業を断絶させず継続させることが社会的に期待されている。法的人格である法人が形式上変わっていても、企業は事業体の実質として、その経済的実質を継承している。継続事業体として企業は自らの経済的責任を引き受けなければならない。例えば、新日鉄、三菱重工などの企業の法的人格が変わっても、一〇〇年以上の歴史を誇っているといった記述が日本の企業の社史等に多くあるが、それは企業が継続事業体であることを意味している。この意味からも別法人という法的形式だけで責任をのがれることは出来ない。

企業にとっては経済的責任をまず果たすことが何よりも重要である。それは社会における企業の存在理由と関わっている。先述のような「国策として遂行された本件について、国が和解協議を拒否している以上、企業としては和解協議を行うことは困難である」と回答している企業（三菱マテリアルと三井鉱山）の存在は、経済組織体としての独自的・自律的存在を自ら否定していることになる。国営あるいは国策企業ならこの独自的・自律的存在を自ら否定することは可能であろう。しかし、「国策として遂行された」としても、公法人とは異なる私法人としての企業はその事業体としての独自的・自律的存在（事業の機能、権限、責任）を否定することはできない。ましてや戦後補償責任が問われている本件において、強制連行企業の過去責任の視点からすれば、自らの独自的・自律的存在自体に基づく責任を否定することはできない。だが、現実は、強制連行企業は、あたかも「悪いのは政府であって、われわれではない」と言い放つかのように、この過去責任を拒否しているのである。

企業が継続事業体（going concern）であるとはどういうことか。企業という経済組織体は社会制度の一部を構成しており、企業の役割はその一分野としてのみならず近・現代においては社会の中心的存在として位置づけられている。企業はそれ自体が継続事業体である。事業を継続させること自体が企業の経済的責任であり、それは企業の社会的責任の重要な中身の一つである。つまり企業には継続するという社会的使命・責任がある。さらには事業の継続を前提にした存在が企業あるいは経済組織体そのものの社会的存在理由である。

事業継続は企業の経済的責任（ＣＥＲ＝Corporate Economic Responsibility）である。過去の日本製鐵も現在の新日鉄も継続事業体として捉えることができる。日本製鐵が一九五〇年に八幡製鉄と富士製鉄に分割され、そして再合併した新日鉄も、これまでの製鉄事業を継続させるという点においては、一方で社会に対する企業の経済的責任を果たしてきたと言える。にもかかわらず他方で、過去の責任継続の方は認めず過去との経済的断絶をもっぱら主張することに道理はない。

これらの継続事業体としての企業は、その他の社会的諸分野との制度的諸関係性の中にある。この関係性において、現代の「産業社会」・「経済社会」という資本主義社会全体が歴史的に形成されている。この制度的諸関係性において企業以外の社会の各分野の利害関係者との調整を意識的にはかることが企業経営者の役割である。この制度的諸関係性における利害関係の中の大きな一つに、企業の過去の経済的責任問題がある。企業は、いかなる時代および社会状況においても、そこでの制度的諸関係性における社会の各分野の利害関係者との調整を果たすことによって、はじめてその継続・存続が可能となる。こうした意味で、企業は経済的継続事業体としての社会制度内的な存在である。

企業は、過去・現在・未来を通じてこの制度的諸関係の中にある。単に経済的事業を行うため、株主の利益を追求するためだけの存在ではなく、社会の全体の利益に奉仕する社会内の経済組織体的存在として過去・現在・未来を通じて変化・発展してきた。この中で、とりわけ労働者の生活福祉が重要であり、これにより企業の安定的で継続的な発展が可能となる。現代の産業的企業（industrial enterprise）は、政治制度、法制度の枠組みの変化とともにあるが、むしろそれらの社会的諸制度を基礎づける決定的・代表的・自律的な組織体として企業は存在してきた。それは企業が現代の「産業社会」・「経済社会」の中心的な構成要素としての経済組織体として存在しているからである。企業は、社会の政治制度、法制度に対しても一定の独自性・自律性（自治）を伴った経済組織体である。企業は経済制度であるとともに社会制度の一部であるが、何よりも経済制度内的な存在としての独自性と自律性（自治）を有している。そうであるが故に、企業が経済組織体として、自らをめぐる社会諸制度内の利害関係者との調整を独自的・自律的に担わなければならない経済的責任を社会に対して有している。それは過去・現在・未来にわたっている。

会計理論上からも、継続事業体（going concern）としての企業は、企業の清算や破産による解散という事実があっても、経営上とりわけ会計上では企業の実体は無限に継続する前提の下で捉えられている。それは経済的実質を可能なかぎり社会的・歴史的に継続させることが社会全体にとっての利益ということからである。

さらに継続事業体は、企業の目的に貢献する協働的行為およびその諸関係性の継続がその実質である。これが確保されるから事業が継続しうるのである。また、労働者の協働的行為には協働的意思（good will）が必要となる。企業が継続企業体であるには、この協働的意思とそれに基づく行為が基礎となり、その他に債権者、株主、取引先、地域社会との協働的意思も当然に必要となる。企業の継続はこうしたことを含めた経済的行為の実質的な関係性の形成によって行われる。

日本製鐵が一九五〇年に分割された八幡製鉄と富士製鉄も当然こうしたgood willを継承している。この継続事業体としての企業の価値は、企業の「有形固定資産」とgood willなどの「無形固定資産」（going concern value）によって構成されている。企業は、この実質的資産および価値が、清算、破産においても継続される経済組織体である。法的人格は、この継続事業体のもつ有形・無形の実質的価値を継承するための形式的（制度形式的、組織形式的）な対応である。日本製鐵は八幡製鉄と富士製鉄に法的に分割され、たとえ「別法人」になろうとも、企業としては継続事業体としてその「有形固定資産（価値）」と「無形固定資産（価値）」を継承している。そうでなければ、製鉄事業における有形と無形の固定資産の有機的連携に基づく事業は営めないことになるからである。

この経済的価値の実質は、企業の過去、現在、そして未来へと連なっており、これと同時に経済的責任も過去、現在、そして未来へと連なっていると理解されるべきである。

3　過去責任と企業の社会的責任

(1)企業の独自的・自律的責任

企業の社会的責任（ＣＳＲ）の主たる中身は社会に対する経済組織体としての企業の経済的責任（ＣＥＲ）である。このことから、強制連行企業の経済的行為がもたらした過去における賃金不払い、強制労働収容所での暴力、労働奴隷、劣悪な職場環境による被害者（原告）に対する責任は企業（被告）の経済的責任である。この責任は、企業という経済組織体が独自的・自律的に担わなければならない責任である。また、企業は継続事業体としての法形式的な時効とは別に、過去、現在、未来にわたって経済的な実質を備えている。それは法形式上における法的人格（法人）が変わり「別法人」となっても、継続事業体としての経済的実質は存在し、その経済的責任は独自的・自律的に担わなければならない。企業においては、この経済的責任を第一義として、その上に、つまり経済的責任が包括する（経済的責任に基礎づけられる）法的責任と道義的責任が問われる。

継続事業体としての企業は過去の経済的責任を現在においても果たさなければならない。他方、事業継続そのものも「社会に対する企業の経済的責任」の一部である。従って、この事業継続という「社会に対する企業の経済的責任」と同様に、継続事業体である企業は社会に対する責任として原告・被害者への過去責任としての謝罪と補償（「未払い賃金」の支払いなど）という経済的責任も果たさなければならない。このことによって経済組織体としての企業は社会から承認されることになる。

上述の西松建設訴訟の最高裁「付言」の事例も含め、一連の裁判における「勧告」あるいは「和解」の根拠は、継続事業体としての企業の経済的責任に基づくものと理解することができる。また、ドイツ企業の賠償基金「記憶・責任・未来」設立への取り組みも企業の経済的責任に基づくものと理解することができる。被告・加害企業は、この点からも原告・被害者への謝罪と補償（「未払い賃金」の支払いなど）という社会に対する企業の経済的責任を果たさなければならない。法形式上の「時効」および「別法人」の主張に関わらず継続事業体としての企業は社会に対する主たる責任としての経済的責任を過去、現在、未来にわたって果たさなければならない。

ＣＳＲの歴史的視点は重要である。過去の上にしか現在も未来も築けない。また強制連行企業の社史にみられるごとく、過去を伏せたり、過去を変えたり、なかったことにしたりする企業、過去の経済的責任に目を閉ざす企業にＣＳＲを語る資格はなく、またその企業に未来はないと言うべきであろう。さらに、過去への無責任な対応は、現在の日本企業における、例えば、多発する企業不祥事、隠蔽体質、安全性の軽視、さらには過労死・過労自殺、格差・貧困などにみられる人権問題につながっている。ＣＳＲの歴史的視点、特に過去（戦争）責任の視点およびこの問題の解決は、すぐれて日本企業における今日的なテーマである。

ＣＳＲは、一般的には、企業活動の利害関係者に対して説明責任を果たし、社会の一構成員としての役割期待に応えることとされる。この内容は、例えば日本経済団体連合会（以下、経団連）は「企業行動憲章」を二〇〇四年五月に改定し、その中には「『良き企業市民』として、積極的に社会貢献活動を行う」が明記されている。また、国連では「人権」、「労働」、「環境」、「腐敗防止」に関する一〇原則をグローバル・コンパクトとしている。「企業の社会的責任（ＣＳＲ）」の中身は「社会に対する企業の経済的責任」（ＣＥＲ）である。企業の外に社会があるのではない。つまり、企業と社会という二分法の図式ではなく、あくまでも社会内の一部として企業がある。また、社会は、企業、行政、教育、医療・福祉、地域、文化、農林漁業、家庭などの各分野・領域によって構成されている。企業はこうした社会の構成員の一部である。この社会に対する責任を企業は果たさなくてはならない。

企業のこの主たる責任とは経済的責任である。大学の場合であれば、その社会に対する責任とは教育・研究的責任である。それぞれの分野での責任は、社会的責任という一般的な表現ではなく、それぞれの分野・領域の組織体・事業体が担っている事業内容に対する責任である。それ以外の責任を求めると、それは「ないものねだり」になる。例えば、教育・研究的組織である大学は、社会の経済的責任を担うことも、担わさせられることのいずれもできない。

また、大学の過去責任とは何か。法的に時効が認められる場合でも教育・研究的責任は免れることはない。法は、最低限の決まり事であり、時効という法的な形式合理性上の事項である。例えば、大学が過去の戦争において学生を学徒動員として送り出した責任は時効あるいは法的責任云々の問題ではない。教育・研究的責任はこれとは別に果たさなければならない。先述の三菱重工のように「徴用は国家総動員法による国家の強制的動員であり、三菱の責任問題ではない」といった主張が認められるならば、「学徒動員」は「国家の強制動員であり、大学の責任問題ではない」と言って済ますことになる。また、旧制大学制度では、帝国大学令の下での帝国大学および私立大学令の下での財団法人・私立大学での「動員」であり、戦後の新制大学制度では、国立学校設置法の下での国立大学、私立学校法の下での学校法人・私立大学である。これをもって戦前と戦後は別制度、別法人、別組織の大学であるので新制大学は旧制大学の責任は免れるということはありえるのだろうか。大学にとっては法的責任以上に教育・研究的責任がより重要であり、組織体の生命線である。大学においても過去責任としての教育・研究的な謝罪と反省が必要であることは言うまでもない。企業と同様、過去責任を曖昧にしたままでは大学の現在も未来もない。

また、経済組織の企業は教育・研究的責任を担うことも・担わせられることのいずれもできない。そもそも企業にその力はない。現在のCSR論の問題点は、この責任（それぞれの分野・領域の組織体・事業体が担っている事業内容に対する責任）が諸々の諸責任と併記されることによって、企業の主たる責任である経済的責任が曖昧にされているということである。

では、「社会に対する企業の経済的責任」（ＣＥＲ）とは何か。それは、雇用、良質・安全な商品・サービスの提供、適正な賃金の支払い、正しい納税、職場環境（労働時間を含む）の改善などである。そして、この経済的責任は現在だけではない。未来において、また過去においての責任も加わる。現在のＣＳＲ論に欠けているのは、社会に対して自らが担いうる責任の中身の明確化であり、またその担いうる責任は当の組織体・事業体が独自的にかつ自律的に担うべきものであるということである。この責任は現在と未来だけではなく過去も含まれている。

いかなる組織体・事業体も法的責任、道義的責任を伴っているのは当然であるが、それとは区別されるそれぞれの組織体・事業体が独自的・自律的に担わなければならない責任の中身の明確化が重要である。これなくして法的責任も道義的責任の中身も不明確となる。つまり、企業であれば、経済組織体を前提としての法的責任と道義的責任であり、経済的責任と離れて法的、道義的責任が一般的に問われるのではない。法的責任を免れることをもって経済的責任も免れるとすることはできない。

（2）過去責任と現代日本企業の課題

ＣＳＲ論は企業の過去責任と向き合う歴史的方法論をもたなければならない。これまでの論述において、「社会に対する企業の経済的責任」（ＣＥＲ）という視点から、強制連行企業の過去責任問題を考察し、このことを通して現在のＣＳＲ論の歴史的視点の重要性を明らかにした。

「社会と企業」という二分法的な視点は「企業中心社会」日本の現状を反映している。この視点では、社会の中心に企業がおかれ、その企業を取り巻く社会という関係となっている。これに対して、ここでは「社会の一部としての企業」という視点に立つ。すなわち、まず社会という存在があって、その中で「応分の役割と責任」を担っている経済組織体としての企業を捉えるという視点である。これは、企業によって社会が構成されているという視点ではなく、社会によって企業がその一部として構成されているという視点である。問われるべきはどのような社会がどのような企業をつくり社会の一部としての構成員とするかである。

企業によって社会が構成されているという視点は、戦後七〇余年、一貫して日本社会が企業中心にして構成されてきたという現実に起因する。この間、日本企業は日本社会の中で巨大化しその役割と責任は大きなものとなった。そして、その負の側面は、今日、企業不祥事（企業犯罪）の多発として、また格差・貧困問題、様々な分野でのコミュニティ崩壊として顕在化している。このような状況の反映として、経団連は先述の「企業行動憲章」において「企業の社会的責任」（CSR）を大きくとり上げざるをえなくなってきた。また「企業市民（＝コーポレート・シチズン）」という言葉も使われるようになってきた。二〇〇四年改定の経団連「企業行動憲章」の序文（一部）は以下のように述べている（経団連ホームページ参照）。

「近年、市民社会の成熟化に伴い、商品の選別や企業の評価に際して「企業の社会的責任（CSR：Corporate Social Responsibility）」への取り組みに注目する人々が増えている。また、グローバル化の進展に伴い、児童労働・強制労働を含む人権問題や貧困問題などに対して世界的に関心が高まっており、企業に対しても一層の取り組みが期待されている。さらに、情報化社会における個人情報や顧客情報の適正な保護、少子高齢化に伴う多様な働き手の確保など、新たな課題も生まれている。企業は、こうした変化を先取りして、ステークホルダーとの対話を重ねつつ社会的責任を果たすことにより、社会における存在意義を高めていかねばならない」。

ここにおいて「強制労働を含む人権問題」を明記しているが、この「強制労働」は現在と未来だけのことではない。また、この憲章の一〇原則の六番目で、「「良き企業市民」として、積極的に社会貢献活動を行う」と明記している。なお二〇一〇年の憲章改定で「強制労働」という言葉は削除されている。

この「企業市民」という言葉には、企業が社会の一部であり、社会を構成する「良き一市民」として振舞うことが期待されている。そもそも社会は、経済組織（分野）としての企業以外にも、行政、教育、医療・福祉、地域、文化、農林漁業、家庭などの諸分野によって構成されている。この諸分野との共生関係性がその社会の内容であり性格づけである。こうした見方から企業を「社会の一部としての企業」と捉える。企業から社会を捉えるのではなく社会から企業を捉えるという視点から出発する。「企業中心社会」からの脱却は、まず何よりも企業が中心となって社会が構成されるのではなく、他の諸分野との共生関係性によって社会が構成されるということから出発する必要がある。それは、今日、企業をどのように問うのかのパラダイム（paradigm）の転換でもある。

日本の現実である「企業中心社会」をまずこのような他の諸分野との共生関係性から捉える必要がある。企業は社会の一部であり、決して社会の外に企業が超越して存在するわけではない。身近な例えで考えれば、心臓は人体の一部であり、人体の外に心臓が存在するわけではないのと同様である。心臓だけで人体が機能することはなく、他の肺、胃、肝臓、腎臓などの諸器官の機能との有機的連携の中で、健全な人体が形成される。社会も同様である。企業の論理ですべてが動くわけではなく、それぞれの分野（行政、教育、医療・福祉、地域、文化、農村漁業、家庭など）の論理との有機的連携のあり方が健全な社会を形成する。だがこのことがこれまで等閑に付されてきた。

ここでの健全な社会とは、企業が他の諸分野を従属させるのではなく、多分野・多文化の共生する社会を意味している。今日の日本社会は多分野・多文化共生社会とは言い難い。それは、企業がこれらの諸分野（行政、教育、医療・福祉、地域、文化、農林漁業、家庭など）との共生関係性から疎外されていること起因する。共生とは「ところを同じくして共に生きる（生かす）」ということである。「企業中心社会」の場合、すべてが企業の経済合理性を中心として、他の諸分野がそれに従属し、その結果として社会非合理性を生むことになっている。例えば、企業を社会の心臓とすれば、心臓だけが異常に肥大化し、そのことによって他の諸器官に大きな負荷をかけ、器官機能が不全に陥り、人体の死に至るということである。企業活動の異常な肥大化によって、労働者を長時間働かせ、ストレスを多発させ、結果として行政、教育、医療・福祉、地域、文化、農林漁業、家庭の諸分野が機能不全をおこし社会全体が「死に至る」ということである。
では「社会の一部としての企業」とは何か。その中身は、社会に対する企業の「応分の役割・責任」とは何かである。「応分」とは、その「身分・能力にふさわしい程度」である。社会に対する企業の応分の責任とは経済的責任である。

企業（経済組織体）の社会的責任は、主に経済的責任、法的責任、道義的責任の三つの側面で構成されている。この三つの責任は別々に存在しているのではなく、相互に重なりつつ存在している。この内、経済組織体としての企業が担うべき主たる社会的責任は経済的責任（経済組織体の経済的行為それ自体によってもたらされた事態に対する責任）である。強制連行企業における社会的責任は、経済組織体としての企業が自らの経済的行為それ自体によってもたらした賃金不払い、強制労働収容所での暴力、労働奴隷、劣悪な職場環境などに対する責任をその内容とする。

経済的責任は、経済的行為の担い手たる経済組織体それ自体によってもたらされた行為に対する責任であるが故に、企業自らが果たすべき独自的・自律的責任である。強制連行企業の場合の企業の経済的責任は、強制連行企業の経済的行為が具体的にもたらした上記の被害に対する加害責任である。また、企業は、本来、継続事業体（going concern）である以上、この経済組織体としての経済的責任は時効によってあるいは法形式上の別法人によって免れることはできない。

企業の主たる社会的責任である経済的責任とは何か、継続事業体としての企業とは何かということから、企業は過去の強制連行労働に対する経済的責任を果たさなければならない。企業の過去責任とは経済的責任である。

企業の外に社会があるのではない。あくまでも社会の構成員の一部として、そこでの「応分の役割・責任」（＝経済的責任）を担う存在として企業がある。社会は、企業、行政、学校、病院、福祉、コミュニティ、文化、農林漁業、家庭などの各分野および各組織体によって構成されている。企業は、自らも構成員である社会に対する第一義的な責任（経済的責任）を果たさなくてはならない。

経団連の企業行動憲章での「企業市民」（corporate citizen）という言葉はこのことを意味する。もし「徴用は国家総動員法による国家の強制的動員であり、企業の責任問題ではない」ということが経団連の公式見解とするなら、社会の構成員の一部としての「応分の役割・責任」を放棄したと言わざるをえない。また、現代においても、国家・政府に委ねるなら、歴史はふたたび繰り返されることになるだろう。さらに、「グローバル化の進展に伴い、……企業は、こうした変化を先取りして、ステークホルダーとの対話を重ねつつ社会的責任を果たすことにより、社会における存在意義を高めていかねばならない」という「企業行動憲章」からすれば、グローバル社会の構成員の一部としての「社会における存在意義」が問われているのである。グローバル社会の視点から・東アジアの平和の視点から「ステークホルダーとの対話を重ねつつ社会的責任を果たす」のであるならば、原告・被害者との対話を拒否する姿勢は企業自ら（「企業市民」）の「応分の役割・責任」を放棄したと言わざるをえない。

4　現代日本企業の責任倫理

日本の大企業あるいは経団連は、近年、「企業の社会的責任」（ＣＳＲ）を喧伝しているが、「企業の過去（戦争）責任」には「目を閉ざしている」という状況にある。企業があるいは社会が、現在と未来を語る上で、最も重要な視点は過去に目を向けることである。過去の歴史的蓄積の上にしか現在はそして未来は築けないからである。

一九八五年五月八日、有名な演説であるが、リヒャルト・フォン・ヴァイツゼッカー元西独大統領は次のように述べた。

「問題は過去を克服することではありません。さようなことができるわけはありません。後になって過去を変えたり、起こらなかったことにするわけにはまいりません。しかし過去に目を閉ざす者は結局のところ現在にも盲目となります。非人間的な行為を心に刻もうとしない者は、またそうした危険に陥りやすいのです」〔永井 1986：16〕。

この文章は四つのフレーズに分かれる。

一つ目は「過去を克服することはできない」ということの再確認である。過去の過ちは償いようがないという深刻な過去認識がまず大前提となる。失われた命と人生は償いようがない。この償いようのない事実にどう向き合うのかが問われている。

二つ目は「後になって過去を変えたり、起こらなかったことにするわけにはまいりません」である。これを行なえば歴史（事実）の改竄である。しかし日本の企業、政府はこれをよくやる。強制連行はなかったというようにである。『週刊ダイヤモンド』が行った「戦後五〇年総特集」に掲載された「「社史」の検証――強制連行の実態はほとんど記載なし」では、「花岡事件について一言半句たりとも触れていない」（鹿島建設）、「社史にはまったく書かれていない」（西松建設、日本鉱業）、「以前の社史には記載していたのに、新版で書き直す例もある」（熊谷組）、「業界の概況を説明するのにとどまっている」（住友石炭鉱業）、「強制連行の記録は書かれていない」（三菱鉱業）などである〔ダイヤモンド社 1995：51〕。事実を認知しないままでの謝罪も和解もありえない。

三つ目は「しかし過去に目を閉ざす者は結局のところ現在にも盲目となります」である。過去の事実を認知しない日本の現状はこれに当てはまる。過去責任の清算（貸し借りを整理・差引きして跡始末をつけること）を行いえない日本企業はどのように社会の一構成員として未来を切り開くのか。全くその展望が描けないのが現在の日本企業である。

最後の四つ目は「非人間的な行為を心に刻もうとしない者は、またそうした危険に陥りやすいのです」である。

過去の事実を記憶するのではなく忘却しようとする現代日本社会は、またそうした危険に陥ることになる。いやすでに危険に陥っている。現在、日本では強制労働収容所のようなブラック企業が多発している。労働環境は過労死・過労自殺、ワーキングプアの存在をはじめ疲弊しきっている。

かつてM・ヴェーバーは心情（信念）倫理と責任倫理を取り上げた。ヴェーバーは、まず心情倫理を、「「愚かで卑俗なのは世間であって私ではない。こうなった責任は私にではなく他人にある。私は彼らのために働き、彼らの愚かさ、卑俗さを根絶するであろう」という合い言葉をわがもの顔に振り回す場合、私ははっきり申し上げる。――まずもって私はこの心情倫理の背後にあるものの内容的な重みを問題にするね。そしてこれに対する私の印象といえば、まず十中八、九までは、自分の負っている責任を本当に感ぜずロマンチックな感動に酔いしれた法螺吹きというところだ、と。人間的に見て、私はこんなものにはあまり興味がないし、またおよそ感動しない」〔ヴェーバー 1980：102–103〕と述べている。

これに対して、ヴェーバーは責任倫理を対峙し、「結果に対するこの責任を痛切に感じ、責任倫理に従って行動する、成熟した人間――老若を問わない――がある地点まで来て、「私としてはこうするよりほかない。私はここに踏み止まる」（ルッターの言葉）と言うなら、測り知れない感動をうける。これは人間的に純粋で魂をゆり動かす情景である。なぜなら精神的に死んでいないかぎり、われわれ誰しも、いつかはこういう状態に立ちいたることがありうるからである」〔ヴェーバー 1980：103〕と述べている。

この「私としてはこうするよりほかない。私はここに踏み止まる」という姿勢が責任倫理、つまり結果責任の立場である。この姿勢は結果に対する責任（重大な人権侵害という事実に対する責任）を伴った自らへの倫理的要請である。つまり〝天皇制国家主義の下、国家総動員体制によって強制連行・強制労働をさせるよりほかなかった。私はこの結果に踏み止まる〟である。だが日本企業はこの〝踏み止まる〟自覚が欠如している。

戦時中のことは、先述の三菱重工の「徴用は国家総動員法による国家の強制的動員であり、三菱の責任問題ではない」のように国家に企業の過去（結果）責任を丸投げしている。他方でその国家は「国家無答責」（一九四七年の国家賠償法施行以前の大日本帝国憲法下では、国の賠償責任を定めた法律がなかったため国家権力の不法行為から生じた個人の損害について国は賠償責任を負わない）によって結果責任が問われないのである。

また、戦後のことは、「別会社論」と時効という日本の国内法規範（法形式あるいは韓国大法院の言う「技術的立法」）に依拠し、過去（結果）責任は現在の企業にはないといったように〝すり抜け〟ようとしている。そして、このことによって、日本での戦後補償責任を問う判決はことごとく原告・被害者の敗訴となっている。

責任倫理（結果責任）の立場では、強制連行企業が七〇～一〇〇万人の人間を朝鮮と中国から強制連行し、企業がそういう人たちを強制労働させた事実、賃金未払いなど、裁判所も認定した事実がある。この事実を強制連行企業は〝すり抜け〟ないで正面から向き合い、その事実に〝踏み止まる〟という結果責任が未来永劫に求められるのである。ヴァイツゼッカー演説の本旨はここにある。

約六四〇〇社のドイツ企業（強制連行以外の戦後企業も含まれる）は、二〇〇〇年八月、連邦政府とともに賠償基金「記憶・責任・未来」を創設した。基金の総額一〇〇億マルク（約五〇〇〇億円）は、政府五〇%、企業五〇%の負担である（[熊谷 2007：82]）。同基金は、二〇〇六年に「ウクライナ、ロシア、ポーランドなどに住む一六五万七〇〇〇人の強制労働被害者に対して、四三億一六〇〇万ユーロ（約六四七〇億四〇〇〇万円）の賠償額を支払った」［熊谷 2007：84］とされている。また、これに先立ってドイツの個別企業の取り組みが行われている。フォルクスワーゲン社は「八八年の創業五〇周年で社史を編纂する際、強制労働についても調査を依頼した。その結果、ナチスとの密接な関係が浮き彫りになった」、そして「工場敷地内に記念碑を建てたり、社員を毎年アウシュビッツ強制収容所に行かせ学習や掃除をさせるなど、歴史を伝承する努力をしている」、ダイムラー・ベンツ社は「八八年に二〇〇〇万マルクの補償金をユダヤ人会議、ドイツ赤十字などに支払った」といった事例がある［ダイヤモンド社 1995：50］。これは責任倫理および結果責任に基づくドイツにおける個別企業の独自的・

自律的責任の果たし方であると言える。

佐藤健生氏は「ドイツ企業の責任のとり方」において「後継企業の相続責任」という言葉を用いられている〔山田昭次・田中宏編、1996：252〕。佐藤氏はフォルクスワーゲン社について次のように述べている。

「四年前に取材したフォルクスワーゲン社の重役は、フォルクスワーゲン社の歴史のはじめの一〇年が自分に都合が悪いといって、それを切り離すことはできない。なぜなら自分の身体の一部なのだからと語った」〔同上、251〕。

また、氏はフォルクスワーゲン社の社長の次の言葉を引用している。

「私が思うに、そして私の行動からもうかがえるでしょうが、補償そのものは、本来取り返しのつかないことに対するわずかの償いにすぎません。もっと重要なのは、二度とそんなことの起きないように力とお金をプロジェクトにつぎ込むことです。ですからわれわれは、前向きに行動しようとしています。過去を完全に克服することはできないのです。若い人たちと一緒に、そうしたことが二度と起きえないような人生をいとなもうとしているのです。その意味で、われわれはイスラエルの若者や、当社を訪れたポーランドやウクライナの元強制連行労働者の方々と交流をはかっています。同様に不正の起きた（アウシュヴィッツなどの）現場も当然ながら、きちんと保存しなければなりませんが、人と人との交流が、最も重要なのです」〔同上、251－252〕。

この言葉は「後継企業の相続責任」というドイツの個別企業の考え方からきている。また、企業のトップマネジメントの独自的・自律的責任の果たし方であり、経営者自らの矜持（プライド）でもある。残念ながら日本の多くの大企業経営者にはこのような矜持は全く見られない。過去責任は国に委ねてしまっている。「民主主義社会とは何か」をあらためて考えたい。

大企業である電通の高橋まつりさんの死（二〇一五年一二月二五日、過労自殺）はこのことと無縁ではない。電通の過労死、過労自殺は繰り返されている。現代版「強制労働収容所」なのか。「企業戦士」という言葉が使われる日本社会である。ヴァイツゼッカーの「非人間的な行為を心に刻もうとしない者は、またそうした危険に陥りやすいのです」の言葉が今も迫ってくる。「過去に目を閉ざす者」は、結局、現在も未来も見えてこない。

おわりに――国家を越えて

最後に、強制連行企業だけではなく責任が問われるのは企業以外の様々な分野・領域（医療、宗教、学校、地域社会など）も含まれる。帝国大学をはじめとした日本の大学の責任倫理はどうなのか。大学もまた過去責任を果たしているかを問わざるを得ない。学徒動員などの過去（結果）責任について、日本の各大学は正面玄関などにその記憶を残す記念碑などを建ててはいないし、教育内容にも悲惨な過去に向かう取り組みが弱いと言えるのではないか。私が二〇〇八年に大学調査でウィーン大学に行った際、正面玄関の左右の壁に次のような２つの大きなプレートが刻まれていた。

〝学問の自由と人権の尊重のために〟
政治上および思想上の理由、宗教的・社会的な帰属性、民主主義への関わりによってオーストリアから迫害されたウィーン大学関係者に捧ぐ

心より　ウィーン大学

〝戦争と暴力に反対する〟
国家社会主義の犠牲者のことを想って

心より　ウィーン大学

ウィーン大学は大学の「社会に対する教育・研究的責任」として、このように記憶にとどめている。しかし、日本の大学の正面玄関にはこういったもの（例えば「天皇制国家主義の犠牲者のことを想って」など）はどこにも存在しない。大学のあり方もまた責任倫理を問わざるを得ない。

強制連行企業の独自的・自律的な責任の果たし方は、被害者および被害国との対話の下に行わなければならない。このことが現代日本企業に問われている。経済的責任を担う企業として過去（結果）責任を独自的・自律的に担わなければならない。国家および政府の責任に委ねることはできない。

また被害者は謝罪を求めているのではない。そもそも七〇年を過ぎた（放置した）現在の三菱重工にも新日鐵住金にも謝罪する「能力」はない。謝罪によって「過去を克服すること」はできない。求められるのは何であるのか。それは、継続事業体として連続している現代の企業（「後継企業」）が、自らの前身企業が過去に犯した事実を認知し、その責任（「相続責任」）を引き受けることである。さらに、筆舌に尽くしがたい過酷極まる事実を未来永劫に企業として心に刻むための具体的・積極的な取り組みである。それは、ドイツのフォルクスワーゲン社、ダイムラー・ベンツ社の先例のようにである。

このことは現代日本企業にとって最も重要な現在と未来の課題である。この課題は〝国家を越えて〟である。「良き企業市民」としての市民的課題である。他方、「ナチスの犯罪」に時効はなく、未来永劫にドイツ社会はその責任を負っている。同様に、「強制連行労働」（強制徴用）を行った「天皇制国家主義体制の犯罪」にも時効はなく、未来永劫にこの犯罪と責任を日本社会は負わなければならないと言えるのではないか。〝またそうした危険に陥らない〟ために、この非人間的な行為を心に刻まなければならない。

参考文献

内田雅敏〔1994〕『「戦後補償」を考える』講談社。

ヴェーバー、マックス〔1980〕『職業としての政治』岩波書店。

岡花弘幸・山本直好編〔1996〕『虹　日韓民衆のかけ橋　日本製鉄元徴用工裁判　闘いのあゆみと訴状・資料集』日本製鉄元徴用工裁判を支援する会。

強制連行・企業責任追及裁判全国ネットワーク編〔2008〕「強制連行・企業責任追及裁判全国ネットワーク第13回総会・資料（二〇〇八年一二月七日）」。

金英達・飛田雄一編〔1994〕『１９９４朝鮮人・中国人強制連行・強制労働資料集』神戸学生・青年センター出版部。

熊谷徹〔2007〕『ドイツは過去とどう向き合ってきたか』高文研。

古庄正編著〔1993〕『強制連行の企業責任――徴用された朝鮮人は訴える』創史社。

古庄正・田中宏・佐藤健生他〔2000〕『日本企業の戦争犯罪――強制連行の企業責任３』創史社。

佐藤健生〔2009〕「記憶を未来につなぐ責任――ドイツ戦後補償の中間総括」（『世界』四月号）、岩波書店。

重本直利〔2002〕『社会経営学序説――企業経営学から市民経営学へ』晃洋書房。

重本直利〔2009〕『大学経営学序説――市民的公共性と大学経営』晃洋書房。

重本直利編〔2011〕『社会経営学研究――経済競争的経営から社会共生的経営へ』晃洋書房。

清水正義〔2008〕『戦争責任とは何か』かもがわ出版。

ダイヤモンド社〔1995〕『週刊ダイヤモンド』（一九九五年七月二二日号）「戦後50年総特集」。

竹内康人〔2015〕『調査・朝鮮人強制労働④軍需工場・港湾篇』社会評論社。

中国人強制連行・強制労働事件全国弁護団〔2008〕「中国人強制連行・強制労働事件の全面解決提言――人権の回復と日中関係の未来のために」（二〇〇八年三月九日）。

朝鮮人強制連行真相調査団編〔1990〕『強制連行された朝鮮人の証言』明石書店。

朝鮮人強制連行真相調査団編〔1992〕『検証・朝鮮植民地支配と補償問題』明石書店。

永井清彦訳〔1986〕『荒れ野の四〇年　ヴァイツゼッカー大統領演説全文――一九八五年五月八日』岩波書店。

日本製鉄元徴用工裁判を支援する会他〔2012〕『５・24韓国大法院判決資料集』。

山田昭次・田中宏編〔1996〕『隣国からの告発――強制連行の企業責任２』創史社。

山田昭次・古庄正・樋口雄一〔2005〕『朝鮮人戦時労働動員』岩波書店。

第13章　戦時期国策会社の鉱山開発――『帝国鉱業開発株式会社社史』から

細川　孝

はじめに

本章の目的は、日本が起こしたアジア・太平洋戦争の遂行に国策として鉱山開発に取り組んだ帝国鉱業開発株式会社（以下、帝国鉱発）の社史の検討を通じて、丹波地域[*1]における鉱山（労働）の実態に迫ることである。もちろん社史の記述のみに依拠しては、その全体像を明らかにすることは困難であるが、（一方の）当事者として編纂された社史を通じて、鉱山経営と鉱山労働の一端を明らかにすることができないかと考えてのことである。（後述のようにこの課題はほとんど実現されておらず、文献の紹介に終始していることをあらかじめお詫びしたい。）

戦時期の丹波地域における鉱山としては、日本冶金工業大江山ニッケル鉱業所（京都府与謝郡与謝野町〔旧加悦町〕）がよく知られている。そこでは、徴用工や勤労動員された学徒、京都刑務所の囚人の他、強制連行された朝鮮人、連合国の捕虜、中国人の強制連行者が就労させられていた。[*2]

筆者はもともと京都府北桑田郡京北町（現在は、京都市右京区京北）にある丹波マンガン記念館[*3]の再建運動にかかわるうちに、『帝国鉱業開発株式会社社史』[*4]のことを知るようになった。この記念館は歴史遺産としてすぐれた価値をもっている。それは、日本の植民地支配と戦争の歴史を記録するものであると同時に、地域における産業史の遺産としても貴重なものである。[*5] そこには地域の生産と労働の歴史も刻まれている。

丹波マンガン記念館の事業と合わせて、マンガン鉱山を中心とする丹波地域の労働と生活の歴史を掘り起こし、記録することと、日本の侵略と植民地支配によって甚大な被害を受けた、在日の社会の歴史を掘り起こし、記録することが課題として浮かび上がってくる。それは、歴史の事実と真実を明らかにし、労働と生活の場において過去の歴史に向き合い、歴史の反省と和解を進めていくために必要な営みである。

本章における試みは、このような課題からして極めてささやかなものであるが、経営学を学ぶ者としての（不十分であることを自覚しつつも）社会的責任を果たしていければと思う。

1　本書成立の背景と特徴

本書『帝国鉱業開発株式会社社史』は一九七〇年三月一日付で、金子出版から非売品として刊行されたものである。帝国鉱発は、帝国鉱業開発株式会社法（以下、鉱発法）に依って一九三九年八月一七日に設立され、戦後の財閥解体[*6]によって解散させられた。その事業は、新鉱業開発株式会社（以下、新鉱業開発）に承継された。

本書冒頭の「発刊について」によれば、「この社史の原稿は、新鉱業開発株式会社が創立一〇周年記念として着手し、その後未発表であったものを当社が譲り受けて発刊することとなったものである」[*7] とある。

また、編集者（真島徳次郎、北田和成）による「編集後記」によると、社史の編集依頼は、一九六〇年三月のことであったという。そして、原稿は一九六四年三月にはできあがったが、帝国鉱発の会社清算過程の諸般の事情から上梓が見送られてきたことも記されている。

さて、本書は以下の通り、五つの編、二〇の章他から構成されている。

第一編　創立まで

第一章　創立の背景
第二章　帝国鉱業開発株式会社の構想（帝国鉱業開発株式会社法案の決定まで）
第三章　帝国鉱業開発株式会社法
第四章　帝国鉱業開発株式会社法の議会審議の経過と内容
第五章　帝国鉱業開発株式会社の性格と使命
第六章　帝国鉱業開発株式会社の設立経過
第二編　創業と事業の展開
第一章　創業の半年（昭和一四年八月～同年一二月）
第二章　陣容整備成り、事業本格化（昭和一五年）
第三章　太平洋戦争へ（昭和一六年）
第三編　太平洋戦争下の当社
第一章　緒戦時代—当社戦時緊急増産体制を整う（昭和一七年）
第二章　決選態勢整備と当社（昭和一八年）
第三章　戦局緊迫の一途、当社の債務さらに加わる（昭和一九年）
第四章　終戦の年（昭和二〇年）
第四編　戦後処理—第二会社を設立し、解散（昭和二一年～二五年）
第一章　占領政策と企業再編成
第二章　当社改組の諸試案
第三章　特別経理会社として整理をすすめる
第四章　整備計画決定—第二会社を設立し、解散

第五編　事業の総括
第一章　一般会計事業
第二章　特別会計事業（＝政府命令事業）
第三章　配当補給金及び損失補填金
別　編　日本産金振興株式会社略史
主要関係会社のその後について

そして、巻末には、付録として、鉱発法、資本金の推移、各期貸借対照表、各期損益計算書及び利益金処分、株主構成、歴代役員氏名及び在任期間、年表、の七つの資料が収録されている。

本書の特色の一つは、編集後記で述べられている通り「年次ごとに、初めに、戦局と政治・経済等の一般情勢を概観し、その背景の上に政府の鉱業政策とこの会社の事業活動とを関連させながら記述させるやり方」がとられていることである。もちろん「どのように」一般情勢を認識するかということはあるにせよ、国策会社という性格からして、このような（国策との関係で企業の事業活動を把握するという）アプローチは適切なものであろう。

設立（一九三九年）期から解散（一九五〇年）までの帝国鉱発の歴史を跡付けた本書の記述は貴重な記録となっている。同社の歴史はわずか十数年にしかすぎなかったが、本書は本編四二八頁＋付録四一頁の膨大なものとなっている。

では、節を変えて、本書の内容を概観しよう。なお、本章の関心から第一編から第三編を中心に述べることとする。

2　本書の概要

(1)帝国鉱業開発の設立

第一編の各章では、一九三七年に起きた支那事変（本書の記述に従う。以下、同じ）が戦線を拡大、長期化するもとで、軍需用物資の輸入貯蔵と国際決済手段としての金増産が喫緊の課題となって、帝国鉱発が設立されていく経過が述べられている。

帝国鉱発の基本法となる鉱発法は一九三九年三月、帝国議会に上程され成立した。[*8] 前年には、日本産金振興株式会社法が制定されており、金属鉱業界における二つの国策会社の根拠法がそろったことになる。

鉱発法、第一条は「帝国鉱業開発株式会社ハ重要鉱物（金属及砂金ヲ除ク以下之ニ同ジ）ノ鉱物ノ開発ヲ促進シ其ノ増産ヲ図ル為必要ナル事業ヲ営ムコトヲ目的トスル株式会社トスル」と規定している。第一一条では、事業について次のように規定している。[*9]

第一一条　帝国鉱業開発株式会社ハ左ノ事業ヲ営ムモノトス

一　重要鉱物ヲ目的トスル鉱業（砂金業ヲ含ム以下之ニ同ジ）

二　重要鉱物ニ関スル鉱床ノ調査

三　重要鉱物ヲ目的トスル鉱業ニ対スル技術ニ関スル指導

四　重要鉱物ノ売買又ハ其ノ斡旋

五　重要鉱物ヲ目的トスル鉱業又ハ製錬業ノ為必要ナル器具、機械、材料又ハ設備ノ売買

六　重要鉱物ヲ目的トスル鉱業又ハ製錬業ニ対スル資金ノ融資又ハ投資

帝国鉱業開発株式会社ハ政府ノ認可ヲ受ケ前項ノ事業ノ外本会社ノ目的達成上必要ナル諸事業ヲ営ムコトヲ得

本書では、帝国鉱発が公共性と営利性という「二律背反的な性格を持たされており、したがって不断にこの両者の均衡調和に留意しつつ、しかもあくまで積極果敢に国策的事業を推進することを要請せられた」（本書二四頁。以下、本書からの引用は頁数のみ記載）としている。また、帝国鉱発が、①助成機関であるが自らも鉱業会社である、②中小鉱業者の中心的機関である、③国策会社として統制機関的性格を有している、という特質も記されている。[*10]

鉱発法は四月一二日、官報をもって公布され、翌月一〇日から施行された。五月一一日に設立委員会第一次設立総会、一二日には設立委員会第二次総会が開催され、[*11]二六日には定款が政府から認可された。資本金三〇〇〇万円（総株式六〇万株、一株五〇円）のうち一五〇〇万円は政府が引き受け、残りを割当分一二五〇万円、一般公募分二五〇万円とした。割当分は、銅・亜鉛関係（三井鉱山、三菱鉱業、住友鉱業、日本興業等の一七社）が六五四万円、鉄関係（日鉄鉱業）が五〇万円、硫黄関係（松尾硫黄（松尾鉱業））が二〇万円、鉱石輸入関係（三井物産、三菱商事、伊藤忠商店）が九五万円、その他（日本興業銀行、生命保険各社、中外鉱業、日本窒素肥料、岩城鉱業、他）が四三一万円となっている。[*12]割当分の応募は、募集二五万株に対して三八万七一〇株、一般公募分は募集五万株に対して八万三四七〇株であった。

八月一〇日には設立委員会第三次総会に続いて、設立総会を開催した。社長に菅禮之助（前古河合名会社理事、東京株式取引所監査役）、副社長に古市六三（男爵、住友本社技師長）が選任された。同月一七日には、会社設立登記が完了し、帝国鉱発は発足した。

（2）太平洋戦争期までの帝国鉱業開発の事業

戦時下における帝国鉱発の事業は、第二編（創業と事業の展開）と第三編（太平洋戦争下の当社）において記述されている。

帝国鉱発は一九三九年九月一日、五八人の陣容で開業した。業務機構は総務部、経理部、統制部、金融部、鉱業部、調査部の六部からなっていた。融投資をはじめとして、開業当初から事業は盛況であり、鉱山業界の期待に応えて事業を行うために、同年一二月二〇日には臨時株主総会を開催し、鉱業開発債券の発行（限度額三〇〇〇万円）を決定している。

一九四〇年になると、政府による経済統制施策が進み、六月には「銅、鉛、亜鉛配給統制規則」が改正され、帝国鉱発が取扱会社として指定を受けている。

第一期（一九三九年八月一〇日〜一九四〇年三月三一日）には、宮田又鉱山（秋田県）と戸沢鉱山（岩手県）を買収している。南沢鉱山（岩手県）とは探鉱契約を締結し、採掘を開始している。融投資事業では、最初の子会社として阿能川鉱山を設立した他、期末現在で一九件、一三八万円の融資を実行している。その他の事業を含め、積極的に事業を拡大した。[*13]

第二期（一九四〇年四月一日〜同年九月三〇日）には、買収または探鉱契約により、五色鉱山（宮崎県）を初めとする八つの鉱山[*14]の開発に着手している。融投資では、昭和鉱業および横山工業の株式を取得している。昭和鉱業については過半数の株式を取得し、経営陣は一新され帝国鉱発が経営権を掌握した。横山工業は鉱山用機械製作を事業の一つとしており、帝国鉱発の事業発展の必要から資本提携、役員派遣を行ったものである。

第三期（一九四〇年一〇月一日〜一九四一年三月三一日）、第四期（一九四一年四月一日〜同年九月三〇日）は、中国大陸での戦線が拡大するとともに、太平洋戦争の開戦が迫る時期であった。戦争遂行のための統制経済化が進み、一九四一年一二月には鉱山統制会が発足した。国策会社である帝国鉱発は、統制会所属企業としてその統制下に置かれるとともに、責務を増大させた。対日経済包囲網の強化によって、内地資源の開発増産に対する要請が強まった。

一九四一年四月には、副社長を委員長に社風振作委員会を発足させ、同年五月一日から七月末までの三ヵ月間

「全国金属増産強調期間」に取り組むなどした。同年一月には、東北興業と共同出資によって、東北亜鉛鉱業を設立した。同年四月には、帝国鉱発を主体にして帝国満俺《マンガン》が設立されている（帝国満俺については、別に節を設けて述べることとしたい）。

第三期、第四期においても一三の鉱山の新規開発に着手している（さらに第五期の前半である、一九四一年一二月三一日までに、四鉱山）。従来の銅・鉛・亜鉛等に加え、錫・水銀・ニッケル・重石・硫黄等にも直営鉱山の事業は広げられた。

このように第三期、第四期を通じて、帝国鉱発の事業は急拡大した。財務面では、固定資産の増大が著しい。第二期の期末を一〇〇（三一八万七〇〇〇円）として、第三期末は一九〇（六〇七万円）、第四期末は二七二（八六八万六〇〇〇円）と大きく増えた。資金調達では、社債の発行が増大した。第二期の期末を一〇〇（一五〇〇万円）として、第三期末は二〇〇（三〇〇〇万円）、第四期末は二六七（四〇〇〇万円）であった。

（3）太平洋戦争期における帝国鉱業開発の事業

①一九四二年における事業の概況

太平洋戦争の開戦とともに、帝国鉱発の事業を強化し、低品位鉱床や未開発の鉱区の国策的開発を推進するために鉱発法が改正された（一九四二年二月）。帝国鉱発に対しては、大幅増資と損失補償制度が実施された。[*15] 資本金は、九〇〇〇万円に増資され、鉱業開発債券の限度額は四億五〇〇〇万円となった。[*16] 一九四二年四月、政府は純新山に対する探鉱資金の融資についても、損失補償制度の対象とする制度を設けた。これを受け、帝国鉱発は、普通融資と別に特別融資特別会計を設けて、融資を実行した。

政府は一九四二年七月、八月を「戦時金属非常増産強調期間」として増産運動を盛り上げた。重点的に指定された主要鉱山には、帝国鉱発の八鉱山も含まれていた。開発増産を目的にして、東邦亜鉛（一四五万九五〇〇円の出資と四五八万円の融資)、藤田組(同社の増資を帝国鉱発と東北興業が引き受けるとともに、日本銀行からの特別融資の弁済残額を肩代わり)、三泰鉱業(東北興業、東北鉱山と共同して設立)への投資が行われた。統制事業関係では、日本金属配給、日本タングステン-モリブデン統制、大日本石綿配給統制に出資するとともに、理事や幹部職員を取締役や監査役と兼任させている。

一九四二年にはあらたに一九の鉱山が帝国鉱発の経営下に加わった(買収鉱山一四、一般受託経営鉱山四、匿名組合方式による鉱山経営一)。選鉱場や精錬所の受託経営も進んだ。

第五期(一九四一年一〇月一日~一九四二年三月三一日)、第六期(一九四二年四月一日~同年九月三〇日)の決算も引き続き鉱山経営部門の事業を拡大させている。第六期末の固定資産は、第四期末の一・九倍(一六五〇万六〇〇〇円)に達した。投資諸勘定も同じく一・二七倍(一億二四五九万三〇〇〇円)に達した。負債の部の社債は、一・九九倍(七九七七万五〇〇〇円)に増加した。

②一九四三年における事業の概況

一九四三年になると連合国側の攻勢が強まり、戦局は反転し始めた。決戦態勢に向け、国内では人的、物的資源の戦力化が急務とされるようになった。産業経済面では、重点産業部門への集中をめざして企業整備が進んだ。あわせて、軍需会社法に依って軍需生産の増産を図った。[*17] また、一〇月には国民動員が強化され、学徒動員や女子勤労挺身隊制度などが実施された。金属回収の強化(三月、商工省に金属回収本部を新設し、金属回収の企画統制を一元化)や、金鉱業整備が行われた。

金鉱業整備は、戦争によって国際決済手段としての金の需要量が著しく減退したため、金鉱山を整理してその資材労力を他の重要鉱物の鉱山に転用するものであった。一九四三年四月より実施され、整備事業のいっさいを帝国鉱発が行うよう政府に命ぜられた。産金政策の転換にともなって、帝国鉱発と日本産金振興との合併に関する協議が進められ、同年四月、同社を吸収合併した。帝国鉱発は、金鉱業整備を事業の一つに加えたのである。[*18]

この年（一九四三年）も帝国鉱発の投資部門の拡充は顕著であった。特徴としては、投資分野が希少鉱物に及んできたことと、藤田組の全株式を取得して、完全子会社としたことであった。扶桑石綿、日索工業、昭和クローム鉱業、幌加内クロム、帝国砂白金開発に出資するとともに、理事や幹部職員を取締役や監査役と兼任させている。

新しく経営に乗り出した鉱山も二九に上った（そのうち買収が一七鉱山、受託経営が一三鉱山である）[*19]。この他、選鉱場の買収や新規建設も行っている。一九四三年八月には、国策のもと社内に比島精錬所建設総局を設け、フィリピンに銅精錬所の建設を進めた[*20]。

第七期（一九四二年一〇月一日～一九四三年三月三一日）、第八期（一九四三年四月一日～同年九月三〇日）の決算も引き固定資産の拡大が進んだ。第八期末は、前年同期末（一九四二年九月三〇日）に比して、一・九八倍（三二七二万三〇〇〇円）となった。鉱山経営部門の拡大を反映して、（固定資産のうち）起業費仮勘定は、三・七六倍（一一五七万九〇〇〇円）となった。内容では、政府保証制による受託経営が多くなった。一方、投融資勘定は微減となっている。

負債の部では、社債は一・三〇倍（一億四一〇万円）の伸びであったが、日本産金振興との合併もあって、借入金は六・五二倍（三億一一七二万七〇〇〇円）となった。第八期になると、損益の面では鉱業収入および受託鉱業収入の増加が著しい。政府保証付きの比重が大きく、特に受託鉱業収入は約八五％（六八二万六〇〇〇円のうち五七八万二〇〇〇円）に達している。支出面でもこれに対応した支出が増大している。

③一九四四年における事業の概況

一九四四年になると戦局は緊迫し、国内政治では非常施策（軍事費の増大、国内態勢の強化など）が相次ぎ、産業経済面でも戦時体制が強化された。重要原材料を国内で確保するために、従来不採算を理由にして活用されなかった低品位の資源も活用されるようになり、石炭供給量の確保のために亜炭の積極的燃料化が奨励された。金属回収では、軍用精密機器生産につながる白金の強制買上げが実施され、鉱業部門における企業整備では、硫黄及び錫鉱業の整備が行われ、帝国鉱発がその整備を担当した。

一九四四年四月二五日、帝国鉱発および系列の帝国砂白金開発、昭和鉱業、藤田組が軍需会社に指定（第二次）された。軍需会社の指定にともなって、従業員は、現職のまま徴用されたものとみなされた。一九四四年に入ると、前年一一月に政府から指定された、鉱山用機械資材類の一括発注の事務取扱いが本格化した。一九四四年一月に新設した特設資材部を含め、増大する機構を拡充強化するために、組織整備を行っている。

一九四四年の新規投資は、鉱山用機械資材の確保を目的としたものが多かった。帝国鉱発川口工作所（鋳物）、帝国鑿岩機製作所（鑿岩機およびコンプレッサー）、粉砕鉄球統制（粉砕用鉄球）、東京索道（索道用機器）、日産近海機船（近海輸送）に出資するとともに、理事や幹部職員を取締役や監査役と兼任させている。他に、玉川鉱山（旧住友産業）を完全子会社化している。

この年に買収した鉱山は一六、経営受託した鉱山は七であった。他に軍需当局の要請に応えて、福島県および岐阜県における稀元素鉱物賦存地方について、採取権を取得または借区、その開発を進めることとなった。選鉱場の買収の他、受託経営していた契島製錬所の買収と処分、鉱業所の整理（受託経営の解除、自山を休山）も行われている。

第九期（一九四三年一〇月一日～一九四四年三月三一日）、第一〇期（一九四四年四月一日～同年九月三〇日）の決算を見てみると、第一〇期に入って固定資産の増加傾向は止まっている。これは重点主義による鉱業所整理の影響である。投融資は増加している（第一〇期末は第八期末に比して、二・三三倍（二億七八三〇万二〇〇〇円）である）。一方、政府保証付きの特別会計は増大している。資金調達では、第一〇期になっての社債の増額が著しい（第九期末は第八期末の一・〇九倍（一億一三四九万五〇〇〇円）に対して、第一〇期末は第八期末の一・七一倍（一億七七五八万五〇〇〇円））。

④一九四五年における事業の概況

一九四五年に入ると、国内でも諸都市に対する爆撃や沖縄本島への上陸などの被害が広まってきた。戦争遂行に向けての態勢（国民総武装による本土決戦の準備や、軍事予算の増大など）が強められるもとで、産業界、そして鉱業界もまた軍需の一点に絞って総力を集中した。しかし、空襲による生産能力の喪失、軍事招集や産業動員による労働力のひっ迫などによって生産は大きく落ち込んだ。

このようなもとで、帝国鉱発も東京大空襲によって本社社屋が全焼した。一九四五年四月五日に軍需省より発せられた「鉱山及精錬所決戦非常措置要綱」に従って、重点鉱山および精錬所に稼働を限定することとなった。休止を指定された全国の鉱山一二〇のうち九が帝国鉱発の経営する鉱山であった。

一九四五年に行われた投資は、鉱山用機械資材の調達の困難化に対応したものが中心となった。鉱発神保鉄工所（鉱山用機械）、池田鋳鋼所（鋳鋼設備）、第一製線および東京製線（製釘）である。買収した鉱山は五、経営受託した鉱山は二であった。これらの買収または経営受託は、軍需省あるいは直接軍部から強く慫慂《しょうよう》されたものがほとんどであった。

第一一期（一九四四年一〇月一日〜一九四五年三月三一日）、第一二期（一九四五年四月一日〜同年九月三〇日）の決算を見てみると、一年間で固定資産は一・三二倍（五二七一万六〇〇〇円）の増加にとどまっているが、投融資勘定が、一一・九六倍（五億四四四五万八〇〇〇円）に増加している。これは、藤田組の株式を取得（一億七三〇〇万円）し関係会社有価証券が急増したことによる。負債の部では、社債〔第一〇期比で、第一二期は一・七八倍（三億一五七八万五〇〇〇円）〕、短期の借入金〔同じく一・四八倍（六億二六八〇万四〇〇〇円）〕、その他諸勘定〔同じく八・三七倍（一億五九九三万一〇〇〇円）〕の増加が顕著である。

第一二期は赤字決算となった（第一二期は一九四五年九月三〇日までの期間であり、「戦後」も含まれている）[*21]。鉱業収入は前期比で減少したが、藤田組への投資によって配当金収入は増加している。収益は、第一〇期比で一・

三四倍（二二〇九万四〇〇〇円）に伸長したが、費用も一・三八倍（三三二〇万一〇〇〇円）となり、損失は一・四六倍（一一〇〇万七〇〇〇円）となった。政府補給金（事業損失補助金）は〇・八五倍[*22]となり、差引で三七二万七〇〇〇円の赤字となった。

（4）帝国鉱業開発の解散

敗戦によって、帝国鉱発の国策推進機関としての使命は終わった。一九四五年一一月一日、帝国鉱発は役員会において、各事業所の戦後処置について方針を決定している。同九日には地方事務所・出張所の存置、廃止についての方針を決定している。しかし、戦後における同社の事業については、連合国による民主化との関係を抜きにしては決められなかった。

翌年（一九四六年）になると、帝国鉱発も経済の民主化の措置の対象となっていく。五月二五日、帝国鉱発および子会社は、会社制限令[*23]に基づいて財閥関係の会社の資産の移動と活動の制限の対象となる。同年一二月九日には、帝国鉱発が持株会社整理委員会[*24]の対象として指定される。一九四八年二月七日、帝国鉱発およびその投資会社である同和鉱業、昭和鉱業が過度経済力集中排除法[*25]の指定を受ける。

一九四六年八月一五日、会社経理応急措置法[*26]が公布施行された。一〇月一九日には、戦時補償特別措置法、企業再建整備法等が公布施行され、すべての特別経理会社は、戦時補償等の打ち切りによる損失その他の特別損失の最終処理を旧勘定において行う整備計画を立てて、政府の認可を得て実行すべきこととなった。帝国鉱発は特別経理会社として、整理を進めた。

一九四九年一月二一日には、帝国鉱発に対する過度経済力集中排除法による指定が取り消された。これを受け、国策会社である帝国鉱発を整理解散するとともに、その鉱山部門を主体とする新鉱業開発の新設を意図する再建整備計画が取りまとめられ、主務大臣からの認可を得た。一九五〇年四月一日をもって帝国鉱発は解散し、清算過程に入ることとなったのである。同日、新鉱業開発が設立された。

3　帝国満俺の設立とその事業

帝国満俺については、本書の第二編、第三章（「太平洋戦争へ（昭和一六年）」）、第四節において「帝国満俺株式会社（帝国満俺クロム株式会社、鉱石配給統制株式会社）」と題して独立して記述されている。本章の主題と関わる部分であるため、独立した節としてやや詳しく見てみよう。

満俺鉱（以下、マンガン鉱）は、鉄鉱石、コークス用石炭に次いで重要な鉱石である。支那事変以来の鉄鋼増産にともなって、マンガン鉱に対する需要も増大した。マンガン鉱床は、全国的に分布しているが、北海道、東北、関東にある数鉱山を除けば、その他は鉱床の規模は小さく、零細経営の鉱山が大部分である。また、国内産出鉱石のマンガン含有品位は比較的低いものが多く、高炉用の一部および平炉用のほとんどは、中国、インド、マレーから輸入していた（支那事変勃発の頃の自給率は三〇％程度）。

しかし、対日経済封鎖が強まり鉄鋼増産と、これに対応したマンガン鉱の確保と円満な供給が重要課題となった。

このようなもとで、一九四〇年四月には、関西満俺鉱業の設立が構想[*27]されている。各鉱山監督局のうちで最も多いマンガン鉱山を有し、マンガン鉱業組合の結成されている関西（京都、大阪、兵庫）を選んで会社を設立、増産させ、その成果いかんによっては全国に波及させようとするものであった。しかし、マンガン鉱の需給ひっ迫の恐れが強まり、この構想は実現することはなかった。

一九四一年四月二日、帝国満俺株式会社が設立された。資本金五〇〇万円のうち、半分の二五〇万円を帝国鉱発が出資し、残りは生産者側のマンガン鉱石採掘業者が一二五万円、需要者側である製鉄業者が一〇〇万円、乾電池業者が二五万円を出資した。マンガン鉱の一元的配給統制が会社設立の目的であり、生産者側だけでなく需要者側からも出資が行われたのである（帝国鉱発が半分を出資、残りの半分を生産者側と需要者側が折半）。役員の体制も、同様の配慮が行われている。

同年五月一日、「満俺鉱配給統制規則」が公布された（同月二〇日に施行）。それは、マンガン鉱石について、輸入鉱、国内鉱を問わず、一定品位以上のマンガン鉱石の自由取引を禁止し、一元的な集荷配給を定めるものであった。帝国満俺は、「規則」において、マンガン鉱石の一元的集荷ならびに配給機関として規定された（帝国満俺を含む一元的な配給系統図については、図1を参照）。同時に、商工省告示をもってマンガン鉱石の販売価格が指定されるようになった。

帝国満俺は、全国に出張所、派出所、集鉱所、貯鉱所、検収員駐在所を開設した。京都には一九四一年五月に出張所が他の三ヵ所（函館、盛岡、岐阜）とともに開設された。京都府下の殿田と花園には、同じ時期に集鉱所が開設されている。[*28]

本書、一一五～一一六頁掲載の「昭和一七年度本邦マンガン鉱石四半期別出荷実績表[*29]」によれば、大阪鉱山監督局管内、帝国満俺京都出張所の年間出荷量は五万五一四九トンであり、札幌鉱山監督局、札幌出張所の六万六四一三トンに次いでいる。自家用鉱石（二八四七トン）を含む出荷量（二二万三四七九トン）の二四・七％を占めており、帝国満俺の事業にとって京都が重要な位置を占めていた。

帝国満俺はマンガン鉱石の配給事業とあわせ、増産助成事業にも取り組んでいる。鉱山経営[*30]の他、マンガン鉱山に対する資金融資（相当まとまった開発資金や設備資金については、帝国鉱発が担当）、資材の斡旋、鉱山機械の貸与、鉱山調査および現地指導、集鉱所や貯鉱場の設置、試験研究等、自家用貨物自動車の運営、出荷奨励金の交付と幅広く取り組んだ。

一九四二年一一月一〇日付けで、商工省は帝国満俺にクロム鉱の一元的配給統制機関となることを命じた。一

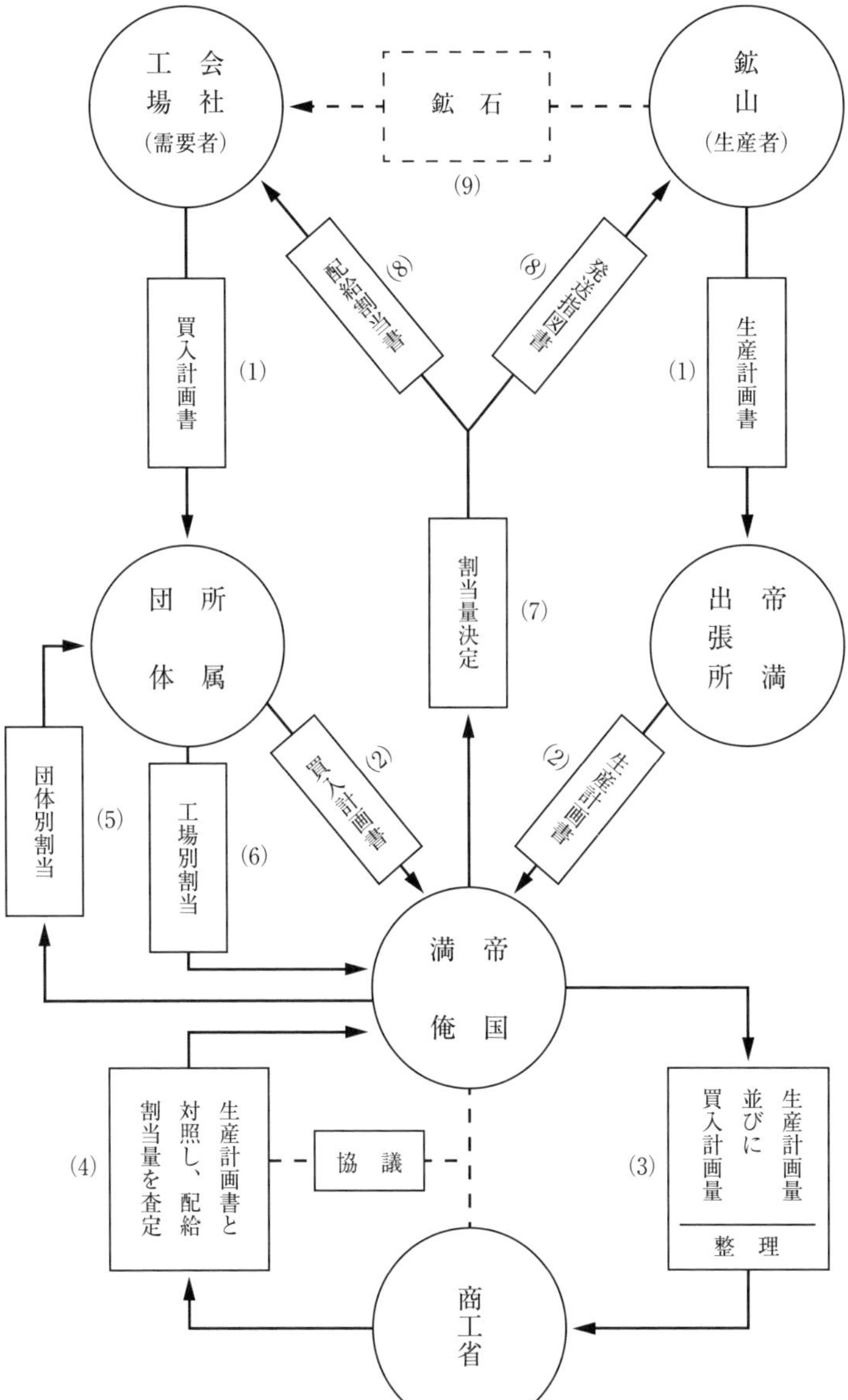

図1　マンガン鉱石の配給系統図　出所：帝国鉱業開発〔1970：114〕

一月二六日に開催した株主総会で、商号を帝国満俺クロム株式会社と改めた。

翌年一〇月二六日には、商工大臣より（国家総動員法にもとづく）統制会社令[*31]にもとづいて「満俺鉱、クロム鉄鉱、砂クロム鉄、重石鉱、水鉛鉱及硫化鉄鉱ノ配給事業ノ統制ノ為ニスル経営ヲ行ウコト」の命令を受けた。一一月一二日に株主総会を開催し、鉱石配給統制株式会社定款を決定し、軍需大臣の認可、設立登記を経て、新会社が設立された。

新会社は、旧帝国満俺クロムを包括的に承継するとともに、日本タングステン-モリブデンの営業を承継した。鉱石配給統制は、一一月二〇日に施行された鉱石配給統制規則[*32]によって配給統制会社に指定され、非鉄金属のみならず非金属鉱石までを対象とすることになった。

鉱石配給統制は一九四六年二月一〇日、商工大臣の命令により解散し、清算を進めた。同年五月二五日、制限会社の指定を受け、会社経理応急措置法にもとづく特別経理会社として清算が進み、一九四七年五月二五日の大蔵・商工省の告示によって閉鎖機関[*33]に指定されてからは閉鎖機関整理委員会による特殊整理に移された。

帝国満俺も帝国鉱発と同様に、国策に沿って事業を遂行するとともに、敗戦によってその使命を終えたのである。

おわりに

本章では、『帝国鉱業開発株式会社社史』の全体像を概観（第1節）したうえで、第2節において本書の記述に沿って設立から編年的に見てきた。そして、第3節においては本章の主題との関わりで帝国満俺に関する記述をやや詳しく見てきた。

本書全体を通じて、国策会社としての帝国鉱発が軍事的な要請に従って、事業を拡大していく状況が仔細に示されていた。と、同時に本書成立の事情からしてやむを得ないことであるが、本章において筆者が当初企図した「(一方の)当事者として編纂された社史を通じて、鉱山(経営と労働)の一端を明らかにすること」には到底及んでいないことを自覚せざるを得ない。

帝国鉱発の「鉱山経営」についてはかなりの情報を本書から読み取ることができる。しかし、「鉱山経営」の重要な構成部分でもある「鉱山労働」については、本書から読み取れることはほとんど見出せないままであった。この点は、筆者の能力不足によるところであるが、本書以外の文献の収集とその検討を通じて、鉱山労働の実態に迫っていくことは引き続き残された課題である。

同時に、文献資料のみでなく、地域に残された産業遺跡や記録、そして何より当時のことを記憶されている方々からの聞き取りを通じて、歴史を掘り起こし、記録する作業が必要である。[*34] このような作業に関して筆者は全くの門外漢であり、社会科学研究所における本共同研究に参加された研究者の方々と協力して取り組んでいく決意を記して稿を閉じたいと思う。

【付記】丹波マンガン記念館の再建運動に取り組んだ際、会報に記した拙文(一部を省略し、若干の修正を施している)を掲載し、決意を新たにしたい。なお、ここに記した「わたしたちの会」は二〇一三年三月一七日に解散し、筆者らは現在、特定非営利活動法人マンガン記念館(勝村誠理事長)の活動を通じて、会がめざした活動に引き続き取り組んでいる。

余禄：この一年半をふりかえって、そして未来へ

この原稿を書いているのは、二〇一〇年五月四日、わたしが初めて丹波マンガン記念館を訪ねてからちょうど一年半が経過した。京北もこのとき初めて訪ねた。わたしが、「丹波マンガン記念館」の名前を知ったのは、その数ヵ月前だったか、『ねっとわーく京都』の記事を通じてであった。初めて訪れた感想を、メールに次のよう

に記している（このメールは、私信ではなく、「韓国併合」一〇〇年市民ネットワークのメーリングリストに投稿したものである）。

一昨日はお世話になりました。いただきましたメール、全く同感です。

何が出来るか、あるいは何をどこまでしていいのか、躊躇するところもありますが、わたしも「日本人の恥」を自覚して、取り組んでまいりたいと思います。

ここでことさらに「日本人」を強調する必要もないのですが、館長の言葉はひどくわたしの心を揺り動かしたということです。本来は「歴史に対する責任」というべきかもしれません。

経営学の研究を志すものとして、歴史にほおかむりする企業の社会的責任についても重要なテーマと感じました。

刺激的な訪問となりました。

それ（二〇〇八年一二月四日の訪問）から二〇〇九年五月三一日までの時間はあわただしく過ぎていった。そして、閉館式からの一年近く、わたしのとっての丹波マンガン記念館はゆったりとした時間のなかにあった（ちょうど二〇〇九年は勤務する大学の教職員組合で委員長を務めていたので、再建する会については多少の「省エネ」を決め込んでいたことを告白し、反省したいと思う）。

ここにきて在日の人々を中心にした新しい再建運動の動きが生じている。そのようなもとで実質二年目を迎えた、わたしたちの会も正念場であるように思う。『ねっとわーく京都』の記事を読んだとき、そして初めて丹波マンガン記念館を訪れたときの強い印象はわたしのなかに脈々と生きている。

再建する会の活動を通じて、多くのものを得た。とりわけ新しい友人たちとの出会いと交流はかけがえのない財産になっている。彼ら、彼女らとの交流を通じて、わたしの歴史認識、社会認識はずいぶん鍛えられたように思う。経営学を学ぶ者としてもＣＳＲ（企業の社会的責任）を歴史的に問うことの重要性を気付かされた。

一人の市民として、そして経営学を学ぶ者として、「丹波マンガン記念館を再建する」道を歩んで生きたいと思う。（二〇一〇年五月四日記）

参考文献

井村喜代子〔2000〕『現代日本経済論〔新版〕――戦後復興、「経済大国」、九〇年代大不況』有斐閣。

李龍植〔2009〕『丹波マンガン記念館の七三〇〇日――二〇万来館者とともに』解放出版社。

戦争遺跡に平和を学ぶ京都の会〔2010〕『語りつぐ京都の戦争と平和』つむぎ出版。

帝国鉱業開発〔1970〕『帝国鉱業開発株式会社社史』金子出版。

野添憲治〔2009〕『企業の戦争責任――中国人強制連行の現場から――』社会評論社。

註

＊1　丹波は、現在の京都府の南丹（口丹）・中丹と兵庫県の丹波にまたがっているが、本章では京都府内を中心に言及する。
＊2　日本冶金工業大江山ニッケル鉱業所における中国人強制連行については、野添〔2009：263-266〕を参照。大江山鉱業所を含め、京都の戦争遺跡については、戦争遺跡に平和を学ぶ京都の会〔2010〕がある。
＊3　丹波マンガン記念館は、初代館長の李貞鎬によって独力で完成させられ、一九八九年五月に開館したものである。李貞鎬は一九九五年にじん肺で亡くなられるが、それ以降も、子息である現館長の李龍植を中心とする家族によって維持されている。記念館の軌跡については、李〔2009〕を参照されたい。
＊4　筆者が『帝国鉱業開発株式会社社史』を手にすることができたのは、龍谷大学図書館の「長尾文庫」の蔵書によってである。龍谷大学図書館のウェブサイトでは、次のように記されている（http://rwave.lib.ryukoku.ac.jp/hp/collection/index.html参照）。

長尾文庫とは、社史を中心に団体史・産業史・人物史・定款・営業報告書・広告資料等を加えたコレクションで、これらは株式会社大長水産取締役長尾隆次氏が一九五〇年から一九八三年までのおよそ三〇年間にかけて個人的に収集されていたもので、一九八三年に同氏から譲り受けたものです。この長尾文庫は、社史・産業史・団体史における日本最大の総合コレクションで質・量ともに全国屈指のものと評価され、特に現存する社史（幕末から一九八五年まで）の七〇％以上を収蔵し、近代の経営史における資料的価値は殊の他高いといわれています。このコレクションは現在もなお、継続収集に努めています。

＊5　李貞鎬は、この記念館を「わしの墓、わしらの墓」と呼んだ。その意味で、記念館は戦時中の強制連行も含め過酷な労働に倒れた人々の追悼の施設でもある。三〇〇メートルも続く坑道を持つ記念館は、次世代への貴重な歴史教育の場でもある。

＊6　後述のように帝国鉱発は、一九四六年一二月七日に行われた第二次指定の四〇社の一つとなった。解体後、帝国鉱発の鉱山事業のうち一〇鉱山を承継（現物出資）し、新鉱業開発が一九五〇年四月一日に資本金四〇〇〇万円で発足した。同社は一時期（一九六一年一〇月二日～一九七一年三月二二日）東証二部に上場したが、会社更生法を申請し一九七二年に経営破たんした。

＊7　「発刊について」の執筆者は、帝国鉱発の清算人である西崎正、日付は一九七〇年一月である。そこでは、一九六九年末には監督官庁（通商産業省と大蔵省）の最終手続きが完了し、清算事務完了の手続きに入ったことが記されている。

＊8　鉱発法の法案作成の段階では、商工省と大蔵省の意見が対立したが、議会審議では一部修正（第九条に第二項を追加）したのみで衆議院に上程（三月一一日）してから二週間後（同二五日）には貴族院で可決されている。

＊9　条文は、本書から引用した。ここに記載したのは、制定時のものである（一九四三年に一部改正されている）。

＊10　後述のように一九四三年には、国策によって日本産金振興株式会社を吸収合併している。

＊11　商工大臣である八田嘉明が設立委員長、二九名の設立委員には、法制局参事官、大蔵省主計局長等の官僚、陸軍少将、海軍中将、衆議院議員、貴族院議員の他、三井物産、三菱商事、日本興業銀行、三井鉱山などの経営陣の名前が並んでいる。

＊12　七月一七日に払い込みが完了したのは、一株一二円五〇銭分の七五〇万円であった。設立登記が完了した八月一七日においても公称資本金は三〇〇〇万円であったが、払込金額は七五〇万円のままであった。

＊13　職員数の増加も著しい。一九四〇年七月末には、役員以下の職員数も三六二名に達している。このうち本社勤務が二八三名、鉱業所等地方勤務（鉱員を含まず）が七九名である。

＊14　五色鉱山（四月、宮崎県）の他、銭亀沢鉱山（五月、北海道）、三倉鉱山（六月、静岡県）、高旭鉱山（八月、山形県）、大原鉱山（八月、島根県）、小谷鉱山（九月、岡山県）、本谷鉱山（九月、岡山県）を相次いで買収し（三倉鉱山は、鉱業権、付属選鉱場の一括買収）、九月には錫山鉱山（鹿児島県）の鉱業権に共同権者として加入し、経営受託契約により開発に着

手した。

＊15 損失補償制度は、一九四二年三月一八日に勅令として公布施行されたものである。経営困難に陥ったり、未開発のまま放置されたりしている鉱山を帝国鉱発が鉱業権者から委任を受けて開発経営にあたり、または探鉱資金融資し、損失を生じさせた場合に政府が補塡するというものである。採算を度外視してでも帝国鉱発の事業を推進しようとされた。一九四二年には一四の受託経営鉱山が、この制度の対象となった。

＊16 増資前における払込資本金は一二〇〇万円（公称資本金は三〇〇〇万円）であり、増資後の払込資本金は公称九〇〇〇万円に対して二七〇〇万円であった。なお、鉱業開発債券は、増資前において限度額いっぱい（払込資本金の五倍の六〇〇〇万円）を発行済であった。

＊17 軍需会社法、第三条は「軍需会社ハ戦力増強ノ国家要請ニ応ヘ全力ヲ発揮シ責任ヲ以テ軍需事業ノ遂行ニ当ルベシ」と規定している。その従業員は、すべて包括的に国家により徴用を受けた者とみなされた。

＊18 一九四三年九月三〇日、朝鮮における事業部門をその権利義務とともに、二〇〇〇万円をもって朝鮮振興に譲渡したことにより、国内の金鉱業整備事業を帝国鉱発が担当し、朝鮮については朝鮮振興が担当することとなった。

＊19 買収鉱山の一つに、京都府綴喜郡多賀村（現在の同郡井手町）の「第一多賀鉱山」がある。本書、二四二頁に「八月に買収した。鉱種は満俺鉱。技術と資金の投下よろしきを得れば相当量出鉱の見込みがあるので、当社直営に移した」とある。

＊20 一九四四年にはバタンガス（ルソン島マニラの南方）での基礎工事に入ったが、戦局はいっそう緊迫し、契島精錬所の解体資材が海上輸送中に撃沈され、翌年には米軍がルソン島に上陸した。

＊21 第一二期の決算は政府の指示もあって、一九四五年一二月の定時株主総会の承認を得て、延期された。第一三期、第一四期とあわせ一括して、一九四六年一二月の株主総会に諮られた。

＊22 一九四五年九月に公布施行された「法人に対する政府の財政援助の制限に関する法律」により、配当のための政府補助金は交付されないこととなった。

＊23 会社制限令（勅令第六五七号「会社ノ解散ノ制限等ノ件」）によって、大蔵大臣は、一定の要件に該当する会社の解散または事業譲渡に対する認可権などを与えられた。

＊24 持株会社整理委員会は、一九四六年四月二〇に施行された持株会社整理委員会令にもとづいて、持株会社の有価証券等を引き継いで、その整理にあたった。同年九月に、三井本社、三菱本社、住友本社、安田保善社、富士産業が第一次指定され、委員会は五社に解散を命じた。

＊25 過度経済力集中排除法は財閥解体を実行し、巨大企業（集団）を分割するための手続きを定めた（一九四七年一二月一八日公布）。占領政策の転換によって、実際に分割されたのは一一社にとどまった。なお、占領下での戦後改革と資本主義的復

興についいては、井村〔2000〕第一章が詳しい。

＊26 会社経理応急措置法は、資本金二〇万円以上の会社のうちで、戦時補償請求権、在外資産等を有するものを「特別経理会社」として指定し、会社経理を新旧の勘定に分離するものである。これにより一九四六年八月一一日以降の事業経営は新勘定で行って、旧勘定（戦時補償切り替え等にともなう損失の処理を行う清算勘定）は新勘定に及ばないこととした。

＊27 その構想は、本社を京都に置き、資本金一〇〇万円のうち半分を帝国鉱発が出資する、当初七人の取締役のうちの二人（うち一人は会長）と当初二人の監査役のうちの一人を帝国鉱発からとする、などを内容とするものであった。

＊28 殿田（現在の南丹市日吉町殿田）では、帝国満俺の集鉱所の跡地を確認できる他、マンガン鉱に関わる産業遺跡が残されているが、それを確認できる案内等は設置されていない。

＊29 本表の欄外の注に「元帝国満俺株式会社常務取締役斎藤三三編日鉄社史編集資料マンガン事項による」と記されている。

＊30 一九四二年一月に大和須鉱山（栃木県）、同年九月に須賀川鉱山（栃木県）を買収し経営した（那須鉱業所）が、一九四三年一〇月に統制会社令が公布施行されたことにより、二つの鉱山を帝国鉱発に売却した。

＊31 統制会社令、第二条は「統制会社ハ国民経済ノ総力ヲ最モ有効ニ発揮セシムル為物資ノ生産（中略）、配給、輸出、輸入若ハ保管又ハ人若ハ物ノ運送ヲ成ス事業ノ統制ノ為ニスル経営ヲ行ウコトヲ目的トスル株式会社トス」と規定しており、第三条で行政官庁が「統制会社」となるべきことを命ずることができるとしている。

＊32 従来の鉱石配給統制規則ならびに満俺鉱およびクロム鉱配給統制規則は廃止された。

＊33 閉鎖機関は、閉鎖機関令（一九四七年三月一〇日公布施行されたポツダム命令の一つ）にもとづき大蔵大臣および主務大臣から指定された法人その他の団体のことである。第二次世界大戦下において戦時経済政策に関わった団体が指定された。閉鎖機関の清算は、閉鎖機関整理委員会によって行われた。

＊34 このような課題は、すでに共同研究のメンバーである田中仁らによって地道に取り組まれている。その成果の一端が、本書、第一四章に掲載の田中の論考である。高校の教師であるとともに地域の歴史の掘りおこしに取り組んできた田中は、『ボクらの村にも戦争があった――学校日誌でみる昭和の戦争時代』文理閣、二〇一二年を執筆している。

また、本章の補論「鉱山労働者の苦難を学び未来に活かす」を執筆した李順連（ＮＰＯ法人丹波マンガン記念館事務局長）もこの間継続的に聞き取り調査に取り組んでいる。当時の状況を知る人は数少なくなっている。しかも高齢であり、記憶も薄らいでいる。このようなもとで時間は限られており、歴史を記録する作業が急がれなければならない。

補論3　鉱山労働者の苦難を学び、未来に活かす

李《イ》順《スン》連《ヨン》

1　「仁《に》川《かわ》文《ぶん》吉《きち》」という名

「ぶんちゃん」と呼ばれ、仲間に愛されたこの名前の重層的な問いかけは、いまだに解決の日の目を見ておらず、それは静かではあるが、とても重たい。朝鮮で生まれ、日本帝国主義の政策により故郷を追われ、わずか二歳にして母国を離れざるを得ず、海を隔てた異郷の空の下、故郷に戻れることなく、鉱山労働職業病の塵肺により異国でその生涯を閉じた彼の本名は李《イ》貞《ジョン》鎬《ホ》。享年六二歳。没後二二年。私のアボジ（父）であり、丹波マンガン記念館創設者である。

京都府南丹市日吉の塵肺追悼碑に刻まれたこの「仁川文吉」という名前は、創氏改名によって本名を強制的に喪失させられ、本人が望まずとも、名乗らざるをえなかった通名（日本名）である。戦争という、最大の人権侵害の同心円上の価値体系にある創氏改名は、単に名前を日本式に変えろという問題なのではない。改名が、ある民族固有の文化の破壊と個人の尊厳の抹殺を意味する。通名を使用しなければ差別の壁が社会や民衆の側から迫ってくる現実を、本名が刻まれていない追悼碑が静かに物語っている。

この現在に繋がる歴史を紐解いてゆきたい。

2　坑夫たちの苦難

人は物質を用い、加工し、消費しながら文化と文明を発達させてきた。インターネット環境の発達で世界の情報を、たとえ地球の裏側の出来事であっても、瞬時に知ることができる。世界規模の構築、使用機器などには、莫大な資金と人材資本が投入され、利用する我々は利便性、快適性などを、当たり前に享受して日々を暮らしている。物質的に発展した環境は便利さを生み、便利さは人に万能感を抱かせる。たとえそれが仮想空間の中だけの話であったとしても、他者がもってない何かであれば、万能感は優越感に変質する。我々を取り巻く環境を下支えし、今や当たり前に利用されているスマホやタブレット等の機器には、希少金属が多数種使われている。

しかし、希少金属たる鉱物の採掘現場で何が起きているのかに気を留める人は少ない。生活であれ戦争名目であれ、私達の消費の裏側で起きていること、間断なく繰り返し起き続けている悪循環があり、国家と資本と消費利用のための鉱物に翻弄され、劣悪な労働環境下に置かれる人々がいる。エクアドル、フィリピン、ガーナ、そして第二次世界大戦に次ぐ戦争犠牲者数を生みながら顧みられないコンゴなど、今も児童労働や奴隷として世界各地で引き起こされている鉱山労働の人権侵害は放置されたままである。鉱山労働は仮想ではなく、現実である。そこには人々がいる。同じ命をもつ誰かを犠牲にした快適さと、その裏にある過酷極まりない鉱山労働は、今の世界の話だけでなく、遠い国の話だけなのではない。

ウラン等は戦略物資であるが、主に合金用途として使われるマンガンも同じである。一般の身近なところで知られているマンガン電池を始めとして、戦艦、大砲、ビール瓶の色づけ、鉄道のレール、肥料にも使われている。また、第二次世界大戦時には、丹波マンガンで作った電池が、ドイツの潜水艦Uボートに使われたという。

鉱山から鉱石を掘り出すには、まず当然ながら穴を掘る。大きくすると落盤するので、人がようやく入れる程度を掘り進める。内部坑道は無数の枝に分かれているので、初めての者なら迷って出られない。真っ暗な闇に入り掘り出した鉱石を、長い坑道を運び、坑外に出す。選別のあと、一〇〇キロかそれ以上の重さの石を、公道まで下ろすか背負い上げる。一歩間違えば命取りになる危険な作業の重労働、それが鉱山労働である。

作業すると必ず粉塵が出る。戦前は防具は使われなかった。また、マスクは役立たず、息を吐くと、粉塵による白い粉が鼻から吹き出た。発破の後などは、粉塵がたちこめるので、防具をしようとも全身が真っ白になる。マスクの代わりに、時にタオルで代替もしていた。そのような人命軽視の環境が現実にあり、そこで日々の糧を得なければ、生きてゆけず、家族を養えない人々がいて、そこに押し込めた人々がいたのである。

長期に渡り吸引せざるをえない環境にいると、粉塵は肺に沈着する。抵抗力が侵され、酸素と二酸化炭素の交換能力が衰えてゆき、肺活量が減ってゆく。外からは症状が見えないので周囲は健康体にしか見えず、ハンディは共有理解されない。しかし当人は息苦しく、しんどさのあまり身体を動かすことが出来ず、しばらく安静になってからでしか立てない。発作が酷くなると、うつ伏せになったままもがき、苦しさで転げ回る。完治させる治療法もないので、治癒の望みももてない。最後は酸素室で苦しみながら、死に至る。「日本では古くから、佐渡金山や足尾鉱山などの鉱山労働者の間で「よろけ」と呼ばれて恐れられていた。その名の通り、重症患者はヨロヨロよろけだし、ついには体が動かなくなる恐ろしい病気」、これが鉱山病の鉱物の害であり、このひとつが鉱山労働者の職業病、塵肺である。

マンガンは国家戦略にとって重要鉱石であるが、その国家を形作っているのは人である。日本のマンガンは国産から安い輸入鉱に取って替わったが、不可抗力の酷い差別と貧困環境のなか、人は食べなければ死ぬという、命の根源を人質に取った政策の犠牲者である最下層の労働者として命を削った人々とその家族には職業病である塵肺だけが、残されたのである。

坑夫たちの苦難は塵肺だけではない。全国各地の金属鉱山や炭鉱の事故等で犠牲となった数多くの朝鮮人坑夫たちがいる。海底坑道内の事故で亡くなり、未だ海底に閉じ込められたままの人たちもいる。このようなことが人々の記憶から消え失せようとしている。このままであれば、朝鮮人坑夫たちの被害も幻になりかねない。私が朝鮮人坑夫のことにこだわり続けるのは、単にアボジが塵肺で亡くなったということだけではなく、一人の人間として再びこの悲劇を繰り返してはならないという願いがあり、このことが朝鮮人坑夫の鎮魂につながると考えたからである。

これらの問題を国はちゃんと責任をとるべきであると考える。

3　朝鮮侵略と植民地奴隷たち

近代日本は朝鮮を侵略。朝鮮人民のすべての権利を奪い、自由を踏み躙り、搾取抑圧の限りを尽くした。朝鮮を植民地にしようと画策。歴史と文化、言葉と姓名の破壊抹殺に邁進した。強制連行だろうとそうでなかろうと、朝鮮に日本が行った植民地奴隷政策と文化、住環境の破壊工作がなければ、在日と呼ばれている日本在住朝鮮人が海を渡らざるをえない必要はなかったのである。

一九一〇年八月二二日「韓国併合ニ関スル条約」調印、二九日公布によって、朝鮮は国権を喪失した。この併合にあたっては、北の北海道に対して朝鮮は南なので南海道とすべしという意見まで真剣に検討された。そうならなかったのは既に植民地下にあった台湾が旧称のままだった前例を踏襲したためである。

強大な権力で植民地支配を強行する朝鮮総督府は、一九一〇年三月から一九一八年一一月まで二千万余円の巨費を投じ土地調査事業を行った。当時の朝鮮基幹産業は農業であり、人口に占める割合は農民が圧倒的だったが、同事業は膨大な土地を農民から奪い去って国有化した。日本人大地主に安価で払い下げ、植民地地主制を確立。生活労働面でも日本人支配の構図を作った。

土地を奪われた朝鮮人は、日本に渡らざるをえなくなった。日本人が朝鮮人民を移住労働者に追い込んだので

	石炭鉱山	金属鉱山	土建	湾岸荷受	工場その他	計
1939	24279	5042	9479	—	—	38800
1940	35411	8069	9898	—	1546	54954
1941	32415	8942	9563	—	2672	53592
1942	78660	9240	18130	—	15290	121320
1943	77850	17075	35350	—	19455	149730
1944	108350	30900	64827	23820	151850	379747
1945	136810	34060	29642	15333	114044	329889
計	493005	113258	176889	39153	304857	1129812

表１　朝鮮人労働者日本連行数

〔資料〕「第85、86帝国議会説明資料」『日帝の経済侵奪史』、金沈鎮『1920-1930年代の朝鮮社会経済状態と階級関係』、朴慶植『日本帝国主義の朝鮮支配』（下）p.33より。

ある。一九二〇年には約四万だった在住朝鮮人は、二六年には二〇万を突破、三〇年には約四二万になった。

朝鮮人民の強制連行が、最低六ヵ月、実際は二年契約の募集形式で開始されたのは動員法制定翌年の、一九三九年七月の国民徴用令公布に関連してである。一九三九年七月「朝鮮人強制連行」が開始され一九四五年までに全国の金属鉱山に約一一万人、石炭山四九万人、軍需工場、土建、港湾等、総数約一一三万人が日本に連行されるのである。（表１）

全国的には強制連行は鉱業部門を主としたが、いずれにしろ日本国内労働市場の最下層に位置づけられた。

「沖縄列島のほぼ最南端、西表島の炭坑労働者の虐待でも、逃亡阻止のためにまっ裸で働かされ文字どおり死に追いやられた酷使は、日本人、中国人にくらべて朝鮮人がとりわけひどかった」〔三留理男1972〕。

彼らを現代の奴隷だった。『ルーツ』という映画とだぶらせながら、考えていただきたい。野良仕事中に連れてこられた一世たちもいた。これは『ルーツ』の祖先が、海辺で狩をしているときに、奴隷商人に狩られたのと同じで、時と場所が違うだけである。下関から各鉱山までの、強制連行者だけを乗せて突っ走った専用列車は、大西洋、太平洋と渡った奴隷船と同じである。

数十、数百メートルの地下で、骨までも砕けそうになるまで働かされ、目と歯以外の全てが真っ黒になる。地上に出て来て、明るい星空をながめながら、〝今日も生きているんだ〟とはじめて心にかみしめる悪夢のような日々。――地下で働かされるか、綿花つみにこき使われ、青白い星を背にしながら、トボトボと小屋に向かった黒人たち。一般民家から隔離された、雨風をようやくさえぎるほどの飯場生活。アンクルトムの小屋。

そして、戦時中の苦しい食生活。日本の下々もそうだったが、麦ご飯をギボシで包んで食べれたらいいほうで、カボチャの、マメのタンポポの葉、犬、豚、馬などの内臓物（当時は、日本人の誰も食べずに捨てていたもの、いわゆる、今のホルモンの元祖）などを唐辛子やニンニクで、殺菌して腹に放り込んで、ひもじさをしのいだ一世たち。――主人らの食べかすを食べた黒人奴隷たち。

日本人鉱山労働者らの戦場への狩りだし。それによって生じた労力不足を補うため、一世女性らまでもがこき使われる。化粧までとはいかなくても、せめて、子供らとひと時ぐらいは過ごしたかっただろう彼女らが、手選場で働かされ、手、足にひびが入り、帰るとくたくたの身にムチ打ちつつ、おそまつな「食卓」を準備する主婦ら。――労働力の再生産と飯たきとしての女奴隷たち。

賃金の階級的・民族的な差別、労働条件上も。それに鉱山発行の専用の各種の切符による搾取。ただ、生命をつなぐだけ食べさせられた黒人たち。なんだかんだと、口実を付けては、殴る・蹴るの拷問と民族的な蔑視―黒人たちも。

これら諸々の強制・抑圧・差別・蔑視に耐えられず、人間としての尊厳を生きることを守るためにも、逃げた一世らは、何人になるのだろうか？　アメリカの奴隷たちも、自由を求め逃亡したが。

日本帝国主義者たちの侵略戦争のため、貴重な軍需物資、鉱物増産に狩り出され、それに大きく寄与した一世らについての記録・公文書などが、ほとんどない。意識的に削除したふしもあるし、恥部と思い、伏せていたふしもあるということは、腹立たしい。

犬、畜生のように連れてこられて働かされ、戦争が終わった―用が済んだと言って、ハイサヨウナラ、知りません、とは。結局、植民地奴隷のたどる運命とは、このようなものだろうと、資料を調べながらつくづく感じた。しかし、はっきりと言いたいことは、もう、二度と奴隷にはなりたくない、ということだ。異国で果てた一世らの足跡をたずね歩いて、こう感じながら、彼らの魂が安らかであることを願った。

その後、さらなる悲劇が朝鮮民族を襲った。一九四〇年二月一一日公布された「創氏改名制度」である。朝鮮における姓名は、日本とは異なる特質をもつ。儒教経倫に培われ、内陸アジアに広く見られる伝統の影響と考えられる父系血縁を具体的かつ徹底重視する朝鮮社会にとって、先祖の血統を重んじ、父祖の姓を尊守することは神聖な人間倫理である。

改名に抗して自決を遂げた者が現れたほど、それほどに厳しい姓氏観念の意味が朝鮮人民の姓名には内包されているのである。創氏改名は、朝鮮民族の伝統文明の完全否定と文化抹殺とを内包しているのである。

日本帝国主義が朝鮮を植民地として支配した期間、どのように朝鮮人民を搾取し、圧迫を加えたかは、日本ではいまだにほんの一部分しか明らかにされていない。現在日本ではかえって植民地支配を何か善政を行ったかのように宣伝する風潮が一部にある。それは日本帝国主義が復活するとともに意識的に、公然と議論がなされていないからである。

日本帝国主義が過去、朝鮮民族に加えた虐待は言葉や文字では言い表しがたい程過酷なものであった。この帝国主義支配の罪悪行為を具体的に知らない場合には、帝国主義が再びそのような罪悪行為を繰り返しても気がつかず、無関心となり、結局は許してしまうことになる。

このことは朝鮮人民にとっても、また日本国民にとっても共通の利益に反するものであると考える。

在日朝鮮人たちが過去どのような苦難な道を歩いてきたか、特に太平洋戦争中の朝鮮人の苦難を明らかにすることが、朝鮮と日本の友好親善、真の平等な国際的連帯のために重要であると考える。

4　苦難を学び未来に活かす

知識は縦関係で使えば、頼りすぎる結果にしかならず、人のもつエゴイズムゆえ心の壁となり、それは脆くなって不安しか起きない。意地だのプライドだの言うが、そんなものは強者の逃げ癖にすぎない。こうして、綺麗な平均値を語れて、自分は責められることなく、褒められておしまいが、この世にはうんざりするほど溢れている。人は今までの経験や教育の上に無自覚で立っている。未来や過去の話に力点を置いて、現在を蔑ろにしてきたツケの支払いが人類の歴史の繰返しである。

わだかまりの継続はその人にとって過去ではない。地道に掘り起こし、関係性を繋ぎ会わせて明らかにし、権力者に「そういうことはなかった」と言わせてはならない。伝えていかなければ記憶の上から消されてしまう。風にしないで地に根付かせる。文化にしないで教育にする。その日常がくるならば、良識は困難ながら民族を越えるであろう。その時、個々を忘れてはならない。何事であれ敵がいなくなっても、人間個人としての矛盾は残るし、生み出されるものだ。そして、近づこうとしている人に対してあらゆる決断を迫るのではなく、心を開いて見極めることを示すのが、誠実な大人のする事であろう。

人間の基本はまず個人である。選び取らない自由が人間にはある。この自由を奪ったひとつが創氏改名である。朝鮮人民が長い歴史の中で培った生きる問いと意味の強制破棄を日本が強要した創氏改名は、親しみ深き母語を一方的に奪い、敵性語としての異語たる外国語を脅迫強制し日本語を国語としたのであるが、その時、国語は国家語として蹂躙支配する。

アイデンティティを引き裂いた行為を、たかが名前と切り捨てるのは無知であるだけの暴論極まりない暴言でしかない。本名を名乗れない所に差別があるのではない。「我々が暮らす社会そのものの中にあるのだ」と認識すべきである。

経済優先の昨今、世代が下るにしたがって植民地時代の過酷な体験は過去としてしか感じない人々が増えている。しかし、今日もなお、日帝から受けた仕打ちに苦しみながら生きている人々が多くいることも事実である。無謀な目標を掲げ、侵略・戦争・植民地へとつきすすんでいった組織が数多くの犠牲者をだしたことの歴史を正しく記憶し、戦後処理を完結させ、潔く心からの反省をすることが未来へとつながることだろう。

5　あとがき

わたしはここで朝鮮が過去の日本帝国主義によって植民地化され、植民地奴隷として如何に悲惨な境遇におちいったかをふり返って、嫌な気持ちになり何度も文章を書く手を止めた。

だが、祖国の無かった過去の惨めな経験を再び繰り返さないためにも、事実をしっかりと把握し、これからの活動の教訓としていきたい。

ふと、在日コリアンの未来は、坑道でマンガンを掘る作業に似てるという思いが心をよぎった。日本社会では国籍を朝鮮・韓国籍のままで、本名を隠して通名で生きる「隠れコリアン」たちをみるたびに心が痛むが、本名で生きていくことによって社会から受ける差別・蔑視を考えた時、どちらが正しいともいえない。

しかしこれは正常な姿ではない。

在日コリアンらが、国籍や氏名の呪縛にとらわれることなく自由闊達に生きていく日がくるのだろうか。日本では日本国籍をもたないと、参政権をはじめとするあらゆる権利は極端に制限され、差別がいつまでもつきまとうのである。

冒頭に述べた塵肺追悼碑に刻まれたこの「仁川文吉」という名前を、本名に刻みなおすことがまったくの正論だとは思わない。「創氏改名」の事実を歴史の教訓としてのこすべきかともふと考えた。

朝鮮民族の恨《ハン》を鎮魂・慰霊し、日本社会で、さらには東アジアの民衆が平等で互いに手を取り合う日がくることを願い、今後も鉱山労働者と在日朝鮮人の歴史を遺し、研究していく所存である。

参考文献

金慶海〔1987〕『鉱山と朝鮮人強制連行』明石書店。
朴慶植〔1970〕『朝鮮人強制連行の記録』未来社。
林えいだい〔1981〕『強制連行強制労働筑豊朝鮮人坑夫の記録』。
三留理男〔1972〕『西表島のアウシュビッツ』サンデー毎日二月二七日号所収。

第14章 地域史料の掘りおこしと歴史教育

田中 仁

はじめに

二〇一六年五月二四日、いわゆるヘイトスピーチ規制法（正式名称は「本邦外出身者に対する不当な差別的言動の解消に向けた取組の推進に関する法律」）が衆議院で可決され、正式に成立した。

この法律については、「本邦外出身者」、とくに朝鮮半島出身者に対する近年の目に余る脅迫的・暴力的デモや差別的扇動から彼らの安全と人権を守る第一歩となるものとする肯定的な評価がある反面、努力義務ばかりで罰則規定のない実効性に乏しいものとする否定的な評価もある。言論・表現の自由との関係で、法的規制をもうけること自体を懸念する声もある。しかし、社会的マイノリティーの人々に対する露骨な攻撃を、これ以上放置しておくことはできない。しかも、それは過去の日本の歴史的経緯のなかに現在の在日の淵源をもつ人々なのである。この問題にどう対処するかは、まさに日本の民主主義と人権意識が本物であるかどうかの試金石だといっても過言ではないだろう。

筆者も街でこうしたヘイトスピーチデモを目撃したことがあるが、その中には中・高生とおぼしき青少年や子供連れの主婦、一見ごく普通の勤労者風の男女などが含まれ、既成の「右翼団体」的なイメージとのギャップに驚かされたことがある。彼らはなぜこのような行為に走るのだろうか。確かにある種の雑誌や週刊誌には、現実の中国や韓国・北朝鮮との間に横たわるデリケートな歴史問題・領土問題やさまざまな外交的対立を背景に、相手に対する憎悪や嘲笑をあおりたてるような記事が頻繁に掲載され、書店では「嫌中・嫌韓」本的書籍が売られることも少なくない。インターネットではもっと直接的な表現も飛び交っている。そのようなメディアの影響は小さくないだろう。だが、その直情的で無責任な記事や報道が簡単に受け入れられ、ある程度の社会的影響力をもち得るということの背景は何なのか、私たちはよく考えなければならない。そこには法律で規制すべきこととはまた別の次元の問題が横たわっているのではないだろうか。

さきに、「過去の日本の歴史的経緯」、あるいは「デリケートな歴史問題」という表現を用いたが、このことについては今まで私たちの歴史教育において本気で向き合ってきただろうか。たんに教科書に記述されている項目の一つとして簡単に解説した、という程度で済ませていないだろうか。ここには用語的な知識として教えたということだけでは済ませられない問題があるように思う。

本稿では、戦時中の日本国内、とくに京都府における朝鮮人の労働の状況を明らかにし、このような問題を歴史の授業でどのように扱うか、また扱うことの意味について、筆者自身の高校現場での実践も紹介しながら考えてみたいと思う。

1　植民地支配と朝鮮人強制連行

(1)強制連行とは何か

一九三七（昭和一二）年七月七日、日本軍は北京郊外の盧溝橋において軍事衝突を引き起こし、日本は中国との全面戦争へと突き進んでいった。その年の一二月に日本軍は国民政府の首都南京を占領したが、蔣介石は脱出し、漢口を経て重慶に拠点を移して抗戦しつづけたため、戦争は長期化していった。
日本政府は一九三八（昭和一三）年四月に国家総動員法を制定し、また、翌一九三九（昭和一四）年の七月には国民徴用令を公布して戦時動員体制をかためた。同時に、朝鮮総督府は、日本政府の「労務動員実施計画綱領」にしたがって、朝鮮人を日本内地に送りこむようになった。これは最初、「募集」という形をとっていたが、太平洋戦争開始後の一九四二（昭和一七）年二月に総督府は「朝鮮人労務者の内地移入斡旋要綱」を制定し、「官斡旋」として関与を強め、さらに一九四四（昭和一九）年九月からは朝鮮にも国民徴用令を適用して、「徴用」形式による大規模な労務動員を実施した。これらは政府や朝鮮総督府と警察が密接に連携して行ったものである以上、最初の「募集」の段階から実質的な強制力をともなっており、いわばその強制性に三つの段階があったということを意味している。

もちろん、戦前・戦時中に朝鮮半島からやってきた人々は、上記の強制連行者だけではない。日本による植民地支配のなかで、土地や生活基盤を奪われ、仕事を求めて仕方なく「自主的」にやって来た人々もあった。彼らも植民地支配の犠牲者として、広い意味での強制連行だという意見もあるが、ここでは上記のような国家権力が直接関与したものに限ってその用語を使用することにし、両者は一応区別しておきたい。

近年、竹内康人氏は、日本全国にひろがる強制連行先やそこでの労働の実態、死亡者、遺骨その他の状況について精力的に追究され、関係者の証言や企業・行政資料など現在明らかにできる詳細なデータを付して調査結果を公表された。竹内氏によれば、日本への労務動員の連行者数は約六七〜七〇万人、軍務では約三六万人が連行され、これだけでも連行者数は計一〇〇万人を超える、これに朝鮮国内での労働力動員を加えればこの数倍の朝鮮人が戦時期に日本による強制労働をうけたことになる、という〔竹内康人 2007：4、同 2013：353ほか〕。

日本への連行先としては鉱山や炭鉱などが多かった（とくに炭鉱だけで約三三万人）が、調査を行うなかで、三井・三菱などの財閥系企業への連行が多いこと、連行した多くの企業がいまも存続していること、多くの未払い金が支払われることなく供託されてきたことなどがわかった、という。個々の労働の現場の実態はここでいちいち紹介することはできないが、逃走を防止するための隔離や監視、暴力的な労務管理、強制貯金、賃金未払い、劣悪な食糧事情や衛生状態のもとに置かれたことは概ね共通している。それは「やめる」自由も手段も与えられない奴隷的で過酷な労働であったといわなければならない。

日本国内での戦後補償裁判では、一九四七（昭和二二）年に制定された国家賠償法制定以前の戦時中の国策に対する国家の賠償責任は問えないとする国家無答責の法理や、日韓請求権協定で解決済みとする立場などから原告（被害者）側の敗訴が続いてきたが、近年では裁判所や被告企業は強制連行の不当な労働実態については認めざるをえなくなってきている。私たちは、全国いたるところで展開されたこうした事実を、歴史教育の素材として取り上げ教材化しなければならない。

（2）京都府内の一般的状況

京都府への朝鮮人労務者の流入は、一九一〇（明治四三）年の韓国併合・植民地化の前後から始まったらしく、早い例ではこの年に開業した山陰線園部〜綾部間敷設工事、一九一二（明治四五＝大正元）年完成の琵琶湖第二疏水及び明治天皇伏見桃山陵築造工事、一九一三（大正二）年完成の宇治川水力発電所建設工事等に朝鮮人労務者の存在が知られる。これらの人々の数はまだ多くはなかったが、その後、約三〇年の間に各種の分野に増加し続け、太平洋戦争開戦の年、一九四一（昭和一六）年には京都府在住の朝鮮人の数は八万人以上に達した。

その頃の状況がわかる史料として、以下に、一九四四（昭和一九）年四月の知事事務引継書から引用する〔京都府庁文書 1944：437–438〕。

管下在住朝鮮人ハ昭和七年末ニ於テハ二八、五九六ニ過ギザリシガ其ノ後漸次増加ノ一途ヲ辿リ十六年末ニ於テハ八〇、六五二人トナリ約三倍ノ激増ヲ示シタルモ昨年末ニ於テハ七四、〇七九人トナリ、稍《やや》其ノ数ヲ減ジタリ　之等在住者ハ京都市内及舞鶴宮津方面等ノ都市ニ蝟集《いしゅう》シ従来ヨリ土工繊維工業・友仙染・水洗職工・雑業等平和産業部面ニ稼働スルモノ大部分ヲ占メ居リタルガ最近ニ於テハ時局ノ影響ヲ受ケ漸次時局産業部面ニ転換シツ、アリ　而《しか》シ乍《なが》ラ一面一般的ニ食料事情国民徴用ノ実施並ニ防空施策等ニ依リ不安気分濃厚トナリツ、アルヲ見ラレ漸次移動転出セントスル傾向アリテ従来ノ都市集中ノ傾向ハ一変シテ帰鮮者ノ増加或ハ地方分散的趨勢《すうせい》トナリ　之ガ為メ漸次其ノ数ヲ減ジツ、アルモノト認メラル、ガ時局ノ重圧ト協和事業ノ実施ニ依リ一応表面的ニハ事変発生以来貯蓄国防献金国債購入勤労奉仕等相当実績ヲ挙ゲツ、アリ然レ共思想面ニ於テハ今尚ホ不敬《ふけい》・不逞《ふてい》ノ思想ヲ抱持スルモノ其ノ跡ヲ断タズ又国民的感覚乏シク徒《いたず》ラニ軽挙盲動シ利己的挙措ニ出デントスル気配全般的ニ瀰漫《びまん》セルヤニ認メラレ時局下在住朝鮮人ノ指導取締ニハ格段ノ留意ヲ要スルモノナリ（ふりがなは田中、以下同じ）

この史料から読みとれるのは以下の点であろう。朝鮮人の京都府在住者の数は、満州事変が始まった翌年一九三二（昭和七）年末の二万八五九六人から一九四一（昭和一六）年の八万六五二人へと、戦争の拡大とともに急増したこと。しかし、食料事情が悪化し、国民徴用が強化され、防空施策等への不安が大きくなった一九四三（昭和一八）年末には、帰鮮を含む移動転出によって七万四〇七九人へと漸減し、また京都市・舞鶴市・宮津町などの都市集中の傾向から地方分散の趨勢となったこと。産業分野では戦争の進行とともに、土工・繊維・友仙（友禅）染水洗職工その他雑業等の平和産業部面から時局産業（軍需関係）部面に転換する者が多かったこと。そして時局の重圧と協和事業（在日朝鮮人に対する統制・同化事業）の実施により、一応表面的には貯蓄・国防献金・国債購入・勤労奉仕等の戦争協力には実績をあげているが、しかし、他方では「不敬・不逞」の思想をもつ者も跡を絶たず、国民的感覚に乏しく、軽挙妄動や利己的挙措に出ようとする気配が全体的にはびこっている、そのため在住朝鮮人に対する指導取締りには格段の留意を要する、という。

この傾向は、一九四五（昭和二〇）年六月の「知事事務引継書」でみると、さらに強まっていったことがわかる。これも一部を抜粋してみよう〔京都府庁文書 1945：460–461〕。

管下在住朝鮮人ハ逐年増加シ大東亜戦争勃発当初ハ約八万ヲ算スルニ至リシモ其ノ後ニ於テハ企業警備其ノ他時局ノ影響ニ依リ却ツテ減少ヲ示シ昭和十九年末ニ於テハ六七、四一一名トナレリ（中略）最近ノ阪神地区等近接都市ニ於ケル大空襲被害並ニ戦局ノ不振等ニ刺激セラレ動揺ノ色漸ク顕著ナルモノアルヤニ観取セラレ加フルニ京都市舞鶴市ニ於ケル家屋疎開学童疎開及ビ重要備蓄用物資衣料品ノ疎開勧奨等ノ非常措置ニハイタク衝撃ヲ受ケタルモノ、如ク京都市ノ空襲必至ナリトシテ逃避的トナリツ、アリ又中ニハ戦局ノ前途ニ危惧ノ念ヲ抱ケルモノモ認メラル、状況ニシテ引上ゲ帰鮮ヲ為スモノ激増シ乗船車券ノ入手ニ狂奔シ居レリ　試ミニ本年三月中ニ於ケル管下朝鮮間ノ来往状況ヲ視ルニ　帰鮮者七九二名　渡来者四六七名　ニシテ差引三二五名ノ減トナリ現在ニ於テハ昨年末ニ比シ千数百名ノ減少ヲ示セリ（後略）

前年の事務引継書以来の一年二ヵ月の間に、日本はマリアナ諸島や硫黄島を奪われ、そこを基地にした米軍機によって日本本土空襲がくり返されるようになった。そうした戦局の悪化が朝鮮人にも大きな動揺を与え、京都市の空襲も必至として逃げ出そうとする者が激増し、府内在住者の数は前年末より千数百名（前回の引継時より六七〇〇人近く）減ったことがわかる。こうした傾向がさらに朝鮮人への監視と取締を強化し、強制連行（集団移入）を強めることにもなったことは想像に難くない。

（3）朝鮮人が就労した鉱山・工事・事業所

現在、戦時中の京都府内で朝鮮人労務者の就労が認められる鉱山や工事・事業所などを、「戦争遺跡に平和を学ぶ京都の会」編の『語りつぐ京都の戦争と平和』から拾って要点のみを列記すれば以下の通りである〔地名は現在の市町村名〕。なお、この会は筆者も会員として参加し、下記のうちの⑤⑧⑨の主な部分は筆者自身が調査と執筆を担当した。できればこの本を直接参照していただければ幸いである。

①第三海軍火薬廠朝来《あせく》工場（舞鶴市）　戦争の拡大とともに火薬の増産が進められ、敗戦時には女性や学徒を含む約五〇〇〇人の従業員が昼夜二交代で生産に従事していたが、この中には一二〇〇人程の朝鮮人労務者もいた。〔戦争遺跡に平和を学ぶ京都の会編 2010：51－53〕

②舞鶴軍港・舞鶴海軍施設部（舞鶴市）　軍港の運輸・港湾関係の事業所に使役された朝鮮人の中には強制連行者が多く、とくに海軍工廠を含む海軍施設部では三八〇〇人が移入されたが、一九四五（昭和二〇）年六月には三五〇〇人になっていた。〔同上：56－57〕

③祝園《ほおぞの》弾薬庫建設工事（相楽郡精華町）　一九三九（昭和一四）年末から大阪陸軍兵器補給廠祝園分廠が建設され、一九四一（昭和一六）年四月に開設された。場所は現在のJR学研都市線下狛駅（当時は駅はなかった）から南西方向にある陸上自衛隊祝園弾薬支処の位置である。弾薬庫や道路・鉄道引き込み線の工事は大林組が請け負ったが、工事には多数の朝鮮人労務者が従事した。〔同上：141－146〕

④大江山ニッケル鉱山（与謝郡与謝野町）　ニッケルは鉄を硬く、錆びにくくするため、砲弾の弾頭などを作る特殊鋼の材料として欠かせなかった。この鉱山には約七〇〇人のカナダ・イギリス等の連合軍捕虜と、二〇〇人の中国人強制連行者が働かせられた。また、ここには各地から集まってきた多数の朝鮮人労務者が働いていたが、一九四四（昭和一九）年になると三八三人の強制連行者が加わった。〔同上：174－183〕

⑤丹波山地の鉱山（丹波地方一帯）　丹波山地には、かつて、珪石・タングステン・マンガンなどを産出する多

数の鉱山があった。珪石は溶鉱炉の耐熱材、タングステンは鉄の硬度を強化する合金材料、マンガンも同じく鋼鉄に混ぜる合金材料であるとともに、電池の原料にもなった。ここでも多数の朝鮮人が働き、とくに亀岡市稗田野《ひえだの》町にあった栗村鉱業所大谷鉱山、京丹波町和知にあった栗村鉱業所和知鉱山・日南鉱業鐘打《かねうち》鉱山等のタングステン鉱山には一九四四年頃からそれぞれ数十人ずつの強制連行者が投入された。鉱山の数で一番多かったのが零細なマンガン鉱山で、多い時には三〇〇ヵ所以上あった。マンガン鉱山で働いた朝鮮人鉱夫の労働や生活を展示するための施設として、一九八九（平成元）年に故李貞鎬《イジョンホ》さんが私財を投じて京都市右京区京北町字下中の鉱山跡地に開館した丹波マンガン記念館があったが、財政的困難等の事情により、残念ながら二〇〇九（平成二一）年五月に閉館となった。〔同上：184−190〕

⑥逓信省京都航空機乗員養成所・京都飛行場・日本国際航空工業の工場建設工事（久世郡久御山町〜宇治市）

航空機乗員養成所と京都飛行場は現在の府立久御山高校西側一帯に、一九四〇（昭和一五）年四月から建設工事が行われ、四二（昭和一七）年四月に開所式が行なわれた。これと並行して飛行場の東側、現在の近鉄大久保駅西側一帯に日本国際航空工業の工場が建設され、四三（昭和一八）年には完成した。現在の陸上自衛隊大久保駐屯地と日産自動車京都工場の場所がそれにあたる。膨大な面積を占める大工事であったため、労働力が不足し、ここにも約一三〇〇人の朝鮮人が集められた。彼らは日本国際航空工業の工事現場の東北隅の竹やぶに粗末な飯場を設けて住み着いた。ここが現在の宇治市伊勢田町ウトロ地区にあたる。〔同上：191−196〕

⑦舞鶴海軍航空隊と第三一海軍航空廠建設工事（宮津市栗田《くんだ》）　一九三四（昭和九）年、栗田湾岸の現・府立海洋高校付近に、舞鶴要港部に所属し、水上機を主力とする海軍航空隊の基地が建設されたが、その用地の埋め立て・造成工事に朝鮮人約二〇〇人を動員し、翌年完成した。また一九四三年には、ここから北東へ二キロの現・府立海洋センターの場所に第三一海軍航空廠（舞鶴海軍航空廠）も設置され、水上機の修理等を行

なった。〔同上：197－198〕

⑧川西航空機工場の疎開（福知山市）　兵庫県西宮市にあった川西航空機鳴尾製作所は阪神地区への空襲の激化により、一九四四年の末か翌年一月頃から福知山に疎開を始めた。場所は福知山駅西方に広がる正明寺地区と、石原《いさ》の長田野《おさだの》公園北方地域で、ここに覆土式（上に土をかぶせた半地下式）、あるいは丘陵裾に掘った横穴式の地下工場を建設した。石原には海軍の訓練用飛行場も造成されたが、これは航空機工場の疎開とも連動していた。現在の福知山綾部間の広域農道の一部は滑走路の跡地である。工場や飛行場造成工事には多数の朝鮮人が使われたが、舞鶴海軍施設部の三八〇〇人のうちの一部がこちらにまわされていた可能性がある。なお、川西航空機は局地戦闘機「紫電改」や偵察機など、海軍用航空機を製造していた。〔同上：208－210〕

⑨大阪陸軍造兵廠の疎開（南丹市園部町）　一九四四年末頃から大阪造幣廠（本工場は大阪城東側一帯、現在の大阪城公園の敷地内にあった）の一部が園部に疎開した。大砲の部品製造や兵器修理の作業が行なわれていたらしいが、本格的に稼働する前に敗戦となり、未完成に終わった。工場は町域周辺の山裾一帯に、斜面を背に、前に目隠しと爆風よけを兼ねた土塁を配するバラックとして建てられた。小山西町の五合山（京都建築大学校の前山）北裾には二本のトンネルが掘られ、今も未完成のまま放置されている。これは地下に変電所を造ろうとしたのだという地元古老の証言がある。これらの造成工事にも多数の朝鮮人が従事し、なかには強制連行者もいたというが、詳細は不明である。疎開工場建設に従事した朝鮮人や日本人の徴用労働者などを取り締まるために、伏見の憲兵隊から憲兵二人と補助憲兵二人が派遣されて来ており、その存在は住民の間に工場についての詮索や噂話をすることさえはばかられる雰囲気を作り出していた。〔同上：271－273〕

⑩三菱重工業京都発動機製作所（京都市西京区）　工場は一九四二年九月から建設が始まり、一九四四年七月に完成した。建設工事には多数の朝鮮人が加わっていたが、四四年になると二二七人の強制連行による「集団移入」が行なわれた。桂にあった工場の跡地は現在、陸上自衛隊桂駐屯地になっている。〔同上：274－276〕

ここに取り上げられているのは比較的明確な史・資料や証言が残るものばかりであるが、戦時中の朝鮮人労務者の就労はもちろんこれがすべてではない。私たちが把握しきれていないだけで、他にもあちらこちらでその話は聞こえてくる。今後さらに掘りおこし、事実を確定し、教材化していかなければならない。

（4）強制連行の状況

前節にあげた朝鮮人労務者の就労は、強制連行（集団移入）によるものもそうでないものも、両者混在している。そこで前者についてより詳しくみていきたい。

前に引用した一九四四（昭和一九）年四月及び一九四五（昭和二〇）年六月の知事引継書は、それぞれ「一般ノ概況」または「一般状況」を述べた部分であった。この二つの引継書にはその後に「移入労務者ノ状況」という強制連行者について述べた項目があるので、その部分を引用してみよう。まず、一九四四年のものは以下の通りである〔京都府庁文書 1944：438〕。

管下大江山鉱山ニハ労務動員計画ニ依ル集団移入朝鮮人労務者三三八名　鐘打鉱山ニハ五〇名アリ　治安上格別ノ事故モ無ク推移セルモ今尚逃走スルモノ跡ヲ断タズ　鉱山当局ヲ督励シ逃走防止並指導訓練ヲ為シツヽアリ

大江山鉱山とは（3）にあげた④の大江山ニッケル鉱山、鐘打鉱山とは同じく⑤の中の日南鉱業鐘打鉱山と呼ばれるタングステン鉱山である。ここに、少なくとも一九四四年四月までに、「労務動員計画」による「集団移入朝鮮人労務者」があったが、逃走するものが跡を断たなかったという。次に一九四五年のものを引用する〔京

都府庁文書 1945：461－462〕。

国民動員計画ニ依ル集団移入朝鮮人労務者ハ六月一日現在ニ於テ

	移入数	現在数
大江山鉱山	三八三	八一
栗村鉱業所和知鉱山	四九	四八
飯野産業舞鶴支店	一六四	一五二
日通東舞鶴支店	五三	三九
佐藤工業舞鶴出張所	一〇〇	八七
三菱重工業京都発動機工場	二二七	二二〇
栗村鉱業所大谷鉱山	四七	四七
日南鉱業鐘打鉱山	五〇	一八
舞鶴海軍施設部（含工廠）	三、八〇〇	三、五〇〇
計	四、八七三名	四、一九二名

ニシテ治安上格別ノ事故ナク推移シツ、アルモ今尚逃走スルモノ相当アルヲ以テ受入当局ヲ督励シ逃走防止幷《ならび》ニ指導訓練ニ力ヲ致シツ、アリ尚近ク移入見込ノモノ左ノ通リナリ

三菱発動機	一〇〇
大谷鉱山	一〇〇
第三火薬廠	一〇〇

京都瓦斯	五〇
高山耕山化学陶器株式会社	八〇
日南鐘打鉱山	五〇
舞鶴海軍工廠	六〇〇
京都林産燃料株式会社	五〇
計	一、一三〇名

まず、文書の前半で前年にもあがっていた大江山鉱山・鐘打鉱山以外のものをあげると、栗村鉱業所和知鉱山と栗村鉱業所大谷鉱山は（3）の⑤にある二つの鉱山、飯野産業舞鶴支店・日通東舞鶴支店・佐藤工業舞鶴出張所は同じく②の舞鶴軍港の運輸・港湾関係、舞鶴海軍施設部（含工廠）はやはり②の海軍関係の作業部局、三菱重工業京都発動機工場は⑩にあげた事業所である。ここに「国民動員計画」による「集団移入朝鮮人労務者」が投入されたことが記されるが、やはり逃走する者が相当あったと記している。これを防ぐために鉱山当局や受入当局を督励し、「逃走防止」ならびに「指導訓練」に努力しているというが、その主体は事務引継書のこの部分が「知事事務引継演説書」の中の「特別高等警察事務引継書」に含まれているので、特別高等警察（特高）であったということになる。

旧・福知山市立金山小学校はかつて戦時中には「天田郡金山国民学校」と呼ばれた。この学校の昭和二〇年度学校日誌の五月二四日（木）の記録に「大江山ニッケル鉱ノ囚人脱走ニツキ看守等問合ハセニ来校」という記述がある〔福天連合小学校校長会編 1995：32‒33〕が、この囚人とは朝鮮人の移入労務者、看守とは鉱山の監視員であった可能性が高い。学校はニッケル鉱山から与謝峠を越えて南に下ったところにあり、直線距離で約一〇キロ前後の地点にあった。金山小学校は一九九一（平成三）年に福知山市立天津小学校に統合されて廃校となり、残念ながら日誌は行方不明になっている。

大江山鉱山は前年四月には三三八名、この年六月一日時点では三八三名（これは以前からの累計と思われる）と移入が四五名追加されたわけだが、現在数は八一名で残存率は二一％と、このなかではもっとも低い数字である。それだけ逃走する者が多かったということだろう。全体では四八七三名から四一九二名に減り、残存率は八六％、逃走等（あるいは死亡も含まれる）でいなくなったのは一四％ということになる。

文書の後半では、今後、近いうちに追加移入の見込数として合計一一三〇名があげられている。その受入れ先として、三菱発動機・大谷鉱山・鐘打鉱山・舞鶴海軍工廠のほかに（3）の①の第三海軍火薬廠と、新たな三つの事業所の名がある。京都瓦斯は現・地下鉄東西線京都市役所前駅の南西約二〇〇メートル付近に本社があった都市ガスの会社（戦後大阪ガスに統合）、高山耕山化学陶器株式会社は下京区の現・中央市場のところにあった陶器会社で、戦時中は毒ガスの蒸留装置を製造していた。京都林産燃料株式会社という会社については不明であるが、名前から木炭関係の会社と推測される。木炭ガスは当時「木炭バス」など自動車燃料としても使われたぐらいだから、エネルギーとして需要が高く、ここにも朝鮮人を移入したものだろう。いずれも戦争遂行に重要な役割をもった事業所であったが、敗戦までの二ヵ月半の間に一一三〇名の移入予定のうちどれだけ実現したかはわからない。

2　歴史教育と地域教材

(1) 教科書の中の植民地支配・強制連行

高校の歴史教科書では、今日の在日韓国・朝鮮人問題の淵源となった日本の植民地支配や強制連行の問題についてはどのように書かれているのだろうか。全国で採択率六三・六％（二〇一五年度）と、圧倒的な占有率を占

（本文）　総督府は、地税賦課の基礎となる土地の測量、所有権の確認を朝鮮全土で実施したが（土地調査事業）、その際に所有権の不明確などを理由に広大な農地・山林が接収され、その一部は東洋拓殖会社や日本人地主などに払い下げられた。
（注）　これによって多くの朝鮮農民が土地を奪われて困窮し、一部の人びとは職を求めて日本に移住するようになった。

（本文）　また、数十万人の朝鮮人や占領地域の中国人を日本本土などに強制連行し、鉱山や土木工事現場などで働かせた。
（注）　朝鮮では1943年、台湾では1944年に徴兵制が施行された。しかし、すでに1938年に志願兵制度が導入され、植民地からも兵士を募集していた。また、戦地に設置された「慰安施設」には、朝鮮・中国・フィリピンなどから女性が集められた（いわゆる従軍慰安婦）。

める山川出版社の『詳説 日本史』（二〇一五年版）から、植民地支配と強制連行の部分の記述を引用してみよう〔笹山晴生ほか 2015：279–365〕。

まず、韓国併合の歴史的経過についての説明と、初代朝鮮総督には寺内正毅陸相が任命されその地位は当初現役軍人に限られたこと、警察の要職は日本の憲兵が兼任したこと等を説明した後、朝鮮総督府による支配の具体的な内容については本文と注に上記の囲み文（上）のように記述する。

次に、戦時中の強制連行については、太平洋戦争開戦後の「国民生活の崩壊」の節で、学徒出陣や勤労動員について説明した後、上記の囲み文（下）のように続ける。

教科書としてはこのような簡潔過ぎる記述となってしまうことはやむを得ないが、これのみで授業をすれば単なる用語的・概念的な知識だけに終わり、自分自身の心に深く響く活きた認識とはならない。多少は市販の副読本等で補ったとしても五十歩百歩であろう。

ここに具体的な地名・人名を含む詳しい地域教材が必要になる理由がある。

(2)地域教材を使った授業

一年間の授業で扱うすべての事柄について自主教材や地域教材を使うことは到底不可能であるが、生徒の歴史認識に関わる重要な問題については、いくつかに絞ってでも、可能な限り自分自身の目と足で追究した地域教材を導入したいものである。また、それは一方的に教師から与えるものとしてでは

口丹波地方と朝鮮人強制連行

（前略）口丹波地方にはかつて軍需物資としてのタングステンやマンガンを産出した大小多数の鉱山がありました。これらの鉱山について、一九四五年六月の府知事引継書（京都府総合資料館蔵）によると、粟村鉱業所和知鉱山に四九名、亀岡の同大谷鉱山に四七名、日南鉱業鐘打（和知）鉱山に五〇名などの「集団移入朝鮮人労務者」の記載があり、その逃亡防止のことと、近く大谷鉱山に百名、鐘打鉱山に五〇名の追加移入の計画があることなどが書かれています。「集団移入」とは強制連行による移入を意味するものでしょう。

命がけの逃亡

鉱山で働いた朝鮮人をもっとも苦しめたのは労働の厳しさと空腹でした。金甲善さん（現在美山町在住）は、一九四四年一二月、二一歳の時に、妻と生後七ヵ月の娘さんを郷里（韓国全羅北道）に残したまま徴用され、下関を経て、亀岡の大谷鉱山に連れてこられました。金さんらは鉱山近くの畑の中に建てられた見張り付きの飯場に入れられ、毎日、朝早くから夕方まで坑内でタングステン鉱石を掘ったり、トロッコを押したりする重労働に駆使されました。

一番辛かったのは「腸がくっつくほど」の空腹だったそうです。そこで金さんは、同じ朝鮮人でも強制連行組ではなかったある夫婦の手引きにより、翌年六月にここを逃げ出しました。捕まれば半殺しにされるのはわかっていました。亀岡駅では危うく追手の警備員にみつかりそうになりながらも、隙を見て発車直前の列車に乗り込み、和知まで逃げました。しかし、結局は他に生きる術はなく、北桑田郡のマンガン鉱山などを転々とするうちに敗戦を迎えました。戦後もなかなか帰れず、村は朝鮮戦争で全滅し、生き残った兄弟に再会したのは一九八三年、妻子に再会できたのはさらにその後一〇年も経ってからでした。

鉱山は朝鮮人の「肺塚」

在日二世の故李貞鍋《イジョンホ》さんも若い頃からここで働き、劣悪な労働条件の中で大量の粉塵を吸い込んだことが原因でじん肺を患うようになり、ついに一九九五年に亡くなりました。生前、李さんは「ここは我々の墓や、朝鮮人の肺塚や」というのが口癖でした。このように小規模なマンガン鉱山で働いたのは、田畑や山林を持たないかつての被差別部落出身の人々や、金さんのように亀岡や和知の大手タングステン鉱山から逃げ出した人々を含む朝鮮人がほとんどで、その多くが李さんと同じようにじん肺に苦しみ、亡くなっていったのです。ここはまさに彼らの墓であり、（秀吉の朝鮮侵略に関わる）「耳塚」ならぬ「肺塚」なのです。（後略）

図　今は鉄扉で閉ざされている旧大谷鉱山坑道入口

なく、ときには生徒自身が、あるいは教師と生徒がともに協力して調べるものとして取り組むこともあり得る。

筆者は、かつて亀岡や福知山・北桑田地域の府立高校に勤務し、主に日本史Bを担当することが多かったが、アジア・太平洋戦争の単元には意識的に授業時間を多めに確保し、地域教材を組み込んだ。植民地支配や強制連行に関するものとしては、丹波山地のタングステンやマンガン鉱山、大江山のニッケル鉱山における朝鮮人のことを取り上げた。一例として、亀岡の大谷鉱山に連れて来られ、そこから逃走した経験をもつ金甲善《キムカプスン》さんの証言を教材化したものを引用する（前頁）。なお、これは授業で使用したプリントをもとに、京都高等学校社会科研究会編『京都に強くなる75章』に収録したものである〔同編 2000:122–123〕。

金甲善さんへの聞き取り調査は、一九九二年度の亀岡高校三年生での授業で班別のレポート作成の授業を行った際に、このテーマを選んだ班の生徒たちと一緒に行ったのが最初であった。その後、受験との関係で三年生でのレポート授業に取り組めなくなった後も筆者独自に聞き取りをし直し、勤務校が変わっても証言記録は毎年の授業での貴重な教材として活用することができた。

実は金さんが連行された日時や大谷鉱山から逃走した日時ははっきりしない。筆者の聞き取りでは、上記のように連行が一九四四（昭和一九）年一二月、逃走が翌年の六月、田中宇氏の聞き取りでは、連行は同じ一九四四年一二月、逃走は翌年七月となっており〔田中宇 1995:60–69〕、李龍植氏（二代目マンガン記念館館長）の聞き取りでは、連行が一九四三（昭和一八）年五月、逃走が一九四四年（何月かは書いていない）としていて（李氏の本を引用した竹内康人氏も同じ）〔李 2009:57–64〕〔竹内 2014:326–327〕、話の大筋は一致しているものの、年月日に大きな相違がある。そこで、数年前、この相違を問い質そうと金さんの自宅を訪ね、何度目かの聞き取りを申し入れたことがあったが、「もう年がいって記憶も薄れている」という理由でかたく拒絶されてしまった。当時の金さんは文字が書けず、日本語も不自由だったために、日記も何も残しておられない。無理もないとは思いながら、聞き取り調査の難しさを改めて実感したものである。

ところで、前節（4）の一九四五年（昭和二〇）年の知事事務引継書に記録されている大谷鉱山の六月一日現在の移入数と現在数がともに四七人で、一人も減っていないのは、筆者や田中宇氏の聞き取りのように金さんの逃走がこの年の六月もしくは七月と考えれば、引継書が作られた後ということになり、全く矛盾がない。

(3)生徒の反応

このような地域教材による授業を受けた生徒たちはどう受けとめたのだろうか。授業の単元ごとにこまめにアンケートを書かせるということをしていないために、毎年の授業記録は残していないが、二〇〇三（平成一五）年度はたまたま年度末（二〇〇四年三月）に韓国大邱《テグ》市の慶北大学を会場に開催された第三次日韓歴史教育者交流シンポジウム（日本の歴史教育者協議会と韓国・全国歴史教師の会共催）の日本側報告者の一人になっていたため、当時勤務していた福知山高校二年生の授業で感想文を書いてもらった。そのいくつかをシンポジウムで報告したレポートから引用して紹介したい〔歴史教育協議会 2004:104–110〕。

○強制連行っていうのは、自分からは遠く離れていて、教科書の中での話だという気がしていた。けど、高校に入ってから、歴史の授業で話を聞いたりプリントを読んだりすることで、自分の生まれた土地でそんな悲惨な歴史があるにもかかわらず、遠くはなれた無関係なものだと思っている自分を恥ずかしく思った。（中略）と同時に、日本と世界との関係を良くするためには、自分の生まれた国の行なったことをしっかりと理解した上でないと、本当の意味での平和は訪れないと思った。

○教科書には朝鮮人強制連行という語句が使われているだけで、用語としてだけ覚えていたので、授業で詳しくやっていくと、教科書にはもっと書くべきことがあると思った。自国の悪い面は伏せるのではなく、その悪いことを二度とくりかえさないように、もっと細かいところに触れて反省し、今に生かすべきだと思う。私たちの国で起こったことなのに、私たちが知らなかったのはおかしいと思った。

○いまだに強制連行や、南京虐殺はなかったという人がいる。そういう人がいる以上、韓国・北朝鮮・中国との本当の友好関係を築くのは難しいと思う。（中略）原爆といえば、日本人はすぐに被害者ぶるが、日本はむしろ加害者であることを忘れてはいけないと思う。正しい歴史を学び、理解し、自分たちの非を認めた上で友好関係を築かなければ、真の友好国にはなりえない。

○サッカーW杯の開催に乗じて日韓の関係が良くなっているように思われるが、そんなことで日本が韓国の人々に調子よく「友好」を叫ぶのは違うと思う。（中略）やはり、自国の非を認めてこそ「友好」が成り立つと思う。認めるだけでなく、それに合った対応もしっかりと考えることこそが、非戦を主張する国のとるべき姿勢ではないかと思う。

○アジアの人たちの中には、まだ日本をよく思っていない人もあると思う。今まで私は、そんな昔のことにこだわらなくても、と思っていたけど、このことをあいまいにしては、いつまでも他のアジアの人たちの心は日本に向けられないと思う。（中略）日本人は、戦争について、あまり知らないと思うので、よく知らなければならないと思った。

これは担当したクラスの中のほんの僅かな例にすぎないが、全体を通してもおおむね地域教材を正面から受けとめ、真剣な感想を書いてくれた生徒が多かった。歴史教育にとって、過去の歴史を自分とは関係のない他人事としてではなく、自分とのつながりがわかり、自らもその一部であることが実感できるような自主教材・地域教材を用意することは決定的に重要である。またそのような教材に充分な時間をとれるだけの時間配分を考えることも不可欠であろう。時間不足で近現代史を途中で端折るような授業では無意味である。

当時、福知山高校では日本史Bは二～三年生にまたがっての分割履修となっており、三＋三で合計六単位確保できていた。そして担当者の申し合わせで、二年生では幕末以降の近現代史、三年生ではそれ以前の前近代史を学習することにしていた。それは近現代史を重視し、受験勉強突入以前の落ち着いた時期に学習したいという思いからであった。

そのような恵まれたカリキュラムのなかで、時間にゆとりをもってアジア・太平洋戦争の授業に取り組むことができ、南京虐殺事件についても自主教材を導入した。これは一九九四年八月に、日本機関紙協会京滋地方本部・平和資料事業センター主催の「南京平和ツアー」に参加し、筆者自身が事件被害者から直接聞き取った悲惨な体験談をプリント化したものである。福知山の歩兵第二〇連隊は南京事件の実行主体となった第一六師団の管下にあった部隊であり、旧制福知山中学校（福知山高校の前身）の日誌には、一九三七（昭和一二）年一二月一四日（南京陥落の翌日）に、学校が二〇連隊（連隊長の名から「大野部隊」と呼ばれていた）に宛てて、「南京入城ヲ祝シ益々武運ノ長久ヲ祈ル　福中職員生徒」という祝電を送ったことが書かれている。こうした史料を交えながら、臨場感をもった授業を展開できたと自負している。上記の感想文にもそのことがうかがえるように思う。

おわりに

歴史は、教科書に記された用語的な概念としてのみ教えられたとしても、それは頭の上を通り過ぎるだけで、活きた認識とはならない。地域に残る具体的な事実・事例を通して学習されたときにはじめて生徒は共感をもって受け止め、自分にもつながる問題として真剣に考えようとする。とくに、右派からの攻撃にさらされる植民地支配や強制連行・日本軍慰安婦等の問題ほど、そのような学び方が必要であろう。

教師にはそれぞれの地域において具体的な事実を掘りおこし、教材化する努力が求められる。とは言え、戦時中のことをよく知る体験者の世代の方は年々少なくなり、聞き取り調査も困難になってきている。最近では、子供のころの体験や当時の大人から聞いたというような話が対象となりつつあるようだが、それすらいつまでも聞き取れるものではない。直接・間接を問わず、戦時中の体験談を聞き取り、記録に残すことは引続き緊急の第一の課題である。

第二に、それに付随して、過去になされたさまざまな聞き取りの記録や体験文集のようなものを整理し、共有することも必要である。それは出版されたものもあり、学校の同窓会や地域の老人会その他の文集のような形で残っているものもある。それらは歳月とともに埋もれてしまうが、いずれも貴重な戦争体験・戦時生活体験の宝庫である。これらを「再発見」し、整理して教材化することは、今後の歴史の掘りおこしの重要な方法のひとつになるであろう。

第三に、各自治体の行政文書や地域の自治会・婦人会・青年団の関係書類、学校日誌等の中に戦時中の記録が残されている場合があり、これらの文書資料を保存し整理していくことが求められる。一例として、南丹市美山町の旧・平屋小学校の日誌の中に、一九四一（昭和一六）年七月二八日（月）のこととして、「午前九時よりマンガン増産協議会あり　講堂。約三十名余出席・鉱山業者多数来校」、また翌年三月一三日（金）にも「午前十時より宮嶋国民学校に於て淡成会研究発表会並にマンガン講演会のため」として、五名の学校残留の先生以外はそれに「全員出席」したという記述がある。これは戦争の拡大・長期化に直面してマンガンの増産が急務となり、そのために学校も協力させられ、関係者の会議の会場となり、あるいは会議（講演会）に教師が出席したことなどがわかる。ちなみに平屋小学校は二〇一六年四月に美山町の他の数校と統合され、旧・宮嶋小学校（文中の宮嶋国民学校の後身）の校地に新しく南丹市立美山小学校として再編されたが、これらの学校の日誌は南丹市立文化博物館に保管されることになった〔田中仁 2012：71－75〕。

第四の課題は、地域に遺された戦争時代の物的痕跡を「戦争遺跡」・「戦争遺物」として保存し、活用することである。これも歳月の経過と再開発の波のなかで放置すれば次々と失われてしまう。近年、各地でこれを調査し後世に伝えていこうとする動きが広がっており、その関係の出版物も少なくない。本稿の第1節の（3）で紹介した「戦争遺跡に平和を学ぶ京都の会」の『語りつぐ京都の戦争と平和』もその一つである。

ヘイトスピーチのような差別偏見を扇動する動きを法律で規制することは必要であろうが、そのような差別偏見を受け入れない知性と人権意識は教育でしか育たない。それは若者たちの心に響く地域教材・自主教材を通して、共感をもって（他人事としてではなく）過去の不幸な時代を見つめ直すことを抜きにしては不可能であろう。そのような教材はまだ自分たちの住む地域のなかに埋もれているかもしれない。

参考文献

李龍植〔2009〕『丹波マンガン記念館の七三〇〇日』解放出版社。

京都高等学校社会科研究会編〔2000〕『京都に強くなる75章』かもがわ出版。

京都府庁文書〔1944〕「昭和一九年四月　雪沢前知事新居知事　事務引継演説書」京都府立総合資料館蔵。

同　〔1945〕「昭和二〇年六月　新居前知事三好知事　事務引継演説書」京都府立総合資料館蔵。

笹山晴生・佐藤信・五味文彦・高埜利彦〔2015〕『詳説日本史　日本史B』山川出版社。

戦争遺跡に平和を学ぶ京都の会編〔2010〕『語りつぐ京都の戦争と平和』つむぎ出版。

竹内康人〔2007〕『戦時朝鮮人強制労働調査資料集――連行先一覧・全国地図・死亡者名簿』神戸学生・青年センター出版部。

同　〔2013〕『調査・朝鮮人強制労働①炭鉱編』社会評論社。

同　〔2014〕『調査・朝鮮人強制労働②財閥・鉱山編』社会評論社。

田中宇〔1995〕『マンガンぱらだいす　鉱山に生きた朝鮮人たち』風媒社。

田中仁〔2012〕『ボクらの村にも戦争があった　学校日誌でみる昭和の戦争時代』文理閣。

福知山天田地方連合小学校校長会編〔1995〕『終戦五十年記念　国民学校の記録』非売品。

歴史教育者協議会・韓国全国歴史教師の会レポート集〔2004〕『韓日歴史教育者交流会　第三次シンポジウム』非売品。

終　章　「東洋平和論」の現代的探求——越境的連帯へ

重本直利

はじめに

本書は安重根の未完に終わった「東洋平和論」〔安重根 2011〕を主題としている。死刑判決が言い渡された一九一〇年二月一四日の三日後、安重根は関東都督府高等法院長の平石氏人と面談した。その内容の記録は「聴取書」として残されている。この「聴取書」には安の東洋平和構想の具体的な内容が記述されている〔安重根東洋平和研究センター編 2015〕。本書では、この内容もふまえて、「東洋平和論」の考察が加えられている。

1　「東洋平和論」の現代的再評価

まず、序章で、李洙任は、「「東洋平和論」は現代に通用するものがあり、欧米諸国の支配に対抗するには、日本、朝鮮、中国が協力し、共同体を形成し対抗策をとるというものであった。この考えはEU（ヨーロッパ連合）の思想よりも先駆けた「地域共同体」の構想である。一〇〇年以上も前に、また三一歳という若者がその構想を抱き、具現化しようとした事実は驚きに値する」（本書、二一ページ、以下ページ数のみ記載）と述べている。

このEUの先駆けということについて、第2章の柳永烈は、「安重根の東洋平和論は韓・日・清を会員国とする「東洋平和会議」を創設し、軍事連合・語学教育・共同銀行・共用貨幣、そして経済協力を通じて、東洋三国が恒久的な平和と繁栄を追求しようという一種の「東北アジア連合」の構想だった。そして、「それは「東北アジア連合」が東北アジアの国家共同体として模範を示して、東洋三国にインド・タイ・ベトナム・ビルマなどアジア各国が参加する「アジア連合」に拡大される構想だった」（六七ページ）と述べている。

第1章の牧野英二は、この広がりのある地域共同体構想を「国際連合（UN）やヨーロッパ連合（EU）の理念を提唱したドイツの哲学者、イマヌエル・カント（Immanuel Kant）の永遠平和思想との関係」において考察した。とりわけ、安とカントの「二人は、独立国家の国内法、民主的な国家間の国際法、そして人類全体に及ぶ法的秩序による世界平和の実現のプロセスも念頭に入れていた」（五一ページ）と、その射程の広がりを論述している。また、「平和の実現と国家の独立は、不可分であることも、二人は経験に根ざして深く自覚していた。カントもまた、ロシア軍に占領支配された土地で生活を強いられた経験の持ち主である」（五一ページ）という安とカントのおかれていた時代と地域にも着目した。そして、安の「東洋平和論」の理念は、「日本の政治家が近年提唱した「東アジア共同体」という利益共同体の構想とはまったく異質である。筆者は、真の意味での「東アジア共同体」を実現可能にするためには、ヨーロッパ連合（EU）のように、政治・経済・軍事だけでなく、文化・教育・宗教などの交流や相互の信頼関係の構築が最も重要な前提条件である、と考える」（五三ページ）と結論づけられた。このことは、安の構想の「語学教育」、「ローマ法王の訪問」の具体的な提案にみられる。

第3章の李泰鎮は、この牧野のカントの永遠平和論との関連づけ（「安重根がフランス語に翻訳されたカントの永遠平和論を直接読んだ可能性」）の提示を受けて、中国知識人の梁啓超の「学説」に、このカントの永遠平和論の思想が詳しく紹介されている事実をふまえた。そのうえで、「安重根と梁啓超の二人は、東洋の伝統的な儒家の人本主義思想を有した状態で、個人の自由意志実現を保護する神聖な義務を遂行する国家の主権がどこの国からも侵害されない状態において「永久平和」が実現できるというカントの立論に大きく共感しただろう」（九一－九二ページ）と述べている。そして、安と梁の「二人は苦難の東アジアに未来の灯をともした先覚者として、彼らが主張した韓・中・日の三国の平和共同体（安重根）、または未来の「万国大同主義」（梁啓超）は、別の空間すなわち欧米で時をおかず出現した。一九二〇年に登場した国際連盟（The League of Nations）がカントの永久平和企画の実現だということは広く知られているが、一九四六年に再びさらに発展した形態で国際連合（The United Nation）が登場した。安重根、梁啓超の思想的志向に対する再評価は同じ東アジア圏域で日本が見せている時代的逆行現象を抑制し延いては国際連合（ＵＮ）の発展に東アジアが積極的に寄与する道を開く契機になるだろう」（九二ページ）と述べている。

これに関連する指摘として、「中国における安重根」を取り上げた倪志敏は、旧西ドイツのヴァイツゼッカー元大統領の「過去の歴史に目を閉ざすものは、未来に対しても目を閉ざすこととなる」にふれつつ、「中国では、「杖莫如信」（杖るは信に如くは莫し）という諺がある。安倍政権の右傾化は、二〇世紀前半の日本の軍国主義をほうふつとさせる。今日再び安重根を記念することは、痛みを伴った歴史を風化させないことである」〔倪志敏 2014：111〕と述べている。この「杖莫如信」は、一九九五年八月一五日の村山談話で使われた諺である。「信義のように頼りになるものは他にない」という意味である。さらに、倪は「それと同時に、安重根が提唱した「東洋平和論」の真髄である東洋の融和は、現在の北東アジアにとっては、何よりも重要だからである」〔同 2014：111〕と述べている。

2　「東洋平和論」と越境的対話

この「『東洋平和論』の真髄である東洋の融和」について、第7章のスーザン・メナデュー・チョンは、安重根の汎アジア主義として、以下のように述べている（一八八ページ）。

「現在の安をめぐる政治的につくられた「反日」言説とは対照的に、「東洋平和論」に見られる安の汎アジア主義は、東アジア諸国が互いに類似している点に、その根拠を置いていた。一九世紀末、日本でも朝鮮でも数多くの汎アジア主義が提唱されていた。それらはさまざまな性格の違いがあったが、西欧帝国主義のアジア侵略を阻止しなければならないという点で、共通の信念を持っていた」。

チョンは、これに対し、日本の汎アジア主義には「本質的に反西欧的であるだけでなく「反中的」でもあった」とした上で、「安は、日本の利益のために着想された理論とは逆に、強力な自治権をもつ国々からなる統合された平和な北東アジアを構想した。処刑を前に獄中で書かれた「東洋平和論」にまとめられた安の理論は、当時の他の汎アジア主義とは異なっている。というのは、中国、朝鮮、日本の地域的パートナーシップを初めて具体的に提案した理論だったからだ。安はカトリック信仰と儒教原理の強い影響を受け、一九世紀末の朝鮮に現れ始めた新しい考えを吸収した」（一八九ページ）とした。さらに、チョンは、「安は平等への強い信念をもっていた。「アジア主義の排外主義的形態」〔Rausch 2012：263〕に陥らないですんだのも、そのためかもしれない。しかしより重要な点は、安のその信念が「アジアにおける世界市民の概念を具体化した」〔若林 2008：1〕ことにある」（一八九ページ）と述べている。

この「世界市民の概念」は、第6章のテッサ・モーリス＝スズキの次の「国際的な視点を持った民族主義者」の主張へもつながっている。

「安重根もまた、異なった意味での「国際的な視点を持った民族主義者」であった。彼はまた、近代化と国際協力が国家と民族の存続にとって不可欠である、と熱情を込めて信じていた。しかし彼の構想する地域平和は、いうまでもなく伊藤のいう地域平和と根底から異なっていた。伊藤博文に対する安重根の怒りの深さは、日本政府が「東洋の平和」を唱えながら、この言葉の真の理想を裏切った、と感じたことから噴出した」（一四八ページ）。

安の怒りは「国際的な視点を持った民族主義者」として「世界市民の概念の具体化」として捉える必要がある。この具体化は東アジア連合構想である。

「東洋平和の源泉として日本のヘゲモニーを構想する伊藤に対して、安重根の提案は、西洋列強の支配に抵抗して日中韓が対等なパートナーとして連合する構想であった。このような連合のあり方の細目は、獄中で記されつつあったが、現代の状況に通じるという点で特に興味深い。安重根の提案は、東アジア平和会議の開催を含み、日中韓が共同で地域銀行を設立し、共通の通貨を発行し、そして共同で真の意味での安全保障軍を創設して、全員が少なくとも二つの地域言語を話すべきだ、というものであった」（一四八ページ）。

こうした東アジア連合構想をもった安の「東洋平和論」との越境的対話が、今、緊張が続く東アジア情勢の中で求められている。

「和解が過去について他者との対話により「断層を超えた新しいアイデンティティを獲得する」過程であるとするならば、それは避けようもなく、ゆっくりとした時間のかかる営為である。過去一〇年以上に及ぶ歴史の和解に関する多様な努力は、地域における歴史の争いを解決することに明らかに失敗した。しかしこれらの努力の特定のものは、日本と隣国との間に、多くの対話の糸を紡ぎだしてきた。越境する記憶の、このような結びつきは、過去についての見方を静かに変えた。対話の糸は弱く、たやすく切れるけれども、東アジア地域内外の研究者である我々にとって、それを持続させることが大切である。一〇年以上かけて摑み取った、越境するネットワークの探究や理想が、国家主義的な暴風によって吹き飛ばされるとすれば、大きな悲劇である」（一五九ページ）。

3　越境的対話の試金石

二〇一二年五月二四日出された韓国大法院判決について、第10章で戸塚は次のようにその意義を述べている。

「大法院は、外国の確定判決承認を拒否できる例外規定を適用し、原告の訴えを退けた二つの原審判決を破棄し、原審へ差戻したのである。大法院が原則を覆して日本判決の受け入れを拒否したことも画期的だが、その論理にも画期性がある。その意義を日本側が深く理解することができれば、これを契機にして、日韓関係を阻害してきた過去清算の諸課題を全面解決する方向で外交政策を大転換することが可能になるだろう。二〇一二年五月二四日大法院判決は、そういう可能性を秘めた重要な判決と言える」（二八八ページ）。

大法院判決の論旨は以下である。

第一は不法な植民地支配という点である。日本判決には、「日本の朝鮮半島と朝鮮人に対する植民地支配が合法であるという規範的認識を前提にして、日帝の国家総動員法と国民徴用令を朝鮮半島と原告らに適用することが有効だと評価した部分が含まれている」〔日本製鉄元徴用工裁判を支援する会他 2012：7〕とした。韓国の現憲法の前文での一九一九年の「三・一運動で建立された大韓民国臨時政府の法統」と「不義に抗挙した四・一九の民主理念」の規定から、「日本の朝鮮半島支配は規範的な観点から不法な強占に過ぎず、日本の不法な支配に因る法律関係の内、大韓民国の憲法精神と両立しえないものは、その効力が排除されるとみなければならない」〔同 2012：7〕としている。

第二は上記の不法性を認めないままの個人請求権の消滅には根拠がないという点である。一九六五年の日韓請求権協定が、交渉過程で、上記第一に関わって「日本政府は植民地支配の不法性を認めないまま」で、日本政府は「強制動員被害の法的賠償を原則的に否認した」とし、「請求権協定で個人請求権が消滅しなかったのは勿論のこと、大韓民国の外交保護権も放棄されなかったとみるのが相当である」と述べている〔同 2012：9〕。

第三は別個の法人格をもつ個人の同意がないという点である。国家が条約締結で放棄した権利は、「国家とは別個の法人格を持つ国民個人の同意なしに、国民の個人請求権を直接的に消滅させ得るとみることは近代法の原理と相容れない」とし、その上で「条約に明確な根拠がない限り」、「個人請求権まで消滅させせたとみることはできない」としている〔同 2012 : 9〕。

戸塚は、この大法院判決の意味を、「植民地支配が不法であったのであれば、不法行為の違法性は、より高度になる。質的に異なる不法行為としてたち現れるので、徴用工の法的地位は、単なる賃金未払い問題の債権者とは違ったものとなる。だから、この部分は、請求権協定では問題にされなかった全く性格が異なる別個の重大な不法行為があり、それは請求権協定では放棄されていないという判断なのである」（二九三ページ）と述べている。

また、日韓請求権協定について、戸塚は、「日本のメディアは、韓国側が従来とおなじように日韓請求権協定によって解決した問題を蒸し返しているとの観点から報道した。たとえば、日経新聞二〇一二年五月二五日「戦時徴用工の主張認定　韓国最高裁差し戻し〝日本への請求権有効〟歴史問題、解決むつかしく」は、日本外務省幹部による「二国間の協定で定めた請求権問題を提起されれば妥協はできない」との談話を報道している」とし、「一方的な解決済み論の押し付け」に終始していることを指摘している（二九二ページ）。

こうした日本のマスコミ対応について、第13章で中田は、「大法院判決を報じる日本のマスコミや一般的な世論は「ちゃぶ台返し」と表現した事例に典型的に現れているように、大法院判決が過去の問題の蒸し返しであり、いったん二国間で結ばれた条約を覆す常識外れの判決とみるという見解が日本社会においては大勢を占め（三二六ページ）ていると述べている。

大判決をどう受け止めるのか。越境的対話の試金石の重要なひとつであろう。戸塚は越境的対話に向けて次のように提案している。

「日本政府は、従来の主張を一方的にひたすら繰り返している。これでは新しい局面を開くことはできない。ここは、落ち着いて一端は胸に手を置き、「問題をその様に単純化できるのか？」と反省すべきではないか。少なくとも、韓国大法院判決がこの問題をどうとらえているのか、判決を熟読してみてはどうだろうか。相手方の真意と考え方を十分咀嚼したうえで、もっと深い理解を踏まえて応答する道を探ることも可能である。それが応答責任を果たすことになる」（二九二―二九三ページ）。

加害国である日本が、加害企業も含め、この大法院判決に真摯に応えることが求められている。

4　越境的連帯の現代的試み

第6章で取り上げたテッサ・モーリス＝スズキの「国家主義的な暴風」（the gales of nationalist conflict）は、それとともに、現在、「新自由主義的な暴風」の下、格差・貧困問題がとりわけ深刻な国際的問題となっている。また、モーリス＝スズキの言う安の東アジア連合構想は「現代の状況に通じるという点で特に興味深い」（一四八ページ）という「現代の状況」という点に着目したい。

安重根東洋平和研究センターは、共同研究のプロジェクトとして、日韓の社会的企業、市民的事業、地域・町づくり事業の交流をとり上げ、日韓の市民社会形成に関わった内容、市民レベルでの下からの未来交流事業およびその具体的事業提案の内容を主な研究対象の一つとしている。また、格差・貧困克服の視点での研究方法を基礎として取り組んでいる。

この下で、二〇一五年九月二六日に、「韓国市民運動・事業の新たな胎動――韓国社会はどこへ向かおうとしているのか」を、文京洙氏（立命館大学）と桔川純子氏（NPO法人希望の種）を講師に招いて開催した。このシンポジウムでは、韓国の取り組みに学ぶとともに、今後の日韓の市民レベルでの交流のあり方を探ることを目的とした。文氏は「グローバル化の下での社会変容と市民運動の危機」においての朴元淳氏（現ソウル市長）の二〇〇〇年の「美しい財団」、二〇〇二年の「美しい店」、二〇〇六年の希望製作所（市民参加型のシンクタンク）をとり上げた。また、桔川氏は「貧困地域における住民の挑戦」の事例の紹介とともに、「国際的連帯を通じてのエンパワメント」の取り組みの中、住民が「包摂の対象から主体へ」の過程を取り上げた。

ソウル市は、朴元淳市長（二〇一一年に当選、現在三期目）の下、「まちの共同体の再生」に取り組み、二〇一二年に国連が「国際協同組合年」とした同年にソウル市は「共有（協同組合）都市ソウル」を宣言し、さらに二〇一四年には「ソウル市社会的経済基本条例」を制定した。朴市長は、二〇一三年にソウルで開催された「グローバル社会的経済フォーラム二〇一三」で採択された「ソウル宣言」をふまえ、二〇一四年一一月に「グローバル社会的経済協議会（GSEF）設立総会」を呼びかけGSEF憲章が発効され、協議会の事務局はソウルに置かれた。今やソウルはグローバル社会的経済の中心都市である。

GSEF憲章の前文で、「社会的経済」は、以下のように定義づけられている。

「現在、世界の経済及び生態系が危機にさらされている。そこでは我々は、社会的経済を通じ「よりよい生活」「よりよい世界」を構築することが不可欠だと考える。社会的経済とは、信頼と協力によりこれらの問題を解決し、共同体の連帯性を深める経済のことを指す」〔ソウル宣言の会 2015：74〕。

これは、先述の「信義のように頼りになるものは他にない」（「杖莫如信」）に基づいて諸問題を解決するという連帯経済の取り組みである。また、GSEF憲章第一条の五で、以下のように、多元的な発展をGSEFのアイデンティティとしている。

「GSEFは、多元的な発展を志向する。我々は、人間の本性にある多元性、社会的経済組織の多元性、マクロ経済的な目標の多元性、政治的な目標の多元性を認め、これらの多元性が調和するような発展を追求する」〔ソウル宣言の会 2015：75〕。

この「多元性の承認と発展」は、本書第1章の冒頭で、牧野が次のように現代社会の深刻な諸問題を指摘した内容と関連づけなければならない。

「現代社会は、人間の生と死にかかわる境界・国境（border）及び境界づけ（bordering）が生み出す、錯綜した問題に翻弄されてきた。人間は、政治・経済・軍事その他の理由によって人間相互の間に、差別や支配をはじめさまざまな境界及び境界づけを行ってきた。これらの営みは、同じ人間の間でも生存の権利や尊厳を認め、他の人間からはその権利を剝奪し、生存する権利を否定してきた」（三七ページ）。

さらに、「多元性の承認と発展」は、上述したチョンの「中国、朝鮮、日本の地域的パートナーシップを初めて具体的に提案した理論」として「東洋平和論」を位置づけ、さらに安重根の「汎アジア主義」の信念が「アジアにおける世界市民の概念を具体化した」という点とつながっている。

安重根の「東洋平和論」の現代的照射（再評価）は、ＥＵ構想の先駆けであるとともに、なによりも「国家主義的な暴風」とともに「新自由主義的な暴風」によるグローバル化の下での、恒常的・日常的な平和の危機、格差・貧困の深刻さなどの諸問題の解決へと関連づけることが必要であろう。

おわりに

だが、安重根が一九〇九年一一月六日に獄中で日本の官憲に渡した次の文章が、二〇一六年の今も胸に突き刺さってくる。

「天が人間を世の中に遣わして以来、人達は兄弟のようになった。各々が自由を守り、生を好み死を嫌うのは、誰でも持っている天下の情理である。今日、世の中の人達はいうまでもなく文明時代だと言っているが、私はぽつねんとして、そうではないのを嘆くのである。

およそ、文明と言うのは、東西洋を問わず、偉い人、愚かな人、男女老少に限らず、各自が天賦の性品を守り、道徳を崇めて、お互いに猜めることなく、生き馴れた土地で安らかになりわいを楽しみながら、共に太平を享受するものである。

しかし、この時代はそうではなく、いわば、社会の先進国人たちが、考えるというのが競争であり、研究するというのが人を殺す機械である。それで、東西洋と六大州には、大砲の煙と弾丸の雨霰が絶える日もなく降りしきるのである。なんと嘆かわしいことであろうか！」〔安重根義士紀念館他 2013：108〕

戦火の絶えぬ今日、多文化共生とは相容れぬ排外主義・国家主義の跋扈、新自由主義の下、市場経済競争に明け暮れ格差・貧困が拡大する日々、進化する殺戮の兵器開発、「先進国・人」とは一体何なのか。今生きる我々もまた、安重根と共にぽつねんとして嘆かざるをえない。

参考文献

安重根、うのていを訳、愛知宗教者九条の会編〔2011〕『安重根自叙伝・東洋平和論』ほっとブックス新栄。

安重根東洋平和研究センター編〔2015〕『安重根「東洋平和論」と日韓歴史認識の国境超え』龍谷大学社会科学研究所附属安重根東洋平和研究センター。

安重根義士紀念館他〔2013〕『安重根義士の生と国を愛するストーリー　獄中自叙伝』崋山文化社。

倪志敏〔2014〕「アジア第一義俠――中国における安重根を略説する――」『アジェンダ』第44号、アジェンダ・プロジェクト、発売：星雲社。

ソウル宣言の会〔2015〕『「社会的経済」って何？　――社会変革をめざすグローバルな市民連帯へ』社会評論社。

日本製鉄元徴用工裁判を支援する会他編〔2012〕『五・二四韓国大法院判決資料集』日本製鉄元徴用工裁判を支援する会他。

満州日日新聞社編〔2014〕『安重根事件公判速記録』（初版）［復刻版］、批評社。

おわりに

本書は、社会科学研究所共同研究・李プロジェクトおよび社会科学研究所付属安重根東洋平和研究センターの共同研究の諸活動成果である。この共同研究活動は、二〇一三年に開始されるが、二〇〇八年に始まる前史があり、このことを含め、まず主な活動経緯を振り返ってみる。この前史は、龍谷大学を含む多くの大学関係者はじめ市民が加わった「韓国併合」一〇〇年市民ネットワークの取り組みであり、市民視点からの市民と研究者の共同研究（民学共同）が広く行われた。このことは特筆すべきことと考えている。また、当時の龍谷大学学長・若原道昭氏、龍谷大学図書館、大阪韓国総領事館、龍谷大学教職員組合、立命館大学コリア研究センターなど、そして韓国ソウルの安重根義士紀念館のご協力を得ることができた。これらの活動経緯をふまえて、最後に、共同研究の今後の課題を提起する。

＊＊＊＊＊＊

活動経緯

二〇〇八年

一〇月二五日　龍谷大学（深草学舎）、「韓国併合」一〇〇年市民ネットワーク設立（以下、「一〇〇年ネット」と略記）。テーマ「反省と和解のための集い」。挨拶にソ・ヨンフン元韓国赤十字総裁、ゲストスピーカーに慶北大学キム・チャンロク氏、拉致被害者家族・蓮池透氏、韓国・ナヌムの家からイ・オクソン氏（元「慰安婦」）を招聘し、報告等が行われた。「韓国併合」一〇〇年を控えて日本の市民社会から発信する信頼と希望創造のメッセージ、「反省と和解のための市民宣言」を発表。参加人数約二八〇名。

二〇〇九年

三月二六日〜四月一日　龍谷大学（深草学舎）、主催：「一〇〇年ネット」、後援：龍谷大学、駐大阪大韓民国総領事館、龍谷大学教職員組合、「安重根一〇〇周忌」関連行事の開催。「日韓および東アジアの恒久平和祈願をこめた遺墨展示会」（研究展示館パドマ）が開かれた。参加者延べ約三五〇名。「安重根一〇〇周忌の集い」には、呉榮煥・大阪韓国総領事、木坂順一郎名誉教授（元図書館長）、若原学長の三氏からの挨拶があり、岡山県笠岡市の浄心寺・津田雅行住職からはメッセージが寄せられた。また、日韓国際平和シンポジウム「なぜ安重根は、伊藤博文を撃ったのか？」が開催され、戸塚悦朗氏（元龍谷大学法科大学院教授）、金鎬逸氏（安重根義士紀念館館長・中央大学名誉教授）、牧野英二氏（法政大学教授、日本カント協会会長）が報告され質疑応答が行われた。参加者約一〇〇名。

一〇月一〇日　龍谷大学（大宮学舎）、主催：「一〇〇年ネット」、「『韓国併合』一〇〇年写真展」開催。「韓国併合」一〇〇年市民ネットワークが独自に写真資料を作成し、その後、全国各地に貸し出し「写真展」が開催された。記念講演会：テーマ「『韓国併合』とは何だったのか」、李泰鎮（イ・テジン）氏（ソウル大学教授・韓国近代史）、中塚明氏（奈良女子大学名誉教授）、戸塚悦朗氏（元龍谷大学法科大学院教授）の三氏の講演が行われた。

一〇月二六日　韓国・ソウル市で開催される「安重根義士義挙一〇〇周年記念特別展」に龍谷大学の貴重資料として深草図書館の特別書庫に保管されている安重根関係資料（八八点）のうち遺墨三幅及び写真二七点の貸し出しが行なわれた（海外初）。

二〇一〇年

一月一七日〜二四日　「ひと・まち交流館」（京都市）、主催：「一〇〇年ネット」、写真でふりかえる近現代の日朝関係史「『韓国併合』一〇〇年写真展in京都」が開催された。

三月二六日　ブックレット『今、「韓国併合」を問う――強制と暴力・植民地支配の原点』発行：「一〇〇年ネット」。

八月七〜八日　龍谷大学（アバンティ響都ホール）、主催：「一〇〇年ネット」、「『韓国併合』一〇〇年日本と朝鮮半島の過去・現在・未来を考える」、記念講演「日本と朝鮮の文化交流二〇〇〇年――京都の中の朝鮮文化を中心に」上田正昭氏（京都大学名誉教授）、シンポジウム１「文化を奪うとはどういうことか？　植民地支配の文化的側面」、パネラー：仲尾宏氏（京都造形芸術大学客員教授）、太田修氏（同志社大学教授）、康成銀氏（朝鮮大学教授）。シンポジウム２「強制連行問題の立法解決を求める」、パネラー：田中宏氏（一橋大学名誉教授）、有光健氏（戦後補償ネットワーク）、重本直利（龍谷大学教授）。二日間で参加者約三〇〇名。

二〇一一年

三月二七日　龍谷大学（大宮学舎）、「龍谷大学図書館と安重根義士紀念館との学術研究・交流に関する協定締結」に伴う記念講演会が開催された。

五月一日　特集「海峡を越えて広がる日韓、東アジアの友好の絆――龍谷大学／安重根紀念館」、月刊誌『ねっとわーく京都』NO.268。若原道昭学長（当時）、浄心寺・津田雅行住職が登場。

二〇一二年

三月二五日　龍谷大学（深草学舎）、龍谷大学アフラシア多文化社会研究センター主催、共催：「一〇〇年ネット」、ワークショップ「植民地支配と紛争解決にむけての対話——東アジアの相互理解のために」を開催。報告者：清水耕介氏（本学国際文化学部教授）、重本直利（本学経営学部教授）、三ツ井崇氏（東京大学大学院総合文化研究科准教授）他、参加者約八〇名。

九月二八日　龍谷大学社会科学研究所二〇一三年度研究プロジェクトに、テーマ「日韓未来平和交流事業の学際的研究——龍谷大学所蔵の安重根の『遺墨』『丹波マンガン記念館』に代表される歴史・文化資産の調査研究とその有効利用」（Multidiscipline Research for Japan-South Korea Exchanges: Effective Use of Japan's Historical & Cultural Property, Ryukoku University's Archive: An Chung-gun's Message and Tamba Manganese Memorial Hall）（代表・李洙任）で応募。

一〇月二七日　主催「一〇〇年ネット」、龍谷大学（深草学舎）、ワークショップ「日本と朝鮮半島との和解の道を探る！」、記念講演・趙東成氏（安重根義士紀念館館長）、発題：勝村誠氏（立命館大学コリア研究センター長）。参加者約七〇名。

二〇一三年

三月二六日　ブックレット『日本と朝鮮半島との和解の道を探る！』を発行（発行：安重根東洋平和研究会、「韓国併合」一〇〇年市民ネットワーク）。趙東成館長の記念講演などを掲載。

四月一日　龍谷大学社会科学研究所共同研究プロジェクト（代表：李洙任）開始。研究テーマ：「日韓未来平和交流事業の学際的研究」"Multidiscipline Research for Japan-South Korea Active Exchanges of Future Peace"

研究部門：歴史部門、経済・政治部門、文化部門の3部門を置く。

研究目的：以上の三部門での共同研究をとおして、日韓未来交流のあり方を事業的側面を中心にしながらあらたな提案を行うことを目的とする。具体的な事業のあり方が日韓市民社会の形成の基盤づくりとなる。また、このことは安重根の「東洋平和論」の具体化としてのEUの東アジア版の未来展望につながると言える。従って、本共同研究の目的は、歴史的・経済的・文化的考察をとおして、未来一〇〇年のための歴史・経済・文化交流事業のあり方を展望するとともに、可能な限り具体的な事業提案を行うことを目的とする。また、龍谷大学社会科学研究所付属安重根東洋平和研究センター設立（以下、「センター」と略記）。

四月二七日　龍谷大学（深草学舎）、主催：「センター」、シンポジウム「強制連行と強制労働犠牲者を考える」、基調講演：殿平善彦氏（浄土真宗本願寺派一乗寺住職）、パネラー：李洙任（龍谷大学）、中田光信氏（日本製鉄元徴用工裁判を支援する会）。参加者約八〇名。

六月二九日　龍谷大学（深草学舎）、主催：「センター」、共同研究会「安重根を「義挙」に駆り立てたもの」平田厚志氏（龍谷大学名誉教授）、「安重根をめぐる韓国側の研究動向」勝村誠氏（立命館大学）。

九月一日　安重根東洋平和研究センター「ニュース・レター第一号」発行。

九月一四日　龍谷大学（深草学舎）、主催：「センター」、シンポジウム「こじれた日韓関係　和解への道を探る！――強制連行・『慰安婦』問題についての韓国の判決を手掛かりに」講師：戸塚悦朗氏（元龍谷大学法科大学院教授）。

二〇一四年

一月二五日　龍谷大学（深草学舎）、主催：「センター」、シンポジウム「強制連行と過去責任――記憶・責任・未来」、「『近くて遠い国』の間の対話に向けて――日本人の安重根像をめぐって」、「シンポジウム――検証：日韓条約は強制連行被害者の請求権まで奪ったのか」。基調講演：牧野英二氏（法政大学教授、日本カント協会会長）、報

告：中田光信氏（日本製鉄元徴用工裁判を支援する会）、足立修一氏（中国人強制連行西松裁判弁護団）、湯谷茂樹氏（毎日新聞編集委員）。参加者約一〇〇名。

四月二六日　龍谷大学（深草学舎）、主催：「センター」、テーマ：「歴史認識と過去責任――記憶・責任・未来」、講演「問われる日本の歴史認識と戦後責任」、基調講演：田中宏氏（一橋大学名誉教授）、シンポジウム「歴史認識と過去責任――メディアは「日韓の溝」をどう埋めるのか」報告者：箱田哲也氏（朝日新聞）、五味洋治氏（東京新聞）、コメンテーター：湯谷茂樹氏（毎日新聞）、朴炯準氏（東亜日報）。参加者約一五〇名。

一〇月二五日～二八日　韓国・ソウル・安重根義士紀念館、主催：安重根義士紀念館、「センター」、第一回国際学術会議に参加。参加者約二〇〇名（詳細は〔安重根義士紀念館編 2014〕参照）。

一〇月二六日　『共同研究・基調講演集』刊行（龍谷大学社会科学研究所付属安重根東洋平和研究センター編集・発行）。

二〇一五年

三月二八日　龍谷大学（アバンティ響都ホール）、主催：「センター」、全体テーマ：「戦後七〇年、日韓条約五〇年にあたって、日韓の「和解」のための歴史認識とは」、基調講演「架橋のない二つの日韓協定――一九一〇年併合条約と一九六五年日韓協定」、講演者：李泰鎮氏（ソウル大学教授・韓国近代史）。パネルディスカッションテーマ：「日韓の「和解」のための歴史認識とは」、パネリスト：韓国側・李泰鎮氏、日本側・「歴史認識と日韓の『和解』への道――安重根東洋平和論研究は、日本を孤立から救うか？」戸塚悦朗氏（元龍谷大学法科大学院教授）、「朝鮮侵略と真宗僧の戦争責任」平田厚志氏（龍谷大学名誉教授）。参加者約一五〇名。

八月二〇日　強制労働犠牲者追悼・遺骨奉還委員会主催「遺骨奉還、七〇年ぶりの里帰り――ご遺骨を韓国のご遺族に届けよう」の打ち合わせ会合を、龍谷大学大宮学舎にて開催。「強制労働犠牲者追悼・遺骨奉還関西実行委員会」を発足。「センター」は支援団体として参加。

九月一五日　「遺骨奉還」、京都・西本願寺本山での追弔会、大阪・本願寺津村別院での市民による追悼会に取り組みに参加。

九月二六日　龍谷大学（セミナーハウス「ともいき荘」）、主催：「センター」、一般公開シンポジウム「韓国市民運動・事業の新たな胎動――韓国社会はどこへ向かおうとしているのか」を開催。

一〇月一日　安重根東洋平和研究センター「ニュース・レター第二号」発行。

一一月七日～八日　龍谷大学（アバンティ響都ホール）、主催：「センター」、安重根義士紀念館、協力：「一〇〇年ネット」、第二回国際学術会議等開催、テーマ：「安重根『東洋平和論』と日韓歴史認識の国境越え」、記念講演：テッサ・モーリス＝スズキ氏・オーストラリア国立大学教授（詳細は〔安重根東洋平和研究センター編 2015〕参照）。八日は歴史見学（耳塚、豊国神社、西本願寺、龍谷ミュージアム、宇治ウトロ）。

二〇一六年

七月二九日～三一日　第三回国際学術会議（二〇一六年一一月開催）の打ち合わせ。ソウル・安重根義士紀念館にて。

九月二〇日　龍谷大学教養特別講座〔後期〕「東アジアの未来――アジア共同体の創成に向けての国民国家を超えたグローバル観」の開講（担当：李洙任・重本直利）。

＊＊＊＊＊＊

今後の課題

社会科学研究所共同研究・李プロジェクトおよび社会科学研究所付属安重根東洋平和研究センターは、日韓の平和交流に向けての研究目的を達成するため三部門（歴史部門、経済・政治部門、文化部門）を置き、研究テーマに取り組んできた。

歴史部門では、一〇〇年余前に、安重根は、自著「東洋平和論」（未完）で日・中・韓の三国が力を合わせるべきとした内容を取り上げた。歴史観の相克という現実の壁にぶつかり、今もなお先覚者の思想だけにとどまっている東アジアの現実を踏まえながら、政治的・法的問題が中心となるもののその歴史的な解明を行ってきた。とりわけ過去責任と和解のあり方をとおして、再発防止のための未来に向けての歴史交流事業の基礎となる研究活動を行ってきた。本書では、あくまでも安重根の「東洋平和論」を中心に考察し、そこでの越境的対話の必要性、またその現代的照射を行った。その意味で、「基礎となる研究活動」は前進をみたが、引き続きこの課題は具体的な事業交流のあり方の考察に向けて取り組まれる。

経済・政治部門では、「丹波マンガン記念館」が、企業の強制連行による朝鮮人、中国人労働者を犠牲にした企業活動を考察できる貴重な文化資産であるとともに、戦後からこれまでの経済的な交流のあり方を広く振り返るとともに、二一世紀の今後の経済交流のあり方を目的とした。とりわけ「東アジア経済共同体」としての日韓の経済交流事業の可能性を展望している。また、韓国におけるとりわけソウル市の社会的企業、協同組合の広がりの検討も行ってきた。本書では、強制連行・強制労働を取り上げ、特に二〇一二年の韓国大法院判決の意味を企業の社会的責任（CSR）も含めて考察した。ただ、「東アジア経済共同体」としての日韓の経済交流事業の可能性については、二〇一五年九月に開催したシンポジウムを含め、さらに具体的な検討が課題となっている。

文化部門では、「韓流ブーム」にみられる近年の大きな変化に注目し、日韓の長い文化交流の歴史をふまえつつ、本共同研究では、特に多・異文化交流の視点から今後の日韓文化交流を展望している。この文化交流には教育交流およびNGO・市民交流も含めている。市民交流と教育・文化交流、相互理解のための未来文化交流事業のあり方の共同研究を課題としている。この部門は、文化交流を含め具体的な交流をこの間進めてきたが、研究課題として考察し整理することは出来ていない。今後の課題である。

以上の三つの部門のテーマの考察は、引き続き、日韓未来交流のあり方を事業的側面を中心にしながら、あらたな提案を行うことを目的としたい。なぜなら具体的な事業のあり方が日韓市民社会の形成の基盤づくりとなり、EUの東アジア版としての未来展望につながると考えるからである。本共同研究は、歴史的・経済的・文化的考察をとおして、未来一〇〇年のための日韓の歴史・経済・文化交流事業のあり方を展望するとともに、可能な限り具体的な事業提案を行うことを引き続きの課題としたい。

最後に、世界中でナショナリズム（nationalism）が隆盛し、「他者」に対する反感、排除、嫌悪の気分が蔓延する事象が見られるのは日本も例外ではない。特に、東アジアの歴史的和解、地域統合の前途は多難であるが、東アジアは地域統合の未来、目標を目指してこそ、東アジア地域全体の安定につながると言える。本共同研究においては、研究スタンスの市民視点を堅持した民学共同をさらに進めながら、具体的諸課題の解決に資する共同研究として引き続きその特徴を出していきたい。

二〇一六年九月三〇日

編著者（龍谷大学社会科学研究所付属安重根東洋平和研究センター事務局長）
重本直利

参考文献

安重根東洋平和研究センター編〔2014〕『共同研究会　基調講演集（2013.4 ~ 2014.4）』、発行：龍谷大学社会科学研究所付属安重根東洋平和研究センター。

安重根東洋平和研究センター編〔2015〕『安重根「東洋平和論」と日韓歴史認識の国境越え』（二〇一五年国際学術会議予稿集）、発行：龍谷大学社会科学研究所付属安重根東洋平和研究センター。

安重根義士紀念館編〔2014〕『安重根義挙の記憶と韓日間歴史認識の国境越え』（二〇一四年安重根義士紀念館国際学術会議）、発行：安重根義士紀念館。

「韓国併合」一〇〇年市民ネットワーク編〔2010〕『今、「韓国併合」を問う――強制と暴力・植民地支配の原点』、発行：アジェンダ・プロジェクト、発売：星雲社。

李洙任・重本直利編〔2013〕『日本と朝鮮半島の和解の道を探る！』、発行：安重根東洋平和研究会・「韓国併合」一〇〇年市民ネットワーク。

【ヤ行】

【ラ行】

【ワ行】

【ハ行】

【マ行】

【タ行】

【サ行】

索　引

・韓国人の人名はハングルのカタカナ表記で、中国人の人名は漢字の日本語音読で配列した。
・「安重根」「伊藤博文」「東洋平和論」など言及箇所の多い語は、重要と思われる個所に絞った。

翻訳者紹介

第2章は**藤井幸之助**（同志社大学嘱託講師、「猪飼野セッパラム文庫」主宰、コリアン・マイノリティ研究会世話人）、第6章は**中村尚司**（執筆者紹介参照）、第7章は**米津篤八**（大阪経法大学アジア太平洋研究センター客員研究員）による翻訳である。第3章は、**Dr. Michael D. Shin**（Lecturer of Cambridge University）、第4章は、執筆者から日本語訳で寄稿された。なお監訳は編著が行った。

谷野隆（たにの・たかし）

アジェンダ・プロジェクト研究・編集員。社会問題を考える季刊雑誌『アジェンダ　未来への課題』を編集・発行。

Susan Menadue-Chun（スーザン・メナデュー・チョン）

1959年生まれ。立教大学21世紀社会デザイン研究科後期博士課程、龍谷大学社会科学研究所付属安重根東洋平和研究センター客員研究員。著書に、『私は北朝鮮から来ました――ハナのストリー』（共著、アジアプレス出版、2016）がある。

田中宏（たなか・ひろし）

1937年生まれ。一橋大学名誉教授。日本アジア関係史。主な著書に、『在日外国人第3版』（岩波新書、2013)、『戦後責任』（共著、岩波書店2014)、『未解決の戦後補償』（共著、創史社、2012)、『東アジアの多文化共生――過去/現在との対話からみる共生社会の理念と実態』（共著、明石書店、2017）など。

仲尾宏（なかお・ひろし）

1936年生まれ。財団法人世界人権問題研究センター理事。日朝関係史。主な著書に、『朝鮮通信使をよみなおす――「鎖国」史観を越えて』（明石書店、2006)、『朝鮮通信使――江戸日本の誠信外交』（岩波新書、2007)、『朝鮮通信使の足跡――日朝関係史論』（明石書店、2011）など。

平田厚志（ひらた・あつし）

1944年生まれ。龍谷大学名誉教授。真宗思想史。主な著書に『真宗思想史における「真俗二諦」論の展開』（龍谷叢書Ⅸ、同朋舎、2001)、『彦根藩井伊家文書　浄土真宗異義相論』（編著、龍谷大学仏教文化研究叢書20、法蔵館、2008）など。

戸塚悦朗（とつか・えつろう）

1942年生まれ。元龍谷大学法科大学院教授。国際人権法専攻。主な著書に、『国際人権法入門―― NGOの実践から』（明石書店、2003)。『ILOとジェンダー――性差別のない社会へ』（日本評論社、2006)、『国連人権理事会』（日本評論社、2009）など。

中田光信（なかた・みつのぶ）

1954年生まれ。日本製鉄元徴用工裁判を支援する会スタッフ、強制動員真相究明ネットワーク事務局長。

細川孝（ほそかわ・たかし）

1962年生まれ。龍谷大学経営学部教授。経営学（現代企業論)。主な著書に、『「無償教育の漸進的導入」と大学界改革』（編著、晃洋書房、2014)、『転換期の株式会社――拡大する影響力と改革課題』（共編著、ミネルヴァ書房、2009）など。

李順連（イ・スンヨン）

1962年生まれ。朝鮮大学師範教育学部音楽科卒、奈良朝鮮初中級学校教員、会社役員を経て、2011年より特定非営利活動法人丹波マンガン記念館事務局長。「丹波マンガンじん肺と女たちの軌跡」「丹波マンガンじん肺と鉱山労働者たちの軌跡」を執筆。

田中仁（たなか・ひとし）

1951年生まれ。元京都府立高校教諭、現在は京都府立大学非常勤講師・京都府立綾部高等学校非常勤講師。主な著書に、『ボクらの村にも戦争があった――学校日誌でみる昭和の戦争時代』（文理閣、2012)、歴史教育者協議会編『人物で読む近現代史　下』（共著、青木書店、2001）など。

執筆者紹介（＊は編者、本書掲載順）

＊李洙任（リー・スーイム　Lee Soo im）

1953年生まれ。龍谷大学経営学部教授、龍谷大学社会科学研究所付属安重根東洋平和研究センター長。教育学。主な著書に、『グローバル時代の日本社会と国籍』（共著、明石書店、2007）、『在日コリアンの経済活動――移住労働者、起業家の過去・現代・未来』（編著、不二出版、2012）、*Japan's Diversity Dilemmas: Ethnicity, Citizenship and Education*（共編著、iUniverse、2006）など、英語教育関係の著書多数。

＊重本直利（しげもと・なおとし）

1949年生まれ。龍谷大学経営学部教授、龍谷大学社会科学研究所付属安重根東洋平和研究センター事務局長。経営学、経営組織論。主な著書に、『改訂版 社会経営学序説』（晃洋書房、2011）、『社会経営学研究――経済競争的経営から社会共生的経営へ』（編著、晃洋書房、2011）など。

牧野英二（まきの・えいじ）

1948年生まれ。法政大学文学部教授。ドイツ哲学、特にカント哲学。主な著書に、『東アジアのカント哲学――日韓中台における影響作用史』（法政大学出版局、2015）、『（岩波人文書セレクション）カントを読む』（岩波書店、2014）など。

柳永烈（ユ・ヨンリョル）

1941年生まれ。韓国・元崇実大学教授、元国史編纂委員会委員長。韓国史。主な著書に、『開化期の尹致昊研究』（ハンギル社、1985）、『大韓帝国期の民族運動』（一潮閣、1997）、『韓日関係の新たな理解』（景仁文化社、2006）など。

李泰鎮（イ・テジン　Yi Tae-jin）

1943年生まれ。ソウル大学名誉教授、前国史編纂委員会委員長。韓国史。主な著書に、『朝鮮儒教社会史論』（知識産業社、1989／邦訳『朝鮮王朝社会と儒教』法政大学出版局、2000）、『東大生に語った韓国史』（明石書店、2006）、*The Dynamics of Confucianism and Modernization in Korean History*, [Cornell East Asian Series 136], Cornell University, 2007.など。

金月培（キム・ウォルベ）

1967年生まれ。中国・大連外国語大学教授。安重根義士崇慕会安重根研究所研究委員。安重根研究。主な著書に、『安重根は愛国、歴史は流れる』（韓国文化史、2013）、『安重根義士の遺骸を探せ』（共著、チャイナハウス、2014）、『光復70周年旅順の安重根義士の遺骸発掘看羊錄』（青銅鏡、2015）、『安重根義士の生活と愛国の物語』（中国・日谷文化財团、2015）など。

中村尚司（なかむら・ひさし）

1938年生まれ。龍谷大学名誉教授、龍谷大学研究フェロー。地域経済・南アジアをフィールドにした民際学。主な著書に、『地域と共同体』（春秋社、1980：増補版、1987）、『豊かなアジア、貧しい日本』（学陽書房　1989）、『地域自立の経済学』（日本評論社、1993：第2版、1998）、『人びとのアジア』（岩波書店、1994）など。

Tessa Morris-Suzuki（テッサ・モーリス゠スズキ）

1951年生まれ。オーストラリア国立大学教授。日本近現代史。主な著書に、『批判的想像力のために――グローバル化時代の日本』（平凡社、2002）、『過去は死なない――メディア・記憶・歴史』（岩波書店、2004）、『北朝鮮へのエクソダス――「帰国事業」の影をたどる』（朝日新聞社、2007／朝日文庫、2011）など。

［龍谷大学社会科学研究所叢書第 116 巻］
共同研究　安重根と東洋平和
東アジアの歴史をめぐる越境的対話

2017 年 3 月 24 日　初版第 1 刷発行

編著者　李　洙　任
重　本　直　利
発行者　石　井　昭　男
発行所　株式会社 明石書店
〒101-0021 東京都千代田区外神田 6-9-5
電　話　03（5818）1171
ＦＡＸ　03（5818）1174
振　替　00100-7-24505
http://www.akashi.co.jp

組　版　朝日メディアインターナショナル株式会社
装　丁　明石書店デザイン室
印　刷　モリモト印刷株式会社
製　本　モリモト印刷株式会社

（定価はカバーに表示してあります）　ISBN978-4-7503-4498-0

JCOPY 〈（社）出版者著作権管理機構 委託出版物〉
本書の無断複写は著作権法上での例外を除き禁じられています。複写される場合は、そのつど事前に、(社)出版者著作権管理機構(電話 03-3513-6969、FAX 03-3513-6979、e-mail: info@jcopy.or.jp)の許諾を得てください。

国際共同研究 韓国併合と現代 歴史と国際法からの再検討
笹川紀勝、李泰鎮 編著 ◉9800円

国際共同研究 韓国強制併合一〇〇年 歴史と課題
笹川紀勝、邊英浩 監修 都時煥 編著 ◉8000円

日韓でいっしょに読みたい韓国史
未来に開かれた共通の歴史認識に向けて
徐毅植、安智源、李元淳、鄭在貞 著 君島和彦、國分麻里、山﨑雅稔 訳 ◉2000円

東大生に語った韓国史 韓国植民地支配の合法性を問う
李泰鎮 著 鳥海豊 訳 ◉3000円

韓国の歴史教育 皇国臣民教育から歴史教科書問題まで
金漢宗 著 國分麻里、金玹辰 訳 ◉3800円

韓国近現代史 1905年から現代まで
世界歴史叢書 池明観 ◉3500円

朝鮮史 その発展
世界歴史叢書 梶村秀樹 ◉3800円

韓国現代史60年
徐仲錫 著 文京洙 訳 民主化運動記念事業会 企画 ◉2400円

現代朝鮮の歴史 世界のなかの朝鮮
世界歴史叢書 ブルース・カミングス 著 横田安司、小林知子 訳 ◉6800円

朝鮮戦争の起源1・2【上・下】
ブルース・カミングス 著 鄭敬謨、林哲、加地永都子、山岡由美 訳 ◉各7000円

北朝鮮とアメリカ 確執の半世紀
ブルース・カミングス 著 杉田米行 監訳 古谷和仁、豊田英子 訳 ◉2800円

東アジアの歴史 韓国高等学校歴史教科書
世界の教科書シリーズ42 アン・ビョンウほか 著 三橋広夫、三橋尚子 訳 ◉3800円

韓国歴史用語辞典
イ・ウンソク、ファン・ビョンソク 著 三橋広夫、三橋尚子 訳 ◉3500円

帝国日本の植民地支配と韓国鉄道
1892～1945 鄭在貞 著 三橋広夫 訳 ◉9000円

朝鮮通信使の足跡 日朝関係史論
仲尾宏 ◉3000円

朝鮮通信使をよみなおす 「鎖国」史観を越えて
仲尾宏 ◉3800円

〈価格は本体価格です〉